# 세계체육사

노희덕

서울대학교출판문화원

# 머리말

"역사란 과거와 현재 사이의 끊임없는 대화이다"라는 경구가 시공을 떠나 역사연구의 지침으로 자리잡을 수 있는 것은 역사연구과정의 중요한 두 요소인 사실과 해석의 관계를 역동적으로 표현하였기 때문이라고 생각한다. 체육사가 체육현상의 역사적 과정을 탐구한다고 할 때, 인류역사 이래 있어 온 체육적 사실에 대한 충실한 고찰은 이 시대에 체육에 대한 관점 및 태도와 밀접한 관련 속에 이루어지게 된다. 특히 최근의 체육에 대한 관점의 급격한 변화를 고려할 때, 체육사 연구에서도 최근의 쟁점들과 연구동향들에 항상 관심을 가져야 하리라 본다.

이 책의 가장 대표적인 특징은 그 동안 서양중심의 체육사 서술을 극복하기 위해 동북아 체육사를 별도의 편으로 설정하고 상당한 분량을 할애하였다는 점이다. 이는 최근 동북아 체육 · 스포츠사학회가 결성되어 동북아 체육사학자들의 활발한 연구활동 및 교류가 있게 된 배경 속에서 가능할 수 있었기 때문이다. 결국 체육사가 지니는 세계사적 보편성뿐만 아니라 각 지역의 특수한 측면이 함께 고려되어야 한다는 당위성 속에서 서양과 다른 동양, 그 중에서도 동북아의 고유한 체육사 인식의 체계에 대한 필요성으로 이 책의 가치를 설명할 수 있겠다.

공군사관학교와 서울대학교에서 체육사를 가르치고 연구한 지도 어언 40여 해 가까이 되어가면서도 그 동안 스스로 흡족한 체육사 교재에 대한 아쉬운 점을 느끼고 있던 중, 서울대학교출판부의 협조로 이 책을 내게 된 것을 참으로 다행스럽게 생각한다.

끝으로 이 책이 나오기까지 자료수집과 원고정리에 수고한 제자 나영일 교수, 니시와키 미츠루 교수, 그리고 서울대학교 대학원의 이종원 군과 정진욱 양에게 감사의 뜻을 전하며 마지막까지 격려와 위로를 보여 준 가족들과 함께 탈고의 기쁨을 나누고 싶다. 또한 최종적으로 책을 가다듬어 주신 서울대학교출판부의 김용덕 교수님 이하 여러분들에게도 심심한 감사를 드리는 바이다.

1999년 9월
저자 씀

# 차 례

## 제 3 편 동북아 체육사

# 제 1 편

# 체육사 연구론

# 1. 체육사의 의의

역사는 다른 학문분야와 마찬가지로 인간 본연의 지식욕에서 출발한다고 볼 수 있다. 이 지식의 대상은 인간은 물론 자연 모두에 걸쳐 있는데 특히 중요한 대상은 인간 자신이다. 물론 우리가 누리고 있는 권리와 생각이 과거에 기초하고 있고, 따라서 이러한 과거를 기록하거나 망각하지 않게 하려는 욕구의 소산이기도 하다.

다시 말해, 역사란 어느 분야에 관한 것이든지 과거로부터 있어 온 많은 역사적 사실들과 이들이 당시 혹은 주변에 어떠한 영향력을 미쳤는지에 대한 탐구라 볼 수 있다. 또한 이러한 탐구는 그러한 사실들이 갖는 힘이 과거에서 단절된 것이 아니라 현재, 나아가 미래에도 일정한 영향을 준다는 전제하에 시도된다. 흔히 역사연구의 의의 혹은 필요성에 대해서 '과거를 통해 현재를 알고 이를 바탕으로 미래를 결정한다'는 표현을 자주 쓴다. 이는 과거와 현재, 그리고 미래가 따로 떨어져 있는 것이 아니고 유기적으로 연결되어 있다는 의미이다. 이러한 입장에서 보면 역사연구의 궁극적 관심은 과거, 현재보다는 오히려 미래에 있음을 알 수 있다. 체육의 역사에 있어서도 과거에 대한 연구를 통해 현재 우리 체육이 처해 있는 위치가 분명하게 인식되고 동시에 체육의 미래를 분명하게 통찰할 수 있다고 보는 것이다.

앞에서도 살펴보았듯이 역사의 과정에서 체육의 개념은 변화되어 왔고 또한 변화되고 있다. 그리하여 현재는 체육의 목표가 신체적, 정서적, 사회적, 지적으로 인간을 발달시켜야 한다는 점에까지 도달하여 왔다. 현재의 체육을 올바르게 이해하기 위해서는 현재의 제도와 관습들이 형성되어 오기까지의 과거의 시대여건, 개혁운동, 또 각 시대의 철학사조, 그리고 이 밖의 다양한 사회구성요소들을 고려하지 않을 수 없다. 이러한 의미에서 체육사 연구는 과거 체육의 형성과정을 통해 현재 체육이 처한 여러 문제들을 냉철히 인식하고 앞으로 미래사회가 요구하는 체육의 방향을 제시하는 것에 큰 목적을 둘 수 있다. 다시 말해, 현재와 미래의 체육을 위해 과거의 체육을 배우는 데 체육사를 연구하는 의의가 있다고 할 수 있다.

다음 구체적으로 체육사의 유용성과 관련해서 체육사가 체육에 직접 관여하는 방법학적 연구는 아니지만, 역사로부터 무엇인가의 효용을 끌어낸다면, 첫째 직업적 지식의 확충 · 심화, 둘째 일반적 교양의 확대 · 충실, 셋째 학문적 연구상의 필요성 등을 들 수 있다. 직업적 지식의 확충에는 예를 들어 교직수행에 필요하거나 레저관련 직업종사들의 직업상의 필요성 등이 있다. 교양의 확대 · 충실에는 취미생활에서의 지적 만족감의 연장, 문화현상으로서의 체육에 대한 국민적 수준의 지적 성취라는 필요성이 있다. 그리고 가장 중요한 학문적 연구상의 필요성은 체육학이 여타 다른 학문들과의 관계 속에서 하나의 독자적인 학문체계를 형성하는 데 반드시 필요하다는 것이다. 즉, 체육과학 혹은 체육학이 고유의 이론체계를 갖추면서 지금까지 형성되어 온 과정의 탐구를 위해서는 물론, 앞으로의 방향탐색을 위해서도 체육사는 학문적 연구상의 필요성이 있다는 것이다.

## 2. 체육사의 관점

역사란 무엇인가에 대한 견해는 다양하게 제시될 수 있지만, 일반적으로 '과거에 있었던 사실(事實)'과 '조사되어 기록된 과거'라는 두 가지 뜻을 가지고 있다. 이는 간단히 '사실(事實)로서의 역사'와 '기술(記述)로서의 역사'로 표현할 수 있다. 이러한 정의는 역사를 의미하는 용어의 원천을 통해서 확인할 수 있는데 독일어로 역사를 뜻하는 Geschichte라는 단어는 geschehen이라는 동사가 명사화한 것으로 '일어난 일'을 뜻하며 전자의 의미를 가진다. 한편, 영어의 history는 '찾아서

안다' 라는 그리스어 historia에서 연유하는데, 이는 후자에 더 가까운 의미를 가진다.

역사가의 역사연구에서는 이상의 두 의미가 함께 공유될 수밖에 없다. 왜냐하면 사실로서의 역사만을 강조할 때, 역사는 무미건조하고 생동감을 상실하기 때문이다. 또한 기술로서의 역사만을 강조할 때에는 엄정한 근거가 부족하여 사실을 떠난 자의적 해석의 문제점을 갖게 된다. 이러한 문제를 해결하는 측면에서 카(E.H. Carr)는 역사를 '과거와 현재와의 대화' 라고 표현하였다. 이는 현재적 관점에서 역사가의 해석을 강조하면서도 과거의 역사적 사실을 존중해야 한다는 역사가의 임무를 표현한 것이다.

이러한 관점에서 '역사가를 통해 역사를 이해한다' 라는 표현처럼 역사연구의 방향은 역사가 고유의 관점과 사실을 취급하는 태도에 따라 달라지는 것이며 체육사도 예외가 아니다. 바로 여기에서 역사를 보는 관점, 즉 사관(史觀)이 문제가 된다. 사관이란 역사가가 고유하게 갖고 있는 역사연구 및 서술에 대한 태도, 입장, 견해 등으로 표현할 수 있다.

지금까지의 여러 사관으로는 역사과정을 국가의 성쇠의 반복이라 본 마키아벨리의 사관, 역사발전을 순유(順流) · 역류(逆流)의 교체과정으로 본 비코의 나선형적 주기(週期)사관, 역사를 이성의 발전과정으로 본 헤겔의 변증법적 사관, 인류역사를 생산과 소유의 계급투쟁으로 본 마르크스의 유물사관, 문화의 생성 · 소멸을 유기체적 생태에 비유한 슈펭글러나 토인비의 문명사관, 정치를 뛰어넘어 사상 · 문화 · 예술 등 광범위한 인간활동분야를 종합화해야 한다는 문화사관, 역사의 특성이 개별성과 발전에 있다고 본 역사주의 사관, 역사해석이 시대와 사회에 따라 변화할 수 있다는 상대주의 사관 등이 있었다.

이러한 사관의 시대 전체적인 관점에도 불구하고 개인, 개인의 업적이 무시될 수 없다. 우리 체육사에서도 범애파(汎愛派) 학자들의 찬란한 노력에 의해 19세기 유럽 체육의 발달을 가져온 것이다.

체육사관과 관련해서는 일찍이 우리나라에 소개된 바 있는 레오나드

(Leonard)와 라이스(Rice)의 시도가 있었다. 레오나드는 유럽과 미국에서의 근대적 체육이 어떻게 형성되고 발달하였는지에 대해 각 시대와 지역에 도입된 체육의 가치를 중심으로 연구하였다. 또한 근대적 체육 형식의 발달을 중심으로 하면서도 심동적 개인의 업적을 체육의 중요 관심으로 삼았다.

이에 비해 라이스는 문명 이전 미개인의 생활에서부터 그리스를 거쳐 고대 오리엔트 및 동양의 고대사회부터 관심을 두기 시작하였는데, 특히 각 시대가 갖는 역사적 배경과 체육현상들의 관계에 관심을 둔 특징이 있다. 이상 두 사람의 입장은 관심을 둔 시기와 내용면에서 대별되는데 레오나드는 근대시대와 개인의 업적을, 라이스는 고대시대(특히 그리스)와 역사적 배경 및 체육현상을 강조하였다.

한편 미첼(Mitchell)은 근대 이후 체육의 발전을 지구시야적인 관점에서 폭넓은 연구를 시도하였다. 그는 근대체육의 발전을 민족(국가)주의(nationalism)의 관점에서 고찰하였고, 20세기에 들어서 국제적인(internationalism) 측면으로 이행하는 과정에 대해 중점을 두었으며, 세계체육의 논점을 강조하였다.

해킨스미스(Hackensmith)는 기존의 서구중심국 연구를 반성하며, 서구는 물론 기타 대륙에 대한 연구의 필요성을 강조하였다. 그는 아시아, 아프리카 및 라틴 아메리카 등 비서구지역의 체육에 대한 관심을 고조시켰다.

최근에는 반 달렌(Van Dalen)과 베네트(Bennett)가 문화사의 관점, 특히 교육사의 관점에서 연구하였다. 이들은 역사적으로 그 시대의 교육과 철학에 미친 요소들에 의해 체육의 개념이 형성되어 왔고 나아가 체육의 발전이 이루어졌다는 관점을 취한다. 이들의 관점은 체육을 문화, 철학 등과 밀접한 관련을 통해서 설명하였고, 나아가 각 지역의 체육을 비교하여 고찰하는 방법도 취하였다.

## 3. 체육사의 시대구분

시대구분이란 역사연구의 필요성에서 나온 것으로 각 시대의 특징을 명확하게 하기 위해 특정한 기준을 내세워 몇 개의 시기로 구분하는 것이다. 즉, 부단한 과거의 흐름을 구획함으로써 보다 명확한 이해를 돕기 위한 것이다. 나아가 역사가의 시대구분은 곧 그 역사가의 역사인식 태도 내지 방법을 말하여 준다고 할 수 있다.

따라서 이러한 시대구분이 체육사 연구에서도 필수적으로 고려될 수밖에 없다. 그러나 주의할 것은 시대구분 그 자체가 역사는 아니라는 점이다. 시대구분이란 역사의 이해와 연구를 돕기 위한 임의적 수단에 불과하다.

일반사에 있어 서양의 경우는 일찍이 헤로도토스 이래 초보적인 시도들이 있은 이후 기독교 사가들이 메시아(예수)의 탄생을 기점으로 둘로 나눈 것이 주목을 받았다. 이후 빈도(Bindo)의 고대, 중세 이분법이 더욱 발달하여 가장 유행한 삼분법이 시도되었는데 세라니우스(Ceranius)가 역사를 고대, 중세, 근대로 나누는 것이 가장 일반적이다. 뒤이어 사회주의 사상가 마르크스의 유물사관에 기준한 5단계 구분이 편의적으로 수용되기도 하였다.

동양의 경우 일찍이 명분과 이념 및 주제별로 시대구분이 이루어졌는데 공자의 《춘추》, 사마천의 《사기》 등이 해당된다. 그러다가 송대에 와 사마광의 《자치통감》을 통해 시간의 원근(遠近)을 기준으로 본격적인 시대구분이 시작되었다.

우리나라의 경우 여러 가지 기준으로 시대구분이 시도되었는데 왕조 중심에 의한 시대구분은 전통적 방법으로 많은 비판을 받고 있고, 이를 극복하기 위해 시간의 원근(서양의 삼분법에 많은 영향을 받음)을 기준으로 상대-중세-근세-최근 혹은 상고-중고-근세-최근 등으로 구분한다. 이 밖에도 사회발전의 단계, 민족의 성장과정, 지배세력의 변화와 같은 기준 등이 있지만 크게 수용되지는 못하고 있다.

이상 일반사의 시대구분을 살펴보았지만 체육사에 있어서는 역사 일반의 시대구분을 수용하면서도 체육의 개념 및 특성을 반영한 체육사 나름의 독자성과 정체성이 필요하다. 일찍이 水野忠文은 세계사적 차원에서 시대를 구분하려 하였는데 이 시도는 체육이 역사로서 탐구될 수 있는 시대가 언제인지, 그리고 그 이후 어떻게 전개되었는가에 초점을 두면서 또한 세계사와 연관시켜 구분한 것이다. 이들 가운데 대표적인 것으로 和辻哲郎이 인류역사를 2000년 단위로 크게 3시기로 나눈 것에 의거하여 체육활동을 설명한 것을 들 수 있다.

1기(B.C. 4000~2000) : 사막적 인간 — 생존과 관련한 본능적 · 생물학적 요구로서의 체육활동(수렵, 체조, 수영, 공놀이, 활쏘기, 말타기 등)〔나일 강, 티그리스 강, 유프라테스 강〕

2기(B.C. 2000~A.D. 이전) : 목장적 인간 — 심신조화와 바람직한 인간양성을 위한 체육활동〔그리스〕, 필수적인 교과목으로 체육 장려(六藝), 신체 · 정신의 합일사상〔중국〕, 건강 및 신체단련 강조(요가, 호흡법)〔인도〕

3기(A.D. 이후~) : 민족 대이동 · 체육의 몰락을 거치며 체육의 중요성 재인식, 체육실천 강조, 국방체육 전개, 학교체육의 보급, 스포츠 전성

한편, 현재 일반적으로 체육의 활동양태를 기준으로 시대구분을 하여 보면 선사시대의 생활체육 및 체육미개시대, 그리스 · 로마의 체육문명 및 체육몰락시대, 중세시대의 체육부재시대, 르네상스 시기의 체육반성시대, 실학주의에 의한 체육계몽시대 및 체육실천시대, 19세기 민족주의에 의한 체육부활시대, 그리고 현대의 스포츠 만능시대 등으로 구분할 수 있다.

| 일반사의 시대구분 | 체육사의 시대구분 | 순환사관에 따른 시대구분 | |
|---|---|---|---|
| | | 구 분 | 특 성 |
| 선사시대 | 체육(경기)생활시대 | 탄생기(원시) | 생존을 위한 체육, 신체능력의 강화, 집단의식 함양을 위한 체육 |
| 고대시대 | 체육(경기)미개시대 | 성장기(국가형성) | 체계화된 신체활동의 필요성 인식(비조직적 체육) |
| | 체육(경기)문명시대 | 전성기(고대 그리스) | 심신의 조화의 체육 |
| | 체육(경기)몰락시대 | 쇠퇴기(고대 로마) | 관람을 위한 체육 |
| 중세시대 | 체육(경기)부재시대 | 정체기(중세) | 놀이수준의 미분화된 체육 |
| 근대시대 | 체육(경기)반성시대<br>체육(경기)계몽시대<br>체육(경기)실천시대 | 탄생기<br>(근대 전 · 후기) | 의료와 단련을 통한 체조중심의 체육, 인격육성 · 도야를 위한 미분화된 체육 |
| 현대시대 | 체육(경기)부활시대 | 성장기 | 스포츠를 통한 인격형성의 체육 |
| | 스포츠 만능시대 | | 사회주의 체제유지의 체육 |
| 미래 | | 전성기 | Sport for All |

토인비의 순환사관을 변용한 이상의 시대구분을 다음 표와 같이 정리할 수 있다.

한국 체육사에 있어서의 시대구분은 나현성이 시도한 2시기 구분이 최초로 시도되었는데 갑오경장(1894)을 기점으로 전통체육과 근대체육으로 나누었다. 그 이후에는 일반사의 시대구분을 변용하여 많은 시도들이 있어 왔는데 최근에는 선사 및 고대의 체육, 중세의 체육, 개항 이후의 체육으로 3분하는 방식이 많이 수용되고 있다. 무사(군사)체육과 전통놀이중심의 성격을 공유한 고려 · 조선시대를 중세로 묶어 이를 기

| | |
|---|---|
| 선사 및 고대의 체육 | 선사시대의 체육<br>부족사회의 체육<br>삼국 및 통일신라의 체육 |
| 중세의 체육 | 고려시대의 체육<br>조선시대의 체육 |
| 개항 이후의 체육 | 개화기의 체육<br>민족시련기의 체육<br>광복 이후의 체육 |

점으로 전후의 한 시대씩 구분하여 3분한 것이다. 고려와 조선시대를 한 시대로 묶은 것은 일반사와는 다른 방법인데, 이는 체육의 개념 측면에서 공통점(무사 및 군사체육이 공유된 시기)을 확인할 수 있기 때문으로 본다. 또한 개항 이후를 새로운 시점으로 삼은 것은 개항을 통해 본격적으로 서구의 체육개념이 소개되고 많은 스포츠 종목들이 시작되었기 때문이다. 한편, 선사 및 고대의 체육은 성격이 서로 다른 측면도 있지만 체육활동의 시작과 정착이라는 점으로 묶여졌다.

## 4. 체육사 연구의 방법

지금까지의 체육사 연구에 기초를 닦은 작업은 비에스(Vieth, 1763~1836)의 《체육운동사에의 기여》이다. 그는 계몽적인 문명사관에 입각하였으며 나중에 동일한 내용으로 《신체운동사》라고 명칭을 바꾸었다. 그의 계몽적 사고는 구츠 무츠(Guts Muths)의 영향을 받아 새롭게 구상한 것이다. 비에스 이후 체육사에 대한 많은 저술과 논문이 나왔다. 19세기까지 체육사 연구는 독일을 중심으로 발전해 왔다. 20세기에 들어서면서 2차 세계대전 이전까지는 민족사적 입장의 연구는 민족사적 입장의 연구경향이었으나 그 이후부터는 국가주의에서 국제주의로 이행되면서 국제적인 비교연구가 많아졌고, 또 한 편에서는 자국의 체육사를 고대부터 통사적으로 개관하는 연구가 늘었으며, 아울러 연구영역이 더욱 세분화되고 분화되는 모습을 보이고 있다.

체육사 연구의 방법을 일반사의 연구방법과 비교해 보면, 체육사 연구의 특성이 고려되어야 함에도 불구하고 연구 자체에 커다란 상이함이 있는 것은 아니다. 그것은 역사적인 문제에 대한 선택, 대상 자료에 대한 분류와 비판, 해당 자료에 대한 상태와 사건을 설명하는 구성방식, 새로운 사실의 발견 및 해석하는 내용 등에 있어 별 차이가 없기 때문이다. 따라서 역사연구의 과정에서의 시대구분, 인과관계, 일반화, 보편과 특수성 등의 문제가 체육사 연구에서도 어느 정도 적용될 수 있다. 그러나 그러한 적용에 있어서도 반드시 체육사 연구의 독창성이 필요한데, 때로는 체육사의 특성을 시대구분과 관련하여 설명하고 있다. 이 경우는 체육의 개념이 올바로 파악된 상태, 역사적 사실들의 시간적 · 공간적 종횡의 연관성 파악 등이 선행된 시대구분이어야 한다고 말한 것이다.

이처럼 체육사 연구의 방법은 일반 역사연구의 방법과 차이가 없고, 단지 나름대로의 독창성을 갖는 것이 우선적으로 요구된다.

## 5. 본서의 서술논점

본서는 기존의 체육사 개론서들의 서술방식을 유지하면서도 나름의 특색을 세우려 한다. 첫째, 본서에서는 인물중심의 서술을 보강하였다. 그 동안의 개론서들이 제도와 정책 및 프로그램을 주로 다루었다면 본서에서는 이를 살펴보면서도 각 시대의 중요한 인물들이 그 시대를 전후하여 어떠한 영향을 미쳤는가, 즉 그들의 체육사상 및 업적을 취하는 것이다. 이는 제도와 인물을 함께 파악한다는 장점이 있을 것이다. 둘째, 본서에서는 '동북아시아 체육사'를 별도의 단원으로 내세워 집중

부각하였다. 세계사적 문명의 전환이 지중해와 대서양을 거쳐 이제 태평양으로 향하는바, 그 동안 소홀히 되어 왔던 한국, 중국, 일본의 체육을 다루려는 것이다. 특히 1995년 성립한 동북아시아체육스포츠사학회의 창립을 계기로 한국, 중국, 대만, 일본 등의 체육사학자들은 동북아지역 체육의 전개과정을 나름대로의 시각을 가지고 연구하려는 입장을 강화해 가고 있다.

그 동안 우리나라의 체육사학회가 국제조직과 연계하지 못하다가 동북아시아체육스포츠사학회를 계기로 우리나라와 국제기구와의 연계가 시작되었다. 한 · 중 · 일 · 대만을 중심으로 하는 동북아시아체육스포츠사학회(ASHPE: Asia Society for History of Physical Education and Sport)는 우리나라의 노희덕 교수를 비롯한 10여 명의 교수가 일본에서 열린 '한 · 일 체육사 · 사상연구교류세미나'가 확대되면서 만들어진 단체이다.

이 단체의 성립과 활동은 동북아시아 고유의 역사전개와 공통의 문화인식에 근거한 체육사 연구에 불을 지핀 것으로 보아야 하며, 본서를 이러한 시각의 출발점으로 삼으려는 것이다. 이는 고대 이래 독자적인 문화권을 형성해 왔고 그 속에서 특수한 체육문화를 형성해 온 동북아시아의 체육을 이제 정리할 필요가 있다고 본다는 점에서 더욱 그렇다.

이 책은 크게 제 1 편 체육사 연구론, 제 2 편 서양체육의 역사, 제 3 편 동북아 체육사 등 세 편으로 나뉘어진다. 이 책에서는 특별히 동북아 체육사를 강조하기 위하여 동북아를 제외한 곳을 모두 서양체육의 역사라는 제목으로 삼게 되었다.

다음으로 서술방식에 있어서는 대체로 개설, 교육, 체육, 인물의 4부분으로 나누어 기술하였다. 이러한 서술은 기존의 개론서들이 유사하게 채택하고 있는 방식인데, 본서에서는 위에서도 언급한 것처럼 인물들에 대한 관심을 반영하고 체육발전에 기여한 인물들을 따로 설정하였다. 그러나 책 전체에서 이러한 분류가 모두 가능하지 못한 점은 어느 정도의 한계이며, 특히 동북아 체육사 편의 경우는 나름대로의 서술방식을 택하였다. 이는 아직 동 · 서양의 체육변천에 대한 일관된 시각의 보완이 더 필요한 점이기도 하다.

### *시대개관*

시대개관에서는 체육발전과 관련된 각 시대의 역사적 배경을 주로 논하였다. 이는 신체활동으로 시작된 체육이 인간의 구체적 삶(정치, 경제, 사회, 종교, 문화, 교육 등) 속에서 형성되었기 때문이다. 흔히 정치와 경제를 중심으로 인류역사를 기술하는 경우가 많았다. 그러나 최근의 연구동향은 문화사의 비중이 커지면서, 또한 모든 구성요소를 종합한 총체적인 시각의 연구가 많이 시도되고 있다. 마찬가지로 체육사 연구에 있어서도 각 시대 체육의 전개과정과 체육이 의도했던 바를 이해하기 위해 배후에 숨은 정치적, 사회경제적, 문화적 특성들을 살펴야 하는 것이다. 이를 위해 본서에서는 일반사의 연구성과를 대폭 수용하였다.

#### (1) 교육

교육은 문화의 전달과정이란 측면에서 보면 인류역사 초기부터 시작되었다고 볼 수 있다. 인류의 발전과정이 교육에 의한 축적임을 부인하지는 못한다. 그런데 이러한 교육은 체육과 더불어 발전하여 왔다. 특히 과거로 거슬러 올라갈수록 체육은 교육의 한 과정으로 전개된 측면이 강하다. 따라서 교육에 대한 이해는 체육의 현상을 살피기 위한 기본지식을 제공하는 것이다. 다시 말해, 특정 시기 특정한 교육관은 그 시대의 체육모습과 밀접한 관련이 있다.

어느 시대든지 그 시대의 교육에 영향을 미치는 요인은 사회, 경제, 정치, 종교적 요구이다. 이러한 요구들에 의해 어느 시대이든간에 각 시대에 맞는 교육적 이상이 설정되어 있다. 예를 들어 원시사회에서는 '훌륭한 사냥꾼 양성', 고대의 국가형성기에는 '용감한 군인(무사)훈련', 고대 그리스에서는 '심신의 조화 및 사회구성원으로서의 시민 육성', 중세 기독교 사회에서는 '선한 영혼의 교육', 근대에 들어서는 '시민사회의 사회의식 및 책임감 육성'과 '산업사회의 노동력 훈련' 그리고 현재에는 '전인교육' 등이 각 시대별 교육목적이 되었다. 따라서 이러한 교육의 목적하에 전개된 체육의 모습을 살펴보아야 한다.

### (2) 체육

현재 우리가 일반적으로 다루고 있는 체육학의 대상은 신체 및 신체운동이다. 그러나 체육사에서는 신체와 관련된 모든 교육, 문화내용들을 함께 다루기 때문에 이보다도 더 넓은 개념이 연구대상이다. 본서에서는 각 시대의 체육내용으로 어떠한 것이 있으며, 이러한 체육의 목적과 목표를 살펴보았다. 체육사의 분과에는 경기 및 신체활동의 기술변천을 대상으로 하는 경기 · 기술사(競技技術史), 체육사상을 대상으로 하는 사상사(思想史), 복장 · 서설 · 용구 등을 포함한 제도의 변천을 대상으로 하는 제도사(制度史) 등이 있는데 이 가운데 사상사는 (3) 인물편에 싣도록 한다.

### (3) 인물

체육사 연구에서는 일반사와 달리 인물들의 활약과 업적을 중시하지 않을 수 없다. 예를 들어 범애학파인 구츠 무츠와 그의 영향을 받은 독일의 얀, 스웨덴의 링 등과 같은 인물을 소홀히 하고 근대 유럽의 체육발전을 제대로 서술할 수는 없는 것이다. 특히 각 지역, 시대에 따라 체육에 영향을 미친 인물에 의해 체육의 개념이 발달하여 왔고 체육의 발전이 배가되었던 것이다. 본서에서는 이들의 활동을 그 시대의 역사적 배경 및 사회의 변동과 관련시켜 설명하면서도 이들이 체육에 미친 영향을 보다 상세히 다루었다.

# 제 2 편

# 서양체육의 역사

# 제 1 장

# 원시 및 고대

### *시대개관*

과학자들은 지구의 나이가 30억 년, 아니면 그보다 더 오래되었을 것이라 추정하고 있다. 반면에 지구상에 생명체가 존재한 것은 그 시기의 약 1/10인 3억 년 전부터였으며, 인류의 탄생은 그보다 훨씬 최근의 일로 대략 3백5십만 년 전부터 시작되었다. 더욱이 문명과 함께 하는 역사시대가 시작된 것은 겨우 5천 년 전으로, 이것은 인류와 지구의 나이와 비교해 볼 때 매우 짧은 시기라 할 수 있다.

인류의 시작에 대해서는 대체로 원숭이와 인간의 중간존재인 유인원(類人猿)으로부터 인간이 진화되었다고 보는 견해가 우세하다. 그 중 최초의 인류로 오스트랄로피테쿠스(Australropithecus)가 있는데, 이는 직립보행을 하고 두 손을 사용하여 조잡한 도구를 사용할 수 있었다. 50만 년 전에 등장한 호모 에렉투스(Homo Erectus)는 뇌의 용적이 이전보다 두 배나 컸으며, 지능이 발달하여 불을 사용하고 동굴에서 생활하였다. 홍적세 중기부터 후기(약 20만 년 전)에 등장한 호모 사피엔스(Homo Sapiens)는 박편석기를 사용하였고 최초로 모피로 의복을 만들었으며 화로까지 사용하여 추운 환경을 견딜 수 있었다. 지금부터 약 4만 년 전, 빙하기가 끝나고 기후가 차츰 따뜻해지면서 바다와 육지가 지금과 비슷해질 무렵 등장한 호모 사피엔스 사피엔스(Homo Sapiens Sapiens)는 현생 인류의 직접 조상이 되었다. 이들은 예리한 타제석기와 골각기를 사용하여 채집과 수렵생활을 하였다. 그리고 종교적 · 예술적 생활을 한 흔적을 남기고 있다.

이상을 통해 볼 때, 원시시대의 인류는 자신의 삶을 기록으로 남기지 못했지만 오랜 시간에 걸쳐 조금씩 변화와 발전을 이룩한 인류였다.

세계사의 측면에서 볼 때 고대시대의 시작이 되는 기준은 문명의 성립이 될 것이다. 이는 인류는 문명을 성립시킴과 동시에 이전과는 찾아볼 수 없을 만큼 새로운 모습들을 갖게 되었기 때문이다. 즉, 인간사회 내부의 평등한 공동체가 사라지고 권력과 지배권의 유무에 따른 계급적 분류, 지배계급의 피지배계급에 대한 영속적 지배구조로서 성립한 국가의 발생, 홍수와 범람으로부터 농경지를 보호하려는 치수작업의 성공으로 결과된 관계농업의 시작, 인간사회의 여러 문제들에 대한 합리적 조정과 권력자의 권력행위를 보장해 주기 위한 법률의 제정, 자신들의 삶의 업적과 교훈을 후세에 알리기 위한 문자의 발명 등이 모두 위와 같은 문명을 구성하는 내용이 된다.

지구 전역에 걸쳐 거의 비슷한 시기(약 5천 년 전)에 문명이 성립하였는데 오리엔트 지역의 이집트와 메소포타미아 문명, 인더스 강 유역의 인더스 문명, 그리고 황하 유역의 황하 문명 등이 해당된다.

## 1. 원시사회의 체육

원시사회는 아직 인류가 문자를 발명하기 이전 시기로, 선사(先史)시대에 해당된다. 따라서 이 시기의 인류에 대해서는 그들이 남긴 유물 · 유적을 중심으로 생활양상을 규명하게 되는데, 크게 구석기시대(Paleolithic Age)와 신석기시대(Neolithic Age)로 구분하여 살핀다.

구석기시대는 원시사회의 거의 전 부분을 차지하였다. 이 시대에 인류는 채집, 수렵, 어로(漁撈)를 주된 경제수단으로 하였고 오랜 기간에 걸친 진화의 과정으로 점차 자신의 생활을 개선해 가고 있었다. 즉, 더디기는 하였지만 조금씩 자연과의 투쟁을 겪으며 언어와 불의 사용, 도구의 개선, 종교와 예술의식의 시작 등이 이루어졌다. 그렇지만 이 시기까지 인류는 아직 자연으로부터 자유롭지 못하였다.

신석기시대는 지금으로부터 약 1만 년 전, 인류가 농경생활에 진입한 것을 기점으로 시작되었다. 이전까지의 인류가 주로 자연에 의존하고 자연조건에 종속된 존재라면, 이제 자연을 정복하고 자연을 인간의 의지대로 개발할 수 있는 시점이 된 것이다. 농경과 아울러 목축이 시작됨으로써 인류는 자신이 필요한 곡식과 육류를 보다 많이 획득할 수 있게 되고 인류생활의 비약적 발전을 확보하게 되는데, 이를 '신석기 혁명(Neolithic Revolution)'이라 부른다.

### (1) 교육

원시사회의 교육에서 중요한 것으로 추측되는 것은 생존을 위한 수단을 얻는 것이 제 1 목적이라는 것이다. 생존에 대한 인간의 노력은 본능적으로 얻어지기도 하지만 음식물, 의복 그리고 피난처를 보다 쉽게, 효율적으로 얻기 위해서는 경험을 통해 쌓인 지혜의 전수가 연장자로부터 행해졌던 것이다. 이러한 경험을 통한 지혜의 전수는 인간이 자연과의 관계 속에서 자신을 지키는 모든 측면에서 이루어졌다.

한편, 이 사회에서는 인간의 능력을 벗어난 부분에 대해서는 믿음의 차원으로 자신의 운명을 맡기는 경향이 강하였다. 즉, 이들은 특정 자연현상이나 대상을 정해 놓고 주술이나 종교적 행위를 하였는데 이러한 주술이나 종교적 관습이 매우 중요한 사회적 행위로 간주된 이후에는 교육의 핵심적 내용으로 자리잡게 되었다. 나아가 이 사회의 구성원들은 개인의 권리나 의식보다는 생존을 위한 집단적 의식이나 단결을 더 중요하게 가르쳤다.

### (2) 체육

원시사회의 거친 환경에서 살아 남기 위해서는 신체적 조건이 잘 갖추어져야 했다. 원시인들의 생활이 이루어진 조건은 엄격한 생존의 경쟁에서 이루어졌는데 강건한 신체가 거의 유일한 수단이었던 것이다. 개인은 물론 집단의 생존을 위해서도 신체의 발달이 중요하게 받아들여졌다.

이상과 같이 신체의 좋은 조건을 갖추기 위한 것이 가장 중요한 가치였고 나아가 용기, 정력 그리고 기술이 부족한 젊은이들은 사회의 위협적인 존재로 간주되었다.

이처럼 원시사회에서 중요하게 가르치는 내용은 거의 체육과 관련된 것이라 볼 수 있다. 다른 집단, 동물과의 싸움에서 승리하여 자신과 부족의 생명을 유지하기 위한 강건하고 유능한 신체를 갖는 훈련은 언제, 어디서나 이루어질 수밖에 없었다. 이러한 교육은 대개 가까운 친족에 의해 행해졌는데, 원시사회에서는 아직 직업이 미분화되지 않은 관계로 전문적인 교육자가 등장하지는 못하였다. 그러나 후기 원시사회에서 사제나 부족와 지도자의 등장과 함께 교육을 담당하는 역할이 나타나 전보다 높은 수준의 교육이 가능해졌다.

원시사회의 체육활동에는 흉내내기, 달리기, 던지기, 뜀뛰기, 기어오르기, 수영 등 가장 기본적이고 기초적인 것들이 행해졌다. 특히, 사냥연습은 직접적인 목적을 가지고 행해졌는데 아이들은 작은 화살과 활을 사용하여 집 근처에서 게임의 형식으로 연습하였다. 기술이 나아지면 좀더 활동적인 연습을 하게 되었고, 이는 전쟁연습활동으로 이어졌다.

젊은이들은 어른들의 칭찬과 인정을 받기 위해 신체활동에서의 우수성을 보이려 하였고, 부족들의 영웅을 모방하거나 동료들과 제사에서의 경쟁적 놀이에 참여하였다.

이 시대의 무용은 다른 어느 활동에 비해 커다란 의미를 갖고 있었다. 무용은 신과의 대화 및 보이지 않는 세계에 대한 영향력을 확인하기 위

**석기시대의 벽화(들소와 말)**
(라스코 동굴벽화(남부 프랑스))

한 활동으로서 집단 전체의 생존 및 단결을 위한 필수적인 노력에 해당하였다. 형형색색의 의상착용과 사랑, 미움, 공포, 승리 등 다양한 감정의 표현이 다채롭게 펼치진 것은 이러한 점을 충분히 반영하고 있다.

## 2. 고대 오리엔트 및 주변 지역의 체육

### 1) 이집트의 체육

나폴레옹의 이집트 원정에서 발견된 로제타 돌에 새겨진 상형문자를 해독하면서 밝혀지기 시작한 고대 이집트 문명은, 흔히 이집트인의 젖줄이라 불리는 나일 강 유역을 중심으로 기원전 3000년경부터 발전하였다.

상류로부터 운반된 고운 흙이 퇴적된 삼각주 지대는 농사의 최적지로서 이집트인의 생활의 원천이 되었고, 홍수의 시련을 이겨 내면서 이집트인들은 위대한 문명을 건설할 수 있었다.

이집트는 북쪽을 지중해가 둘러싸고 있고 남쪽에는 사막이 가로막혀

로제타 돌

있는 폐쇄적인 지형조건을 갖추고 있어 외침의 두려움 없이 통일왕조가 지속되면서 안정된 사회를 형성하였다.

안정된 사회에 익숙한 이집트인들은 결국 사후세계에 많은 관심을 보이면서 내세적인 가치관을 발달시켰다. 또한 이러한 내세적 관념은 자신들의 최고 통치자인 파라오(Pharaoh)의 권위를 절대적인 것으로 만드는데, 피라미드와 미라는 이를 반영한 것이다.

최초의 문명 가운데 하나인 이집트 문명은 농업과 건축의 과정에서 많은 분야의 업적을 남기게 되는데 대수, 기하학, 측량술, 태양력, 의학, 상형문자, 10진법, 파피루스 등을 발명하였다.

### (1) 교육

문명의 발전과 더불어 자신의 삶을 기록으로 남기려는 경향이 강해지면서 체계적인 기록과 관련된 교육이 발전하였다. 그리하여 아동들에게는 12세까지 읽기와 쓰기 그리고 셈하기가 추가된 교육이 강조되었는데, 이러한 교육은 기록관을 양성하는 학교에서 주로 가르쳤다. 이들은 이후 기록관청에서 견습한 후에 정식 기록관에 임용될 수 있었다.

교육의 주된 목적은 즐거움을 얻기보다는 직업을 얻을 수 있고 생활 속에서 실제로 필요한 것을 추구한 실용적인 목적이 강하였다. 그리고 부수적으로 필요한 것들이 교육되었는데, 예를 들면 서기나 관리가 되기 위한 교육과정에서 윤리나 문학작품 등에 표현된 종교적 개념을 이해할 수도 있고 시, 노래 그리고 과학 등을 통해 지식을 얻기도 하였다.

그러나 여가를 많이 확보하게 되는 귀족이나 사제계급은 산술 · 천문학 · 기하학 등을 전문적으로 연구하기도 하였고, 고급 학문을 위한 학교가 사제계급에 의해 운영되기도 하였다.

이집트의 교육체제에서 볼 때 교육의 주된 대상은 사회의 주도층에 국한되었을 뿐 하층계급에 대한 교육은 거의 없었다.

### (2) 체육

이집트의 교육체제에서 체육이 특별한 역할을 맡지는 못하였다. 이는 체육의 필요성이 당시 사회에서 크게 요구되지 않았기 때문인데, 예를 들어 군사적인 측면에서도 짧은 시기를 제외하고는 다른 지역을 정복하는 일이 거의 없었기 때문이었다. 따라서 체육에 대한 국가의 강제적 작용도 없었다. 단지 직업적인 역할에 의해 일정한 신체운동이 뒤따랐는데 농민, 직업군인, 장인(匠人)들은 노동에 따라 일정한 신체활동을 하고 있었다.

실용적인 이집트인들은 군사적 혹은 건강의 목적보다는 직업, 여가생활 그리고 종교적 목적으로서의 신체활동에 더 관심을 두었다. 그리

나일 강의 뱃놀이

하여 미라(mirra)에서도 볼 수 있는 것처럼 의학에서 뛰어난 업적을 보여 주었지만 건강을 직접적으로 운동과 관련시켜 이해하지는 못하였다.

체육에 관해 자세히 알려진 것은 거의 없지만 서기양성학교에 다니는 학생들은 쉬는 시간에 놀이를 배웠다. 특히, 수영이 많이 보급되었는데 심지어 여자들 사이에서도 유행하였다. 벽화에 보면 이미 오버핸드 스트로크 동작이 있었고 인공호흡의 모습도 확인된다.

직업적으로 행한 것은 아니지만 이집트인들은 신을 찬양하기 위한 체조를 행하였는데 무용학교나 무용전문과정은 대부분 사원에서 필요한 무용인을 양성하기 위한 것이었다.

무사계급은 전쟁에서 유용한 기술을 발달시키기 위해 게임과 스포츠를 통해서 군사적 운동을 익혔다. 군인들의 자식들은 군인학교에 보내졌는데 여기서 무기를 다루는 법과 근력, 유연성, 민첩성 등을 기르기 위한 힘든 훈련을 받았다. 또한 레슬링과 군무(軍舞)도 배웠고, 사냥기술을 군사훈련의 수단과 맹수를 퇴치할 목적으로 습득하였다.

기원전 2000년경 아랍에서 말이 도입된 이후에는 마차싸움과 말을 이용한 사냥이 귀족계급에게 보편화되었다. 사냥에 참가한 왕족과 귀족들은 자신의 포획물을 자랑하였는데 화살, 돌, 부메랑 등을 사용하였다.

게임과 관련해서는 현대에서도 볼 수 있는 여러 장난감들이 아이들에 의해 사용되어 다채롭게 행해졌다. 구르기, 돌기, 던지기, 막대싸움, 주사위놀이 등이 행해졌고 특히 공놀이는 남녀 구분 없이 제일 인기 있는 놀이였다.

무용은 초기부터 사람들의 관심을 끌어 왔다. 왕족과 귀족들이 종교적 무용에 열중하고 연회를 위해 무용전문가를 고용한 반면에 직업인들과 서민들은 민속 및 곡예무용 등을 주로 하였다. 무용의 반주를 위하여 플루트, 캐스터네츠, 북 등이 사용되었다. 종교적 무용에서의 동작들은 고정적이고 유연성이 약해 보이기도 하지만, 이러한 동작들은 모두 이집트인들의 예술의식이 반영되어 정형화된 것이다.

## 2) 메소포타미아의 체육

메소포타미아(Mesopotamia)의 어원은 '강(potamia) 사이(meso)에 있는 땅'에서 비롯되었는데 티그리스 강과 유프라테스 강 사이의 비옥한 지대를 바탕으로 기원전 3000년경부터 문명이 발달하였다.

이집트의 지리적 환경이 사막과 바다로 둘러싸여 비교적 외부의 침입을 덜 받았기 때문에 안정된 사회가 유지되고 통일왕조가 지속된 반면에, 이 지역은 교통이 발달한 개방지형으로서 상업의 발달이라는 이점에도 불구하고 잦은 전쟁과 외침으로 인해 왕조의 교체가 빈번하였다.

초기에는 수메르인들의 도시국가가 우르, 라가슈 등에 세워졌고 악카드인들이 이 도시들을 통일하였지만, 뒤이어 아무르인들의 바빌로니아 왕국에 흡수되었으며 이후에도 혼란을 거듭하였다.

설형문자의 점토판

불안정한 사회와 전쟁의 고통으로 메소포타미아의 가치관은 기약할 수 없는 미래보다 현세에 보다 관심을 두는 현세적 가치관이 우월하였고 종교관념도 지극히 현세적이었다. 종교는 여러 신을 섬기는 다신교의 전통이었고, 천체의 운행을 통해 인간의 운명을 점치는 점성술이 발달하였다.

메소포타미아인들은 강의 범람으로 인해 구하기 쉬운 점토판에 쐐기 모양의 설형(楔形)문자를 새김으로써 자신들의 기록을 남겼다.

이들의 현세적 사고는 인간사회의 관계를 합리적으로 규정한 법률에 잘 드러나는데 바빌로니아의 함무라비 법전은 세계 최초의 성문법전으로 인정받고 있다. 또한 농업, 건축, 수학, 과학 등 실용적인 측면의 매우 다양한 분야에서 뛰어난 업적들을 남겼는데 태음력, 7요일제, 60진법, 아치(arch)와 돔(dome) 양식, 천문학, 의학, 지렛대, 도르래, 직물, 염색 등을 후세에 남겼다.

### (1) 교육

메소포타미아의 교육은 이집트와 마찬가지로 대부분 실용적이고 직업적인 성격이 강하였다. 따라서 학생들은 장래에 필요한 것들을 준비하기 위한 여러 가지를 배웠는데, 특히 중요한 것은 기록과 관련된 것으로 기록관이 되기 위한 준비과정을 중요시하였다. 기록관은 왕, 사제, 귀족, 상인들을 위한 기록자로서 서사시, 점성술, 번역 그리고 과학 등 여러 분야에 걸친 지식을 습득해야 했다.

메소포타미아 사회의 정신적 주도세력이었던 사제계급은 당시의 학문을 담당하였다. 이들은 사원에서 문헌을 보존하는 데 각별한 신경을 썼으며 과학적인 발명도 시도하였다.

### (2) 체육

기록을 중심으로 하는 메소포타미아의 교육체제에서는 지적인 활동을 중시함으로써 체육의 발달을 기대하기 어려웠다. 아이들은 어려서부터 필기기술 습득에 치중하였고, 이를 바탕으로 상류층의 기록관이 되는 데 온 정성을 기울였던 것이다.

이러한 사회분위기에서 체육은 귀족이나 군인들의 사냥이나 전쟁에 필요한 신체능력을 유지할 수 있도록 훈련하는 데 이용되었고 역시 실용적인 측면이 매우 강한 성격을 띠었다.

군사적 훈련에는 궁술, 투창, 승마, 수렵 등이 전투력을 유지하는 수단으로 높이 평가되었다. 특히, 수영은 전쟁에 필요한 기술로 생각되어 한 손 혹은 두 손을 사용하는 오버핸드 스트로크가 성행하였다.

메소포타미아의 무용은 이집트의 무용처럼 고도로 발달하지는 못하였고 영리적인 목적으로 공연되는 경우도 있었다.

### 3) 고대 페르시아의 체육

페르시아는 아리아족의 일파가 이란 고원 일대에 세운 나라로, 처음에는 메디아의 지배를 받았다. 그러나 점차 세력을 넓혀 B.C. 558년에 페르시아 제국을 건설한 다음에는 오리엔트 전역을 통일하면서 지중해까지 영향력을 미쳤다. 지중해 패권을 둘러싸고 벌인 그리스와의 전쟁, 즉 페르시아 전쟁에서 패배하면서 세력이 약화되기 시작하였고 B.C. 331년 알렉산더의 침략으로 몰락하였다.

페르시아 문화는 동양과 서양문화의 가교역할을 하였고 오리엔트 문명을 후세에 전달하였으며 이슬람 문화의 원형이 되기도 하였다. 페르시아가 문화적으로 번성을 누릴 수 있었던 것은 자신들이 정복한 지역의 기존 문화와 습관 및 종교에 대해 관대한 정책을 폈기 때문이며, 이로써 페르시아 문화의 폭을 넓힐 수 있었던 것이다.

페르시아인들이 만든 종교는 조로아스터교로 흔히 배화(拜火)교라 불리는데, 이 종교에서 보이는 최후의 심판, 이원론적 세계관 등은 기독교를 비롯한 다른 종교들의 교리형성에 영향을 주었다.

#### (1) 교육

페르시아에서는 자신의 제국을 지키고 영토를 확대할 수 있는 능력 있는 군인집단을 양성하기 위한 교육을 강조하였다. 왜냐하면 이러한 인물들을 통해 국가유지의 중요한 수단이 확보될 수 있었기 때문이었다. 따라서 교육의 내용은 군사적 능력, 건전한 도덕성 그리고 강한 애국심을 기르는 것으로 채워졌다.

### (2) 체육

페르시아가 일찍이 오리엔트 전역을 통일하고 오랜 기간에 걸쳐 대제국을 건설할 수 있었던 것은 주변의 여러 나라에 비해 매우 강력한 군대를 갖고 있었기 때문이었다. 이러한 강력한 군대를 육성하기 위해 청소년들에게 체력의 가치를 인정하고 건전하고 강인한 신체를 육성하는 교육, 즉 체육이 가장 중요한 것으로 받아들여졌다.

아이들은 6세까지는 어머니의 품에서 종교의 교리와 가정교육을 주로 받았지만 7세가 되면 국가의 책임 있는 구성원이 되기 위한 교육을 받아야 했다. 즉, 신체훈련과 군사훈련을 위하여 국가가 관리하는 교육을 받은 것이다. 당시에는 오늘날의 학교와 같은 기관은 없었고, 귀족계급의 자식에 대해서는 전문지도자에 의해 궁정이나 귀족들의 저택에서 교육이 이루어졌다.

이들은 일찍 일어나 정해진 장소에서 달리기, 투석, 궁술, 투창 등의 훈련을 받았다. 특히, 승마는 단순히 말타는 기술뿐만 아니라 달리는 말을 쫓아가 올라타기, 뛰어내리기, 달리는 말에서 활쏘기 등 다양한 기술을 연마하였다.

기본훈련이 끝나는 단계에서 소년들은 사냥훈련을 받게 되었다. 이 훈련에서는 더위와 추위에 견디기, 야간행군, 무기를 들고 강 건너기 등 혹독한 과정을 거쳐야 했다. 식사는 이틀에 한 번 하기도 했으며, 필요한 식량을 사냥을 통해 조달하였다. 사냥에 나가지 않을 때에는 궁술, 승마 등을 익혔고, 무기나 방패 등 짐승을 잡는 도구를 만들거나 농사를 지었다.

15세까지의 훈련과정이 끝난 소년은 50세까지 현역군인으로 복무하게 되었다. 훌륭한 자질을 보인 군인은 퇴역 후에 훈련지도자로 선출되어 최강의 군대를 만드는 데 기여할 수 있었다.

### 4) 고대 인도의 체육

기원전 3000~25000년경 인더스 강 유역에 도시국가들이 세워지면서 인더스 문명이 발생하기 시작하였다. 이 문명의 주인공은 드라비다족으로 아리아인이 남하하기 전의 선주민이었다.

인더스 강 유역은 비옥한 평야가 넓고 기후가 농사에 적합하였으며 교통의 요지이기도 하였는데 대표적인 유적지로 하랍파와 모헨조다로가 있다.

기원전 2000년경에 현재 인도의 주인공인 아리아인이 남하하여 선주민을 정복하면서 강의 상류인 편잡 지방을 중심으로 세력을 팽창하였다. 아리아인들은 인도의 광활한 자연과 변화무쌍한 기후조건 속에서 개인의 즐거움이나 무상한 인생으로부터 해방되는 영혼불멸의 구원을 추구하였는데, 그 결과 여러 종교적 관념들이 브라만교(Brahmanism)로 통일되었다.

브라만교가 융성하자 이 종교의 사제집단인 브라만 계급이 다른 백성들을 지배하는 과정에서 카스트(Cast)제도가 만들어졌다. 카스트제도는 엄격한 신분차별의 제도로서 전체구성원을 브라만(사제), 크샤트리아(군인, 관료), 바이샤(생산담당), 수드라(노예)의 4계급으로 나누어 신분과 역할을 엄격히 구별하였다.

브라만의 차별에 반대한 개혁운동으로 새로운 종교들이 성립하는데, 여기에는 엄격한 고행과 금욕을 중요시한 자이나교와 자비와 평등 및 중생의 구제를 강조한 불교 등이 있었다.

여러 왕조의 흥망을 거듭하고 난 5세기에 브라만 집단은 종래의 브라만교와 불교 및 재래의 민간신앙을 합쳐서 힌두교(Hinduism)를 만들어 냈고, 이 종교가 현재까지 인도에서 중심적 역할을 해 오고 있다.

### (1) 교육

고대 인도에서의 교육의 최대관심은 신성한 종교적 명령과 카스트제도를 유지하도록 하는 데 있었다. 이는 종교적 권위와 카스트제도를 통해 사회를 지속적으로 지배하고자 하는 브라만 계급의 입장이 반영된 것이었다.

교육의 체제도 신분에 따라 엄격하게 구별되었는데 브라만의 자식들은 사제가 되기 위한 훈련을 집중적으로 받았고, 사회 전체를 지배하기 위한 능력이나 교육지도자가 되기 위한 수련을 받았다. 크샤트리아 출신의 소년들은 군인이나 관리가 되기 위한 교육을 주로 받았고, 바이샤의 자식들에게는 상업이나 농업 등 생업에 필요한 기술위주의 교육이 행해졌으며, 노예인 수드라에게는 교육의 기회가 제공되지 않았다.

교육내용의 바탕에는 물질적인 이익이나 즐거움보다 궁극적인 구원을 중요시하고 현세보다 내세를 강조하는 사상이 깔려 있었다. 또한 자신의 현재 위치에 대한 운명적인 수용을 강요받았으며, 아이들의 잠재적 능력의 개발에는 신경을 쓰지 않았다.

### (2) 체육

고대 인도인들은 종교교리 속에 건강을 위한 많은 규정들을 갖고 있었다. 맑은 영혼을 위해서 술을 금했고 특정한 음식물이 금지되기도 하였다. 단식은 질병을 치료하고 명상에 도움을 주기 위해 장려되었고, 죄를 씻는 상징으로서의 목욕을 매일 하도록 하였다. 초기 유적지인 모헨조다로에는 엄청난 규모의 큰 목욕탕과 작은 8개의 목욕탕 흔적이 남아 있다. 이상과 같이 고대 인도는 종교적 계율과 결합된 청결 · 위생생활이 제도화됨으로써 자연스럽게 건강이 강조된 사회였다.

그러나 종교적 목적을 달성하기 위해서 금욕적인 수련과 신체적 고통을 감수해야 하는 사회분위기 때문에 신체활동이 수반되는 체육은 거의 발달할 수 없었다. 단지 건강규칙과 종교양식에 필요한 일부의 무용이 행해졌다.

군인들이 전투기술로 궁술, 검술, 투창 등 여러 기술을 익혔지만, 평상시에는 군사적 훈련에 치중하기보다 사냥이나 소일거리의 운동을 하거나 태만한 생활을 하는 경우가 많았다.

후대에는 군인과 귀족 사이에 폴로(Polo) 경기가 행해졌고, 이들이 만든 요가(Yoga)는 심신훈련의 방법으로 오늘날까지 전해지고 있다.

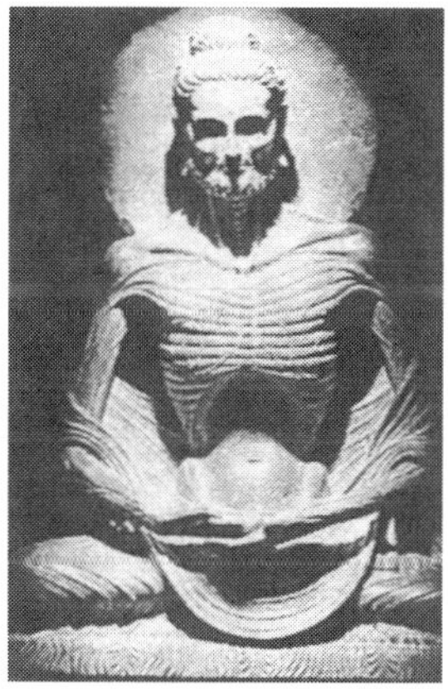

불교의 고행

## 3. 고대 그리스의 체육

'최초의 서양인'이라고 불려지는 그리스인의 문명은 원래 유럽의 도나우(Donau) 강 지역에 거주하던 인도-유럽 어족의 한 갈래가 그리스 반도로 남하하면서 시작된 것이다. 이들의 남하는 일시적으로 이루어진 것이 아니라 크게 두 차례에 걸쳐 이루어졌는데 최초에는 기원전 2000년 무렵부터 1500년에 이르기까지 동방 방언군에 속하는 이오니아인들과 아카이아인(에오리아인이라고도 함)이 남하하였다. 이오니아인들은 소아시아 서쪽 기슭으로 이주하였는데 비교적 기존의 토착민(에게인)이 건설한 크레타 문명(대략 기원전 3000년경부터 시작된 청동기 · 해양 문명, 미노아 문명이라고도 함)과 잘 융합되었다. 아카이아인들은 더 남쪽으로 이동하여 본토중심으로 문명의 꽃을 피웠고, 기원전 1400년에 기존의 크레타 문명을 정복하였으니 이를 미케네 문명이라 한다. 제 2차 이주는 기원전 1200년경 서방 방언군에 속하는 도리아인들이 중심이 되었는데 이들은 철기문화로 무장함으로써 신속히 미케네 문명의 여러 왕국들을 정복할 수 있었다. 이로써 기존의 문명이 파괴되었으니 호메

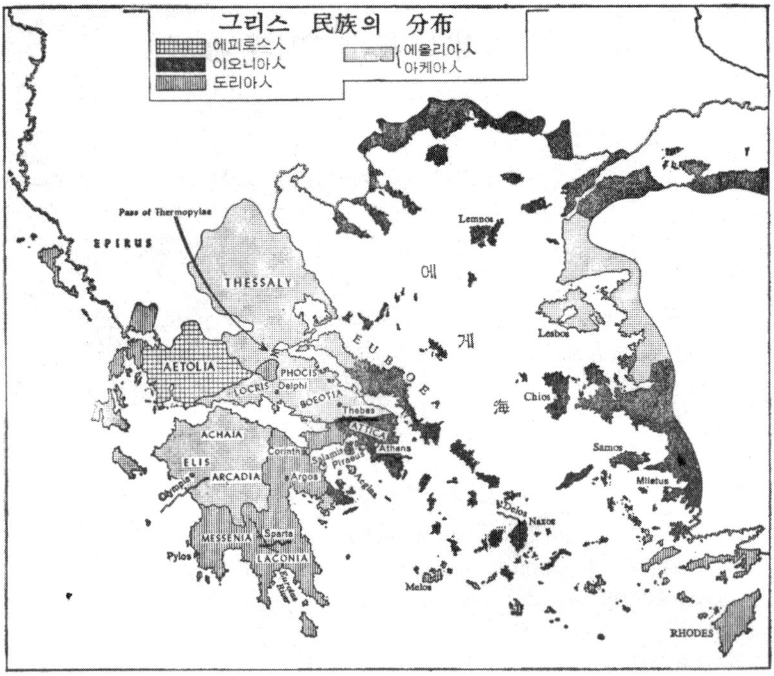


그리스 민족의 분포

로스의 대서사시《일리아드》,《오디세이》가 취재한 트로이 전쟁은 미케네 문명의 몰락을 상징적으로 표현한 것이다. 이후 기원전 800년경, 폴리스의 성립으로 문명이 다시 꽃피기 전까지 오랜 암흑시대를 겪게 되었다.

그리스의 역사시대는 기원전 1200~800년에 시작되었다고 볼 수 있는데(폭넓게는 기원전 2000년부터) 이 시대에 관한 사료는 거의 호메로스의 두 서사시밖에 없으므로 이 때를 '호메로스 시대' 혹은 '암흑시대'라고 부른다. 이후 그리스 역사는 폴리스의 성립을 계기로, 또한 체육사의 관점에서는 기원전 776년 엘리스(Elis)의 Olympia에서 있었던 제 1 회 올림픽경기가 시작된 시점을 계기로 새로운 출발을 삼는다. 이후의 그리스 역사는 여러 폴리스들에 커다란 영향을 가져다 준 페르시아 전쟁을 계기로 다시 두 시기로 나뉘는데, 이 구분은 우리 체육사의 관점에서도 이 전쟁을 계기로 그리스 체육의 양상이 전환되었다고 보기 때문에 수용되고 있다. 즉, 페르시아 전쟁 이전의 체육이 스파르타로 대표되는 상무적 체육이 주류를 이룬 것에 비해, 전쟁 이후에는 아테네를 중심으로 한 조화롭고 이상적인 체육의 양태가 전개되었던 것이다. 그리하여 본서에서는 그리스 체육을 크게 호메로스 시대의 체육, 스파르타의 체육, 아테네의 체육으로 시대구분을 하였다.

고대 그리스인들의 활동무대였던 그리스 세계, 즉 헬라스(Hellas)는 현재의 그리스 반도의 남쪽 절반 지역인데, 이 곳은 산악이 많고 평야라고는 산과 산 사이에 끼어 있는 분지가 대부분이어서 육상교통이 매우 불편하였다. 이러한 지리적 조건은 그리스인들로 하여금 민족적 통일왕국을 이루지 못하고 많은 도시국가, 즉 폴리스(Polis)로 나뉘어 살게 한 중요 원인이 되었다. 그리스는 또한 아열대 건조기후지역이어서 곡물생산지로 적합하지 않았던 반면에 과실의 재배에는 적당하였다. 이러한 곡물생산의 부족은 인구의 자연적 증가와 더불어 그리스인들로 하여금 해외진출을 촉진하는 원인이 되었다. 육상교통의 불편은 상대적으로 해상교통의 발달을 가져왔는데 복잡하고 굴곡이 심한 해안선으로 인해 양항(良港)이 쉽게 들어섰다.

체육활동의 환경적 조건과 관련해서 반도는 맑은 하늘이 많고 온도가 높기 때문에 고대 그리스에서는 노천에 광장과 시장이 생기고, 신체경기와 그 밖의 옥외활동이 활발할 수 있었다.

기원전 8세기에 들어 암흑시대가 종식되자 그리스 사회는 사회적 안정과 철기의 보편화에 따른 농업기술의 발달로 인구가 급증하게 되었다. 이에 따라 그리스에서는 토지부족현상이 나타났고, 그 해결책으로 이웃한 촌락의 토지를 강점하려는 정복의 위협이 대두하였다. 이러한 외부의 위협에 대해 인근 촌락들을 결합하고 그 수변 지역 가운데 최상의 군사요충지, 즉 방어에 좋은 요새인 아크로폴리스(Acropolis)와 광장

아크로폴리스 전경

아고라(Agora)를 중심으로 모여 살면서 폴리스가 형성되었다. 폴리스는 촌락에 분산하여 거주하던 부족이 아크로폴리스를 소유한 중심도시에 모여드는 집주(集住)를 통하여 형성된 군사적 공동체인 것이다.

그리스인들은 이상과 같이 수많은 폴리스를 형성하여 살았는데, 폴리스는 상호간에 정치적 지배관계가 전혀 없는 자주적이고 독립적인 사회였으며 전체적으로 통일된 정치체제는 없었다. 그러나 그리스인은 동일한 언어 · 종교 · 생활관습을 갖고 있었으며, 자기들과 다른 언어를 갖는 민족을 바르바로이(barbaroi)라고 하여 이민족을 차별하였다. 그들은 자신들이 모여 사는 전 지역을 헬라스(Hellas)라 불렀고, 그리스 민족 전체를 헬렌(Hellen) 신(神)의 후예인 헬레네스(Hellenes)라 부르는 등 강한 유대의식을 갖고 있었다. 평소에는 각 폴리스에서 흩어져 살다가 공동체의식을 확인하기 위해서, 또한 폴리스 간의 대립과 반목을 해소하고 외부로부터의 침략에 대한 공동방어를 위한 대표적인 수단이 바로 올림피아를 비롯한 제전경기들이었다. 다시 말해 동족간의 불신과 대결을 지혜롭게 해결하고 나아가 이웃지역 전체의 안정을 도모할 수 있는 방식으로 폴리스 간의 우애를 다지는 제전경기행사가 비롯된 것이다.

그리스인들은 서양의 문화를 최초로 정리하고 체계화시켜 이후 서양문화 발전의 자양분이 되었다. 그리스 문화는 그보다 먼저 발달한 오리엔트의 문화적 영향을 받기 쉬운 이상적인 위치에 있었을 뿐만 아니라 계속하여 그 문화를 발전시킬 수 있는 여러 환경을 가질 수 있었다. 오리엔트의 전제적 통치방식 및 강력한 신본주의(神本主義) 사상과 달리 일찍이 세습적 토지사유제가 발달한 그리스에서는 최고 통치자는 단지 동등자 중의 제 1 인자에 불과하였다. 그래서 촌락시대부터 장로회와 민회에서의 다수결원칙의 전통이 내려져 왔다. 이러한 민주적 사회풍토는 개인의 가치와 개성을 존중하는 의식으로 연결되어 그리스 사람들의 호기심과 창작적 구상력을 발달시켰다. 그리하여 그들은 연구하고 관찰하며 생각하는 것을 좋아하였고 색채나 리듬에도 민감하여 철학, 시, 음악, 조각, 건축, 웅변, 과학, 연극, 운동 등을 포함한 풍부한 문화적 유산을 후세에 남길 수 있었다.

이러한 문화의 번성은 대개 교육의 발전을 가져오게 마련인데, 그리스의 교육은 매우 진취적이고 적극적인 것으로서 인격과 개성의 완성 및 사고체계의 합리화를 항상 염두에 두었다. 이와 같은 교육의 목표 가운데 인격과 개성의 완성을 이루기 위해서 체육이 중요한 역할을 하게 되었다. 즉, 체육은 근대 이전의 어느 다른 사회에 비해 그리스에서 그 필요성을 인정받고 있었고 또한 체육을 왜 하여야 하는지, 어떻게 해야 하는지를 체계적으로 정립한 체육사상가들이 활동하기 시작한 때이기도 하다.

### 1) 호메로스 시대의 체육

그리스의 역사 가운데 전기에 해당되는 호메로스 시대는 보통 전설적인 인상을 풍기고 있다. 구체적으로는 기원전 1200년경 시작된 도리아인들의 남하와 기존 미케네 문명의 몰락에서부터 기원전 8세기의 폴리스 체제가 성립하기까지의 기간을 말하는데, 체육사의 관점에서는 기원전 776년 엘리스(Elis)의 Olympia에서 있었던 제 1 회 올림픽경기까지를 말한다. 흔히 이 시기를 '암흑시대' 라고 부르는데 일반적으로는 '호메로스 시대' 라 부른다. 이는 이 시대를 밝혀 주는 자료가 거의 호메로스의 2대 서사시 《일리아드》와 《오디세이》에 의존하기 때문이며, 이 시대가 그리스 역사시대의 출발이 되는 것이다. 작품의 성립연대는 여러 이론이 많은데 대략 기원전 9~8세기 설이 유력하다. 이 작품은 그리스 시대를 통해 가장 많이 강의되었으며, 그리스인의 의인적(擬人的) 신관(神觀)과 인간관의 형성에 결정적 역할을 하였다. 작품에는 최고의 신 제우스(Zeus)를 비롯한 12신을 중심으로 수많은 신들이 등장하여 저마다의 역할을 통해 인간의 운명을 좌우한다고 믿었다. 이 신들은 오리엔트 지역의 절대적인 형상에 비해서는 훨씬 인간적인 모습을 하였으나 영구불멸한 존재였으며, 능력에 있어서 인간보다 우수하고 인간을 제약하는 시간이나 공간 및 물리적인 힘과 같은 것에 속박을 받지 않았다.

이 시대의 문화는 아직 미개한 상태를 많이 보여 주며, 상공업의 미발달로 농경생활이나 소박한 전원생활을 하였다. 체계화된 법률체제는 미비하였고 단순한 정치형태가 유지되었을 뿐이었다.

### (1) 교육

전설의 시대로서, 오랜 역사를 사실적으로 증명하기 어려운 이 시대에 관하여는 호메로스의 시를 통해 설명할 수 있다. 이 시기 그리스인들은 호메로스의 시들을 노래하면서 민족의 감성과 미덕을 고취, 배양하였는데 이를 통해 그들의 교육적 관점과 추구하는 바를 엿볼 수 있다. 즉, 이 시대 그리스인들은 완전한 인간상으로 '지혜인(the man of wisdom)'과 '행동인(the man of action)'을 각각 오디세우스(Odysseus)와 아킬레스(Achilles)를 통해 설명하는데 전자는 판단, 총명, 웅변, 주관을 가진 인간을, 후자는 힘, 용기, 기술, 인내를 갖춘 인간을 뜻한다. 이는 당시 교육의 최고덕목이 심신의 조화적 발달에 있었음을 확인시켜 주는 것이다.

《일리아드》의 저자 호메로스의 상

## (2) 체육

이 시대 체육에 관한 관점은 앞에서도 언급한 바 있는 호메로스의 시에 나타난 인간묘사를 통해서 확인된다. 즉, 완전한 인간상의 두 부류 가운데 '행동인(the man of action)'으로 인간을 발달시킨다는 대원칙이 바로 체육의 목적이자 이상이었던 것이다. 고대 그리스 반도 곳곳에서 벌어진 일상적 전쟁들은 전쟁에 필요한 요소들을 강조할 수밖에 없었고 이 요소들 가운데 상당부분이 체육을 통해 이루어진 점이 중요하다. 구체적으로 강한 근력, 충분한 지구력, 상대에 뒤지지 않는 순발력과 민첩성 그리고 용감성 등은 모두 신체의 단련을 통해서 가능할 수 있었다. 그러나 아직 체계적인 교육방식은 부재하였고, 일상적인 레크리에이션을 통해서 혹은 부모나 연장자 등을 통해 자연스럽게 이루어졌다.

주목할 것은 신체활동에 대한 적극적 관심에도 불구하고 이들이 단지 신체적인 우월함에만 집착한 것은 아니었다. 이들은 주변의 아시리아인 혹은 로마인들처럼 근육질의 신체발달을 높이 평가하지 않았다. 대신에 신체의 다양하고 체계적인 활동을 통한 아름다움을 당시 어느 민족보다도 추구하였던 것이다.

《일리아드》, 《오디세이》에 의하면 아직 형식화된 경기가 행해진 것은 아니었다. 종교적 제전이나 장례행사에 참가한 사람들이 특별하게 체육관이나 경기장 혹은 경주로 등의 시설이 없어도 곧잘 자연스러운 형태의 여러 시합을 즐기곤 하였다. 이러한 운동경기들은 귀족들의 권위에 필수적인 행위의 하나로 받아들여졌는데, 왕들과 장군들은 바로 그러한 경기들에 적극 참가한 경기자들이었다. 여기서 행해진 스포츠 종목으로는 권투, 레슬링, 투창, 투원반, 전차경주, 궁술 등이 있었는데 《일리아드》 23권에는 아킬레스(Achilles)의 친구였던 파트로클루스(Patroclus) 추모경기가 전차 → 경주 → 권투 → 레슬링 → 달리기 → 투창의 순으로 실감나게 진행된 장면이 나온다.

한편, 무용에 대해서는 《오디세이》 1권에 언급되어 있는데 오디세우

**호메로스의 서사시에 묘사된 스포츠 일람**

| 서사시 | 오디세이 | | | | | | 일리아드 |
|---|---|---|---|---|---|---|---|
| 경기의 목적 | 레크리에이션 | | 환영행사 | | | | 墓前 행사 |
| 실행자 | 왕녀·시녀들 | 귀족 성인 남자 | 소년 | 두 사람의 왕자 | 성인 남자 | 오디세우스 | 아카이아 전사들 |
| 종목 | | | | | | | |
| 1. 전차경주 | | | | | | | ◎ ※ |
| 2. 권투 | | | | | | | ◎ ※ |
| 3. 레슬링 | | | | | | | ◎ ※ |
| 4. 달리기 | | | | | | | ◎ ※ |
| 5. 창 던져 맞추기 | | | | | | | ◎ |
| 6. 쟁반던지기 | | ○ | | | | △ | ◎ |
| 7. 활쏘기 | | | | | | △ | ◎ |
| 8. 창던지기 | | ○ | | | | △ | ◎ ※ |
| 9. 높이뛰기 | | | | | ○ | | |
| 10. 공놀이 | ○ | | | ○ | | | |
| 11. 무용 | | | ○ | | | | |

※: 호메로스 시대의 5종 경기(Pentathlon), ◎: 상품이 주어진 종목, △: 오디세우스가 행한 종목

스의 부인 페넬로페(Penelope)의 구혼자들이 승리를 얻기 위한 장면에 "그들은 이제 먹고 마시기를 그만두고, 부인을 향해 노래와 춤으로 마음을 얻으려 하였다"는 표현이 있었다. 이러한 무용은 그리스 초창기 이래로 귀족들의 중요한 활동이 되었던 것이다.

## 2) 스파르타의 체육

스파르타는 기원전 12세기경 북방으로부터 남하한 도리아인들이 선주민인 미케네인들을 정복하고 펠로폰네소스 반도의 라코니아 평야에 세운 대표적인 폴리스였다. 이들은 라코니아 정복 이후에도 서남부의 비옥한 메세니아 평원을 정복하고, 기원전 640년경에는 스파르타의 가혹한 지배에 대항해 반란을 일으킨 메세니아인들을 강력히 탄압하여 토지를 몰수하고 국유노예로 만들면서 급진적으로 발전하였다. 이 사건을 계기로 초기의 세련되고 명랑한 사회분위기는 사라지고 스파르타의 정치, 경제, 사회, 문화가 냉혹한 형태로 변모하게 되어 치명적인 약점을 초래하게 되었다. 전체인구의 소수를 차지하고 있던 귀족적 시민계층, 스파르티아타이(Spartiatai)는 다수인 노예를 지배하기 위해서 엄격한 군사훈련과 자기희생을 감수했으며, 위험스러운 사상과 제도의 유입을 방지하기 위해 해외여행과 교역을 금지하고 철저히 고립정책을 추구했다. 경제적으로도 스파르타는 개인의 자유와 민주주의적 요소를 신장시킬 수 있는 중요한 세력인 중산층이 존재하지 않았기 때문에 철저히 보수적이며 군국주의적으로 변모했다.

사회구성은 3계층으로 분리되었다. 지배계층인 스파르티아타이는 전체인구의 5%를 넘지 않았으나 이들만이 시민으로서 정치적 특권을 장악하고 있었다. '주변인'을 의미하는 페리오이코이(Perioikoi)는 선주민으로서 자발적으로 스파르타의 지배에 복종한 사람들로 구성되며, 준시민으로서 참정권은 없었으나 자유롭게 교역과 제조업에 종사할 수 있었다. 끝까지 항복을 거부한 사람들로 구성된 헤일로타이(Heilotai)는 국가의 재산으로서 토지와 함께 시민들에 할당되었으며, 시민들이 사사로이 이들을 매매하거나 해방시키는 것은 금지되었다. 이들 가운데서 가장 자유를 많이 누린 계급은 페리오이코이였다. 왜냐하면 스파르티아타이는 일생 동안 국가를 위해, 자신의 지배체제를 유지하기 위해 가혹한 훈련을 받고 절제된 생활을 영위해야만 했기 때문이었다. 흔히 '스파르타식'으로 알려진 교육방식은 이들에 대한 것으로 거의 군사훈련에 국한되었다. 바로 이들에 대한 가혹한 군사훈련의 과정에서 효율성을 극대화하기 위한 수단으로 체육이 행해졌던 것이다.

### (1) 교육

스파르타인들의 교육에 관한 입장은 기원전 9세기경 만들어진 리쿠르구스(Lycurgus) 헌법으로 그 기초를 확인할 수 있다. 이 헌법은 스파르타의 주인으로서 소수의 지배계급이 다수의 피지배계급을 효율적으로 다스리기 위한 목적이 제일이었다. 따라서 전 시민을 병사로서 강제로 국가에 봉사케 하는 내용이 핵심이었다.

그 결과 오늘날의 사회주의적 군사국가를 수립한 스파르타의 교육의 목적은 강건한 신체, 애국심, 준법정신, 복종, 용맹심, 용기와 복종심 등을 육성하는 것이라 볼 수 있다. 스파르타 교육의 특징은, 첫째 교육이 국가존립의 중요한 수단으로 여겨진 점, 둘째 개인완성을 위한 사색이나 정서교육이 무시된 점, 셋째 애국심이라는 미명하에 국민정신을 강요한 점, 넷째 개인이나 국가의 기본적 생활향상을 위한 직업교육이 도외시된 점 등을 들 수 있다. 이러한 교육목적들은 스파르타의 강건함과 국가수호라는 목적에는 기여하였으나 사회의 지적 발달이나 미적인 문화의 창달에는 상당한 장애가 되었다. 단적인 예로 생존훈련의 과정에서 스스로 식량을 구하기 위해 반드시 도둑질을 해야 하고 또한 반드시 잡히지 않아야 한다는 철칙이 있었다. 그래서 여우를 훔쳐 품속에 두고 도망가다 잡힌 소년이 여우에게 내장을 물려 죽을 때까지 실토하지 않았다는 전설은 스파르타 청소년 교육의 한 단면을 잘 보여 준다.

### (2) 체육

스파르타의 사회구조와 이에 따른 군사적 팽창정책은 체육의 형성에 많은 영향을 미쳤다. 즉, 호메로스의 '행동인'과 '지혜인'의 분류 가운데 철저히 강인한 '행동인'을 강조하여 체육발전에 일정한 영향을 주기도 하였지만, 지나친 군사적 요구는 체육의 목적 내지는 체육의 방향을 제한하기도 하였다. 왜냐하면 이들의 모든 체육활동, 나아가 모든 교육활동은 오직 전쟁과 관련된 것이라야만 하였기 때문이다.

잘 알려져 있는 것처럼 출생 후 국립신체검사장인 레세(Lechse)에서의 건강진단을 받아 합격한 아이만이 국가의 후원하에 부모의 보호와 육성을 받아 성장할 수 있었다. 반대로 허약아나 불구아로 판정받으면 타우게톤(Taugeton) 산 속에 있는 아포테타이(Apothetai) 동굴 속이나 호수에 버려져 생명의 존엄성마저 인정받지 못하였다. 이러한 과정은 후일 군사적 업무를 수행하는 데 추호의 지장도 없게 한다는 목적에 의한 것이었고, 부모의 양육도 이러한 목적을 관철하는 수단으로 여겨졌다.

스파르타의 남자아이들은 7세가 되면 가정을 떠나 체계화된 공공(公共)교육장 아고게(Agoge)에 수용되어 18세가 될 때까지 교육감독관 파이도노무스(Paidonomus)의 지도를 받으며 성장하였는데· 이들은 기초적인 3R's(reading, writing, arithmetic)가 끝나면 본격적인 체육활동에 주력하였다. 이들의 체육활동은 달리기, 뜀뛰기, 던지기, 수영 등의 신체단련훈련과 인내, 복종 등과 같은 성격형성을 위한 훈련으로 나뉘어 시행되었다. 그러나 훔치기, 매맞기, 굶기 등과 같은 가혹한 시합을 시킨 것으로 보아 인격적 고려가 무시된 경우도 많았다. 한편 스파르타의 청소년 교육은 매우 조직적이었는데, 한 반이 64명으로 편성된 소대 이라이(*νλαν*)와 이라이 넷이 모인 보아이(*βοναυ*)가 있었다. 이라이에는 운동기능이 뛰어난 소년이 선발되어 다른 소년들을 지도하기도 하였다. 보아이에는 약 20세 정도의 지도자로서 오직 파이도노무스에게만 복종하는 에이렌(Eiren)이 소년들의 존경을 받으며 지도를 담당하였다. 특히 보아이에서는 짚으로 만든 까레 위에서 단 한 벌의 코트로 1년을 보내야 했는데, 이들은 학문적인 교과목을 배우는 대신 투창, 도약, 씨름, 달리기, 무용, 음악, 수영, 체조, 유희 능만을 배웠다.

또한 스파르타의 군사적 특성으로 인해 남사들은 평생 군사의무를 지니게 되었고 따라서 체육활동도 연령별로 분석해 볼 수 있다. 18세에서 20세까지의 청년 중기에는 병사(兵舍)에 수용되어 수렵, 활쏘기, 검술, 승마 등을 위주로 한 본격적인 전투훈련을 받았다. 많은 청년들이 이와 관련한 신체단련에 몰두하였으며, 때때로 전투능력의 사열을 받기도 하였다. 이후 30세까지는 반드시 군대에 복무하여야 했으므로 극심한 군사훈련이 반복되면서 전투실전이 뒤따랐다. 30세가 되어서야 비로소 성인으로 시민권이 주어지고 공직도 갖게 되었지만, 실제로 50세까지도 준군인으로서 유사시에는 항상 국가의 부름에 응할 자세로서 신체단련에 임하였다.

이상을 통해 볼 때 스파르타의 청소년들이 오직 군사적인 활동과 이에 따르는 신체적인 단련활동만을 한 것으로 알려져 있으나 음악, 연극과 같은 교육도 받았음에는 틀림없다. 그러나 이들 교육내용은 오직 활발한 율동, 힘찬 단결 그리고 격렬한 가사 등으로 이루어져 호전적인 군인양성에만 기여하였지 본래 목적인 정서순화와는 거리가 멀었던 것이다.

이러한 측면에서 보면 여성체육도 같은 맥락이다. 스파르타에서는 특히 여성의 존재를 중요시하고 교육 역시 많은 관심 속에서 실시하였지만, 역시 국가방위라는 군사적 측면과 건강한 아이(특히 사내아이)의 출산이라는 측면만이 주된 목적이었다. 그래서 20세까지는 남자들에 준하는 훈련과정을 거쳤다. 그러나 남자들과 달리 가정에서 여자들만이 참가하는 훈련장을 다녔고, 20세 이후에는 가정을 가지면서 모든 훈련이 중단되었다. 소녀들에게 행해진 훈련종목에는 달리기, 도약, 무거운 것 던지기, 씨름, 투창, 무용 등 소년들과 비슷한 것들이 많았다. 이는 건강한 아이를 낳을 수 있는 신체적 단련이 이러한 훈련의 최대목적이었음을 보여 준다.

특히 무용은 남녀 가릴 것 없이 청년시절의 중요한 교육과정으로 다른 폴리스들에 비해 더 강조되었다. 여러 형태의 무용 가운데 종교적 무용인 카리아티스(Caryatis)는 원래 결혼과 결부되어 시작된 것으로,

여신 다이아나(Diana)의 제단 앞에서 행해졌다. 남성과 여성이 함께 참여하는 무용 비바시스(Bibasis)는 공중으로 뛰어 올라 뒤에서 자기 등을 차는 것으로 당시 한 여인이 무려 천 번이나 발뒤꿈치로 자기 등을 차는 묘기를 부렸다는 기록이 있다. 군사적 무용도 유행하였는데 가장 대표적인 것은 피릭(Pyrrhic)이었다. 이는 창과 방패를 든 나체의 젊은이들이 율동적으로 일치되게 행진하면서 행한 것으로 플루트 음악에 맞추어 진행되었다.

이상을 통해 스파르타의 체육은 전생애에 걸친 군사교육이 실시됨으로 인해 활발한 체육활동이 군사교육과 결부되어 펼쳐졌음을 볼 수 있다. 또한 개인성을 무시하고 대신 사회의 공공성과 전체에 대한 도덕적 의무가 강조되면서 체육활동은 모든 구성원들에게 수용, 전개되었다. 이를 바탕으로 스파르타는 기원전 6, 7세기 이후 최강의 폴리스가 될 수 있었다. 그러나 스파르타식 교육 및 체육활동은 사회의 여타의 분야, 즉 예술, 종교, 정치, 문화적인 측면에서의 약화를 가져와 후세에 부정적인 영향을 끼쳤음은 부인할 수 없다.

### 3) 아테네의 체육

아테네는 기원전 2000년경 그리스 반도에 이주한 동방 방언군에 속한 이오니아인들이 중부 그리스의 아티카 지방에 건설한 폴리스였다. 기원전 8세기 중엽까지 아테네는 다른 폴리스와 마찬가지로 왕정을 유지하다가 점차로 귀족 과두정(寡頭政)으로 변모했다. 이 정치형태에서 권력의 핵심인 집정관 아르콘(Archon)과 아레오파고스(Areopagos) 회의를 귀족들이 독점하였고, 일반 시민으로 구성된 민회가 있었으나 실질적인 권한은 없었다. 기원전 7세기 무렵, 중무장 보병(Hoplites)의 밀집대형(Phalanx) 전술이 새로 보급되면서 귀족들 못지않게 평민들의 군사적 역할이 커지자 귀족과 평민 간의 정치적 대립이 날로 격화되었다. 기원전 621년 드라콘이 집정관(Dracon)이 되어 만든 성문법은 귀족중심의 사회질서를 표방하고 있으나 유력자들의 법률해석 남용을 금지하여 평민의 권익신장에 기여하였다. 아테네의 민주정치는 솔론(Solon)의 입법으로부터 시작되는데, 그는 흔히 금권정치로 알려진 정치 · 경제적 개혁을 통해 귀족과 평민 간의 갈등을 해소하고 평민들의 지위를 향상시킨 것이다. 그러나 자신의 특권이 부분적이나마 사라지게 된 귀족들의 불만과 여전히 관직에서 배제된 평민들의 반발로 솔론의 개혁은 한계를 가질 수밖에 없었다. 기원전 561년 평민의 지지로 참주(僭主)가 된 페이시스트라토스(Peisistratos)는 귀족과 평민의 대립 속에서 비합법적으로 정권을 장악하였는데, 이른바 '빵과 서커스'의 유혹으로 자비로운 독재정치를 행하였다. 참주정치는 민주정으로 넘어가는 과도기의 역할을 하였는데, 평민의 지원으로 집정관에 오른 클레이스테네스(Kleisthenes)가 부족제 개편과 도편추방제(陶片追放制, Ostrakismos)를 실시하면서 민주정치의 기틀을 확립시켰다. 이후 페르시아 전쟁을 승리로 마치며 등장한 페리클레스(Pericles)는 민회를 최고의 의결기관으로 만들며 민주정치를 완성시켰다.

사회구성은 시민 혹은 자유민이라고 불리는 폴리타이(Politai)와 외래인 시민 메토이코이(Metoikoi), 그리고 노예계급인 도울로이(Douloi) 세 계층으로 이루어졌다. 그러나 아테네는 스파르타와 달리 상류층인 폴리타이 계급이 전체인구의 절반을 차지하고 있었기 때문에 가혹한 통치방식보다는 민주적인 정치형태의 성립이 가능하였다. 또한 페르시아 전쟁 이후에 군인들의 부가 확대되면서 계급간의 격차가 줄어들어 개인주의 사고방식이 만연하는 풍토가 조성되었다.

아테네의 지형적 조건은 해안을 통한 대외적 진출을 활발히 전개하게 만들었는데, 다른 지역 문화의 잦은 접촉은 아테네인들에게 개방적인 사고를 가져다 주었고 지식에 대한 욕구를 강하게 하였다. 지식에 대한 욕구는 아테네의 경제적 · 사회적 우월성을 높임으로써 지중해를 중심으로 한 주변 전역에서 예술가, 건축가, 수학자, 과학자, 극작가, 사상가 등을 아테네로 모이게 만들었다. 나아가 스파르타와 달리 시민

파르테논 신전

의 의무보다도 개인적인 성공을 추구하는 방향으로 시민들의 생활이 변화하게 된 것은 모든 시민들이 저마다 발전의 기회를 갖도록 제공한 것과 같았다. 고도의 생활수준의 확보와 여가시간이 늘어남으로써 아테네는 예술가나 지식인에 의해 최고의 문화를 이룩할 수 있는 계기가 마련된 것이고 왕성한 체육활동의 토대가 준비된 것이다.

### (1) 교육

가장 대표적인 폴리스였던 아테네는 교육을 받을 수 있는 시민계층이 곧 노예의 노동력의 대가로 여가를 즐김으로써 귀족적 성향이 강하였다. 따라서 인간생활에 직접 필요한 기술 · 수단의 습득은 이들 시민에게는 불필요하였고, 이들은 이상적이고 귀족적인 인격도야에 교육의 기본목적을 두었다. 오늘날 school의 기원이 된 스코레(schole)의 의미가 한가하다는 뜻을 가진 것도 같은 맥락이다. 또한 상공업의 발달로 인한 팽창과 주변 정복 및 본토 수호과정에 기여한 평민들의 활약은 다른 어느 폴리스보다도 민주정치의 발달을 가져왔고, 민주정치의 발달은 사람들로 하여금 개인의 우월성과 자유주의적 성향을 강조하는 교육이 형성되는 데 일정한 영향을 미쳤다. 대표적인 인물로는 입법가 솔론(Solon, B.C. 639~559)이 있는데 귀족정치와 민주정치를 조화한 솔론의 입법은 자유민의 교육이라는 교육이념에 부합한 것이었다.

또한 아테네 교육의 대표적 특징은 스파르타의 그것과 상반된다는 것이다. 즉 스파르타와 같이 강건한 군인양성에만 치우치지 않고 각종 경기를 통한 신체의 단련은 물론 미적 · 지적 교양을 쌓은 개성이 풍부하고 심신이 조화되어 발달한 시민을 양성하는 데 주안점을 두었다.

구체적인 교육과정은 첫째, 7세까지는 부모의 헌신적 애정으로 가정에서 교육을 받는데, 도덕적 습관과 기본적 감수성이 길러진다. 둘째, 7세에서 16세까지는 형식학교의 시초인 사립음악학교(didas caleum)나 체육학교(palaestra)에서 3R's(reading, writing, arithmetic)와 시, 악기연주, 체조 등을 익힌다. 16세부터는 공립체육장인 김나지온(gymnasion)에서 보다 높은 수준의 신체훈련과 공동생활습관 및 애국심 함양을 쌓다가 18세 이후에는 군대식 조합인 에페베(ephebe)에 가서 마지막 시민교육을 완성한다.

그러나 이상은 페르시아 전쟁 이전의 초기 아테네 교육에 국한된 것이고, 페르시아와의 전쟁을 주도적으로 이끌어 승리함으로써 민주주의의 이상이 더욱 강화되었으며, 나아가 개인주의와 자유주의의 성장은 초기에 비해 개인중심의 교양교육을 훨씬 더 강조하는 경향을 띠게 만들었다. 이러한 개인주의의 경향은 소피스트와 같은 주관적 · 개인적 철학파를 만들었으며, 교육의 실제에 있어서도 초기와 달리 체육과 음악의 중요성이 약화되어갔다.

### (2) 체육

아테네 체육의 전개는 크게 전기와 후기로 나누어 살펴볼 수 있는데, 이는 아테네 체육의 전반적 흐름이 전기에 바탕을 두지만 페르시아 전쟁을 계기로 체육의 성격이 일정하게 변한 후기를 별도로 살펴보아야 하기 때문이다.

아테네의 전기 체육은 흔히 역사적으로 체육의 가장 이상적인 성격과 모습을 보여 준다고 평가된다. 그것은 체육이 스파르타에서처럼 군사적 시민양성이라는 실용적 요구는 물론 아테네인들의 미와 조화에 대한 이상의 추구에 뿌리를 두었기 때문이다. 다시 말해 신체의 단순한 단련이 아닌, 신체를 통한(through the physical) 개성의 발전에 체육의 목적을 두었다는 것이다. 특히 역대 통치자들 사이에서는 군사적인 목적으로 체육을 실현하려 하였으나 철학자, 예술가 등 많은 사람들이 이에 반대하여 자신들의 미적 이상의 실현, 즉 신체와 정신의 조화로운 균형, 신체의 균형, 그리고 행동과 휴식 모두에서의 신체적 미 등과 같은 점들에 체육의 목적을 두었던 것이다. 그리하여 아테네인들은 신체적 미와 완벽성을 얻기 위한 운동행위의 형태를 분명히 정의하고, 이러한 행동의 수행 자체에 커다란 의미를 부여하였다. 이들의 체육에서의 강조점은 이러한 수행과정에서의 우아함과 정확한 기술에 있었지 힘, 속도, 지구력 등의 기록된 결과에 있지는 않았다. 또한 체육의 중요한 목적 가운데 하나는 도덕적 훈련이었다. 아테네인들은 체육을 통해 젊은이들의 자제력, 용기, 겸손, 결단, 정당함 등의 덕목을 함양하려 하였다.

아테네에서는 아동들의 출생 이후 스파르타처럼 생사의 결정이 이루지지는 않았다. 즉 허약한 경우라도 잘 보육하여 건강하게 자라도록 보살폈는데, 가정은 바로 유년기 아동들의 보호와 교육을 담당한 유일한 장소였다. 흥미로운 점은 상당수의 아테네의 어머니들이 스파르타 출신의 유모를 고용하였다는 점인데, 이들의 수유(授乳)로 인한 강인한 체질의 획득과 아동교육에서의 뛰어난 명성 등이 그 이유가 되었다.

7세가 된 소년들에게는 두 종류의 사립학교에서 배울 기회가 동시에 주어졌는데 음악, 문학, 산술 등을 가르치는 디다스칼레움(Didascaleum)과 체육을 가르치는 팔레스트라(Palaestra)가 있었다. 팔레스트라(Palaestra)는 처음에는 주위에 놀이터가 있는 작은 방 하나의 단순한 구

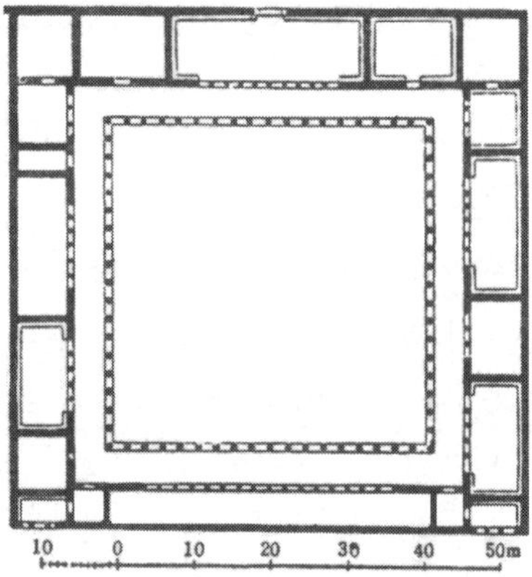


올림피아의 팔레스트라 평면도

모에서 시작하여 나중에는 여러 가지 시설들이(탈의실, 욕실 등) 갖추어졌다. 팔레스트라의 구조를 보면, 정면의 중앙공간은 레슬링, 권투, 도약, 체조 등의 연습장소로 사용되었고 주변에 탈의실, 목욕실, 기름 및 모래바르는 실 등이 둘러싸고 있다.

팔레스트라의 교육은 팔레스트라를 소유하면서 규정된 수업료를 받는 파이도트리베(Paidotrebe)가 담당하였다. 이들은 보조교사들과 음악담당자들을 고용하는 등 다양한 프로그램으로 시민들의 평가를 받았지만 시민들의 선택에 결정적 영향을 미친 것은 경제적 부담이었다. 즉, 스파르타처럼 획일적으로 국가에서 교육을 결정하지 않았기 때문에 18세까지 소년들의 교육의 질과 양을 결정하는 것은 자신의 가족의 경제적 수준이었다. 18세가 되면 전체 국민의 소수를 차지하는 시민계급의 자격시험을 치렀고, 여기에서 통과되면 시민으로서의 공동체에 대한 복종과 법규에 대한 준수, 그리고 종교에 대한 숭배 등을 내용으로 하는 선서를 하였다. 18세부터 20세까지는 국가가 요구할 때는 언제나 봉사할 수 있도록 군사적 훈련을 받아야 했다. 비록 아테네 초기에는 의무적인 군사훈련체계는 없었지만 국가방어를 위한 최소한의 조치로 받아들여졌다. 그리하여 2년간의 군사훈련과정 동안에 전쟁이 없으면 바로 자신이 희망하는 직업을 선택할 수 있었다.

그러나 이러한 군사훈련에도 불구하고 이들은 체육을 단지 군사훈련의 수단으로 국한하지 않고 신체의 아름다운 조화, 도덕적 준비, 건강의 유지, 오락 및 즐거움의 획득 등 다양한 목적들과 관련하여 그 중요성을 인정하였다. 이는 앞에서도 말했듯이 체육의 목적을 단순히 신체의 단련에만 두지 않고 개성의 발전, 즉 개인의 미적 이상의 실현을 위한 신체와 정신의 조화로운 균형에서 찾았기 때문에 그러한 것이다.

아테네 남성들에게 평생 동안 충분한 체육장으로 사용된 김나지온(gymnasion)은 초기의 레슬링 경기장 팔레스트라와 천정이 없는 경주경기장 드로모스(Dromos)가 종합 · 발전한 것으로, 일단 천정이 갖추어져야 하며 각종 운동을 연습할 수 있는 시설이 준비된 것을 말한다.

아테네의 가장 대표적인 김나지온으로는 아카데미아(Academie), 리케이온(Lykeion), 키노사루게스(Kynosaruges)가 있었다. 공적인 행정체계로 건립된 김나지온은 사적 기구인 팔레스트라와 유사한 목적과 기능을 갖고 있었지만, 보다 많은 시설에 따른 더 비싼 수업료를 지불해야 했다. 그렇기 때문에 당시의 김나지온은 정규학교라기보다는 클럽처럼 운영되었다고 볼 수 있고, 생업에 종사해야 하는 일부 시민들은 김나지움을 이용할 수 없었다. 그러나 전 연령에 걸쳐 많은 남성들은 운동시설뿐만 아니라 지식의 확대기회를 함께 제공하는 김나지움을 이용하였고, 이를 통해 사회생활에 필요한 요소들을 보충하였다. 로마의 비트루비우스(Vitruvius)는 김나지온의 일반적 시설조건을 다음과 같이 지적하

**김나지온에서의 복싱과 레슬링**
(기원전 5세기 磁器畵)

였는데, 첫째 기둥이 있는 큰 건물과 회의장을 겸한 뜰, 둘째 팔레스트라, 셋째 스타디온(Stadion: 천정이 없는 경주로), 넷째 크시스터스(Xystus: 천정이 있는 경주로), 다섯째 에페베(Ephebe: 18~20세 사이의 남성연습장 및 구기장), 여섯째 코리케이온(Korykeion: 복싱과 판크라티온의 연습장) 등이다.

가장 대표적인 김나지움인 아카데미아는 아테네의 영웅 아카데모스(Academos)를 기념하여 이름붙인 것인데 아테네의 위대한 철학자 플라톤이 기원전 385년에 세웠다. 리케이온은 아리스토텔레스가 지은 것으로 유명하며, 키노사루게스에는 헤라클레스(Herakles)를 기념하는 사당이 있었다.

한편, 아테네 여성들은 남자들과 달리 결혼 전까지 집에서 주로 가사교육을 받았는데 극소수가 약간의 읽기, 쓰기교육을 받았을 뿐 대부분이 어떤 지적·신체적 교육을 받지 못하였다. 이러한 점은 아테네 여성들이 남자들과 더불어 사회적·정치적 활동에 참여하지 못한 것과 관계있으며, 스파르타 여성들에 비해 건강한 신체와 활발한 기상이 훨씬 부족하였음을 보여 준다.

또한 아테네의 체육정책과 관련해서는 스파르타와 달리 어떠한 영향력이나 권위를 가진 교육행정가들이 존재하지는 않았다. 다만 귀족들이 운영하는 회의(Areopagus)가 존재하여 교육을 포함한 모든 시민업무를 관장하였다. 또한 특정한 여가수행훈련에 참가한 소년들을 지원·감독하는 행정관들이 있었다. 이들 가운데는 소년들의 횃불경주훈련에서 코치수당 지급 및 훈련중 소년들의 권위를 고양시키는 김나지아크(gymnasiarch), 최고의 축제가 펼쳐지는 장소에서 부를 합창단을 선발·훈련시키는 코라구스(choragus), 그리고 평소 국가에서 필요한 선박을 제조하거나 보트경주를 준비하는 트리에라크(trierarch) 등이 있었다.

이 시기에 행해진 체육종목들은 매우 다양하였다. 사소하게는 굴렁쇠굴리기, 연날리기, 그네타기, 죽마(竹馬)타기 등에서부터 숨바꼭질, 공놀이 등에 이르기까지 여러 형태의 놀이들이 유년기 때에 행해졌다.

8세에 팔레스트라와 같은 학교에 입학하면서 본격적인 체육활동이 시작되는데, 12세까지에는 격렬한 운동보다는 예비적인 훈련이 주를 이루며 기본자세 습득이나 가벼운 운동을 실시하였다. 대개는 달리기, 뛰기(도약), 로프 잡고 오르기, 등 짚고 넘기, 공놀이 등을 하였고 때로는 투창, 투원반 등을 나이에 맞게 연습하기도 하였다. 이후 몇 년이 더 경과한 후에야 비로소 격렬한 운동이 시작되는데, 다음 장에서 설명할 각종 제전경기에서 행할 종목들을 본격적으로 훈련하였다. 대표적인 종목으로는 경주, 레슬링, 5종 경기(Pentathlon), 판크라티온(Pancration), 권투 그리고 전차경주 등이 있었다.

① 경주: 아테네인들에게 언제나 중요한 종목이었던 경주는 올림피아 제전에서 독립 경기였으며 또한 5종 경기의 한 종목이기도 하였다. 경주종목에는 약 2,000야드 거리를 1stade로 삼아 세 종류로 정하였는데 1stade 이하까지를 뛰는 스타데(stade), 2stade를 뛰는 디알로스(diaulos), 7에서 24stade를 뛰는 돌리코스(dolichos) 등이 있었다. 거리의 차이는 나이에 맞게 조정되었으며 참가자들의 수준에 따라 등급이 분류되었다. 출발자세는 오늘날의 크라우칭 자세에 비해 꼿꼿하였으며 나머지는 거의 비슷하였다.

**레슬링 경기자**
(리고리우스 畵, 메르구리알리스 著)

② 레슬링: 고대 그리스에서 가장 인기가 있었던 종목으로 5종 경기의 한 부분이면서도 독자적인 종목이었다. 그리스인들은 레슬링이 다른 어떤 종목보다도 강인함, 민첩성, 우아함을 드러낸다고 판단하

였다. 레슬링은 서서 하는 레슬링(standing wrestling)과 엎드려서 하는 레슬링(ground wrestling)의 두 종류가 있었는데 전자가 더 유행하였다. 레슬링 시합은 오늘날의 토너먼트 방식과 유사하게 진행되었으며, 팔레스트라에서 가장 중요한 과목으로 인정받았다.

③ 5종 경기: 제18회 올림피아 제전에 처음 등장한 5종 경기는 특정 종목의 발달에 치우치지 않고 전체적인 조화와 균형을 추구한 그리스인들의 이상에 부합한 경기였다. 모든 분야에서 두각을 나타내기 위한 이 경기에서는 달리기, 뛰기(도약), 투창, 투원반, 레슬링 등 다섯 종목을 겨루었다. 시합의 순서나 승자를 결정하는 방식에 대한 많은 논란들이 있었는데, 최소한 3종목을 이겨야 승자가 되었다.

④ 판크라티온: 제33회 올림피아 제전에서 처음 등장하였는데 매우 원시적인 요소들, 즉 거칠고 격렬한 동작들로 구성되었다. 주로 레슬링과 권투에서 쓰이는 동작들로 구성되었지만 물기나 눈후비기 등과 같은 야만적인 행위는 금지되었다. 패자의 기권으로 승부가 갈리는 이 경기는 제전경기에서 성인들만이 할 수 있었지만, 청년들은 팔레스트라에서 엄격한 감독하에 연습하기도 하였다.

⑤ 권투: 제23회 올림피아 제전에 처음 소개된 권투는 실제로는 호머

**범아테네의 판크라티온**

시대 이전까지 거슬러 올라간다. 그리스의 권투선수들은 급소보호대를 차지 않았고, 글러브 대신에 얇은 가죽을 여러 번 주먹에 둘러쌌다. 공격과 방어동작은 오늘과 거의 유사한데, 공격은 거의 머리에만 집중되었고 몸통 가격은 금지되었다. 또한 링과 로프는 물론 심판과 라운드도 없었으며 쓰러진 선수를 가격할 수 있었고 한 선수가 의식을 잃고 쓰러지거나 기진맥진할 때에 승부가 결정났다. 그러나 발로 차거나 껴안기 등은 금지되었다.

⑥ 전차경주: 이 경기는 경마와 마찬가지로 호머 시대의 제례경기에서 시작되었는데 4두(頭)의 준마 혹은 망아지가 끄는 전차시합과 보다 기원이 오래된 2두(頭)의 말이 끄는 전차시합이 있었다. 2두(頭) 전차시합은 제25회 올림피아 제전에서 소개되었고, 4두(頭) 전차시합은 제33회 올림피아 제전에서 처음 소개되었다. 이 종목은 안정된 경제력을 소유한 일부 시민들에게만 가능하였다.

기타 종목으로는 수상경기와 무용 등이 있었다. 이들 종목들이 여러 제전경기에서 언제나 선보인 것은 아니지만 아테네의 체육 프로그램에

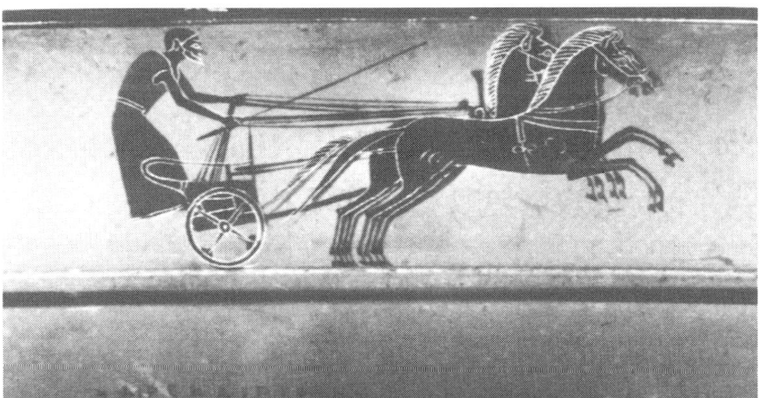

**전차경주**
(하이머 사신기록실, 뮌헨)

는 속하였다. 수영은 물가에 사는 소년들에게 인기가 있었을 뿐만 아니라 장차 수군에서 복무할 젊은이들에게는 필수적이었다. 지금 남아 있는 화병(畵甁) 등 여러 자료들을 분석해 보면, 고대 그리스인들이 물에 잘 뜨거나 헤엄치는 방법들을 숙지하고 있었음을 알 수 있다. 한편, 무용은 아테네인들의 삶을 관통하고 있을 정도로 일상화되었다. 예술을 담당한 뮤즈의 아홉 여신들과 아폴로, 아르테미스 등 여러 신들을 기리는 종교의식에서 무용은 매우 중요한 역할을 담당하였다. 또한 스파르타에는 미치지 못하였지만 아테네에서도 군무(軍舞)가 행해졌다. 무용은 아테네의 교육체제에서 복합적인 역할을 한 것으로 평가받는데, 그것은 신체교육과 지적 교육을 연결하는 다리역할을 한 것으로 인정받았기 때문에 가능한 평가였다. 즉, 무용은 신체의 움직임을 통해 감정적 · 정신적 · 지적 경험을 하는 수단으로 여겨진 것이다. 그래서 문학, 예술, 산술 등을 주로 가르치는 디다스칼레움과 체육을 가르치는 팔레스트라 모두에서 무용은 중요하게 가르쳐졌다. 결국 대략 40회 이상의 연례 국가행사에서 중요한 축하수단으로 이용된 그리스의 무용은 그들의 삶에 있어 핵심적인 역할을 한 것으로 볼 수 있다.

다음으로 아테네의 후기 체육을 살펴보면 전기에 비해 매우 다른 양상으로 전개되었는데, 페르시아 전쟁 직후 시민들은 군사력에 대한 관심이 고조되고 따라서 체력강화의 필요성을 절감하게 된다. 그리하여 초기 아테네 교육자들의 이상인 '지혜인(the man of wisdom)'과 '행동인(the man of action)'을 조화시키려 하였다. 그러나 전쟁 이후 아테네의 경제적 번영과 지속된 평화는 오히려 지적이고 정신적인 가치를 추구하는 사회풍조를 만들어 내었다. 결국 신체훈련은 일반적인 것이 되지 못하였고 많은 보수를 받는 전문가에게 맡겨지게 되었다. 또한 초기의 체육을 통한 도덕성 함양 및 스포츠맨십 육성, 그리고 경기의 탁월성보다도 성격형성을 강조했던 측면은 약화되고 경기에 있어서의 개인적 기술과 지혜를 자랑하는 개인주의가 극도에 이르고 단체정신도 허물어지게 되었다.

지식주의의 발흥, 군사력의 전반적 약화, 시민병을 대신한 용병의 급증, 전문경기인의 증대 등으로 청년들의 신체단련에 대한 관심은 감소되고 더불어 팔레스트라는 점차 황폐화되어갔다. 특히 상공업의 발달로 부유해진 시민들은 전통적인 체육의 가치를 경멸하기까지 하였고, 대신에 위생학과 다이어트 등을 통한 건강의 유지와 생명의 연장에 더욱 관심을 두게 되었다. 또한 아테네 초기의 체육적 이상, 즉 신체의 전반적 발달 및 조화와 이를 통한 아테네의 평화유지라는 개념은 사라지고 체육은 보수를 받는 전문경기인의 몫으로 남게 되었다.

### (3) 인물

① 소크라테스(Socrates, B.C. 470?~399): 소크라테스의 철학사적 위치는 당시 언변술(言辯術)로 시류에 편승하면서 상대적 진리관을 주장하던 소피스트(Sophist) 학파에 맞서 "자기의 무지를 자각하는 것, 즉 '무지(無知)의 지(知)'가 진리의 탐구의 출발이다"라고 하여 절대적 진리관을 펼친 것에서 그 위대함을 찾을 수 있다. '무지 → 자각 → 애지(愛知, philosophia)'의 과정이 진리에 도달하는 첩경이라 주장한 소크라테스는 개인의 조화로운 발달을 추구한 그리스의 학문풍토에서 나름대로의 체육사상을 전개하였다.

다음에 언급할 플라톤이 국가공동체의 방어와 건강의 유지에 신체훈련이 필수적이라 말한 것은 상당부분 스승 소크라테스의 영향을 받은 것이다. 소크라테스는 자신의 강의를 듣는 젊은이들에 틈틈이 이러한 체육의 필요성을 강조하였다. 단 하나의 저작도 남기지 않은 소크라테스의 체육사상에 대해서는 크세노폰(Xenophon, B.C. 434?~355)의 저서 《소크라테스의 회상》을 통해 잘 확인되는데, 그의 제자 한 사람인 에피게네스가 젊은 나이에도 불구하고 신체가 빈약한 것을 지적당했을 때, 이 청년은 스승 소크라테스에 대해 말하기를 "전문가와 달리 자신이 아마추어이므로 당연하다"라고 반론하는 장면이 나온다. 이때 소크라테스는 신체를 단련하는 것은 개인적으로도, 국가적으로도 지극히 유익히고, 특히 아테네처럼 군사훈련이 의무화되어 있지 않은 폴리스에서는 더욱 신체훈련이 중요하고 올림피아 제전에 나가는 경기자에 뒤지지 않을 정도로 노력해야 함을 설파하였다. 건강의 유지와 관련해서 그는 생활태도와 건강습관의 두 가지를 강조하였다. 생활태도는 엄격한 절제의 실행을 말한 것인데 정욕(情慾), 식욕(食慾)의 억제와 추위와 더위를 견디는 인내심이 이에 해당된다. 건강습관은 정신에 상쾌(爽快)한 정도로 노력하는 것을 말한 것인데, 과도한 식사와 업무를 피하고 가벼운 일을 하는 습관을 들이면 정신의 수양에 방해가 되지 않고 건강에 유익하다는 설명이다.

또한 이 책에서 소크라테스는 당시의 체조를 강조한 것으로 소개되는데, 그는 체조를 하는 동안만 즐거운 것이 아니라 지속적으로 영향을 미친다고 하여 체육의 즐거움을 지적하였다. 나아가 플라톤의 《국가편》에서 소크라테스는 병자는 병원에서 치료를 받은 결과로 건강을 얻을 수 있지만 체육장(體育場)에 가서 고생스러운 신체단련을 받은 결과로는 좋은 신체를 얻을 수 있다고 하여 체육의 필요성을 역설하였다. 그런데 여기서 주의할 것은 고통을 겪고 난 후에 건강하게 되니 체육은 결코 즐거운 것이 되지 못하고 오히려 고통스럽다고 보는 고행적(苦行的) 체육관을 최초로 언급하였다는 점이다.

한편, 소크라테스는 정신과 신체와의 관계를 피력하였는데 한마디로 "신체는 정신의 종복(從僕)이다"라고 하였다. 즉, 인간의 혼 · 정신 · 마음을 신체의 주인으로 보고, 신체는 그 지시를 받는 하인으로 간주한 것이다. 신체를 강건하게 하려는 욕심은 좋은 신체를 갖게 하고, 이는 또한 좋은 정신의 종복이 되기 위해서라는 소크라테의 생각은 아직 정신과 신체를 분리시키는 심신 이원론과 신체를 정신에 종속시킨 한계에 머물러 있음을 보여 주는 것이다.

이상을 통해 소크라테스의 체육과 관련한 핵심사상이 뒤이은 플라톤과 공유되고 있음을 알 수 있다. 그는 당시 막 직업화와 전문화의 길을 가고 있던 전통 경기방식을 시정하려 하였다. 나아가 악평을 받고 있던 경기와 그 훈련을 시민의 공유재산으로 정착시키려고 노력한 것이다.

② 플라톤(Platon, B.C. 428～347): 소크라테스의 제자로 서양의 관념론적 이상론의 비조(鼻祖)가 되었던 대철학자 플라톤은 교육의 주된 가치가 더 좋은 사회를 만들기 위한 수단으로 여겨져야 한다고 주장한 것처럼, 체육도 그 자체가 목적으로 발달해서는 안 됨을 강조하였다. 즉 사회의 구성원으로서 건강한 신체와 건강한 정신을 소유하고 군사적인 강건함을 유지하는 수단으로서 체육의 가치를 평가한 것이다. 특히 '철인정치론'을 주장한 그는 국가공동체의 방어를 위해서 체육의 중요성을 강조하였고, 나아가 남자뿐만 아니라 여자들도 군사적 훈련을 받아야 한다고 주장할 만큼 체육의 의미를 크게 해석한 것이다. 그는 음악과 함께 체육을 교육의 양대 지주(支柱)로 바라보았는데 신체에 대한 관점, 신체와 정신과의 관계, 체육의 목적론, 체육시설 및 관리, 행정의 문제 등 참으로 폭넓게 체육을 이해하였다.

서양사상사에서 본격적으로 체육을 언급한 플라톤의 체육사상은 그의 3대 저술을 통해 확인할 수 있는데, 전기는 40세에 쓴 《고르기아스(*Gorgias*)》, 중기(40～60세)는 《국가편》, 후기(60～81세)는 《법률편》 등을 중심으로 살펴본다.

《고르기아스(*Gorgias*)》는 당시 소피스트의 대표적 인물인 고르기아스(Gorgias, B.C. 483～375)의 웅변술과 변론술을 주로 다룬 작품으로 체육을 직접 다룬 것은 아니다. 그러나 이 책에서 체육은 사람들이 삶을 영위하는 데 있어 꼭 필요한 기술〔技術, 테크네(techne)〕의 하나임을 역설하였다. 여기서 기술은 경험으로부터 얻어져 생활을 영위하는 데 필수적인 것을 말한다. 기술에는 이론〔理論, 로고스(logos)〕을 포함하지 않는 회화(繪畵) · 조각 등의 제 1 종 기술과, 이론과 일정한 관계를 맺은 제 2 종 기술이 있는데 체육은 신체의 좋은 상태와 좋지 않은 상태에 관한 이론을 취급하기 때문에 의료(醫療)와 함께 제 2 종 기술에 해당된다고 보았다. 플라톤은 이러한 기술들이 분명히 대상을 갖고 있다고 주장한다. 즉, 혼과 신체는 별개의 것인데 이들을 대상으로 하는 두 개의

**대상(對象)과 기술(技術)의 대응**

| 대 상 | | 기술의 통합개념 | 기술 |
|---|---|---|---|
| 인간 | 혼 | 정치술 | 입법술<br>사법술 |
| | 신체 | ? | 체육술<br>의료술 |

기술이 있다는 것이다. 혼을 대상으로 하는 정치술(政治術)과 신체에 대응되는 기술(정치술과 같이 특정한 명칭으로 부르지 않았음)은 다시 두 부분으로 세분화되는데 정치술은 입법술(立法術)과 사법술(司法術)로, 신체를 대상으로 하는 기술은 체육술(體育術)과 의료술(醫療術)이 해당된다.

여기서 입법술은 법률을 제정함으로써 올바른 상태를 만들고, 체육술은 신체를 건강하게 증진시키는 것으로서 두 가지는 모두 선을 촉진시키는 기술이라는 공통점이 있다고 하였다. 또한 사법술은 부정(不正) · 무지(無知) 등을 막고 의료술은 질병 · 허약 · 불구 등을 치료함으로써 모두 악으로부터의 해방이라는 공통점이 있다는 것이다.

이상과 같이 플라톤은 《고르기아스(*Gorgias*)》를 통해 체육이 인간 신체의 건강을 유지하는 데 필수적인 기술로 인정하여 법률을 제정하는 일과 유사하게 파악하였다. 그런데 플라톤은 의료술과 체육술을 같은 신체를 대상으로 한 기술로는 보았어도 그 추구하는 목적은 다른 것으로 인식하였다.

두 번째로 《국가편》은 이상국가론(理想國家論)으로 유명한데 자신의 스승 소크라테스의 사형을 직접 보고, 부정하고 혼란스러운 국가의 현실을 뼈저리게 경험한 토대 위에서 쓴 대저서이다. 《국가편》의 이상국가는 최고의 선(善)인 이데아(Idea)를 직관(直觀)한 철학자가 국가의 최고 주권자가 되어 통치하는 국가를 말한다. 플라톤은 이상국가를 실현하는 방책으로 교육을 설정하였는데, 교육의 절반이 각각 음악과 체육이 되어야 한다고 하여 《고르기아스(*Gorgias*)》에 비해 더욱 체육의 중요성을 강조하였다. 그는 먼저 국가의 기원, 분업의 필요성, 국가의 필연적 발전과정, 그리고 전쟁의 기원을 차례로 설명하면서 전쟁이 필연적으로 발생하면 전문적인 방위자집단, 즉 군인들이 필요하고 국가는 군인을 양성할 의무가 있다고 역설하였다. 이러한 국가방위자들은 예리한 시력, 빨리 뛰는 능력, 강인한 근력, 용기 등을 갖추어야 하는데 이를 위해서는 신체훈련이 요구되는 것이다. 또한 건강과 관련하여 플라톤은 매우 엄격한 태도를 보여 주었는데 적절한 식사와 휴식, 충분한 수면, 건전한 습관 등 매우 세밀한 분야에 대해 엄격한 자세가 필요함을 역설하였다. 그는 질병이 나쁜 교육풍토와 허약한 신체에서 기인하므로 체육을 통해 건강한 신체를 만들고 나아가 질병을 퇴치할 것을 강조하였다. 한편 이 책에서 플라톤은 아동들의 교육에 있어 체육에 앞서 음악을 가르칠 것을 주장하는데 음악교육을 통해 우아함, 조화, 절제의 덕을 기르고 나중에는 미에 대한 사랑을 이루어 혼의 교육이 달성된다고 강조하였다. 체육에 대해서는 체육도 음악과 같이 유년기부터 시작하는데, 최선을 다해 신체단련을 함으로써 평생에 걸쳐 이루어지도록 하여야 할 것을 주장하였다. 그런데 신체와 정신의 관계에 대해서는 "건강한 신체는 그 신체의 건강을 말하기 때문에 정신의 진전을 가져오는 것은 아니다. 반대로 건전한 정신은 그 정신의 건전을 말하기 때문

**음악과 체육의 실시 정도**

| 교과 | 학습의 정도 | | 결 과 | 목 표 |
|---|---|---|---|---|
| 음악 | 적당 | ⇒ | 온화 · 절제 | 조화의 정신 |
| | 과도 | ⇒ | 유약(柔弱) | 부조화의 정신 |
| 체육 | 적당 | ⇒ | 용기(勇氣) | 조화의 정신 |
| | 과도 | ⇒ | 야비(野卑) | 부조화의 정신 |

에 정신이 건전하기만 하면 신체가 건강하게 된다"라고 하여 앞에서 소크라테스가 말한 "정신은 신체의 주인이고 신체는 정신의 종복이다"라는 표현과 같은 태도를 취하고 있다. 그러나 플라톤은 "아름다운 정신은 아름다운 신체와 조화(調和)될 때에 최대의 미관(美觀)이 된다"라고 표현한 것처럼 소크라테스와 달리 신체의 가치를 낮게만 평가한 것이 아니라 신체와 정신의 조화를 강조함으로써 체육의 이상적 가치를 드러내기도 하였다. 그는 교육의 두 축인 음악과 체육이 조화를 이룬 정신을 육성하기 위해서는 적당한 정도로 실시되어야 한다고 말하였다. 즉, 음악이 적당히 가르쳐지면 우아함, 온화(溫和), 절제(節制) 등 유익함을 얻으나 과도하게 가르쳐지면 쇠약해지고 원기(元氣)가 소모되는 해를 입게 된다는 것이다. 체육도 적당히 가르쳐지면 용기를 얻게 되나 과도하면 철학을 혐오하고 야수성이 커지게 된다는 것이다.

플라톤은《국가편》을 통해 국가의 방어자 육성을 위한 교육으로 음악교육과 체육을 조화롭게 실시할 것을 강조하였다. 그리고 신체와 정신의 관계에 있어 신체를 단지 정신의 수단으로만 본 것이 아니라 신체와 정신의 조화를 통한 완전한 아름다움을 추구함으로써 체육의 이상적 가치를 높이는 데 기여한 것이다.

끝으로《법률편》은《국가편》에서 말한 이상적인 철학자의 출현이 불가능함을 깨닫고 대안으로서 이상국가를 실현하기 위한 법치국가론을 펼친 저서이다. 철학자가 지배하는 국가가 아니고 '보다 좋은 법률'이 지배하는 국가의 실현방안을 펼치면서 플라톤은 이전에 비해 체육에 관한 자신의 신념을 보다 분명히 밝히고 원칙론을 전개하였다. 플라톤은 먼저 교육이 무질서한 충동(衝動)을 지각(知覺)을 통해 율동(rhythm)과 조화(harmony)의 질서로 만들어 가는 것이라 정리하였다. 그리하여 교육의 두 축 가운데 음악은 음성의 질서인 조화를 추구하고, 체육은 운동의 질서인 율동을 추구한다고 설명한 것이다. 플라톤은 "적당한 운동을 수반하지 않고 발육이 급성장하면 신체에 유해하다"라고 말하여 신체의 성장 · 발달과 적당한 운동을 병행해야 하는 원칙을 표명하였다.

또한 그는 운동을 세 가지로 분류하였는데 제 1 운동인 '자동운동'은 자기 자신의 신체를 움직이는 것, 제 2 운동인 '수동운동'은 승마와 같이 외부로부터 운동이 부여되는 것, 제 3 운동인 '부문운동'은 의료를 위해서 신체의 일부분을 움직이는 것 등으로 나눈 것이다. 이렇게 분류된 운동을 성장 · 발육에 맞게 선택해서 실시하자는 것이 플라톤의 의도였다. 심지어 출생 전의 태아는 운동을 할 수 없기 때문에 법률로 규정해서라도 임산부가 산보를 하도록 해야 한다고 주장하였다. 이외에도 유아들은 유모를 통해서 움직임이 있도록 하고, 소년기에도 승마, 궁술 등을 시켜야 한다고 말한 플라톤은 학교교과에서 무용과 레슬링, 달리기 등을 중심으로 가르칠 것을 강조하였다. 플라톤은 체육장은 도시의 중심부에 2개, 시 외곽과 농촌지역에 3개가 있어야 한다고 구체적으로 지적할 만큼 체육시설, 관리, 행정 등에도 관심을 보였다.

결론적으로 플라톤은 음악과 더불어 체육을 교육의 근간으로 삼음으로써 후대에 체육의 중요성과 가치를 드높이는 데 크게 기여하였다. 흔히 일반적으로 플라톤을 관념론자로 규정하여 그가 영혼이나 정신에 비해 신체의 가치를 낮게 평가한 것으로 이해되고 있는데, 그는 신체를 단지 정신의 수단으로만 본 것이 아니라 신체와 정신의 조화를 통한 완전한 아름다움을 추구함으로써 체육의 이상적 가치를 높이는 데 기여한 것이다. 또한 신체발육 · 성장에 따른 적당한 운동의 권유는 시대를 앞서 뛰어난 과학적 인식을 보여 주었고, 체육이 평생에 걸쳐 지속되어야 한다고 주장함으로써 오늘날의 체육발전에 그 영향을 면면히 미치고 있는 것이다.

③ **아리스토텔레스**(Aristoteles, B.C. 384～322): 아리스토텔레스는 자신의 스승 플라톤과 함께 그리스 지성의 최고봉이었으며 고대학문의 여러 분야를 집대성하여 후대에 커다란 영향을 미친 인물이었다. B.C. 367년부터 20년간 아카데미아에서 플라톤의 지도를 받던 아리스토텔레스는 플라톤이 여러 곳을 전전하다가 49세 때 아테네에 다시 돌아와 리케이온(Lukeion)에 새로운 학교를 세우고 연구와 교육에 전념하였다. 그

아리스토텔레스

는 자주 산보하면서 사고하고 제자들과 대화를 나누었기 때문에 그의 학파를 '페리파토스(Peripatos) 학파(소요학파)'라고 이름붙여졌다. 그는 스승과 달리 당시 폴리스의 붕괴와 개인주의의 만연이라는 세태 속에서 실제적인 정치활동보다는 냉철하고 객관적인 자세로 세상을 직시하였다. 아리스토텔레스의 20여 편의 저작 중에서 체육을 주제로 다룬 것은 없었지만 플라톤 못지않게 체육에 대해 많은 언급을 하였다. 특히 《정치학(*Politica*)》은 체육에 대해 가장 많이 언급한 것으로 주목할 만하다.

그는 우선 여러 저서에서 행복을 정의(定義)하며 신체적 탁월성을 강조하고 있다. 그는 행복을 정의하기를, 첫째 덕과 결합한 번영(繁榮), 둘째 생활의 독립, 셋째 최대의 쾌락을 누릴 만한 향수(享受)와 결합된 생활, 그리고 자신의 신체를 보호하고 이를 사용하는 능력을 가진 생활 등으로 언급하였다. 이러한 네 가지 정의하에 행복의 구체적 구성요소를 12가지로 들고 있는데, 그 가운데 다섯 번째로 건강, 신체의 미(美), 체력, 훌륭한 체격, 경기능력의 탁월성을 들고 있다. 구체적으로 건강은 신체단련을 통해 병으로부터 해방되어 신체를 자유롭게 사용하는 상태를 말하였다. 신체의 미는 인생의 각 시기에 맞는 신체적 조건을 언급한 것이며, 체력은 타인을 마음먹은 대로 끌어당기고 밀고 혹은 돌릴 수 있는 힘을 말한다. 훌륭한 체격은 보통사람보다는 큰 신체조건을 설명한 것이고, 경기능력의 탁월성이란 힘과 속도로 경기상대를 제압하는 능력을 말한다. 그리고 이러한 신체적 탁월성을 가져오게 하는 것이 바로 신체활동(gymnaskei)이라 하였다. 즉, 신체활동을 실시함으로써 건강과 체력이라는 신체적 탁월성이 얻어진다는 결론을 내렸다.

이상과 같이 행복의 요소로서 신체적 탁월성을 강조한 아리스토텔레스의 체육사상은 중세시대에 신체가 경시되었던 상황과 비교하여 신체의 중요성을 일찍이 언급한 선각자적 위대함을 보여 주는 것이며, 현대의 체육형성에도 심대한 영향을 미친다고 보아야 할 것이다.

다음으로 《정치학(*Politica*)》에 반영된 체육사상을 살펴본다. 《정치학(*Politica*)》은 이상국가를 만들기 위한 자연적 조건과 사회적 조건을 상세히 언급하고 있는데, 여기에서 도시의 위치, 국가의 지리적 위치, 국가와 인구의 크기 및 국가의 필요한 인물, 국가의 필요물(식량, 생산도구, 무기, 군사력 등), 통치력, 계급구조, 국가의 목적, 국가의 교육과 체육 등을 상세히 언급하고 있다. 특히 국가의 교육과 체육과 관련하여 교육(체육을 포함하여)은 최선의 국가를 실현하기 위한 방책으로, 이를 국가 자신이 행하여야 한다고 강조하고 있다. 아리스토텔레스는 이러한 체육의 목표를 달성함에 있어 체질론(體質論), 즉 어떠한 체질이 바람직한가를 논하고 있다. 구체적으로는 자유인의 임무가 수행될 수 있는 신체가 바람직하다고 하였다. 예를 들어 (특정 종목의)경기자는 어느 한 쪽의 노고(勞苦)에만 국한되어 다른 노고에는 적합하지 않은 체질이기 때문에 노고의 수준이 중간 정도인 경우가 적당하다고 보았다. 다시 말해, 자유인은 지배계급으로서 사고하고 판단하며 실행하고 집행할 수 있는 신체를 갖추어야 한다는 것이다.

이러한 체육의 목표달성과 이상적인 신체의 육성을 위해 그는 출생부터 청년에 이르기까지 계획적으로 체육을 실시할 것을 주장하였다. 우선 태아를 위한 체육으로 임산부는 산보를 해야 하는데, 동시에 임산부는 자신의 신체에 주의를 기울이면서 안정을 유지해야 하고 적당한 식사량을 유지할 것을 경고하였다. 유아기(乳兒期)에는 운동하는 습관과 추위에 견디는 습관을 강조하였다. 그러니 유이에게 이무런 운동을

**소년기의 4교과**

| 교 과 | 목 적 |
|---|---|
| 1. 책 읽고 쓰기<br>2. 도화(圖畵) | 실생활에서의 유용성 |
| 3. 체육 | 건강 · 용기 |
| 4. 음악 | 여가에서의 고상한 즐거움 |

함부로 시켜서는 안 되고, 추위에 대한 내성을 길러 군사적인 강건함은 물론 튼튼한 신체를 기를 수 있다고 말하였다. 유아기(幼兒期) 때는 한마디로 유희(遊戲)를 통한 체육을 장려할 것을 권고하였다. 5세까지는 신체가 활발히 움직이는 데 주안점을 두어야 하므로 다리운동을 많이 시켜야 하는데, 이는 유희를 통해 잘 이루어질 수 있다는 점에서 강조한 것이다. 소년기의 체육에 있어서는 4개의 교과영역이 조화 있게 교육되는 과정에서 체육의 목적이 달성될 것을 주장하였다. 이렇게 음악은 훌륭한 여가생활을 가져다 주고, 체육은 건강과 용기를 갖게 한다고 말하였다.

이상과 같이 아리스토텔레스가 체육을 실시할 때 연령과 타교과의 학습을 고려한 것은 근대적인 교육방법과 원리에 비추어 손색이 없을 정도인데, 그의 연령별 체육계획은 다음 표와 같이 정리할 수 있다.

결론적으로 아리스토텔레스는 플라톤의 제자였음에도 불구하고 스승의 초감각적 세계관과 다른 감각적인 세계관을 강조하여 실재론 철학의 기틀을 완성하였다. 따라서 물적 존재로서의 신체의 가치를 더 강조하는 입장을 취했다. 그도 역시 합리적인 정신세계를 강조하였지만, 이러한 정신적 건강이 신체적 건강에 의존하기 때문에 반드시 체육이 지적 교육에 우선하여 가르쳐져야 한다고 말한 것이다. 특히, 젊은이들이 신체활동을 통해 용기와 좋은 습관을 습득할 수 있고 나아가 이 시기의 야성적 감성을 조절할 수 있다고 하여 체육의 필요성과 가치를 크게 부각시켰다. 마음보다 신체가 먼저 훈련되어야 한다고 믿은 플라톤은 14

**아리스토텔레스의 체육실시방법**

| 연령 | 학습 | 체육강도 | 방법의 원리 |
|---|---|---|---|
| 8(세)<br>—<br>— | △ | △<br>경도의<br>신체단련 | 무리한 식사와 격한 운동은<br>신체의 성장을 방해 |
| 14(사춘기)<br>15<br>16 | ◎<br>학과에 대한<br>충분한 면학 | △ | 신체의 격한 운동은 정신의<br>발달방해, 정신의 격한 노고는<br>신체의 성장방해 |
| 17<br>18<br>19<br>20 | △ | ◎<br>격한 운동,<br>강제적인 식사 | |

◎, △: 단련의 정도 표시, ◎은 매우 강한 정도, △은 약한 정도

세까지는 가벼운 신체훈련 및 문학교육과 도덕성 함양을 실시하고, 14세 이후부터 3년간 지적 훈련에 집중할 것을 권고하였다. 17세부터 20세까지는 혹독한 신체훈련과 엄격한 다이어트를 준수하도록 하고, 이후 평생 동안 이러한 생활태도를 습관화할 것을 강조하였다. 이렇듯 아리스토텔레스는 신체훈련의 가치가 지적이고 정신적인 훈련에 우선함을 강조하였고, 아울러 스파르타와 같은 과도한 신체훈련의 위험성을 지적함으로써 훗날 조화로운 체육의 발전에 큰 방향을 제시한 것이다.

④ **히포크라테스**(Hippocrates, B.C. 460?~370?): 의학의 아버지라 불리는 그리스의 의학자였던 히포크라테스는 인체를 하나의 유기체로 간주하고 철학적으로 신체문제를 다루었다. 그는 질병이 신벌(神罰)이라고 하는 당시까지의 미신을 배격하고 관찰과 경험의 관점에서 보아야 함을 최초로 주장하였다. 그는 병의 원인이 부적당한 식사로 인한 소화되지 않은 잔류물 때문이라고 밝혔다. 따라서 적절한 식사를 권장했으며 나아가 신체훈련이 건강의 조건임을 주장하였고, 특히 환자들도 회복을

위해서는 체육장에서 운동할 것을 권유하였다. 그러나 지나친 운동은 오히려 신체의 조절에 해가 되므로 적당한 신체훈련의 필요성을 역설하였다.

### 4) 제전(祭典)경기

앞에서도 말한 바와 같이 인도-유럽 어족의 한 일파가 남하·정주하여 형성된 그리스 문화는 좁은 산간지대라는 지리적 특성으로 인해 폴리스라는 독립된 도시공동체를 중심으로 발달하였다. 그들은 비록 뿔뿔이 흩어져 살았지만 같은 조상(Hellen)의 후예라는 의식으로 자신들을 헬레네스(Hellenes), 자신들의 터전을 헬라스(Hellas)라 불렀다. 이러한 호칭에서도 알 수 있듯이 이들은 범그리스인이라는 민족공동체 의식을 갖게 되었는데, 훗날 페르시아와의 전쟁에서 단결력이 발휘되어 승리를 얻기도 하였다. 이들이 공동체의식을 확인하고 강화하는 대표적인 수단이 바로 올림피아를 비롯한 제전경기들이었다. 폴리스가 형성되고 인구가 점차 증가하자 토지부족현상이 나타났다. 이들은 생존을 위해, 즉 더 넓은 땅을 확보하기 위해 이웃한 폴리스들끼리 끊임없는 대립 속에 전화에 휩싸이는 경우가 많았다. 적대적인 감정의 축적은 그리스인들을 일상적인 공포와 불안에 휩싸이게 하였으니, 동족간의 불신과 대결을 지혜롭게

**올림피아의 성역과 연결된 통로**
(M. Lehmann의 사진)

해결하고 폴리스 간의 우애를 다지는 행사로 시작된 것이 바로 제전경기였다.

위와 같은 배경으로 시작된 제전경기를 일반적으로 '고대 올림픽'이라 부르는데 원래는 기원전 13세기부터 시작된 인도-유럽 어족의 2차 남하세력이 펠로폰네소스 반도에 정착하던 무렵, 올림포스 산의 신들에 대한 본격적인 제전의 시작으로 그 유래를 찾을 수 있다. 특히 기원전 1250년경 발생한 것으로 추정되는 트로이 전쟁을 겪으며 영웅의 장례나 진중(陣中)의 위안을 위하여 군기경기(軍技競技)가 발달하여 기존의 제전에 덧붙여지게 되었다. 여러 설이 있지만 기원전 776년 시작된 올림피아 제전을 필두로 델포이의 아폴로 신전에서 지냈던 피티아(Pithia, B.C. 582) 제전경기, 코린트의 바다신 포세이돈을 기리는 이스트미아(Isthmia, B.C. 582) 제전경기, 제우스를 위한 네미아(Nemia, B.C. 573) 제전경기 등이 행해졌는데 이들을 4대 제전경기라 한다.

### (1) 올림피아(Olympia) 제전경기

고대 그리스에서 제우스 신을 주신(主神)으로 하고 기타 여러 신들을 기리는 사당, 조상(彫像), 경기장, 기타 공공시설들이 즐비한 성역 일대를 올림피아라 부르는데, 북쪽으로 크로노스 언덕을 끼고 클라디우스 강과 알페이우스 강 사이의 평지에 해당된다. 이 곳은 청동기시대의 원주민 거주지와 뒤이은 미케네 시대의 그리스인 유적이 발굴되고 있어 일찍이 민간신앙의 중심지였던 것으로 추정된다. 그 후 기원전 11세기에 도리아계 그리스인의 한 무리가 남하하여 이 부근에 정착하였고, 정확한 연도는 알 수 없지만 4년마다 한 번씩 제우스에 대한 제의(祭儀)를 시작하였다. 이 도리아인들의 제의행사의 부활과 관련해서는 그 무렵 페니키아 문자가 전해져서 우승자의 이름이 기록되기 시작한 기원전 776년 대회를 기점으로, 이 해를 제 1 회 올림피아 제전대회로 삼았다는 것이 정설이다. 이후부터는 매 4년마다 제우스 신을 위한 제례(祭禮)가 행해졌는데 다음 제례 때까지의 4년간을 올림피아드(Olympiad)라고 불

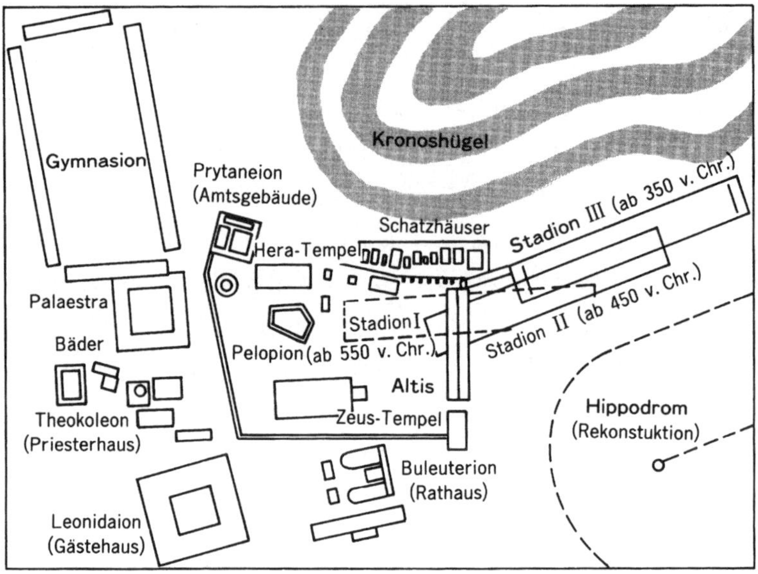


**올림피아 평면도**

렀고, 올림피아는 여러 전국적 제전 가운데서 최대의 행사로 자리잡게 되었다. 올림피아 제전은 다른 제전들과는 달리 반도의 북서부 변경에 위치한 이유로 내란이나 흥망에 큰 영향을 받지는 않아 기원후 393년 로마의 속주로 편입될 때까지 지속되었다.

제전의 시기는 7~9월(당시의 그리스는 1~3월)의 한여름에 열렸고, 22회 대회(B.C. 692)까지는 1일간 열렸다가 기원전 5세기 페르시아 전쟁에서 승리하며 전성기를 맞이하면서부터는 5일간 성대하게 치러졌다. 5일 동안에는 선수의 선서식, 제의, 우승자를 위한 연회 등이 행해졌는데, 그 하루는 반드시 만월(滿月)에 해당하였다. 경기종목은 처음에는 단거리 경주(1스타디온 달리기: 올림피아에서는 192.27m)였으나 기원전 724년부터 중 · 장거리 경주, 5종 경기, 레슬링, 권투의 순으로 점차 늘어났다. 호머 시대부터 성행하였던 경마와 전차경주는 기원전 7세기가 되어서야 비로소 채택되었고 이후 판크라티온, 무장경주, 나팔수경기, 전령경기 등이 행해졌다. 같은 전차경주에서도 2두(頭)·4두(頭), 또는 준마·망아지 등의 종별이 있었고 경마에도 종별이 있었다. 또한 18세 이하 소년의 경기가 기원전 7세기부터 시작되어 단거리 경주, 5종경기, 판크라티온, 레슬링, 권투 등의 5종목을 겨루었다. 특이한 점은 어느 한 대회에서 모든 종목을 겨룬 것이 아니어서 전성기에도 대략 10여 종목만을 실시하였다. 참가자격은 매우 엄격하여 순혈(純血)의 그리스인으로 시민권이 있는 남자이며, 형벌을 받은 일이 없고 신에 대한 불경을 저지른 일이 없어야 했다. 또한 김나지움에서 10개월 이상 연습한 자로 대회 30일 전 심판원의 시험을 통과하고 30일 간의 훈련을 받고 난 후에야 대회출전이 허락되었다. 우승자에게는 경기종목에 관계없이 올리브의 잎으로 만든 관과 대회의 마지막 날에 신역(神域)의 축연에 초대를 받았을 뿐이었으나 실제로는 자기 도시에 돌아가면 사회적인 지위는 물론 거액의 상금이 보장되었다. 이러한 민습 때문에 다른 도시로 팔려 가는 집시와 같은 선수도 나타나 대회를 오염시키기도 하였다. 훈련과 관련하여 처음에는 경기자의 훈련을 과학적으로 실시할 만큼 지식을 갖지 못하였기 때문에 맹렬한 군사훈련을 경험한 스파르타 출신 선수들이 많이 입상하였다. 그러나 스파르타 이외 지역 출신들이 체계적인 지도자에 의해 훈련을 받기 시작하면서 스파르타 출신들이 등외로 밀려났다. 아테네 소년들의 경우 팔레스트라에서 전 경기종목과 올바른 경기방법을 배워 우수한 성적을 올리게 되면, 다시 김나지움으로 옮겨가 여러 경기에서 우승한 경력이 있는 전문적인 교사로부터 훈련을 받았다. 권투기술을 향상시키기 위하여 연습용 주머니를 치는 것과 무용을 좋은 연습법으로 생각하였다. 또한 곡괭이로 땅을 판다든지 뜀뛰기를 하는 것을 역사형(力士型) 경기자 훈련으로 삼았다. 또 권투나 역사형 경기자에게도 이렇괴 비슷한 할데리스를 사용하는 것이 장려되고, 달리기 경기자는 모래사장에서 연습하였으며, 이들은 음식물에 대해 많은 주의를 기울였다.

## (2) 기타 제전경기

① 피티아(Pithia) 제전경기: 올림피아에 이어 두 번째로 성대하게 펼

**4대 제전경기 요약**

| 제전명 | 장소, 개최주기 | 종 목 | 시상 | 존속기간 |
|---|---|---|---|---|
| ① 올림피아 (Olympia) | • 펠로폰네소스 반도의 서북부 엘리스<br>• 4년마다 개최 | • 스타디온 달리기<br>• 장거리 달리기<br>• 5종 경기(달리기, 넓이뛰기, 창던지기, 원반던지기, 레슬링)<br>• 레슬링<br>• 무장경기<br>• 판크라티온<br>• 소년 경기(달리기, 레슬링, 무장경기) | • 올리브 잎으로 만든 관 | B.C. 776~ A.D. 393 |
| ② 피티아 (Pithia) | • 델포이, 피토오<br>• 올림피아제의 제 3 년째 8월(4년마다 개최) | • 올림피아제와 동일<br>• 별도의 음악제 | • 월계수 잎으로 만든 관 | B.C. 582~ |
| ③ 이스트미아 (Isthmia) | • 코린트 동부<br>• 올림피아제의 제 2 년과 제 4 년째의 4월(2년마다 개최) | • 소년, 성인 경기 동시 개최 | • 오란다 및 바의 건조한 잎의 관 | B.C. 581~ |
| ④ 네미아 (Nemia) | • 올림피아제의 제 2 년과 제 4 년째의 7월(2년마다 개최) | • 소년, 성인 경기 동시 개최 | • 오란다 및 바의 신선한 잎의 관 | B.C. 573~ |

쳐진 제전이었다. 원래 아폴로 신을 기념하기 위해 열린 음악제로 출발하였는데 올림피아 제전에 비해 음악적인 요소는 더 강렬하였다. 피티아 제전경기도 매 4년마다 델피의 평원에서 개최되었는데 올림피아 제전경기일의 중간 3년에 시작하였다. 피티아 제전에서는 전차경주와 경마종목이 최대의 주목받는 경기였다.

② 이스트미아(Isthmia) 제전경기: 코린트에서 매 2년마다(올림피아의 2년, 4년째) 열린 이스트미아 제전은 운동경기는 물론 기마단 및 음악활동도 함께 벌어진 다채로운 행사였다. 아울러 바다의 신 포세이돈을 기념하면서 보트경주도 열렸다.

③ 네미아(Nemia) 제전경기: 코린트 만의 남서방향으로 약 4km 떨어진 아르골리스에서 매 2년마다 제우스를 기념하기 위해 열린 네미아 제전은 기원전 573년경부터 올림피아 제전의 2년째 해마다 열렸다.

### (3) 제전경기의 쇠퇴

올림피아 제전을 비롯한 범그리스적 제전경기들은 여기저기 흩어져 사는 그리스인들의 단결과 일치된 민족의식을 고취하는 데 크게 기여해 왔다. 그러나 기원전 5세기 페르시아와의 승리를 계기로 전성기를 구가한 이후에는 이러한 제전경기들 자체가 지나치게 호화롭고 사치스러워져 본래의 취지를 망각하고 정치가, 군인, 문인 등의 선전장으로 변질되었다. 참가한 폴리스(도시국가)들은 자신들의 명예를 위하여 수단과 방법을 가리지 않는 데 열중하여 유망 선수를 끌어들이거나 심판원 혹은 심지어 상대 선수들을 매수하는 부패현상이 자주 나타났다. 특히 아테네와 스파르타 간의 약 30년에 걸친 펠로폰네소스 전쟁(B.C. 431~404)은 그 승패와 관계없이 그리스의 정치적 내분을 가져왔고, 이후 국민적 사상의 몰락과 개인주의 사상의 확산은 여러 제전경기들을 변질시키는 데 크게 영향을 미쳤다. 오직 하나의 영광과 그리고 단순한 명예심과 자부심을 목표로 하던 아마추어 정신은 사라지고 물질적인 포상과 금전적 대가를 바라는 분위기가 팽배해지면서 많은 부정이 행해졌던 것이다.

페르시아 전쟁에서 승리할 무렵까지 제전 전후의 3개월 동안은 일체의 무력다툼을 중단한다는 결정이 각 폴리스 사이에서 잘 지켜졌다. 그러나 이것도 제 2 차 아티카 해상동맹(B.C. 377)이 결성되고 나서는 무너져 제전기간 동안에 올림피아가 전란에 휩싸이기도 하였다(B.C. 364). 그리스인들에게는 체육보다 변설(辯舌)을 존중하는 풍조도 제전경기의 쇠퇴배경에 들어가야 한다. 아테네의 체조장에서 젊은이들과 철학적 대화를 즐긴 소크라테스가 젊은이들을 신체적 단련으로부터 멀어지게 했다는 사실로 인해 죄상을 심문받았다는 점으로 보아 이러한 풍조가 당시의 위정자들에게는 중요한 문제로 인식되었음을 알 수 있다. 경기종목도 판크라티온과 권투 같은 위험성이 높은 운동을 좋아하였을 뿐 달리기, 도약, 던지기 등과 같은 실천을 통하여 느끼기보다는 보고 즐기는 경향이 많아졌다.

올림피아 경기는 그리스가 마케도니아에게 정복되고 뒤이어 다시 로마에게 정복당하면서 크게 쇠퇴의 길을 걷게 되었다. 육체를 단순한 영혼의 노예라고 경시한 초기 크리스트교가 로마제국 안에서 착실히 기반을 닦아 나아가다, 기원후 313년 콘스탄티누스 황제가 이를 공인하고, 392년 테오도시우스 황제가 국교(國敎)로 삼으면서 다른 종교들을 금하였기 때문에 올림피아 제전경기도 폐지될 수밖에 없었다. 그리하여 올림피아 제전은 기원전 777년을 시작으로 기원후 393년까지 1,169년 동안을 생명으로 한 것이다. 올림피아 제전이 금지된 후 신전은 파괴되고 유명한 아테네의 조각가 피디아스(Phidias, B.C. 490~430)의 작품인 금과 상아로 만든 제우스 상이 옮겨감으로써 완전히 폐허가 되었다. 이후 대지진과 홍수로 오랫동안 땅속에 매몰되어 있다가 세기에 들어서야 발굴이 시작되었다.

# 4. 고대 로마의 체육

로마는 이탈리아 반도 중서부 티베르 강변의 라티움(Latium) 평야에 세워진 작은 도시국가로 출발하여 이탈리아 반도를 기반으로 지중해 세계를 통일하여 대제국을 건설한 국가였다. 로마인은 인도-유럽 어족의 일파인 이탈리아인 중 라틴족(Latini)에 속하였다. 라틴인들은 이탈리아 반도 서부 티베르 강 유역의 남동 평야지방, 즉 라티움 지방에 정착한 사람들이었고 이 라틴인 가운데 로마인이 있었다.

로마인들은 그리스 문화를 받아들이면서 자신의 독특한 라틴적 요소를 가미하여 세계화시켰다. 그러나 로마 문화를 단순히 그리스 문화의 모방 및 전파의 형태라고만 평가하는 것은 온당치 못하다. 로마 문화의 일차적 추진력이 그리스 문화에서 온 것은 사실이지만 헬레니즘, 에트루리아, 이집트 등 선행하는 모든 문화를 거의 다 흡수하여 거기에 폭과 깊이를 부여하여 한층 종합적이며 보편적인 형태로 체계화시킨 것이다. 이와 관련하여 독일의 역사학자 랑케는 "로마는 호수와 같다"라고 표현하였다. 더욱이 로마는 서방의 문명세계에 두 가지 큰 공헌을 하였다. 첫째로 크리스트교를 유럽 문명의 정신적 질서로 자리잡게 하였으며, 둘째로 로마법 사상을 통해서 법과 권리의 개념을 체계화하였다. 종교와 법은 어떠한 독창적인 문명권의 경우와 마찬가지로 로마 문화의 창조적인 요소로서 평가되어야 한다. 또한 로마인들은 실용적인 이론을 조직화하여 응용하는 데 매우 뛰어나 다른 나라에서 발전한 순수과학의 원리를 바탕으로 큰 다리, 도로, 수로 또는 건축물 등을 건설하였다.

유구한 로마의 역사는 흔히 정치형태의 변천을 통해 구분하고 있는데, 크게 왕정(B.C. 753~509) → 공화정(B.C. 509~27) → 제정(B.C. 27~A.D. 475)의 세 시기로 구분한다. 그러나 교육 및 체육의 변천과 관련해서는 로마인들의 사상과 관점이 분명히 나타난 것에 근거하여 편의상 두 시기로 나누는데 공화정시대와 제정시대가 그러하다. 따라서 본서에서는 전자를 전기 로마시대의 체육으로, 후자를 후기 로마시대의 체육으로 구분하였다. 이렇게 전기와 후기로 나누는 기준은 전기 로마의 교육과 체육이 순수하고 전통적인 로마의 사회조직 및 사상에서 이루어진 것에 비해, 후기 로마의 그것은 그리스 및 주변 민족들의 문화가 가미된 것으로 순수한 로마의 특색이 사라진 점에서 찾을 수 있다.

## 1) 전기 로마의 체육

로마는 처음에는 티베르 강변의 언덕 위에 세워진 작은 도시국가에 불과하였다. 로마의 호메로스라 불리는 베르길리우스(Vergilius)의 《아에네아스》에 의하면 로마는 늑대에 의해 양육된 로물루스(Romulus)와 레무스(Remus) 형제가 기원전 753년에 건국하였으며, 이후 로물루스를 포함한 7명의 왕이 통치한 것으로 되어 있다. 그러나 이는 건국설화이고 얼마나 정확한 것인지는 분명하지 않다. 이야기 중 마지막 3명의 왕은 에트루리아인이었다. 그러다가 기원전 509년 로마인들은 에트루리아 출신의 왕을 몰아내고 공화정을 수립하였다. 이 공화정은 초기에 귀족들이 주도한 귀족공화정으로 모든 권한이 귀족들에게 집중되어 있었다. 이에 평민들의 불만이 고조되어 가면서 두 계급간의 대립이 공화정시대 전반기의 중요한 정치문제가 되었다. 특히 평민들이 중장 보병으로서 밀집대형 전술을 통해 로마의 발전과 대외팽창에 중요한 역할을 담당해 가면서 자신들의 권익을 신장시켜 나갔다. 기원전 449년 로마 최초의 성문법인 12표법이 제정되어 평민은 민법상 귀족과 동등한 권리를 보장받았고, 기원전 367년 리키니우스-섹스티우스법(Lex Licinia-Sextia)이 제정되어 집정관 중 한 명은 반드시 평민 중에서 뽑도록 하였다. 결국 기원전 287년 호르텐시우스법(Lex Hortensia)이 제정되어 평민들은 형식상 귀족들과 동등한 권리를 획득하게 되어 민주공화정이 수립되었다. 평민권의 성장과정은 로마의 대외적 팽창과 동시에 이루어졌는데 기원전 509년 에트루리아 정복, 기원전 275년 이탈리아 반도의 통일, 기원전 264~146년의 포에니 전쟁과 기원전 31년 악티움 해전의 승리로 인한 지중해 제패 등이 있었다.

평민권의 성장과 대외적 팽창은 로마인들의 정치적 자유와 경제적 안정을 가져다 주었다. 물론 아테네와 같은 민주정치가 실시되지는 못했지만 빈부의 격차가 덜하고 자영농중심의 시민계층은 자부심을 가지고 정치적 · 군사적 의무를 다하였다.

### (1) 교육

로마의 공화정시대는 주변 세력과의 계속된 전쟁으로 애국심이 강한 강건한 군인과 질서의식이 투철한 시민이 필요한 시기였다. 따라서 이 시기의 교육은 애국적이면서도 실용적인, 나아가 실천적인 인간상을 이상으로 하여 전쟁수행과 공적 생활의 영위에 필요한 도덕심과 법률의식 및 기초적인 3R's와 신체단련을 주요 내용으로 삼았다. 이러한 교육의 장소는 특히 가정에서 주로 이루어졌는데, 아버지의 절대적인 부권 행사가 교육에 커다란 영향을 미쳤고 또한 어머니의 지침 또한 매우 소중하게 받아들여졌다. 특히 로마 초기에는 학교가 없어서 국가적인 통제 교육 없이 부모들은 자식에게 민족적 자존심과 국가에 대한 복종, 성실, 용기, 근면, 충성, 신 · 조상에 대한 숭배의 신념을 넣어 주는 데 전력을 다하였다.

위에서도 언급한 바와 같이 로마 교육의 특색은 지식중심이 아닌 실천중심이었다. 또한 엄한 윤리적 기준과 확고한 체력을 목적으로 하여 대제국의 육성에 필요한 도덕적 소질과 활발한 신체를 가진 젊은이를 육성하는 데 주목적이 있었다.

### (2) 체육

오랜 기간 동안 대제국을 건설하는 과정을 겪은 전기 로마의 체육은 강건한 신체, 전투에서의 용맹성, 그리고 민첩한 행동이라는 군사적 측면에 절대적인 목적을 두었다. 그래서 신체의 균형된 조화와 우아함,

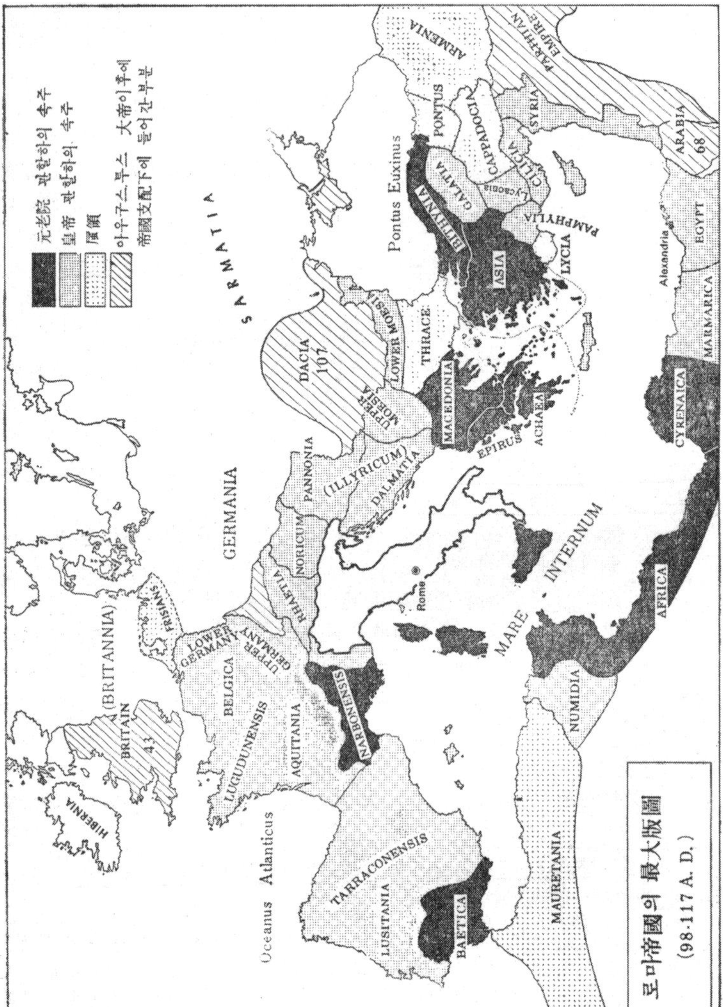

元老院 관할하의 속주
皇帝 관할하의 속주
屬領
아우구스투스 大帝 이후에 帝國支配下에 들어간 부분
로마帝國의 最大版圖
(98-117 A.D.)
HIBERNIA
BRITAIN 43
(BRITANNIA)
FRISIANS
LOWER GERMANY
UPPER GERMANY
BELGICA
LUGUDUNENSIS
AQUITANIA
NARBONENSIS
Oceanus Atlanticus
TARRACONENSIS
LUSITANIA
BAETICA
MAURETANIA
NUMIDIA
GERMANIA
RHAETIA
NORICUM
PANNONIA
(ILLYRICUM)
DALMATIA
Rome
MARE INTERNUM
AFRICA
CYRENAICA
MARMARICA
EGYPT
Alexandria
SARMATIA
DACIA 107
UPPER MOESIA
LOWER MOESIA
THRACE
MACEDONIA
EPIRUS
ACHAEA
Pontus Euxinus
BITHYNIA
ASIA
LYCIA
PAMPHYLIA
GALATIA
Lycaonia
CILICIA
CAPPADOCIA
PONTUS
SYRIA
ARABIA 68
ARMENIA
PARTHIAN EMPIRE


로마제국의 최대 판도

그리고 자발적인 참여 등과 같은 그리스인들의 체육이상을 제대로 이해하지 못하였다. 다시 말해 그리스인들의 추상적인 체육활동에 비해 로마인들은 실제적이고 실용적인 체육활동을 추구한 것이다.

이 시기에는 아직 제도적인 교육기관이 부재하여 가정, 군대 그리고 공공광장 등만이 교육의 기회를 제공하였기 때문에 로마의 아동과 젊은이들은 주로 가정에서 부모의 교육을 받으며 성장하였다. 특히 마르티우스 평원(Martius Campus) 및 몇몇 군사훈련 평원들은 이 시기의 체육을 가르치는 학교역할을 하였다. 마르티우스 평원(Martius Campus)은 티베르 강에 인접한 넓은 평지에 위치하여 체육활동의 중요한 무대가 되었는데 이 평원에 전쟁의 신 마르스(Mars)를 기념하기 위해 세워진 신전 주변은 군인들의 연병장이었고, 병사들의 야영훈련장이기도 하였다. 또한 병역에 복무하지 않는 젊은이들의 운동경기장이 되었다. 운동종목으로는 달리기, 뛰기, 던지기 등 기초적인 것에서부터 권투, 레슬링, 수영, 유희 등에 이르기까지 다양하였으며, 교육은 군사감독관이나 아버지가 담당하였다. 로마의 어린이들의 유희는 매우 다양하였는데 굴렁쇠놀이, 바퀴굴리기, 팽이치기, 장애물넘기, 죽마타기 등이 있었다. 기타 오늘날 체스와 유사한 형태의 장기놀이가 있었고, 성인들도 함께 즐긴 주사위놀이가 유행하였다. 공놀이는 당시 가장 인기 있는 놀이로 여러 형태의 공놀이가 행해졌다. 세 사람이 삼각형의 모서리에 서서 2개 혹은 3개의 공을 동시에 주고받는 트리곤(trigon), 오늘날의 잔디 코트 테니스와 유사한 스파에로마키에(sphaeromachiae), 벽에 던진 공을 땅에 바운드시키는 동작으로 이루어진 핸드볼 등이 대표적인 공놀이였다. 또 하르파스툼(harpastum)은 머리털로 채워진 작은 공을 사용한 경기였는데 2명 이상이 둘러서서 다른 선수를 공으로 맞춰 탈락시키는 시합으로 이 과정에 대클, 스크럼, 홀딩 등 다양한 동작이 가미되었다.

전쟁의 의미가 매우 중요하게 받아들여졌기 때문에 로마의 소년들은 미성년을 의미하는 토가 비릴리스(toga virilis)를 얼마 동안 입은 후에 바로 군내에 징집되었나. 이 과정에서 성년을 상징하는 의복인 토가 프라에텍스타(toga praetexta)로 바꿔 입었다. 청년기에 접어들어도 그리스에서처럼 경쟁적인 시합이나 체조경기를 하지 않았지만 밭을 갈거나 기타 다른 농사일을 하는 도중에 건강을 위한 많은 훈련을 하게 되었다. 게다가 아버지들은 자식들이 장차의 군사적 과업을 감당할 수 있도록 준비시키기 위해 마르티우스 평원(Martius Campus)에서 훈련시켰다. 17세에서 47세까지의 남자는 유사시에는 항시 소집되어 복무하다가 전쟁이 끝나면 일상으로 복귀하였다. 그러나 복무중의 훈련은 매우 혹독하여 달리기, 뛰기, 던지기, 레슬링, 승마, 수영 등을 연습하였고 신병들에게는 목마훈련에 뒤이어 매우 무거운 무기를 등에 지고 행군하는 연습도 있었다.

전기 로마 사람들은 휴일에 경마나 전차경주에 열광적으로 몰두하는 대신, 그리스의 제전경기에는 직접 참여하지도 않았고 큰 호응을 보내지도 않았다. 그리스인들의 체육적 이상이 내포된 제전경기에 대해 실용적인 로마인들이 별 반응을 보이지 않은 것은 당연한 일이 되었고, 오히려 이탈리아 반도의 본래 주인공이었던 에트루리아인들로부터 이어받은 피비린내 나는 검투사 시합(gladiatorial combat)이 호전적인 로마인들을 열광시켰던 것이다. 이 검투사 시합은 기원전 264년 장례 경기회에서 처음 시도된 이후 정례화되면서 인기를 얻어 왔는데, 로마 전기에 벌써 이러한 관람 스포츠가 유행한 것은 뒤이어 로마 후기에 체육의 성격을 비참여화 · 관람화로 왜곡시키는 뿌리가 되었다.

이 시기 무용은 대부분의 귀족출신의 젊은이들에 의해 이전부터 전승되어 오던 수준에서만 행해졌다. 주로 제례행사에서의 종교적 의식을 위한 무용이 주류를 이루었을 뿐 그리스에서처럼 춤의 아름다움과 상

목숨을 건 검투사의 혈투

징을 창조적으로 표현하지는 못하였다.

## 2) 후기 로마의 체육

기원전 27년 시저의 조카였던 옥타비아누스가 원로원으로부터 로마의 제일 시민이라는 프린켑스(Princeps)의 지위를 부여받았다. 이는 실질적으로 로마의 모든 권한을 장악한 황제로 군림한 것으로서 제정이 시작된 것이다. 제정이 시작될 무렵까지 로마는 아프리카 북부의 카르타고와 스페인 지중해 연안의 여러 섬, 갈리아의 일부, 그리스 및 소아시아 등을 정복하여 광대한 대제국을 건설하였다. 이러한 로마의 대외적 팽창은 오히려 내부적으로 분열과 대립을 가져와 공화정의 몰락을 초래했다. 즉, 속주로부터의 값싼 농산물 유입으로 공화정의 기반이었던 자영농민계층이 몰락하였고 상인, 징세업자, 속주 총독 등의 치부로 인한 빈부격차 심화로 귀족과 평민 간의 격렬한 계급투쟁, 권력다툼 등이 일상화되었다. 그락쿠스(Gracchus) 형제의 개혁이 실패한 이후 과두정치의 혼란을 겪으며 로마인들은 속주와 노예의 반란, 내부적 혼란을 정리해 줄 강력한 리더십을 원하였으니 그 결과 황제의 통치체제가 등장한 것이다. 옥타비아누스의 승리는 로마사에서 가장 번영되고 영광스러운 시대의 새로운 개막을 알리는 것이었다. 비록 평화와 질서가 완전히 도래하지는 않았지만 오랜 내란은 종식되었고 로마인들은 이제 자신의 재능에 상응하는 기회를 갖게 되었다. 그는 스스로 절제된 생활을 통해 사치스러운 사회풍조를 억제하여 이후 2세기 동안 지속된 로마의 평화(Pax Romana)의 기틀을 잡은 것이다. 로마의 교역은 멀리 중국, 인도에까지 확대되었으며 도자기, 섬유, 유리 등의 제조업이 발달하고 농업도 윤작의 결과로 번성하였다. 그러나 이러한 외형적 발전에도 불구하고 로마의 경제질서는 결코 건전하지 못하였다. 경제적 번영의 결과는 공평히 분배되지 않고 주로 상류층에게 한정되었다. 문화적으로도 점차 향락적이고 퇴폐적인 풍조가 고조되면서 육체노동을 경시하는 경향이 강화되었다. 특히 헬레니즘 문화가 밀려들면서 소박하고 강건한 로마 초기의 정신은 희미해졌다. 이러한 풍조는 교육의 건전한 발전에 커다란 장애가 되었으며 체육활동의 침체를 가져왔다.

로마의 막바지에 이르러 관리들은 부패하여 재판관마저 뇌물을 받고 법을 다스렸으며, 실업가는 폭리와 착취에 눈이 멀었다. 군인들이 직접 정치에 간섭하여 군인황제 시대를 열었고, 황제들은 절대군주화하여 시민들의 자유와 권리를 억압했다. 또한 여러 계층의 로마인들은 가족에서부터 그 중심을 잃기 시작하여 이혼의 증가, 출산의 감소를 가져왔고 각종 범죄의 급증, 도덕적 상실은 종족의 몰락으로 이어져 476년 게르만 출신의 용병대장에게 서로마의 마지막 황제는 퇴위를 당하였다.

### (1) 교육

로마 후기는 옥타비아누스(Octavianus)가 제위에 오르며 찬란한 치세를 영위하면서부터 시작되었는데, 내외의 전란도 잠잠하여 문화의 전성기가 구가된 시기였다. 따라서 교육이 크게 발흥되어 도서관 및 각종 교육기관이 만들어지는 등 교육의 제도화가 이루어져 문화발전의 시대가 형성되었다. 이러한 교육기관의 확대는 교육의 중심장소를 가정에서 학교로 이동시키는 결과를 낳았다.

그런데 "모든 길은 로마로 통한다"는 대제국 건설 이후에는 고유의 가치관과 이상이 크게 바뀌어 진 · 선 · 미 등 개인적 추구를 목적으로 하였던 그리스 문화에 심취하게 되었다. 먼저 초등학교(ludus)에서는 독서교사(literator)로부터 읽기, 쓰기, 셈하기의 기초교육과 12동판법을 배웠다. 그렇지만 중등 이상의 교육에 비해서는 중요도가 떨어졌다. 다음 중등교육의 문법학교에서는 그리스어를 강조하였고, 중세 유럽 교양의 기초가 되는 일곱 자유학과인 수사학, 윤리학, 산학, 기하, 천문학, 음악, 문법 등을 가르쳤다. 끝으로 고등교육기관으로서의 수사(修辭)학교와 철학학교가 있었는데 대부분을 수사학교가 차지하였다. 수사학교에는 장래 정계에서 활약하거나 전문직업에 종사할 약 16~17세의 소년

이 입학하였는데, 이에 필요한 수사학, 철학, 법률, 웅변, 역사 등을 주로 배웠다.

그러나 교육의 실제에 있어서는 로마인들의 실리적인 입장이 반영되어 이론적인 철학적 가치들은 잘 받아들여지지 않았다. 또한 음악이나 체육의 교육적 가치를 그리스에 비해 소홀히 하였고 단지 군사적인 측면에서만의 체육의 가치를 인정한 것이다. 여성에 대한 교육은 주로 가사(家事)에 한정되었는데 상류층의 여성을 위한 가정교사가 있었고, 그리스에 비해 남녀 교육의 기회가 균등하였다.

최종적으로 로마제국의 붕괴를 가져온 것은 기존의 교육이상이 약화된 이유에서도 찾을 수 있는데, 후기로 갈수록 귀족의 자제들이 사회적 우월감과 화려한 허식을 배우기 위해 학교를 다녔다는 사실은 생활과 동떨어진 교육이 진실한 인간의 교육을 덮어 버린 것을 증명하는 것이다.

### (2) 체육

후기 로마시대에는 군인들과 전문경기인들만을 위한 체육을 강조하였을 뿐, 대부분의 시민들에 있어 체육의 도덕적 · 종교적 · 미적 가치는 쓸모 없는 것으로 받아들여졌다. 이는 로마 전기에 비해 체육의 목적과 중요성이 더 약화된 것을 보여 준다. 그들은 건강과 여가를 위해 필요한 최소한의 훈련을 하였는데 이는 단지 '쾌락'을 추구하거나 질병으로부터의 회복, 건강의 유지를 목적으로 하였기 때문이다. 이러한 경향은 단지 로마에서만 처음 시작된 것은 아니었고 이미 그리스 후기에서도 일부 나타나기 시작한 것이었다. 이는 국가나 전체를 위한 신체적 강건함, 공공의 복지, 운동 자체를 통한 기쁨 등이 사라지고 오직 개인적인 행복과 안정을 추구하려는 사회풍조와 깊은 관련이 있기 때문이다. 이렇듯 전반적으로 체육의 본래 가치를 축소하였음에도 불구하고 몇몇 학자들은 학생들에게 필요한 체육을 강조하기도 하였다. 철학자이면서 유아교육에 관심이 많았던 퀸틸리아누스(Quintilianus, 35?~95?)는 소년들이 원기왕성하게 재충선을 하는 방법으로, 또한 훌륭한 웅변가로서 자연스럽고 우아한 자세를 유지하기 위해서는 놀이와 훈련 및 무용이 필요하다고 역설하였다. 위대한 웅변가 키케로(Cicero, B.C. 106~43)는 기본적으로 그리스의 체육에 대해서는 반대했지만 여러 사회활동에 필요한 최소한의 신체훈련에는 동의하였다. 또한 그리스 출신의 철학자이자 내과의사였던 갈렌(Galen, 130?~200?)은 건강에 절대적 영향을 미치는 훈련과 다이어트의 중요성을 강조하였다.

그러나 체육의 목적에 대한 그리스와 로마 사이의 근본적 차이는 제전경기에 대한 입장에서 확인할 수 있다. 제전경기는 그리스에서 자신의 체력을 과시하고 직접 참가하여 경쟁하기를 열망하는 사람들의 큰 축제로 인식되었다. 그러나 로마에서는 관람자들의 오락으로 전락하였고 심지어 정치가들의 정치적 목적의 수단으로 각종 경기와 제전들이 행해진 것이다. 특히 사회경제적 위기로 빈민들이 속출하고 시민들의 정치적 불만이 고조되자 정치인들은 감동과 스릴을 만끽하는 수단으로 각종 경기회를 화려하게 펼친 것이다. 그래서 구체적인 경기종목도 시간이 갈수록 잔인해지고 광대놀음 같은 것으로 변질되어갔다. 이를 위해 로마 후대에는 개인이 소유한 검투사 훈련소들이 급증하였으며, 각 체육행사에 참여하는 기관들은 오락위주의 연기연습에 주력하였다. 나아가 사나운 짐승들과 결투하는 장면을 보고 즐기려는 시민들로 만원을 이루어 경기장이 터질 지경에 이르렀다.

이 시대의 무용도 이러한 변화추세에 영향을 받았다. 즉, 많은 로마인들이 무용에 대해 반대했지만 일부 소년, 소녀들은 무용학교에 참가하여 피릭(Phyrric) 등과 같은 여러 군사무용들을 공연하였다. 그러나 시민들은 극장에서의 놀랄 만한 볼거리와 파티장에서 스페인, 시리아, 그리스 지역출신 노예들의 감각적인 무용에 큰 관심을 보였다. 다시 말해 로마인들은 무용의 순수한 가치를 떨어뜨리는 역할을 한 것이었는데, 다만 무언극(無言劇, pantomime)은 정규 예술학교에서 교육되어 이후 많은 발전을 가져오게 되었다. 보건체조도 비교적 많이 유행한 종목이었다. 이는 보건체조를 의술의 한 수단으로 간주하였기 때문이며, 식사조절과 목욕 등이 생활 프로그램의 일부가 되었고, 일광욕과 전원생활이 건강한 신체를 위한 방법으로 여겨졌다. 우리는 로마의 체육이 관람위주의 스포츠로 전락하였고 오락을 제공하는 수단이 되었음을 위에서 언급하였다. 그러나 로마의 위대한 문화유산인 건축기술의 발달로 많은 경기장을 비롯하여 체육과 관련한 시설들이 건축되어 지금까지 그 유적이 전해 내려오고 있다.

① 원형 경기장(圓形 競技場, Circus): 요즘 서커스라 부르는 것의 기원은 라틴어의 키르쿠스(circus)로 '바퀴'를 뜻하였다. 키르쿠스는 고대 그리스의 경마장이 그 원형(原型)으로서 이탈리아 반도의 원주민이었던 에트루리아인이 로마에 전한 것으로 키르쿠스 막시무스(Circus Maximus)가 대표적이다. 이 경기장은 길이가 약 2,000피트, 폭은 600피트로 무려 26만여 명을 수용할 수 있었다. 원형 경기장의 안쪽에는 스피나(Spina)라고 하는 얕은 벽이 둘러져 있어서 그 주위를 돌면서 전차 경주를 하였다. 경기자들은 스피나의 끝에서 한 줄로 선 후에 신호와 함께 출발하였기 때문에 안쪽 코스를 잡기 위한 경쟁이 치열하였다. 스피나의 회전지역에서 전차간의 충돌로 사상자가 속출하기도 하였지만

원형 경기장

관중들을 충분히 흥분시킬 만하였다. 전차경주는 반칙에 대한 규정이 없어 다른 전차에 고의적으로 충돌하거나 달리는 말을 걸어 넘어뜨리는 경우가 많아 부상자가 많았다. 각종 경주시합들은 국가 혹은 부유한 개인이 재정적 지원을 하였고, 별도의 조합들이 조직되어 흥행을 주도하였다. 관중들은 대개 돈을 걸고 우승팀을 예상하여 이를 도박으로 발전시켰다. 처음에는 누구나 이 전차경주에 참가하였으나 나중에는 대개 노예들이 전문훈련을 받고 참가하여 일정 수준 이상의 기량을 통해 자유민의 신분을 얻기도 하였다.

② 원형 연무장(圓形 演武場, Coloseum): 초창기에 무덤, 광장 혹은 키르쿠스에서 열렸던 검투시합이 점차 목재나 석재로 건축한 관람경기장에서 열리기 시작하였다. 역사적으로 가장 잘 알려진 연무장은 약 6에이커의 넓이에 160피트 높이의 담장들이 둘러싸여 있고 9만여 명의 관중을 수용할 수 있었다. 검투사들은 대개 노예, 죄수, 포로 등이었으며 일부 자유민 가운데 식량과 급료를 목적으로 참가하기도 하였다. 이들은 모두 사설교육기관에서 전문검투훈련을 받아야 했고 뛰어난 기량을 보유한 경우 국가의 지원을 받기도 하였다.

③ 공공목욕장(Therme): 초창기에는 부엌에 딸린 초라한 욕실로 시작하였지만 공화정 후기와 제정에 접어들면서 그리스 양식을 본떠 공공목욕장 건설이 시작되었다. 초기에 순수하게 목욕시설만을 구비한 2~3개의 방으로 구성된 형태를 발네에(Balneae)라 부르다가 화려하고 사치스러운 시설들을 갖추고 레크리에이션 센터의 역할을 하면서부터는 데르메라 불리었다. 데르메는 후대의 예술가들이 극찬을 할 정도로 값비싼 재료로 벽과 기둥을 세웠고 눈부신 문양을 새겨 넣었다. 데르메는 부유한 사람들이 도시에 기증한 것도 있고, 공공자금으로 건축되기도 하였다. 데르메는 사적(私的)으로 운영되는 경우 임대한 사람들이 사용료를 받았고, 공적 목욕장인 경우 무료로 이용되었다. 여성전용시설이 갖추어지지 못한 목욕장의 경우 여성들만이 출입할 있는 시간을 정하여 주었다.

**로마 후기 황제의 전용 목욕장**
(프로이센 문서보존실)

### (3) 인물

① 키케로(Cicero, B.C. 106~B.C. 43) : 로마의 웅변가이자 정치사상가로 이름을 날린 키케로는 비록 그리스적인 체육활동에는 비판적 시각을 갖고 있었지만, 모든 남자들이 어느 정도의 신체활동은 필요하다고 하여 남성적인 스포츠 활동에 대한 일정한 찬성의 입장을 취하였다. 그는 연령의 변화에 따른 신체적 조건을 상세히 설명하였는데, 소년기에는 연약성을, 청년기에는 감수성을, 중년기에는 중후성을, 노년기에는 원숙성을 띠게 되므로 이에 맞게 자연스럽게 적응하고 행동해야 한다고 말하였다. 특히 노년기에도 체력의 쇠퇴함을 그대로 방치하지 말고 적극적으로 신체활동을 통해 체력을 유지해야 함을 강조하였는데, 예를 들어 가축을 사육하거나 정원이나 과수원에서 화초를 가꾸거나 과일을 재배하는 것 등이 있다고 하였다.

② 주베날리스(Juvenalis, 60?~128?): 고대 로마의 최고 풍자시인으로 교육에 대한 식견을 가진 주베날리스는 5권(卷) 16가(歌)로 된 방대한 풍자시에서 체육의 가치를 상당히 높게 평가하였다. 제10가에 보면 "…… 그런데 사람은 무엇인가 기원해야 할 일이 있으면 많은 제물을 신에게 바치고 봉사하며 기원하고 있으나, 그것보다는 자신에게 부여될 수 있는 것을 위해 기원하는 것이 좋을 것이다. 그러므로 만일 기원할 것이 있다면 건강한 신체에 건전한 정신이 깃들기를 기원해야 한다"는 구절이 있다. 이는 당시 로마의 부패하고 타락한 사회상을 보여 주는 동시에 청소년들의 생활상태가 매우 불건전했음을 말해 주는 것이다. 헛된 인간의 갈망과 소원보다는 '건강한 신체에 건전한 마음'이 깃들도록 권유한 것은 체육사상의 발전에 커다란 기여를 한 것으로 훗날 17세기의 사상가 로크(Locke, 1632~1704)가 자신의 저서에서 "A Sound Mind in a Sound Body"로 인용하여 널리 퍼지게 되었다.

③ 갈레노스(Galenos, 130?~200): 마르쿠스 아우렐리우스 황제의 주치의이기도 하였으며 철학에도 조예가 깊었던 갈레노스는 로마 후기 체육이 침체한 상황에서도 건강을 위한 운동과 식사에 깊은 관심을 보였다. 특히 과학적인 신체훈련에 대한 체계적인 설명을 통해 최초로 운동과학의 성립을 가져왔다고 평할 수 있을 정도이다. 그는 신체 각 부분에 대한 특수한 운동으로 근육에 긴장을 주는 운동, 빠른 운동, 격심한 운동 등의 세 가지로 분류하였다. 첫째, 근육에 긴장을 주는 운동에는 땅파기, 무거운 짐 나르기, 밧줄 기어 오르기 등의 운동이 포함되었다. 둘째로, 빠른 운동에는 달리기, 권투, 펀치볼, 공놀이 등이 있었고, 끝으로 격심한 운동에는 근육에 긴장을 주는 운동을 반복한 후 중무장을 한 채로 빠른 운동을 지속적으로 행하였다. 특히 갈레노스는 공놀이를 최고의 운동으로 간주하였는데, 이는 공놀이가 신체의 각 부분을 모두 사용할 뿐만 아니라 전 연령에 걸쳐 가벼운 동작에서 격렬한 활동에 이르기까지 폭넓은 운동범위를 제공하기 때문이라고 말하였다. 그는 또한 신체상태를 검사하는 수단으로 맥박을 최초로 사용한 의사였다.

## 제 2 장

# 중세 유럽

### *시대개관*

중세 유럽의 출발이 된 사건은 4세기 말, 훈족(Huns)의 서진(西進)과 연이은 게르만족의 이동이었다. 게르만족의 이동은 로마제국의 단일한 영토를 분열 · 해체시키고(476), 지방분권적이고 로마 카톨릭교가 중심이 된 새로운 유럽사회의 성립을 낳는 계기가 되었으니 이 경우 유럽은 서유럽만을 의미한다. 흔히 게르만족의 로마 침입으로 찬란한 로마 문명이 몰락하고 서양세계가 지적 암흑시대에 돌입하였다고 평가하지만 그것이 전부는 아니었다. 게르만족은 로마의 선진문화를 받아들여 자기들의 것과 융합하려 하였으며, 기존의 로마제국 거주자들도 대개 일상적인 생활을 중단 없이 영위하고 있었던 것이다. 결국 시간이 지나면서 조금씩 로마의 구질서체계를 근본적으로 바꾼 것이다. 게르만족의 초기 지배자들은 저마다 로마제국의 계승자임을 자처하였는데, 게르만족의 최대 왕국이었던 프랑크 왕국은 로마 문화의 정신적 지주가 된 로마 교회와의 제휴를 통해 이러한 목적을 달성하려 하였다. 8세기 서유럽을 거의 통일하고 카톨릭의 포교사업에 열중한 샤를마뉴(Charle-magne, Charles the Great, Karl der Gross, 742?～814)에게 당시의 교황 레오 3세가 "로마인의 황제"라는 칭호로 대관(戴冠)한 것은 이를 상징적으로 보여주는 사건이었다. 샤를마뉴는 '카롤링거 왕조의 르네상스'라 불리는 학문과 교육의 부흥사업을 통해 그리스, 로마의 고전을 연구 · 보존케 하여 훗날 문예부흥운동의 불씨를 심어 놓았다.

중세시대의 사회구조는 봉건제도를 근간으로 형성되었다. 봉건제도는 지배계급내의 주종관계, 즉 주군과 가신 사이의 보호와 봉사라는 쌍무적인 계약관계를 말하는 가신제도와 봉토의 수수관계인 봉토제도가 결합한 정치 · 군사적인 제도이다. 크게 보아 여기에 지배계급이 자신의 영토(영지)를 통해 경작자인 농민(농노)을 지배하는 방식으로 사회 · 경제적 구조인 장원제도를 포함시키는데, 봉건제도는 중세가 끝날 때까지 대부분의 사람들의 생활과 운명을 결정짓는 역할을 한 것이다.

문화적으로 중세에는 크리스트교의 교리와 가치관이 주도된 사회였다. 크리스트교적 가치는 생활양식은 물론 학문과 문학, 그리고 예술에 이르기까지 광범위하게 중세인들에게 영향을 주었다. '철학은 신학의 시녀였다' 라는 표현처럼 중세의 모든 가치는 종교적 원리에 입각하여 전개되었다. 그러나 정체적이며 창조성이 결여되었다는 비판에도 불구하고 중세의 사상과 문화는 신앙과 이성, 자유와 권위, 기적과 자연법, 전통의 잔존과 미래를 향한 의욕이 얽히고 교차되어 근대문명의 뿌리를 형성하는 데 기여하기도 한 것이다.

체육과 관련하여 원래 주로 북유럽에 거주하면서 상무적이고 활동적인 기질을 갖게 된 게르만족이 중세 유럽의 주인공이 되면서 활발한 신체활동이 기대되었지만, 영혼에 비해 신체의 가치를 소홀히 하는 기독교적 관점이 이 시대를 풍미하면서 이상적이고 다양한 신체활동은 침체되었다. 단지 교회나 수도원에 병설된 교육기관에서 제한된 범위내에서 체육활동을 하였을 뿐이었다. 대다수의 시민과 농민(농노)들은 힘겨운 일과를 보냈기 때문에 체육활동에 참가하기 어려운 조건이었고, 그나마 소수의 지배계층(귀족, 기사)이 주로 군사적 체육에 참가하며 약간의 스포츠와 레크리에이션을 즐겼다. 그러나 중세의 제한적인 체육활동에도 불구하고 그 가운데는 르네상스 이후 근대체육이 본격적으로 성장하는 데 기여한 흐름이 면면히 이어지고 있었다.

본장은 크게 다섯 절로 구성되는데 먼저 로마 후기 기독교가 어떻게 형성되었고, 이 과정에서 체육은 어떻게 영향받고 어떠한 신체관을 갖게 되었는지를 살핀다. 이후 중세사회 교육의 중심이 되었던 수도원에서는 도덕적 훈련을 위한 체육이 어떻게 행해지고 평가받았는지 고찰하였다. 다음으로 중세사회의 지배계층인 기사들의 체육활동을 다루었다. 이어서 생산에 종사한 시민과 농민의 체육활동을 분석하였으며, 끝으로 중세의 최고 학문이었던 스콜라 철학이 유행한 시기의 체육의 전개양상을 고찰하였다.

## 1. 초기 기독교 사회의 체육

기독교의 창시자 예수(Jesus Christ)가 활동할 무렵의 로마제국은 막 제정이 시작될 시점으로 겉으로는 정치력·경제력이 번성한 것처럼 보였다. 그러나 내부적으로 로마의 용감하고 봉사심이 투철하며 애국심을 바탕으로 한 전통적 가치는 이미 쇠퇴의 길에 접어들고 있었다. 도덕과 윤리는 약화되었고, 향락과 사치는 점차 기승을 부려 정치적 부패와 사회적 문란상황은 갈수록 그 도를 더해 가고 있었다.

이러한 역사적 배경 속에서 기독교는 그 성장의 싹을 키울 수 있었다. 어려운 철학적 이해보다도 감정적인 설명을 통해 보다 많은 사람들에게 쉽게 이해된 이 종교는 인간이 신 앞에 모두 평등하다는 획기적 사상을 표방하여 처음에 하층민을 중심으로 로마 말기에 급속히 확산되었고, 나중에는 귀족을 포함한 전체 로마인에게 커다란 영향을 미치게 되었다. 기독교는 고대 오리엔트 지역의 여러 종교들이 내포하고 있던 유신론적 사고를 총정리한 것으로 그리스·로마 문화에서 보여 준 현세적·계급적·주지적(主知的)·유물적(唯物的) 경향에 반해 내세적·평등적·주정적(主情的)·유신적(唯神的) 경향을 강하게 띤다.

이 종교의 빌진은 로마제국의 몰락에도 불구하고 로마의 문화적 전통을 계승하고자 경쟁했던 게르만의 여러 왕국들이 다투어 기독교와 제휴하려 했던 것에 하나의 원인이 있었다. 로마제국의 몰락으로 종교의 최고 권위를 이은 로마 교회와 그 주교인 교황(Pope)은 세속적 지배자였던 프랑크 왕국과의 협력 속에 교세를 유지함은 물론, 이교도에 대한 개종과 전파를 주도하며 전 서유럽의 정신적 지도자로 성장할 수 있었다.

### (1) 교육

기독교 이념은 다른 종교와 마찬가지로 절대자 신에 대한 복종과 이에 따른 영혼의 구원에 그 주된 목적을 두었다. 그러나 기독교는 다른 종교의 이상에 비하면 그 범위가 높다고 볼 수 있는데, 특히 만인이 서로 사랑을 통하여 신이 내린 윤리적 계시를 생활에서 훈련하도록 하게 한 점은 이 종교의 특징이라 할 수 있다. 이러한 관점에서 볼 때, 기독교에서는 사랑을 실천하기 위해 희생을 감수한 예수 자신이 가장 큰 교육자요 또한 교육의 표상이 될 수 있다. 예수는 인간의 모습(人性)을 가장 완전하게 구현하였기 때문에 정신과 신체는 완벽하게 조화되어 있었다. 때때로 명상과 고독에 잠기기는 하였지만 그는 숨어 지내는 은자(隱者)는 분명히 아니었고 활발한 사교활동을 통해 자신의 생각을 주변에 전파하였다. 다시 말해 그는 세상에서 멀리 떨어져서 세상을 구원하는 것이 아니라 세상 속에서 보다 나은 생활을 추구한 것이다.

예수 이후 사도들의 노력으로 로마제국에 기독교가 전파되었는데, 이교도에 물든 로마인들의 개종에는 오랜 세월이 걸렸다. 이후 제국의 주변으로 밀려온 호전적인 게르만족에게의 포교가 중세시대의 시작과 함께 지속되었다.

초기 기독교 교육은 제대로 조직을 갖추지 못하였다. 동로마제국에서는 유스티니아누스(Justinianus, 483~565) 황제가 폐지하기 전까지 이교도 학교가 큰 역할을 하였고, 예비 신학교에서 신학적 연구를 담당하였다. 서유럽에서는 초창기에 기독교 신자가 되기를 원하는 사람들을 위한 세례지원자학교(Catechumenal School)가 있다가 교회가 조직을 완성한 이후에는 고등교육을 위한 기독교학교, 즉 교리문답학교(Catechistical School)가 설립되었다. 이 학교는 기독교인으로서 보다 많은 지식을 추구하는 사람들을 교육하였는데 당시 서유럽에서 학문의 유일한 중심지 역할을 하였다.

각종 신학교에서 연구하고 강의하던 학식 있는 교부(敎父, Church Father)들은 그리스 및 로마 문화의 정리와 초기 기독교의 문학과 신학 발전에 많은 공헌을 하였다. 막강한 권한을 갖게 된 서유럽의 교회권력은 그리스 전통의 지식이 도덕적으로 오염되어 있고 이교도의 성격을 띤 점에 대해 비판을 가하기 시작하였다. 특히 교리문답학교가 설립될 무렵, 교육은 교회정책, 신학연구와 예배에 관련된 부분으로 제한되어 이교도적인 문학, 철학, 예술 그리고 체육은 거의 무시될 지경이었다.

### (2) 체육

완전한 인격체로서 정신과 신체를 조화시킨 예수의 모습에도 불구하고 초기 기독교에서는 인간의 영적 문제를 지나치게 강조한 나머지 신체에 대해서는 전혀 무관심하거나 무시되었다. 미래의 영원성을 향해 현재의 힘든 수행과 고난을 극복함을 기본생활태도로 하는 성직자들은 현세적 물질문명에 관심을 두지 않았다. 성직자들은 초기 기독교가 로마의 투기장에서 경험했던 불행한 과거를 잊지 않았다. 이들은 게임에 참가하는 것이 황제숭배의 표현일 뿐만 아니라 이교도적인 의식의 표출이라고 간주하였다. 기독교는 점차 신체를 죄악의 근원으로 파악하고 인간에게 사소한 부분으로 여겨 영원한 구원을 갈구하게 되었다. '네 영혼을 구제하라'는 표현은 기독교인의 욕구를 전적으로 반영한 것이다. 많은 사람들이 생존에 필수적인 신체욕구를 어느 정도 억제해도 세상을 살아갈 수 있다는 전제를 받아들이는 분위기 속에서 체육에 대한 가치 있는 생각은 결코 발달할 수 없었다.

단지 그리스의 전통을 계승한 동로마제국에서 고전적 교육을 받은 일부 교부들이 학교에서의 체육을 옹호한 점이 주목된다. 교부이자 체계적인 이론을 갖춘 신학자 클레멘스(Clemens, A., 150?~215?)는 운동이나 유희 또는 스포츠의 건강에 대한 가치를 인정하고 레슬링, 구기, 산책 등을 장려하였으며 여성에게도 적합한 운동이 필요하다고 믿었다. 그러나 이러한 생각들이 신학적 사고로 무장한 서유럽에서는 제대로 펼쳐지지 못했다.

서유럽지역은 로마제국 말기부터 성직자들이 건강이나 위생의 중요성을 무시하지는 않았지만, 나체나 혼욕(混浴)이 사회에 끼치는 비도덕적 위해성을 자주 지적해 왔다. 또한 세례를 받기 위해서는 각종 경기장에 참가하기를 포기했어야 했는데, 기독교를 국교화시킨 데오도시우스(Theodosius) 황제 때 올림픽경기가 폐지되기에 이른 것이다(393).

전반적으로 체육활동이 침체되었음에도 불구하고 무용은 종교적 수단으로 표현되었다. 초기 기독교인들은 춤과 미사곡으로 예배를 축복하였다. 죽은 자를 위한 축복행사나 여러 축제일에도 감사의 표시로 춤을 추었다. 그러나 점차 무용이 종교적 경건함을 상실하여 변질되자 기독교에서 도태되기 시작하였다. 여러 교회의 권위자들은 자신들의 힘이 미치는 범위에서 무용을 금지하였는데, 위대한 신학자 아우구스티누스(Augustinus, A., 354~430)의 “춤을 추는 것보다 땅을 파는 것이 더 좋다”라는 언급은 땅에 떨어진 무용의 가치를 단적으로 대변한 것이다.

결론적으로 로마제국 말기와 중세에 접어들면서 몇몇 신학자들이 운동, 유희 그리고 스포츠에 대한 필요성을 인정한 것을 제외하면 대부분의 성직자들은 체육에 대해 무관심과 부정적인 태도를 취하였다. 그리하여 각종 신학교의 교육과정에서 많은 스포츠와 경기는 삭제를 당하였다. 초기 기독교에서 체육을 반대한 근거는 로마의 스포츠 행사가 이교도와 황제숭배의 성격을 띤 전통에서 비롯된 것이다. 그리고 신체활동이 영혼의 구제에 별 도움이 되지 않고 오히려 사악한 측면을 얻게 된다는 우려에서 반대한 것이다. 즉, 초기 기독교 사회는 심신의 조화적 발달을 추구한 그리스의 체육사상을 돌아볼 여지가 없을 정도로 금욕주의가 팽배한 역사적 상황에 놓였던 것이다. 이 금욕주의가 중세 초기 기독교의 최고 이상이었기 때문에 건전한 체육의 발달을 기대하기는 매우 힘든 일이었다.

## 2. 수도원의 체육

초기 기독교가 전파되는 과정에서 기독교 사상을 순수하게 추구한 일단의 사람들은 외부세계와의 단절을 통해 고유한 신앙체계를 형성하려 하였는데 그 결과 수도원이 창설되었다.

최초의 수도원생활은 먼저 동방에서 시작되었다. 최초로 수도원을 만든 사람은 4세기 중엽 이집트에서 살던 파코미우스(Pachomius)였다. 그는 3세기 말 이집트 북부의 사막지역에서 집을 짓고 은둔생활을 실시한 성 안토니(St. Anthony)를 본받아 수도원을 운영하였다. 그는 안토니의 방법을 약간 순화하여 규율 있는 공동생활을 실내로 끌어들였다. 수도원의 격식을 갖춘 수도원은 카파도시아의 주교인 성 바질(St. Basil)에 의해 시작되었다. 그는 극단적인 자해나 장기간의 금식 대신에 유용한 노동을 강조하면서 수도원조직의 정치적 체계를 심화시켰다. 그는 더 나아가 빈곤 · 겸손을 중시하였으며, 명상의 시간도 강조하였다. 바질의 방법은 동방세계의 표준이 되었으며, 지금도 그 전통이 그리스 정교(正敎)에 남아 있다.

서유럽의 수도원은 위의 이집트의 모형이 로마에 전해진 4세기에 시작되었다. 그러나 진정한 의미의 수도원은 6세기에 창설된 성 베네딕트(St. Benedict of Nursia, 480~543)의 수도원이었다. 그는 나폴리의 몬테카시노에 수도원을 세우고 라틴 기독교 세계의 모든 수도사들(monks)이 따르는 규율을 만들었다. 베네딕트 수도원은 청빈, 순종, 노동, 헌신을 목표로 삼고 바질의 방법과 같은 규율을 강조하였다. 뒤이어 10세기에 설립된 클뤼니 수도원이 교황 직속이 되어 각 지역에 분원을 설치하면서 유럽의 정신세계에 큰 영향을 미치게 되었다.

수도사의 생활방식은 각 수도회에 따라 다양하지만 청빈(淸貧: 사유재산의 포기), 정결(貞潔: 독신생활), 복종(服從 : 상급자에 대한 절대복종)의 세 가지 덕목은 공통적이다. 특히 자활을 위한 수도사들의 노동활동은 노동을 경시한 고대에 비해 노동존중의 전통을 후대에 남긴 것으로 새로운 농경방법, 도로 · 교량 건설, 나무 · 금속 등을 이용한 새로운 발명 등을 통해 침체된 경제와 상업을 발달시키는 데 공헌하였다. 또한 베네딕트의 노동규칙에 하루 7시간 독서를 해야 하고 기도, 식사, 수면에도 적당한 시간배분을 할 것 등이 규정되어 있는데, 이를 통해 수도사들은 중세의 학문적 진흥과 교육을 주도하였다. 특히 2시간의 독서시간에는 학교와 비슷한 형태의 장소에서 주로 필사(筆寫)작업을 하였는데, 이는 당시의 문헌을 보호하고 중세의 기록을 보존하는 데 커다란 역할을 한 것이다. 이들의 복종과 박애정신은 호전적이고 야성적인 게르만족의 기질을 순화시키는 데에도 기여하였다.

우리가 중세 유럽의 체육을 고찰함에 있어 수도원을 특별하게 다루는 이유는 수도원이 당시 중세 유럽의 학문적 정통을 계승하며 거의 유일하게 교육을 담당한 기구였기 때문이다. 즉, 당시 교육을 전담하다시피 한 수도원의 교육과정을 통해 체육의 전개과정을 살펴보지 않을 수 없는 것이다.

### (1) 교육

6세기에서 12세기에 걸쳐 수도원은 일부 기독교학교와 이탈리아의 길드 학교, 샤를마뉴와 알프레트 대제의 왕궁학교를 제외하면 사실상 유일한 교육기관이었다. 여자들은 금욕적 생활을 위해 수녀원에 들어갔으며, 남자들은 수도원에 보내졌다.

영적 활동을 위주로 생활하는 수도사들은 신체적인 부분보다 정신적인 부분을 교육하는 데 더 중점을 두었다. 즉, 수도원 교육의 핵심은 정신생활의 가치를 얻기 위해 육욕(肉慾)을 억제하는 고행을 배우고 세속적 생활양식을 포기하며 기도생활을 습관화하는 데 있었다. 수도원에서

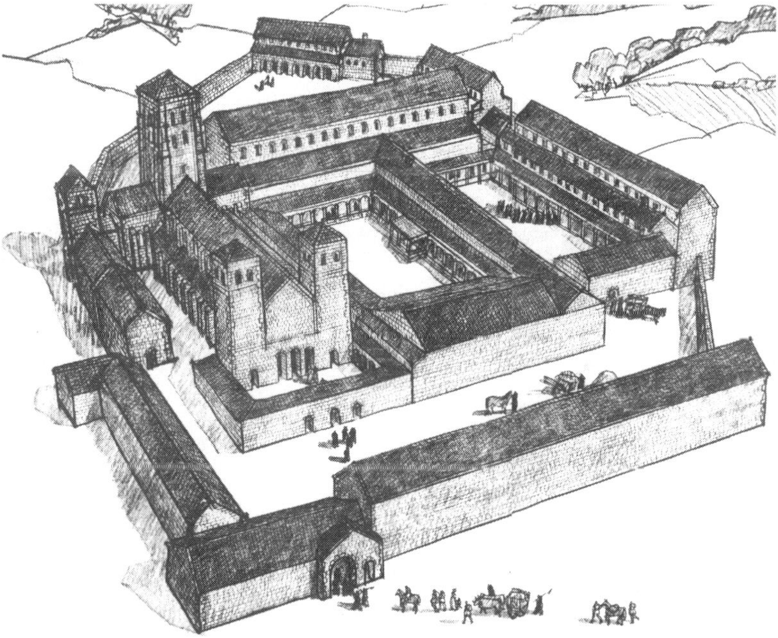

**중세 수도원 전경**

의 교육과정에는 문법, 수사학, 논리학의 3학(Trivium)과 산술, 기하학, 천문학, 음악의 4학(Quadrivium) 등 7과목이 핵심이었는데 모두 신학을 위주로 교육된 지적인 프로그램으로 체육은 교과내용에서 제외되었다. 비록 체육에 대한 교육이 수도원에서 정식으로 이루어지지는 않았지만 노동은 수도사들의 건강을 유지하는 데 도움이 되었다.

### (2) 체육

중세시대를 체육사에서는 체육의 암흑기라고 규정하는 경우가 있다. 이는 로마 후기 체육이 관람 스포츠를 중심으로 오염과 부패의 모습을 띠며 체육 본래의 성격을 상실한 이후 영혼의 구제를 강조하는 기독교가 이 시대를 풍미하면서 체육활동이 진빈적으로 침체하였기 때문에 가능한 평가이다. 중세시대에 신체를 소홀히 하고 정신과 영혼을 강조하는 교육사조가 바로 수도원을 중심으로 펴져 나간 사실을 볼 때 수도원을 체육침체의 근원지로 볼 수도 있는 것이다.

건강과 위생에 대해 부정적인 영향을 끼친 점도 무시할 수 없다. 수도원에서는 몸을 씻는 일보다 영혼을 씻는 일을 중시하였기 때문에 목욕은 물론 수영도 금지하는 분위기였다. 이러한 환경은 여러 병들이 유행하여도 신벌(神罰)이라는 관점에서 기도에 호소하는 전근대적 방법을 취하게 하였다.

그러나 수도원의 역할이 모두 체육에 부정적인 영향을 끼친 것은 아니었다. 수도원의 노동에 대한 규칙은 결과적으로 다른 사회분야의 체육과 같은 역할을 하였다. 이러한 점은 수도사들과 농노들이 수도원에서 열심히 일하고 있을 때에 노동은 하지 않고 학문에만 몰두했던 수도사들은 두통과 소화불량, 그리고 우울함을 호소한 사실을 볼 때 쉽게 확인될 수 있다.

또한 수도원을 벗어난 일반 사회분야에서는 체육이 나름대로의 발전과정을 겪었기 때문에 수도원에서의 체육상황을 가지고 중세시대 전체의 체육을 평가하는 것은 일정한 한계가 있는 것이다.

## 3. 귀족 및 기사의 체육

일반적으로 유럽의 중세사회의 기본구조를 봉건제도(封建制度, feudalism) 혹은 봉건사회(feudal society)라고 한다. 원래 'feudalism'이라는 말은 민족의 대이동(게르만족, 노르만족의 이동)으로 인해 농촌생활을 영위할 무렵, 어떤 일을 수행해 준 대가로 얻는 토지(封土, feodom)를 일컫는 데서 유래하였다. 그리하여 이러한 토지를 중심으로 자연스럽게 토지(봉토)를 수여하는 사람(主君, lord)과 그것을 받는 사람(封臣, vassal)의 신분적 역할구분이 이루어지고, 이들 사이의 권리와 의무관계 그리고 토지경영과 소유권에 관한 일련의 규정들이 성립되었던 것이다. 아울러 크든 작든 토지의 소유자로서의 영주계급과 경작계층인 농노계급 사이의 관계도 정립되어갔다.

봉건제도에 대한 역사가들의 해석에는 대체로 정치 · 법제사적 해석, 경제사적 해석, 사회사적 해석 등 세 가지로 대별된다. 정치 · 법제사적 해석은 우리가 일반적으로 봉건제도에 관해 이해하고 있는 것인데, 봉건제도의 골격을 봉신의 주군에 대한 군사적 봉사제도와 이에 대한 토지의 대여로 보는 것으로서 봉건제도의 상부구조를 형성하는 기사들 사이의 관계만을 규정한 것이다. 두 번째 것은 봉건사회의 하부구조를 중시한 것으로 농노제에 기초한 장원제도(莊園制度, manorial-system)를 봉건제도의 골격으로 보려는 해석이다. 세 번째 것은 봉건제도를 특정한 하나의 고립된 제도로 이해하려는 입장을 배격하고 종합적이고 총체적으로 파악하려는 해석이다.

지금까지 학자들의 연구를 종합하여 볼 때 중세 유럽의 봉건사회에 대한 이해는 상부구조로서의 봉건제도와 하부구조로서의 장원제도, 두 측면 모두에서 파악해야 한다는 결과를 얻을 수 있다. 즉 토지를 둘러싸고 이루어지는 지배자(기사 혹은 영주) 상호간의 인적 주종(主從)관계를 설명하는 봉건제도와 각 지배자가 다스리는 토지(봉토 혹은 영지)에 있어서의 지배자와 농노 간의 관계를 설명하는 장원제도가 함께 고려되어야 한다는 것이다.

봉건적 주종관계는 봉신이 봉토를 준 주군에게 충성을 서약하는 의식을 행함으로써 이루어졌다. 봉건적 지배자(귀족)들은 상하의 구별에 의해 신분적 계층이 형성되었다. 그들의 토지와 권세의 차이에 따라 신분이 달라졌으나 그들은 모두 전쟁을 수행하는 기사(騎士)였으며 동시에 토지를 소유하고 있는 지배자계급이었다. 중세의 사회구성을 '기도하는 계급(승려)', '전쟁하는 계급(귀족)', '노동하는 계급(농노)'으로 나눈다면 이들은 전쟁하는 두 번째 계급에 속한 것이다. 그리하여 중세의 지배계급은 왕으로부터 아래의 일반 봉신에 이르기까지 엄격한 계급

서열이 피라미드식으로 펼쳐졌다. 이들은 귀족으로서, 또한 영주로서 신분을 세습화시켜 승려계급과 함께 중세사회의 특권층을 형성하였다.

봉건사회구조에서 토지의 지배자로서 생산에 종사할 필요가 없었던 기사계급은 이전의 지배계층에 비해 보다 많은 시간을 신체활동에 투자하게 되었다. 이는 이들의 주임무가 군사적 활동에 종사하는 것이므로 신체활동의 기회가 자연스럽게 늘어났을 뿐만 아니라 자신들의 특권을 전문적인 스포츠 활동이나 레크리에이션을 통해 확인하려고 하였기 때문이기도 하다. 중세사회에 기사계급의 형성은 교육제도의 강화와 문화수준의 향상을 이끌었고 나아가 체육활동의 확대를 가져온 것이다.

### (1) 교육

중세사회에서 교육의 최고 수혜계층은 지배계급인 귀족(기사)들이었다. 비록 12~13세기에 최초의 대학으로 볼로냐 대학, 파리 대학 등이 설립되었지만 아직 체계적인 교육기구가 없는 상황에서 교회나 교회의 부설학교에서 교육의 핵심을 담당하고 있었다. 이러한 역사적 배경에서 교회의 가치관과 아울러 기사로서의 자격을 갖추기 위한 교육이 특별하게 행해진 것이다. 중세 귀족은 넓은 의미에서 일반 기사와 더불어 전쟁을 치르는 전사(戰士)였다. 그리하여 이들은 소정의 귀족 수련과정을 통하여 귀족집단으로서의 도덕과 예의범절을 갖추는 행동규범의 통일을 가지게 되었다. 이것을 일반적으로 기사도(騎士道, chivalry)라 부른다. 귀족의 아들들은 7~8세가 되면 주군의 성(城)에 들어가 같이 살면서 기사로서의 교육과 훈련 등을 습득하였다. 그들은 귀족부인의 시동(侍童)으로 봉사하면서 노래, 악기, 예의범절 등을 배웠다. 그러다가 14~15세가 되면 종사(從士)로서 주군을 받들면서 말 사육에서 무술에 이르기까지 기사로서 갖추어야 할 훈련을 받고, 20세가 되면 기사 서임식(敍任式)을 통해 하나의 독립된 기사가 되었다.

그들의 주된 임무는 싸움이었고 가장 중요한 것은 전쟁에서의 승리였으며 용맹과 충성이 제일의 덕목이었다. 그러나 폭력이나 잔인한 행

**기사들의 궁정무용(14C)**
(Bozen 시 박물관)

동은 지나친 악덕으로 간주되었다. 12세기 이후부터는 명예를 존중하는 기풍이 더욱 강화되어 무장하지 않은 상대를 공격하는 일은 용납되지 않았다. 싸움이 일반화되다 보니 사회적 질서를 잡는 데 문제가 적지 않았다. 그리하여 교회는 싸움을 줄이기 위해 '신의 휴전(the truce of God)'을 정하여 일요일이나 축제 때에는 전투를 금지하고, '신의 평화(the peace of God)' 때에는 여자, 농민, 상인, 성직자 등 비전투원에 대한 공격을 금하였다.

한편, 귀족가문의 여성교육은 집안이나 다른 기사의 성에 있는 기사의 부인이나 승려가 담당하였는데 독서를 중심으로 하면서도 노래, 기악, 승마, 수렵, 장기, 구기 등이 가르쳐졌다.

기사도에 있어서 여성존중의 기풍은 사랑을 테마로 삼은 기사문학의 영향을 받기도 하였으니 교회의 영향도 일정하게 미쳤다. 그들은 대개 주군의 부인을 이상적인 여성으로 하고 그녀를 위하여 온몸과 마음을 바치는 것을 큰 명예로 생각하였다. 기사도는 봉건제도의 붕괴와 더불어 서서히 쇠퇴하였지만, 그들의 예의범절은 서양 근대 지배층의 신사도(紳士道, gentlemanship)에 적지 않은 영향을 끼쳤다.

### (2) 체육

기사들이 자신의 역할을 충분히 감당할 수 있기 위해서 체육은 기사교육에 있어 매우 중요한 부분을 담당하였다. 그러나 체육이 기사들에 의해 독자적인 가치와 목적하에 전개된 것은 아니었다. 즉, 군무봉사에 보탬이 되거나 교회를 위한 싸움의 훈련수단이라는 제한된 목적하에 체육이 행해졌다. 이를 고대의 체육과 비교해 볼 때, 그리스에서와 같이 신체의 완전한 발달이라든가 심신의 조화적 발달을 위한 체육의 목적을 찾아볼 수 없고, 또한 로마 초기와 같이 높은 민족의식과 애국심의 양성을 목표로 하지도 않은 것이다. 단지 개인적이고 실용적인 입장에서 기사의 수준을 높이기 위한 제한된 목적으로 체육이 전개되었다. 그럼에도 불구하고 이 시대의 젊은이들은 체육활동을 통해 전투능력을 키우는 것은 물론 사교적 품위를 익히고 스포츠 기술을 습득하는 등 여러 가지 목적을 달성할 수 있었다.

가장 나이 어린 시동시절(7~14세)에는 기본적인 규칙을 배우고 지키는 과정을 통해 기사의 태도를 습득하는 것을 주목적으로 삼았는데 활쏘기, 곤봉, 목검다루기, 무거운 짐 나르기 등을 포함한 체조훈련을 받아 기초체력을 키워 나갔다.

기사가 되기 위한 본격적인 훈련이 행해진 종사시절(14~21세)에는 매우 다양하고 활기찬 신체활동이 수반되었다. 무거운 짐 들기, 장거리 달리기, 무장하고 말에 뛰어 올라타기, 가볍게 무장하고 수영하기 등 힘든 운동강도를 견디며 인내력을 키웠고 추위와 배고픔, 수면부족 등을 이겨 내며 말타기나 무기조작훈련을 받았다. 한편, 시동시절에 배우는 중요 일곱 과목에는 칠례(七藝)라 하여 승마, 수영, 사격, 검술, 수렵, 장기, 작시(作詩) 등이 있는데, 이 가운데 무려 다섯 가지가 신체활동과 관련된 것으로 기사양성교육에 있어 체육이 차지하는 비중을 가늠해 볼 수 있는 것이다.

많은 시간이 전쟁기술을 익히는 데 사용되었는데, 종사들의 창 기술은 사라센 병사들을 적으로 가정하여 훈련되었다. 특히 여러 형태로 꾸며진 모형과녁을 사용하여 훈련한 것이 주목되는데 짐승의 털가죽을 사용한 펠 퀸테인(pel-quintain), 기둥을 과녁으로 훈련한 포스트 퀸테인(post-quintain), 그리고 인간의 모습을 하면서 무장한 과녁으로 쓰인 휴먼 퀸테인(human-quintain) 등이 이채롭다. 비후드(Behourd) 역시 무기를 다루는 기술을 향상시키기 위한 군대 스포츠의 일종이었다. 경기방법은 다양했으나 모의전쟁의 형태로 한 팀은 작은 요새를 방어하고 다른 팀은 요새를 공격하는 방식이 주종을 이루었다. 퀸테인(Quintain)과

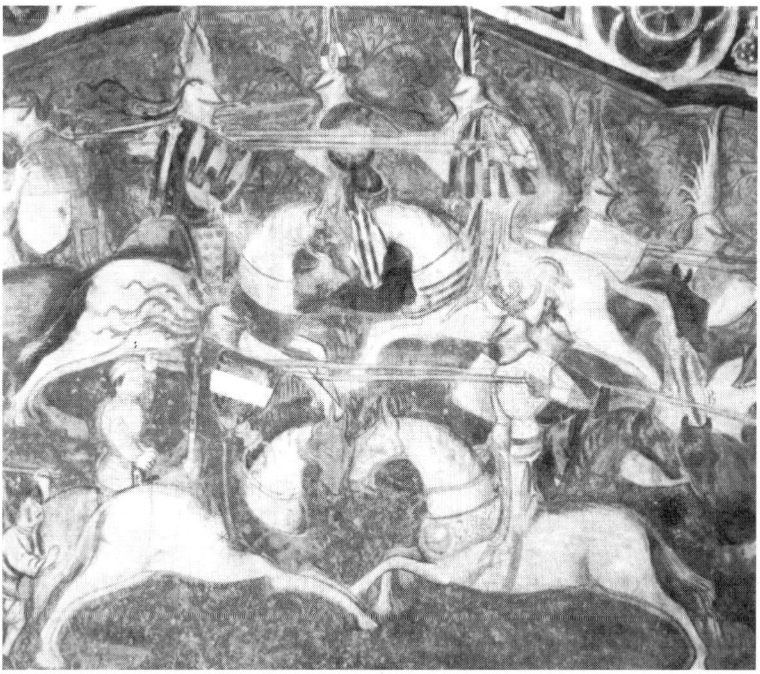

**마상시합 장면(14C)**
(Bozen 시 박물관)

비후드(Behourd)는 경험이 풍부한 기사들은 물론 어린 종사에 걸쳐 유행했던 경기들이었다.

다음으로 중세 기사체육의 대표적인 종목은 마상경기에서 찾을 수 있다. 중세사회에서 가장 중요한 전투력은 중장 기병이었기 때문에 무장한 기병들의 시합은 군사훈련의 한 과정으로서 자연스럽게 사람들의 큰 관심을 얻게 되었다. 여러 마상시합종목 가운데서 토너먼트(Tournament)와 주스트(Joust)가 가장 유명하였다. 토너먼트는 오늘날 경기방식의 의미를 갖고 있지만, 원래 11세기 프랑스에서 낙마한 수가 적은 편을 이긴 편으로 하던 마상시합 투르누아(Tournoi)에서 비롯되었다. 토너먼트는 여러 기사들이 두 편으로 나뉘어 2열로 정돈한 다음, 한 줄씩 차례로 상대방을 향해 돌진하여 긴 창과 검을 가지고 싸우는 시합이었다. 엄격한 규칙에도 불구하고 기사들은 실제 전쟁상황에서 벌어질 수 있는 장면들을 연출하기를 선호했다. 그래서 경기참가자들이 머리와 목을 보호할 수 있도록 특수제작된 보호구들을 착용하였지만 많은 사상자가 속출하였고, 토너먼트를 앞둔 성은 전체가 흥분의 분위기에 휩싸였다. 12~13세기 토너먼트는 귀족들에게 가장 일반화된 스포츠가 되었지만 경기가

**주스트 장면**

열리는 기간에 도박, 음주, 향락이 번성하는 폐단을 낳았다.

주스트는 토너먼트에 비해서 차분한 분위기에서 진행되었는데, 두 명의 중무장한 기병이 양편에 서 있다가 신호에 맞춰 긴 창과 방패를 가지고 전속력으로 상대방을 향해 달려가 상대의 투구나 가슴을 찌르는 경기였다. 두 사람이 그대로 말 위에 있으면 다시 말을 되돌려 돌진하였는데 말에서 떨어지는 경우를 승부로 삼거나 떨어진 이후에도 무기를 사용하여 계속 싸우는 경우도 있었다. 주스트에서는 날이 없는 칼과 창끝에 평면의 판을 부착하여 싸웠지만 갑주(甲胄)를 입고도 받는 창끝의 위력은 대단하였다. 이외에도 토너먼트가 변형된 여러 시합들이 있었는데 두 명씩 한 조가 되어 배 위에서 싸우는 선상 토너먼트가 유행하였다.

매사냥이나 수렵에도 많은 기사들이 참가하였다. 특히 매사냥은 귀족계급이 자신을 과시하는 장식품으로 여겼다. 무용은 점차 쇠퇴해 가다가 문예부흥기에 이르러 귀족사회에서 축하연과 무도회에 쓰이면서 다시 발전하기 시작하였다. 기사들은 처음에는 여자들의 노래와 춤을 감상하다가 노래와 춤을 필수적인 생활태도로 익히기 시작하였다.

결론적으로 중세의 기사체육은 그리스와 로마 초기의 이상적인 체육사상을 제대로 재현한 것은 아니었고, 따라서 후대에 체육의 본질적인 가치를 전달하지는 못하였다. 그러나 비록 체육의 형식적인 측면이기는 하지만 신체활동에 대한 태도나 준법의식 등이 기사체육을 통해 후대에 면면히 이어져 훗날 부흥된 고대 그리스, 로마의 교육이상과 잘 조화되어 문예부흥기의 사상가와 교육자들에게 체육의 중요성을 알리는 데 영향을 미쳤다고 볼 수 있다.

## 4. 시민 및 농민의 체육

중세 봉건사회에서 귀족과 수도사, 그리고 일부의 행정관리들을 제외하면 대부분의 인구는 농업에 종사하며 장원에서 살았는데 기의가 농사와 노동에 몰두하는 하층농민으로 구성되어 있었다. 이들은 사회 · 경제적 처지에 따라 다양하게 세분화될 수도 있지만 일반적으로 농노(農奴, serf)라 부른다. 농노들은 영주의 땅을 경작해 주는 대신 적지 않은 지대(地代)와 세금을 납부해야 했는데 세금에는 인두세, 생산세, 사용세, 결혼세 등 매우 다양하고 세밀하게 설정되어 있어 농노들의 큰 부담이 되었다.

장원에서의 농노들의 생활은 농번기에는 해뜰 때부터 해질 때까지 줄곧 일했으며, 집은 진흙으로 만든 조야한 오두막집에 불과하였다. 이들은 대개 조상 대대로 궁핍한 생활과 무미건조한 삶을 힘들게 이어나갔으며 문맹이었고 또한 미신에 젖어 있었다.

십자군 원정과 전술상의 변화(총기류의 개발)로 귀족세력이 약화되면서, 그리고 흑사병을 계기로 경작자의 지위가 상승되기 시작한 중세 후기에 농민들은 보다 많은 자유와 경제적 혜택을 누렸다. 또한 농민반란을 계기로 자신들의 힘을 깨닫기 시작한 농민들은 시간이 갈수록 더 많은 자유를 경험하게 되고, 나아가 보다 많은 관심을 가지고 자녀들의 교육에 힘쓰기 시작하였다.

한편, 중세사회가 안정될 무렵 장원의 경제구조와 다른 생활거주지로 도시가 발달하고 여기서 시민계급이 성장하기 시작하였다. 일반적으로 중세사회 전체를 폐쇄적인 자급자족의 농업경제로 설명하는 경우가 많다. 그러나 로마제국의 몰락으로 도시와 상업이 거의 파멸 직전에 이르긴 하였어도 작은 범위에서나마 화폐유통은 계속되었고 도시민의 상공업 활동이 존속되었다. 특히 봉건사회가 안정된 10~11세기부터 농업의 생산량 증대와 인구증가는 상업과 유통을 증가시켰고, 이로 인해 상행위의 안정적인 근거지로서 새로운 중세도시들이 발달하게 되었다. 도시는 영주에게 화폐를 지급하거나 혹은 전쟁을 통해 봉건영주의 간섭을 벗어나 자치권을 획득함으로써 자유를 얻을 수 있었다.

도시민은 새로운 계급을 형성하였다. 그들은 새로운 사회신분을 획득하게 되었고 새로운 법과 관례를 만들어 상호 규제하지 않으면 안 되었다. 도시민의 생활양태는 지역에 따라 상이하지만 대체로 공통된 기본적 양상을 나타냈는데, 대표적인 특징은 그들이 자유로운 신분을 갖게 되었다는 점이다. 그들이 사는 도시는 봉건영주의 관할하에 있었지만 도시민에게는 항구적인 인신적 자유(人身的 自由)가 보장된 것이다. 도시민의 구성은 대체로 공인(工人, artisan)과 상인(商人, merchant)으로 크게 대별되며, 각각 조합(guild)을 결성하여 친목도모는 물론 도시민의 이익을 추구하였다.

도시민들의 일차적 관심은 중세의 중추세력인 귀족계급과 달리 전쟁에 있지 않고 상공업을 통한 부의 축적에 있었다는 사실은 중세사회의 구조를 사회 · 경제적인 측면에서 크게 변화시키는 현상으로 보아야 할 것이다. 이들은 자신들의 우월해진 실력을 바탕으로 교육과 문화에도 힘을 썼으니 중세의 봉건적 체제의 몰락과 함께 새로운 근대사상의 여명을 준비한 것이다.

### (1) 교육

중세의 교육체제에서 기사와 수도사들을 위한 것을 제외하고 농민들을 위한 별도의 교육기관은 존재하지 않았다. 한번 태어난 장원을 벗어나지 못하고 폐쇄적으로 살아야 했던 농민들에게는 장원에서의 관례와 관습이 교육을 대신할 정도였다. 그리고 중세사회에서 유럽의 농민들은 모두가 교회의 신자였고, 따라서 교회가 이들의 사고와 세계관의 형성에 결정적인 교육자역할을 담당하였다. 12세기 이후 시작된 농민의 지위향상은 15세기까지 이어지는데 농민들의 지위향상이 구체적으로 농민을 위한 교육제도의 정착으로 연결되지는 못하였다.

그러나 도시의 출현과 함께 세속적인 입장에서 교육에 대한 새로운 요구가 나타났는데 길드 교육이 가장 대표적이었다. 길드 교육은 지업적인 훈련으로 젊은이들에게 공업과 상업을 주로 가르쳤지만 기술적인 측면에 국한된 것은 아니었고 지적인 교육도 병행하였다. 여기서는 수준 높은 장인정신의 함양과 종교적 · 사회적 의무의 준수, 그리고 조직을 위한 충성심과 존중심도 강조되었다. 길드 교육을 통해 구성원들은 강한 결속력을 갖게 되었지만 나중에는 배타적인 특권의 유지로 변질되었다. 많은 폐습들이 길드에 젖어 들었고 수준 높은 장인정신도 쇠퇴하여 갔다.

### (2) 체육

중세 농민은 기사들처럼 체계적인 체육활동에 참여하지는 못했다. 농민들의 삶은 대부분 생존의 유지에 급급할 정도로 어려웠기 때문에 체계적인 교육을 못 받은 만큼 체육활동도 조직적인 목적하에 이루어지지는 못하였다. 중세 후기의 시민들도 기사들에 비해서 체육활동이 활발하지 못하였다. 이는 군사적 의무 이외에는 대부분 경제적 사업에 종사하였기 때문이었다.

그러나 농민들과 길드에 속한 사람들이 전혀 체육활동과 단절된 것은 아니었다. 이들은 자신만의 체육활동을 통해 사회적 · 군사적 · 종교적 목적을 달성하려 하였고 나아가 레크리에이션에도 참가하였다. 여기서 군사적인 목적은 도시민의 경우 길드의 특권을 유지하기 위해서 직접적으로 군사훈련이 필요하였다는 점에서 이해될 수 있고, 농민의 경우도 초기에는 무장을 못하게 하는 등 군사적 활동이 제한되었지만 나중에는 국방강화를 위해 농민들에게도 군사적 활동이 부여되었다는 사실을 들 수 있는데, 일부 지역에서는 토너먼트 경기와 궁사제(弓射祭)에 농민들이 번외(番外)로 참가하기도 하였다.

특히 여러 스포츠와 게임들은 비록 교회와 길드가 주도한 것이기는 하였지만 지역사회의 단결을 도모하는 수단으로 행해졌다. 심지어 장원을 운영하는 귀족들은 농민들에 대한 사회통제의 수단으로 체육을 이용하기도 하였다.

중세 후기로 갈수록 신체활동은 더욱 활발하게 일어나는데 여러 스포츠와 게임들은 공동체 삶의 한 부분이 되었다. 농민들은 수확기, 5월제, 크리스마스, 혼례식 등에서 게임과 춤을 즐겼다.

농민들의 레크리에이션 활동

스포츠가 과열되고 위험을 내포할 때, 교회권력과 세속 정치인들은 몇몇 활동들을 금하기도 하였는데, 특히 교회는 도박과 다툼, 부상이 뒤따르는 스포츠를 매우 부정적으로 바라보았다. 영국의 국왕 에드워드 3세(Edward III)는 1314년 평화를 어지럽힌다는 이유로 축구(football)를 금지하였고 몇몇 왕들이 스포츠의 불법규정을 만들기도 하였지만, 행정부의 법규가 항상 효과적으로 강요될 수는 없었고 사람들의 스포츠에 대한 관심을 시들게 하지도 못하였다.

시민과 농민들에게는 교육기관을 통한 체계적인 체육활동이 제공되지는 못하고 대신에 여러 가지 스포츠 행사들이 다채롭게 펼쳐졌는데, 대략 11세기에서 14세기 걸쳐 이러한 행사들이 번성하였다는 기록이 남아 있다. 영국에서는 어린이들이 여우 및 산토끼사냥, 공기놀이, 팽이치기, 연날리기, 풍차돌리기, 사과던지기 등 수없이 많은 게임들을 즐겼는데 이 가운데 일부는 어른들에게도 인기가 있었다.

도시의 급속한 성장에 따라 기사도 정신을 지닌 전통의 기사체육이 쇠퇴해 가고 있었지만 일부 시민들이 참가한 토너먼트 시합은 쉽게 사라지지 않았다.

**중세 농촌의 겨울 스포츠**

팔리오(palio)라고 하는 경주시합은 중세 이탈리아인들에게 가장 인기 있는 스포츠였는데 일반적으로는 경마를 의미하였지만 때로는 사람들의 경주나 마차경기 혹은 당나귀 경주, 심지어는 보트경주를 의미하기도 하였다.

칼치오(giuoco del calcio)는 16세기까지 럭비와 비슷한 형태로 행해진 공놀이였다. 27명의 한 팀 선수들을 공격전담과 수비전담으로 나눈 뒤 손과 발을 사용하여 공을 상대방 진영에 도달하게 하면 점수를 얻는 시합이었다.

당시의 여러 스포츠들은 영국을 중심으로 발전하였는데 영국이 다른 나라에 비해 스포츠가 먼저 발전한 이유는 절대왕정과 의회의 발전으로 정치적 안정을 이루었고 상공업이 대륙에 비해 보다 먼저 발전함으로써 문화발달과 여가시간의 확보가 용이했던 점에서 찾을 수 있겠다.

레슬링 경기는 거의 대부분의 마을과 도시에서 흥미를 목적으로 개최되었는데 우호적인 경쟁 스포츠라기보다는 싸움에 가깝게 진행된 경우가 많았다. 경쟁자의 신체적 위해를 가져오는 경우가 많아지자 헨리 4세(Henry IV)는 1411년 런던 시내에서의 레슬링 시합금지를 공표하였고 위반자를 40일간의 구류에 처하기도 하였다.

고리던지기(quoits)도 인기 있는 놀이였다. 이 놀이는 고대 병사들이 원 안에 구부러진 낡은 편자나 원반 같은 것을 던지는 것에서 유래된 것인데 초창기의 힘을 사용한 멀리 던지기 경쟁이 점차 기술을 사용한 말뚝 안에 걸기 경쟁으로 바뀌었다.

Fives는 다섯 손가락을 의미하는데 아일랜드에서 비롯된 일종의 핸드볼 형태의 시합이었다.

Jeux de paume(영어 palm)는 훗날 코트 테니스의 기원이 된 것으로 프랑스에서 행해졌는데 현대의 테니스와는 사뭇 다른 형태를 띠었다. 실내외 모두에서 행해진 이 경기는 수도원에서 최초로 벌어진 경기장의 형태를 빌려 왔으며, 처음에는 네트 대신에 흙으로 둑을 쌓았고 라켓 대신에 손바닥으로 공을 쳤다. 최초의 실내 코트는 1230년 프랑스에서 만들어졌으며 나중에 영국에서 테니스(tennis)라는 명칭으로 유행하게 되었다.

볼링의 기원은 로마에서부터 시작되었고 북부 유럽을 정복한 로마 병사들에 의해 전파되었다. 핀을 사용한 최초의 경기는 독일에서 시작되었는데 초기의 핀과 레인, 그리고 공은 거칠고 조잡하였다. 14세기에 와서야 옥외의 레인을 점토나 재를 사용해 만들었다. 이 시기에는 각 지역마다 규칙이 다양하였는데 독일에서는 3개의 핀만을 사용하였고, 다른 지역에서는 17개의 핀이 이용되었다.

당구는 잔디에서 하던 볼링을 실내에 적용하던 과정에서 파생 · 발전하였다. 처음에는 나무막대로 공을 쳐서 특정한 통로를 통해 목표에 도달하는 시합을 하다가 점차 경기장소는 테이블로, 나무막대는 큐(cue)로, 목표는 포켓(pocket)으로 바뀌었다.

최초의 축구(football)는 12세기 영국에서 시작된 것이고 엄밀히 말해 공을 발로 차는 경기이다. 공을 잡아서 하는 럭비가 19세기에 시작되자 기존의 축구명칭이 'soccer'로 불려졌다. Soccer와 럭비의 혼합인 미식축구(American football)는 비교적 최근에 시작되었다. 축구는 다른 어느 종목에 비해 격렬한 스포츠로서 시민과 농민들의 야성적 감성을 분출시키는 역할을 하였다. 시합에 참가한 많은 이웃 주민들은 중간지역에 만나 상대 마을의 출입구에 공을 차 넣음으로써 득점을 하는 경기였다.

시합이 지나치게 격렬해지고 또 군사적인 방어에 필수적인 궁사(弓射)에 훈련을 게을리하자 축구를 금지하려는 시도가 있었지만 큰 효과는 없었다.

결론적으로 이 시대의 농민들은 여러 스포츠의 동작이나 기술들을 다른 사람을 모방하거나 보다 경험 많은 사람들을 흉내내고 익히면서 여러 스포츠 경기들을 발전시켜 나갔다고 볼 수 있다. 특히 농민들에게 체육활동은 힘들고 따분한 단조로운 삶으로부터의 해방이었다. 야비한 언행과 음주, 그리고 폭력이 이들이 즐기는 게임의 한 부분이 되는 폐단에도 불구하고 일부 농민들과 길드인들은 열광적인 스포츠맨이 되었다. 또한 스포츠에 따르는 많은 규칙과 규정에 상관 없이 스포츠 활동을 줄이지도 않았다.

비록 중세시대의 농민과 시민들이 아직은 사회 · 경제적으로 우월한 지위를 누리지는 못하였지만 이들이 행한 다채로운 스포츠 중심의 신체활동은 훗날 근대 스포츠 발전의 토양이 된 것은 분명하다.

## 5. 스콜라 철학과 체육

중세학문의 최고지위는 신학이 누렸는데, 중세를 대표하는 신학은 9세기에 시작되어 13세기 무렵 절정을 이루다가 14세기에 쇠퇴한 스콜라 철학(Scholasticism)으로 나타났다. 스콜라 철학의 등장배경은 초기 교회가 맹목적으로 신에 대한 복종을 주장한 것과 달리 신에 의하여 계시된 진리를 합리적 방법으로 설명하려는 것에서 찾을 수 있다. 이러한 스콜라 철학을 통하여 기독교 신학은 비로소 학문의 위치에 올랐으며 신앙과 이성이 하나로 체계화되었다. 다시 말해 신학과 철학이 하나로 되었으며 종교와 문화를 합친 결과가 되었던 것이다. 스콜라 철학이란 명칭은 중세 수도원에 속한 학교(scholae)를 중심으로 학자들이 모여 연구하였기 때문에 만들어진 말이었다.

스콜라 철학은 유명한 보편논쟁(普遍論爭, the universal controversy)에 의해 전개되었다. 보편논쟁은 일반적인 보편개념과 개별적인 사물 사이의 존재관계를 규명하는 문제였다. 초기에는 플라톤의 이데아 철학의 영향을 받은 실재론(實在論, realism)이 우세하였는데, 보편적인 개념이 실재하면서 개별적인 사물에 앞선다는 주장이다. 중기에는 아리스토텔레스의 물질과 현상의 중요성에 영향을 받은 온건실재론(moderate realism)이 유행하였는데 토마스 아퀴나스(Aquinas, T., 1225?~1274)가 대표적인 학자이다. 온건실재론은 신앙과 이성의 조화가 가장 잘 이루어진 것으로 보편개념은 실재하면서도 사물 안에 존재한다는 설명이다. 후기에는 유명론(唯名論, nominalism)이 지배하였는데, 보편적인 개념은 마음으로 그려 낸 이름에 불과한 것이고 개별적인 사물이 우선적으로 존재한다고 설명하였다. 유명론을 계기로 신앙과 이성, 철학과 신학은 결별하기 시작하였고 스콜라 철학의 종말을 가져왔다.

스콜라 철학의 특성은 두 가지로 정리되는데, 첫째로는 경험이나 실험이 아니라 합리주의적이며 논리적인 원칙에 기초한다는 점을 들 수 있다. 즉, 최고의 진리는 이성에 의해 발견되는 것이지 감각인식에서 비롯된다고 보지 않았다. 둘째로 스콜라 철학은 윤리적 접근방법을 취하는 특성이 있다. 스콜라 철학의 주목적은 사람이 어떻게 자신의 현생을 발전시키고 내세의 구원을 보장받을 수 있는지를 발견하는 데 있다. 이렇게 인간의 감각적 경험보다는 이성을 중시하면서도 강한 윤리적 성향을 띤 스콜라 철학은 체육의 발달에 장애물의 역할을 한 것이다.

### (1) 교육

스콜라 철학은 엄밀히 말해 교회의 권위와 그 이론적 바탕을 확립하기 위한 지적인 훈련을 의미하지만 파생적으로 법학이나 의학에도 영향을 주었다. 중세 후기에 스콜라 철학에 대한 비판이 대두되었음에도 불구하고 이 비판운동 자체가 스콜라 철학에서 강조하는 지적 훈련과 관심이 정당했음을 역설적으로 증명하였다.

스콜라 철학의 쇠퇴를 대신하여 지적 훈련의 새로운 중심지로, 새로운 인재양성의 중심지로 대학이 부상하였다. 대학은 원래 교회와 행정부, 그리고 가르치는 분야의 인재를 충원하기 위하여 12세기 후반부터 13세기 초에 걸쳐 '자생적 대학'이라 불리는 파리 대학, 볼로냐 대학, 옥스포드 대학 등이 처음으로 만들어졌다.

대학의 기원은 중세 유럽의 교사 · 학생 간의 일종의 길드에서 시작되었다. 대학을 가리키는 'university', 교사를 가리키는 'master' 등의 현대어는 원래 '단체', '지도자'라고 하는 길드의 용어에서 비롯된 것이다. 12세기 지적으로 고양된 분위기에서 도시에 모여든 학생과 교사들은 사숙(私塾)을 중심으로 교육활동을 하였고, 수공업 길드를 본떠 자신들의 길드를 조직한 후 외부세계로부터 학문의 자유를 수호하였던 것이다. 대학은 내부적으로 공동의 교과목을 정해 수료자에게 학위를 인가(認可)하면서 학문적 체계를 정비하였는데 초기에는 법학, 신학, 의학, 예술의 4개 학부가 중심이었다. 대학은 인재를 필요로 하는 행정당국이나 교회로부터 많은 지원을 받으며 성장하였다.

### (2) 체육

스콜라 철학의 감각인식에 대한 낮은 평가는 신체활동의 가치를 소홀히 할 수밖에 없었다. 신앙에 대한 관심을 우선하고 이에 대한 이성적 설명을 주목적으로 하는 스콜라 철학에서는 체육의 목적과 필요성에 대한 어떠한 강조를 기대할 수 없었다. 즉, 스콜라 철학은 학문적 목표를 지적인 것에 한정하였고 신체에 대한 금욕적인 태도로 체육에 주의를 기울이지 않은 것이다. 심지어 건강과 위생을 소홀히 하여도 지적 고양에는 별 방해가 되지 않는다고 생각하였다. 토마스 아퀴나스만이 인간발달에 필요한 신체의 가치를 제한적으로 인정하였을 뿐, 대부분의 스콜라 철학자들은 이를 무시하였다.

스콜라 철학이 풍미하던 시기에 수도원 부속학교나 세속 학교 등에서 체육을 가르치지 않았기 때문에 청년들은 비조직적으로 스포츠와 게임에 참가하였다. 뒤이어 생긴 대학에서도 체육은 교과과정이 아니었고 대학책임자들이 학교 밖의 체육이나 스포츠를 권장한 것도 아니었다. 이러한 체육활동의 부족은 여가선용의 질적 저하를 가져왔는데 학생들의 거리에서의 싸움, 떠들썩한 잔치, 음주, 도박, 부도덕한 행위 등이 만연해 갔다. 시민과 학생들 사이의 술집에서의 사소한 말다툼이 많은 사상자를 속출시킨 폭동으로 확산된 경우도 많았다. 또한 당시의 스포츠나 게임은 도박성을 띠고 있었기 때문에 대학이 레크리에이션을 인정한 경우에도 이를 호감 있게 대하기보다는 반감을 가지고 보았다.

대학생들의 스포츠 참가에 많은 장애와 금지조항들이 있기는 하였어도 학생들이 이러한 제한조치에 전적으로 굴복하지만은 않은 자료들이 많이 남아 있다. 학생들은 스스로 달리기, 뛰기, 던지기, 레슬링, 수영, 낚시, 공놀이, 원시적인 전쟁게임 등을 어려운 조건에서도 열광적으로 행하기도 한 것이다. 토너먼트와 무용은 때때로 학장의 취임식에 행해졌다. 특히 무용은 수확제, 오월제, 혼례 및 기타 종교행사를 축하할 때에 많이 행해졌고 포크 댄스(folk dance)는 서민들이 즐긴 레크리에이션 활동의 하나였다.

학생들이 의학을 깊이 있게 공부하면서 신체와 건강에 대한 관심이 증대되었을 것으로 보이지만 실제로 해부학이나 생리학이 크게 발전하지는 못하였다. 이는 그리스의 원전을 직접 배우지 못하고 잘못된 번역본으로 공부하는 경우가 많았기 때문이었다. 또한 학생들이 매 2년마다 시체해부를 할 수밖에 없기 때문이기도 하였다.

결론적으로 스콜라 철학은 지적이고 종교적인 훈련이었다. 이 훈련은 매우 정확한 연구방법을 논리분석, 삼단논법, 토론, 논쟁 그리고 강의에 적용하는 것을 주된 내용으로 하였다. 이렇게 스콜라 철학이 인간의 지적·정신적 요소를 우위에 둔 점은 그리스의 사상과 유사한 측면이 있다. 그러나 그리스에서는 신체활동 역시 중요시하였고 이를 정신과 조화시키려 하였는데, 이러한 점이 스콜라 철학에서 부재하였던 것이다. 즉, 스콜라 철학이 플라톤과 아리스토텔레스의 이성적 사고를 수용한 것은 사실이지만 금욕주의의 한계를 벗어나지 못하였기 때문에 신체활동을 인정하지 않았고, 그 결과 체육의 발전에 커다란 장애의 역할을 한 것이다.

# 제 3 장

# 근대 전기 유럽

### *시대개관*

역사의 발전은 이전 것과의 단절과 아울러 현재 것과의 연속의 과정에서 이루어지는 일대 변화라 볼 수 있다. 만약 단절만 있다면 역사의 존속은 없을 것이며, 연속만 있다면 역사의 변화는 생명을 다할 것이다. 이와 관련하여 천여 년에 걸친 서양의 중세역사가 언제 정확히 끝나고 언제 새로운 시대가 시작되었는지를 명확하게 규정하기는 어렵다. 그러나 중세는 대략 14세기부터 서서히 퇴조하였고 더불어서 이 시기부터 새로운 근대사회의 성립이 시작되었다고 보는 것이 일반적이다.

중세사회를 지탱하던 보편교회(로마 카톨릭)와 장원을 통한 집단주의 사회방식, 정체된 경제체제 등은 더 이상 존속할 수 없게 되었으며 봉건제도, 스콜라 철학, 기사도 정신 등도 실제로 힘을 쓸 수 없게 되었다. 이 시기에 새롭게 나타난 근대적 요소들을 이념적으로 표현하면 개인주의, 세속주의, 낙관주의, 자연주의 등을 들 수 있다. 이들 문화적 요소들은 중세 때도 전혀 없었던 것은 아니지만 주로 중세 이전 고대에 있었던 것들로서 중세를 비판하고 부정하는 가운데 다시 등장한 것이다. 단적으로 말해 이들 근대적 요소들이 문화적으로 나타난 것이 르네상스(문예부흥)요, 종교적으로 나타난 것이 종교개혁이며, 정치적으로 표현된 것이 시민혁명이고, 경제적으로 등장한 것이 산업혁명이라 할 수 있다. 이렇게 볼 때, 근대사회는 어느 한 시기에 형성된 것이 아니고 문예부흥이 시작된 14세기부터 산업혁명이 진행된 18~19세기에 걸쳐 장기간에 이루어진 것임을 알 수 있다.

르네상스는 고전시대의 문화를 기틀로 삼아 근대문명을 새로 세우려 하였으며, 종교개혁은 중세의 보편교회를 허물어뜨리고 성경과 개인의 체험적 신앙을 근거로 원시 기독교의 이상을 회복하려 하였다. 또한 이와 같은 중세적 기틀을 벗어나는 데 적지 않게 기여한 것은 과학의 발달이었다. 한편, 이러한 지적 · 종교적 변혁 이외에 경제적 변혁이 일고 있었는데 이미 중세 말부터 기미가 보이던 도시와 동방무역의 발달이 상업자본주의의 발달로 연결되면서 최종적으로는 산업혁명으로 귀결된 것이다. 요컨대, 중세를 부정하고 거부하는 데 앞장섰던 운동은 르네상스와 종교개혁이었으며, 이를 바탕으로 계몽사상과 시민혁명이 등장하였던 것이다.

이러한 근대사회의 도래와 더불어 새로운 사회에 걸맞는 가치관과 사상들이 펼쳐졌고 더불어 새로운 교육관이 나타날 수밖에 없었다. 이제 체육도 새로운 사회, 경제, 문화의 틀 속에서, 그리고 이전과는 판이하게 다른 교육관과 함께 새로운 모습으로 전개되기 시작하였으니 중세의 침체된 모습을 탈피하여 체육부활의 첫걸음을 열게 된 것이다.

이 책에서는 14세기부터 19세기까지의 유럽 근대의 체육을 근대 전기와 후기로 나누어 살펴보려 한다. 이는 19세기에 국가주의가 팽배해지면서 각국을 중심으로 한 체육의 전개과정을 별도로 살펴볼 필요가 있기 때문에 그러하다. 또한 18세기까지 중요한 교육사조로 자리잡았던 실학주의, 단련주의, 자연주의의 전개 속에서 체육이 어떻게 유럽 전역에 보편적으로 자리잡게 되었는지를 고찰할 필요가 있기 때문이기도 한데 이 때까지를 전기, 이후를 후기로 나누었다.

# 1. 문예부흥기의 인문주의와 체육

중세에는 인간생활 전반, 즉 국가, 사회, 경제, 과학, 예술 등 모든 영역에 걸쳐 종교적인 구속을 받았던 시기였다. 개인은 교회에, 국민은 군주에, 농노는 지주에, 상인은 조합(길드)에, 학자는 도그마(dogma)에 각각 속박되어 헤어나지 못하였다. 이러한 외부적인 권위와 형식을 배척하고 인간 본연의 자세로 복귀하려는 인간해방운동이 바로 문예부흥운동이었다.

르네상스는 서양 중세를 거부하려는 첫번째 운동으로 14세기 이탈리아의 도시를 중심으로 일어났다. 르네상스(Renaissance)라는 단어는 '新生' 혹은 '再生'을 의미하는 말로 중세를 부정하고 중세 이전의 고대 문명(그리스와 로마 문화)을 재생하려는 운동을 뜻한다. 이러한 움직임이 처음에는 주로 문예(文藝)분야에서 일어났기 때문에 문예부흥운동이라고도 불리어진다. 당시의 이탈리아는 고대의 그리스와 같이 몇 개의 도시국가로 성립되어 있었다. 이들 도시들은 상업을 주로 하는 자유도시였으며 십자군전쟁을 계기로 동방과의 무역이 확대되어 경제적으로 크게 번영하게 되었다. 또한 고대 그리스와 로마의 학문적 유산과, 이웃한 사라센의 문화적 자극 등도 이 곳의 문화부흥에 긍정적 영향을 미쳤다.

이 도시의 상인 · 자본가 등과 같은 신흥계층이 새로운 사회기풍을 추구하기 위해 예술가들을 지원하면서 시작된 르네상스 운동의 핵심은 중세에 억압되었던 인간 본연의 가치를 부활하자는 것이다. 다시 말해, 인간이 인간답게 살기 위한 정신문화운동으로서의 르네상스는 현세중심, 인간중심, 이성중심의 새로운 세계관을 확립하려 한 것이다.

르네상스 운동기에 가장 주목되는 사상으로 인문주의를 들 수 있다. 인문주의는 원래 고대 그리스 · 로마의 고전을 수집 · 정리함으로써 보편적이고 인간적인 교양을 획득함은 물론, 인간의 존엄을 확립함을 목표로 하는 운동이라 정의할 수 있다. 그런데 이러한 인문주의(人文主義)는 문예부흥기의 근본사상이라고 표현할 수 있다. 왜냐하면 르네상스 운동자들이 처음에는 단순히 고대 그리스 · 로마의 학문과 문예를 부흥시키려는 운동으로 전개하였으나 점차로 그 규모가 확대됨에 따라 궁극의 목적을 앞에서 언급한 인간 본연의 가치추구에 두었기 때문이다. 다시 말해 르네상스 운동이 인간성을 왜곡하고 현세를 부정하는 중세 기독교적 권위와 편견의 속박에서 해방되자는 운동이며, 자아를 신장시켜 인간의 존엄성을 높이고, 이성을 계발하여 현세를 풍부하게 하자는 지극히 인간적인 운동이었다는 관점에서 인문주의 운동(Humanism 운동)이라고도 표현할 수 있는 것이다.

위와 같이 르네상스의 참다운 정신은 인문주의적 교육목적을 추구하는 것이었다. 그리고 인문주의 교육은 초현세적 · 초자연적 · 금욕적인 중세적 이상도 부정하였지만 경제적 · 물질적 생활만을 추구하는 실리주의에도 반대하였다. 인문주의 교육에서는 오직 '자유교육'에 그 이상을 두고 '개인의 교양'을 확장할 수 있는 교육내용을 부활시켰다. 이를 위해 심신의 건강과 단련을 위한 체육, 도덕교육, 문학 등과 미적 정서를 위한 교육을 되살렸는데, 이러한 조화로운 교육이야말로 인문적인 교육의 본질이었다. 그리고 이 과정에서 체육의 목적과 가치도 다시 확인되었다.

이탈리아에서 먼저 시작된 인문주의는 알프스 산맥을 넘어 북유럽의 여러 나라들에게 전해져 16세기 이들 나라의 인문주의가 꽃을 피게 되었다. 이탈리아의 인문주의와 북유럽의 인문주의는 그 성격에서 일정한 차이를 보이는데 이탈리아에서는 귀족적 · 보수적 · 심미적 성향이 강한 개인적 인문주의(Individual Humanism)가 발전하였고, 북유럽에서는 현실비판적 · 종교적 성향이 강한 사회적 인문주의(Social Humanism)가 유행하였다.

## 1) 개인적 인문주의와 체육

이탈리아에서 르네상스가 먼저 일어난 여러 이유들 가운데서도 이탈리아가 옛 로마의 땅으로 고대의 유산을 지니고 있다는 점이 가장 중요한 이유가 될 것이다. 다른 한 편으로 이탈리아는 지정학적 위치로 자기 주변의 비잔틴이나 사라센과 같은 이방의 선진문화의 영향을 쉽게 받을 수 있었다. 그리하여 이들은 신학이 아닌 의학이나 법학 같은 세속 학문을 연구하는 대학을 세울 수 있었으며 동방과의 무역뿐 아니라 지중해, 더 나아가 북유럽과의 무역을 통해 경제적 번영을 이루어 베니스, 나폴리, 제노아, 피사, 볼로냐 등과 같은 르네상스의 보루가 되는 도시들을 발전시킬 수 있었던 것이다.

특히 1453년 비잔틴제국의 수도였던 콘스탄티노플(비잔티움)이 오스만 투르크에게 함락당하자 많은 그리스계 학자들이 로마로 피난하여 이탈리아의 학문적 흥기에 커다란 자극이 되었다.

### (1) 교육

개인적 인문주의 교육은 일찍부터 상공업 도시의 발달로 특별한 부와 생활의 다양성을 가진 이탈리아를 중심으로 일어났다. 이 개인적 인문주의는 국가나 사회보다 개인의 완성, 개성의 존중, 개인의 행복을 더 우선시했기 때문에 그렇게 이름이 붙여진 것이다. 따라서 개인적 인문주의 교육목적에는 다음과 같은 것들이 있다. 첫째, 사고, 표현, 창작활동을 강화하는 데 있다. 중세에 기독교라는 유일의 목적에 의해 개인적 사고나 창작활동이 경시된 것을 극복하기 위한 것이다. 둘째, 지·덕·체의 조화로운 발달을 목적으로 하였다. 중세교육에서 경시되었던 합리적 지식이나 신체적 활동을 부활시켜 건전한 정신과 건강한 신체를 모두 갖춘 이상적 인간상을 설정한 것이다. 셋째, 개인의 능력, 성격, 필요에 따른 개성의 완성을 목적으로 하였다. 즉, 중세의 집단적이고 몰개성적 인간성을 극복하려는 것이었다.

이와 같은 교육목적에 따라 개인적 인문주의의 교육내용도 중세학문을 지배하였던 성서와 신학 대신에 인문과학과 예술 등 다양한 내용을 채택하였다. 즉, 그리스와 로마의 고전문학, 고전예술을 중심으로 라틴어, 체육, 음악, 무용, 도덕교육 등을 내용으로 하였다. 이렇게 다채로운 교육과정 속에 철학, 음악, 미술, 물리학, 건축학, 해부학 등 다방면에 뛰어난 천재들, 예를 들어 레오나르도 다 빈치(Leonardo da Vinci, 1452~1519), 미켈란젤로(Michelangelo, B., 1475~1564)와 같은 다재다능한 인물들이 배출된 것이다.

최초의 인문주의 학자였던 페트라르카(Petrarca, F., 1304~1374)는 고대의 자유분방한 교육의 개념을 이해하고 스콜라 철학 대신 고전연구를 함으로써 르네상스에 불을 지핀 역할을 하였다.

이상의 교육과정은 새로운 인문주의 정신에 의해서 운영되는 학교를 통해 가르쳐져야 했는데 이러한 요청으로 설립된 것이 이탈리아의 궁정학교(Court School)였고, 이와 비슷한 종류의 학교가 유럽 각국에서 나타나게 되었다. 프랑스의 콜레주(College)와 리세(Lycee), 독일의 김나지움(Gymnasium), 영국의 라틴문법학교(Latin Grammar School) 등이 모두 인문주의에 입각한 고전어를 중심으로 하는 중등학교였으며, 그 후 오랫동안 유럽의 교육계에 있어서 중요한 역할을 하였다. 이탈리아에 있어서 유명한 궁정학교는 플로렌스, 베니스, 파두아, 베로나 등에 세워졌는데 그 중에서 가장 유명한 것은 1423년에서 1446년까지 비토리노(Vittorino da Feltre)에 의해 경영된 학교였다.

인문적 중등학교의 설립과 더불어 자유인의 형성을 지향하는 인문주의 교육에서는 새로운 교수(教授)방법이 나타나게 되었는데, 첫째 종이의 사용과 인쇄술의 발달에 따른 풍부한 교육자료의 사용, 둘째 교수에 있어서 개성의 존중, 셋째 기억의 중시, 넷째 준엄한 훈육을 대신한 온화한 훈육 등이 그 특징들이다. 이 밖에도 인문주의 교육방법으로서 흥미위주의 교육적 가치와 학생의 자치활동 등이 새롭게 등장하였다고 볼 수 있다.

결론적으로 이탈리아의 개인적 인문주의는 헬레니즘의 개인주의와 기독교적 도덕을 합성하는 것이었으나 사회적 반향을 불러일으키지는 못하였다. 즉, 인간 본연의 가치를 다시 살린다는 출발에서는 끝났지만 그 정신은 후대에 면면히 이어지게 되었다.

### (2) 체육

앞에서 개인적 인문주의 교육목적에 나오듯이 지 · 덕 · 체의 조화로운 발달이 강조된 이 교육사조에서 체육은 그 가치를 다시 인정받게 되었다. 로마 후기 이래로 체육의 목적과 가치가 상실된 지 오랜만에 체육의 부활이 예고되는 상황이 나타난 것이다. 다시 말해, 인간의 모든 면의 조화로운 발달을 추구했던 초기 인문주의 교육에 있어 체육은 통합을 이루는 한 부분이 되었던 것이다. 물론 이 시기에도 전쟁준비의 수단으로서 체육의 필요성이 주장되기도 하였다. 베르게리우스(Vergerius, 1349~1420)는 이와 관련하여 "우리들은 전쟁의 현실을 앞지를 수 없다. …… 그러나 훈련과 연습을 통해 최대한 이에 준비할 수 있다"라고 하여 군사훈련으로서의 신체단련을 강조하였다. 이렇게 베르게리우스는 국가의 안녕과 개인의 안전을 유지하기 위하여 필요하다고 생각되는 전쟁기술을 청년들에게 습득시키기 위하여 신체운동을 장려하였다. 또한 당시의 교황이었던 피우스 2세(Pope Pius II)는 "숭고한 지위를 감당하도록 운명지어진 청년일수록 더 많은 군사훈련을 받아야 한다. 투르크에 대항해 성지를 지키는 것이 그들의 임무이다"라고 하여 체육의 군사적 역할을 인정하였다.

인문주의자들은 군사적 목적뿐만 아니라 '건전한 신체에 건전한 정신'이라는 고전적인 생각을 체육의 높은 목표로 받아들였다. 즉 인문주의자들은 가치 있는 목적을 향하여 체육을 육성하지 않으면 안 된다고 경고하고, 신체와 정신을 약화시키는 습관을 없애기 위하여 자기 스스로의 훈련을 청년들에 고취시키는 의미에서 체육을 장려한 것이다. 그

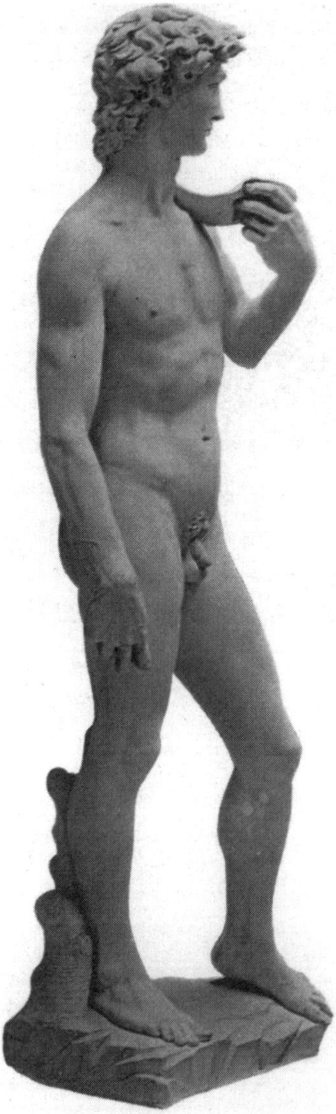

미켈란젤로의 다비드 상
(아카데미아, 플로렌스)

러나 이들은 체육의 의미를 지나치게 무시하는 것도 반대하였지만 지나치게 강조하는 것도 부정함으로써 고대 그리스의 조화로운 발달로서의 교육목표를 잊지 않았다.

이와 관련하여 알베르티(Alberti)는 이상적인 인격은 신체활동의 산물이라고 주장하며 게으름을 멀리하고 신체를 단단히 하고 질병과 우둔함을 피하기 위한 수단으로서 활기찬 훈련, 인내력, 기술, 힘 등을 옹호하였다. 알베르티는 구체적인 활동내용으로 공놀이, 펜싱, 달리기, 수영 그리고 승마 등을 추천하였는데 중세의 마상시합은 너무 거칠기 때문에 받아들이지 않았다. 체육의 군사적 역할을 강조했던 교황 피우스 2세도 신체훈련이 전생애에 걸쳐 습관적으로 이루어져야 함을 주장하면서 남성뿐만 아니라 여성들도 달리기, 수영, 무용 등이 필요하다고 언급하였다.

르네상스 시기 과학의 발달은 신체에 대한 이해력을 높이는 데 기여하였다. 레오나르도 다 빈치와 같은 예술가들은 인간의 형상을 정확히 그려 내기 위해 해부학을 공부하였다. 르네상스 시기의 화풍의 하나의 특징은 인체의 모습을 근육과 핏줄을 상세하게 묘사함으로써 있는 그대로 나타내는 것이다.

이 시기에는 의사들이 인체의 기능과 구조에 대해 새로운 흥미를 갖기 시작하였다. 대표적인 의사로서 메르쿠리알리스는 고대의 체육과 체조를 소개하는 한편, 고대인들이 위생학의 관점에서 어떻게 신체훈련을 하였는지를 기술하였다. 이러한 의학적인 작업들이 단지 그리스 · 로마의 지식편찬으로 끝난 것이 아니라 동시대 사람들이 건강의 수단으로 신체훈련에 참여하도록 기여한 것이다.

무용에 대해서는 그 가치에 대해 찬반 양론이 공존하였다. 반대론자들은 무용이 갖는 비도덕성을 들어 그것이 아동들에게 사악함과 방종, 타락 그리고 연약한 심성을 심어 줄 가능성을 염려한 것이다. 그러나 다른 많은 사람들은 무용의 긍정적인 면을 인정하였다. 구아리노 다 베로나(Guarino da Verona)는 우아한 마음가짐이 춤을 통해서 얻어질 수 있음을 주장하였다. 카스티글리오네(Castiglione, 1478~1529)는 위엄 있는 인격의 형성을 위해 춤의 가치를 인정하였다. 일부 철학자들이 춤에 대해 부정적으로 인식하였지만, 특히 많은 귀족들은 무용을 하나의 바람직한 사회적 자산으로 간주하였다.

앞에서도 언급하였지만 르네상스 시대의 새로운 교육방식의 특징은 단지 무엇을 가르치기보다는 어떻게 가르쳐야 할 것인가에 보다 많은 관심을 두는 것에서 찾을 수 있다. 특히 주목되는 것은 교사가 학생 개개인의 인격을 이해하고 존중해야 한다는 점인데, 이를 통해 학생 개인의 흥미와 능력에 맞는 계획적인 교육이 이루어질 수 있게 되었다. 베르기우스는 이러한 르네상스 시대의 개성차이를 인정한 교육방식을 체육에 적용시킨 인물이었다. 그는 소년의 체육에 있어 사춘기에 도달할 때까지는 성장에 장애가 되지 않도록 과격하지 않은 온건한 방법이 행해져야 함을 강조하였다. 또한 알베르티는 수업내용이 항상 흥미와 관심을 유발시킴으로써 수업을 통해 더욱 새로운 재미를 찾도록 해야 한다고 주장하였다. 그래서 학생들은 게임과 레크리에이션에 참가하도록 격려를 받아야 하고, 나아가 서로를 도울 수 있는 능력과 힘을 인식할 수 있어야 한다고 하였다.

### (3) 인물

① **비토리노 다 펠트레**(Vittorino da Feltre, 1378～1446): 1378년 알프스의 산촌에서 출생한 그는 라틴어의 기초를 배워 18세에 르네상스의 중심지인 플로렌스(Florence)에 있는 피두아(Pedua) 대학에 입학하여 라틴어 가정교사를 하면서 대학을 졸업하였다. 1423년 만투아(Mantua) 伯, 곤자가(Gianfrancesco Gonzaga)의 초빙으로 23년간 교장을 하면서 학교 경영에 전념하였다.

만투아의 이 궁정학교 라 지오코사(La Giocosa)는 처음 4명의 소년, 소녀들로 시작하였지만 해가 갈수록 학생수가 증가하였다. 출신성분도 귀족뿐만 아니라 상인계급의 자녀들도 모여들었고 능력만 있으면 빈민의 자녀들도 무상으로 입학이 허용되어 교육적 혜택을 받게 하였다. 이 학교의 취학연령은 일정치 않아 6～8세에서 나이 많은 사람은 22～23세까지도 있었다. 비토리노는 학생들과 생활을 같이 하면서 항상 그들의 건강에 유의하며 유희를 같이 즐기고, 학교에 모인 각 계층의 자녀들을 편애하지 않고 공평히 가르쳤다. 이 점이 비토리노의 교육자적 인격을 잘 드러내는 부분인데, 그의 교육목적은 자유교육이었으며 정신과 신체와 도덕적 품성의 세 가지를 조화롭게 발달시키는 데 역점을 두었다.

이러한 교육목적을 실현하기 위한 교과내용으로는 라틴어와 그리스어 등 고전어를 습득시키고, 독서의 교재로는 문학, 시, 변론, 역사를 들 수 있다. 또한 문법, 산술, 박물, 음악, 도덕교육, 무용, 체육 등을 중요한 교과로 삼았는데 라 지오코사에서는 체육교과의 비중이 매우 커 학생들은 공놀이, 도약, 달리기, 펜싱, 승마, 하이킹, 무용 등 다양한 신체활동에 참가하였다.

라 지오코사의 이러한 신체활동은 중세 이래 처음으로 학교에서 무용과 체육을 중요 교과로 채택했다는 점에서 주목된다. 이는 지적 능력

뿐만 아니라 신체단련의 중요성을 인식한 것으로, 건강을 위한 체육이 강조된 것은 학습의 진보가 건강의 기초 위에서 가능하다는 생각이 전제된 것이다. 다시 말해 건강은 신체적 건강은 물론 정신적 건강까지도 포함하는 것으로 생각되어 체육이 크게 장려된 것이다.

비토리노는 중세의 일부 기사계층에게만 목적과 가치를 가지고 체육이 가르쳐진 것을 극복하여 모든 청소년들의 전인교육에 체육이 필수적인 교과임을 확립함으로써 이후의 체육발달에 많은 영향을 미쳤다고 평가된다.

② **피콜로미니**(Aeneas Sylvius Piccolomini, 1405~1464): 피콜로미니가 1458년 단기간의 급속한 성장으로 교황에 선출될 무렵, 르네상스가 한창인 이탈리아는 교황당과 황제당의 대립, 거대한 정치적 음모가 난무한 혼란의 시대였다. 점차 약해가기는 하였지만 교황은 세속적 권력을 유지하려 하였고 이에 반대한 세력과의 다툼이 끊이지 않았던 것이다.

피콜로미니가 교황과 교회제도의 수호자의 위치에 오른 것과 관계없이 그는 자신의 방대한 저작과 문학작품에서의 라틴어 사용을 통해 고대 그리스 · 로마의 사상과 학문이 가진 문화적 유산을 보존하는 역할을 하였다. 그는 개인적으로는 플라톤처럼 사고력과 실천력을 갖춘 교양 있는 한 사람의 시민이었다. 적을 용서하는 관대함과 친절함을 갖추었고 명랑하며 편지쓰기도 좋아하였다.

당시의 서신은 특정한 주제에 관해 논의하는 수단으로 활용되었는데, 피콜로미니는 보헤미아의 왕에게 보낸 서신을 통해 왕자를 위한 바람직한 교육관을 밝히면서 체육에 관해 다음과 같이 언급하고 있다. "지위상승을 추구하고자 하는 모든 청소년은 군사운동을 연마하여야 한다. 이교도인 투르크로부터 기독교 국가를 보호하는 것이 너희들의 운명이다. 따라서 활, 투석기, 창 등의 사용법과 높이뛰기, 수영 등에 관한 학습이 너희 교육의 필수적인 부분이 될 것이다." 그리고 훗날 우드워드(Woodward)는 자신의 저서 《자유교육(*De Liberorum Educatione*)》에서 피콜로미니의 체육관을 다음과 같이 인용하고 있다. "…… 만약 학문적 연구의 목표가 행동이라면 그러한 행동을 위해 인간의 신체가 준비되어야 한다. 따라서 우리는 청소년의 신체훈련에 관해 인생을 통하여 그것의 유익함이 증명될 수 있는 습관을 심어 주는 것이 목표임을 명심하여야 한다. …… 모든 교사들은 근운동과 개인의 일반적 몸가짐을 계발시키는 경기와 연습을 장려하여야 한다. 왜냐하면 그러한 신체훈련이 인자한 마음을 계발시키고 신체기관의 활발한 기능을 가능케 하며 바람직한 체격을 만들어 주기 때문이다."

이상을 통해 볼 때 피콜로미니의 견해가 고전적 교육관을 재생한 인문주의의 전통에서 연유한 것이지만, 체육에 관한 그의 신념은 엄밀히 말해 그리스의 사상가들보다는 로마 초기의 저술가들과 더 유사함을 확인할 수 있다. 즉, 건전한 신체를 강조한 주베날리스(Juvenalis), 국가수호를 위해 전쟁기술의 훈련의 필요성을 주장한 비르질(Virgil), 그리고 휴식의 자유와 활력을 위한 재충전을 인정한 퀸틸리아누스(Quintilianus) 등과 같은 입장에서 체육의 필요성을 주장한 것이다.

피콜로미니 자신은 가난한 집안에서 출세하여 교황의 지위에 오른 인간적 인문주의의 이상을 상징한 인물이다. 또한 자신 안에 국가와 교회 그리고 학구적 연구를 혼재시킨 특이한 인물로서 이탈리아 르네상스의 혼란한 시기에 교황의 지위에 아랑곳하지 않고 자신의 교육적 관점을 펼쳤고, 이 속에서 개인적 인문주의의 한 사람으로서 체육의 필요성을 강조함으로써 후대 체육의 전개에 일정한 영향을 미친 것이다.

③ **히에로니무스 메르쿠리알리스**(Hieronymous Mercurialis, 1530~1606): 메르쿠리알리스는 로마 후기의 갈레노스(Galenos, 130?~200) 이후 무려 1,300년만에 등장한 대표적인 체육의학자 중의 한 사람이었다. 그는 이탈리아 출신으로 직업이 의사였지만 자신의 저술(대표적인 저술로 *De Arte Gymnastica*: 체조예술)을 통해 체육적 인식을 분명히 하였고 나아가 철학, 신학, 역사학 등에도 조예를 보였으며 많은 시인과 교육자들을 인용하고 있다. 또한 그는 비엔나의 시의(市醫)와 볼로냐 및 피사 대학의 교수로 활동하였고, 자신의 출생지인 페를리에서 병자

메르쿠리알리스의 초상

를 치료하고 많은 빈민의 건강을 책임지는 등 다채로운 사회활동을 보여 주었다.

그러나 그 자신이 운동에 대해 적극적인 관심이 없었다는 사실은 당시의 상황으로 충분히 이해할 수 있다. 왜냐하면 아직까지도 모든 운동(체조를 포함하여)을 중세적 가치 속에서 이해하는 분위기가 남아 있기 때문이었다. 그는 단지 운동을 하고자 관심을 갖고 있는 초보자들이 이해할 수 있는 수준에서 논의하였다. 그는 체조를 두 가지 측면, 즉 예방적인 것과 치료적인 것으로 분류하였다. 그리고 모든 운동의 양과 강도는 개인의 체질을 고려하여 개별화되어야 한다고 주장하였다. 그의 저서 《체조예술(*De Arte Gymnastica*)》은 고대 체조운동을 역사적으로 기술하였고 건강과 질병의 상태에서 필요한 운동을 개별적으로 설명하고 있는 것이다. 그가 말한 예방적 체조의 목적은 히포크라테스가 정의한 건강의 개념인 '체액의 조화(harmony of the humanours)'를 유지하는 것이었다.

그가 관심을 보인 운동종목에는 우선 당시 유행하던 공놀이가 있었다. 깃털 또는 공기로 채워진 가벼운 공놀이는 모래로 채워진 무거운 공놀이와 함께 유용한 것으로 설명하였다. 메르쿠리알리스는 공놀이가 팔과 등 그리고 늑간의 근육을 발달시키기 때문에 회복기의 환자, 허약자, 심지어 출산부에게도 유익하다고 설명하였다. 다음으로 그는 다양한 강도로 걷는 것을 강조하였다. 중간정도의 걷기는 대화를 자극하며, 강도 있는 걷기는 식욕과 소화를 돕는다고 하였다. 특히 등산은 하체마비 증상이 있는 사람에게 큰 도움이 된다고 권장하였으며, 원반던지기는 관절염 환자와 팔, 하체, 엉덩이 그리고 척추가 약한 사람들에게 도움이 된다고 설명하였다. 그러나 덤벨과 같이 무리하게 하중을 부가하는 것과 핸드 스프링과 같이 횡경막에 부담을 주는 동작 등이 건강에 유익하지 않다는 점도 빠뜨리지 않았다.

의학적인 관점에 투철하였고 운동에 대해 일정한 한계를 지적하기도 하였지만 메르쿠리알리스가 체육의 발전에 끼친 공로는 지대할 수밖에 없다. 그는 자신의 저술에서 당시로서는 생소한 개념인 순환촉진을 위한 몸 흔들기를 주장하였고, 침대생활을 해야 하는 환자들의 침대통증과 근위축을 방지하기 위해 환자에게 체계적인 운동을 실시할 것을 언급하는 등 시대를 앞서가는 체육의학을 밝힌 것이다. 또한 19세기 스웨덴과 덴마크의 체조가 비록 훗날의 해부학적 · 의학적 이론에 근거한다 하더라도 기본적인 관점은 메르쿠리알리스의 개념에 그 바탕을 두고 있다. 건강을 유지하기 위한 예방적 측면과 의학적 관점에서의 치료적 측면 모두를 위해 체조가 중요하다고 일찍이 역설한 그를 현대체육의 선각자라 불러도 부족함이 없을 정도인 것이다.

## 2) 사회적 인문주의와 체육

16세기에 접어 들어 이탈리아의 르네상스가 알프스를 넘어 북유럽으로 전파되면서 이탈리아 르네상스와는 다른 르네상스를 이룩하게 되었다. 이탈리아는 고대의 땅이었다는 점과 그 발달배경이 도시적이며 시민적이었다는 점 등으로 순수한 고전문화를 부활시키고 모방하는 예술적이며 탐미적인 열정을 나타냈다. 그러나 알프스 이북의 북유럽은 중세적 전통이 깊고 도시와 농촌의 차별이 적지 않아 르네상스에 사회개혁이나 종교적 갈등 및 민족주의적 욕망 등이 가미되어 보다 냉철하고 비판적이며 사색적 의미의 르네상스가 발달하게 되었다. 특히 북유럽의 르네상스가 관심을 둔 분야는 종교로서 '기독교적 인문주의(Christian Humanism)'라 표현되기도 한다.

이탈리아를 벗어나 전 유럽에 인문주의 사상이 확대된 데는 구텐베르크(Gutenberg, J., 1394~1468)에 의한 인쇄술이 보급되면서 르네상스기의 연구논문이나 교육논문 및 고전서적이 빠르고도 대규모적으로 전달될 수 있기 때문이기도 하였다.

북유럽에 인문주의를 도입하려는 노력은 개혁에 반항하는 보수적인 세력에 부딪혀 강한 의지와 용기, 재능 있는 사람들을 필요로 하였다. 인문주의자들은 보수적 세력에 도전하면서 당시의 학교교육내용을 확대시키고, 또한 인문주의에 따른 대학이나 중등학교의 조직에 열중하여 신교육운동에 대한 왕의 지지와 지원를 얻으려고 노력하였다.

### (1) 교육

사회적 인문주의 교육은 북부 유럽, 즉 독일, 프랑스, 네덜란드 지역을 중심으로 일어났다. 사회적 인문주의 교육사상은 이탈리아 지역의 개인적 인문주의에 영향을 분명히 받았지만 교육의 목적면에서 커다란 차이가 있다. 이는 처음 이탈리아에 유학했던 구로테(Groote, G., 1340~1384)의 활약에 영향을 많이 받았기 때문이었다. 네덜란드의 종교가였던 구로테는 올바른 신앙에 의하여 일반 민중을 구제하고자 하는 이상을 펼치려고 하였는데, 기존 성직자들의 반감에 밀려서 고향에 돌아와 직접 청소년의 교육에 정열을 쏟게 되었다. 그가 죽고 난 후에도 그의 뜻을 이어받은 개인과 단체들이 강력하게 성장하게 되어 건전한 기독교의 포교와 부당한 대우를 받는 청소년과 빈민의 구제를 위한 그의 사업은 지속되었다.

구로테의 뒤를 이어 사회적 인문주의의 전파에 공헌한 사람은 가장 열광적인 개혁자 중의 하나인 에라스무스(Erasmus, D., 1466~1536)였다. 그는 어디까지나 기독교 신앙을 떠나지 않은 성직자였지만, 참다운 인간생활을 올바른 종교나 도덕적 생활에서 찾으려 하였다. 그는 인문주의적 기독교인으로서 당시 교회의 잘못을 예리하게 비판하였으며, 교육이 그릇된 사회를 개선해 나가는 데 가장 효과적인 방법으로 믿었다. 에라스무스가 그리스어 원전과 라틴어 역을 동시에 수록한 신약성서를 발간함으로써 많은 사람이 쉽고 간편한 성경을 휴대하고 도움을 받아 그를 칭송하였다. 나아가 많은 고전을 출간하고 라틴어와 그리스어의 문법교과서 등을 편찬함으로써 인문주의자로서의 이름을 드높였다.

**에라스무스와 그의 저서《우신예찬》**

이렇듯 북유럽의 사회적 인문주의 사상은 한마디로 도덕과 종교중심의 인문주의 사상이었다. 상류층보다는 서민과 대중의 생활에 더 깊은 관심을 보인 사회적 인문주의는 개인의 완성보다 사회개혁과 인간관계의 개선을 목적으로 한 교육사상이었기 때문에 미적 · 문학적 교육에 비해 사회적 · 종교적 · 도덕적 교육을 더 강조하였다. 그리고 사회적으로 도덕적 행위를 실천하는 것과 아동의 선한 마음을 육성하는 데 교육의 목적을 두었다. 이와 같이 사회적 인문주의는 도덕과 종교를 중요시하여 당시의 종교적 부패를 통박하였기 때문에 종교개혁의 뿌리가 되었다.

사회적 인문주의의 교육내용은 고전과 성서문학의 융합이었다. 물론 어학도 중요시하였고 역사, 지리, 과학, 체조, 음악, 미술 등도 교육의 내용으로 강조하였다.

그러나 처음에는 비판적 · 연구적 · 지적 정신을 가지고 인문주의를 전개시켜 간 북유럽이었지만 17세기에 접어 들면서 그 특색이 사라지고 고전학문은 언어의 문체나 형식에 그치고 말았다.

## (2) 체육

북유럽의 인문주의자들은 이탈리아의 인문주의자들에 비해 신체의 조화적인 발달과 아름다움에 대한 자각이 떨어졌다. 그 이유는 이탈리아에서는 일찍이 개인의 전인적 발달을 강조하는 분위기가 펼쳐졌지만 북유럽에서는 개인의 가치보다 사회나 종교적인 것에 더 주목했기 때문이다. 대표적인 사회적 인문주의자인 에라스무스가 미래의 지적 노동을 감당하기 위한 신체를 만들기 위해 아동들의 신체훈련의 중요성을 지적하였음에도 불구하고 그가 신체의 아름다움과 건강에 대한 그리스인들의 생각을 가진 것은 결코 아니었다. 북유럽의 인문주의자들에게 체육은 주로 장래의 노동을 책임지기 위해 신체를 단련해야 하는 정도의 중요성으로 인식된 면이 많았던 것이다. 그러나 이들도 신체와 정신의 유기적인 관계에 대해서는 어느 정도 인식하고 있었다.

몇몇 학술논문들이 체육의 필요성을 언급하였음에도 불구하고 일정한 프로그램이 구체적으로 채택되지 못한 실정에서 학생들은 몇몇 게임과 스포츠에 참가하였지만, 이러한 활동은 대개 정규교과 이외의 여가시간이나 휴일에 이루어졌다. 이렇게 조직화된 수업활동은 아니었지만 학생들은 전문적인 교사로부터 각종 스포츠, 게임 그리고 무용을 지도받았다. 또한 다양한 스포츠 활동이 학교와 직접 관련을 맺지 못한 대신에 왕실과 길드의 재정적 후원으로 어느 정도 활기를 띨 수 있었다.

우선 펜싱은 유럽 전역에 펜싱학교가 만들어지고 일부에서는 펜싱길드가 조직될 정도로 발달하였다. 독일에서는 특정 단체에 소속된 회원들이 일년에 한 번씩 모여 실력을 검증함으로써 교습자격증을 부여하는 제도가 있었다. 영국에서는 16세기 전기에 펜싱인들의 길드가 조직되어 실력을 검증하기도 하였다. 프랑스에서도 1570년에 펜싱 전문단체가 조직되었다.

궁술(弓術)은 전쟁의 중요한 수단으로 자리잡아 왔었는데 15~16세기에도 그 위치를 유지하였다. 영국의 튜더 왕조에서 활약한 로서 애스

캄(Roger Ascham)은 "활쏘기는 얼마나 모든 사람들에게 적합한 것인가? 정신을 위해서는 얼마나 건전한 여가인가? 신체를 위한 훈련으로써 얼마나 유익한가? 지위가 높은 사람들이 참여하기에도 비천하지 않고, 가난한 사람들이 계속 참여하기에도 비싸지 않고 ……"라고 궁술을 극찬하였다.

투계희(鬪鷄戱)는 고대에서부터 이어져 온 영국의 스포츠로서 12세기에는 왕실에서 즐겼고, 학생들은 속죄의 화요일(Shrove Tuesday)에 학교에 닭을 가져와 싸움을 시키는 것이 인정되었다. 17세기 반 다이크(Van Dyke)의 그림에는 투계장면이 묘사되기도 하였다.

투견(鬪犬: 황소와 곰을 묶어 놓고 개를 풀어 싸우게 함)도 영국의 튜더 왕조에서 인기 있는 시합이었는데 1835년까지도 합법적으로 행해졌다. 나중에는 하층민들이 주로 즐겼고 간간이 귀족들이 은밀하게 즐기기도 하였다.

테니스는 전 시대의 뒤를 이어 15~16세기에도 대중적인 인기를 얻었다. 손바닥을 대신하여 라켓이나 배트(bat)가 사용되었고, 공은 주로 사람의 머리카락을 원료로 만들어졌다. 프랑스의 거의 모든 도시들은 테니스장을 갖고 있었고, 영국의 귀족들은 편리한 테니스 코트를 사용하였지만 하층민들은 들판이나 거리에서 즐겼다. 궁술의 침체를 염려한 영국의 헨리 8세는 자신이 열렬한 테니스 옹호자였음에도 불구하고 1535년 테니스 코트의 소유금지와 테니스의 불법을 선언하기도 하였다.

골프가 처음 시작된 곳에 대해서 모두 일치된 견해는 아니지만 네덜란드가 가장 유력하게 지목되고 있다. 영국과 스코틀랜드에 골프가 처음 소개될 때 두 나라는 모두 국가적인 경기로 채택하였다. 역시 초창기에는 궁술의 진흥을 위해 골프를 금지하는 왕의 명령이 계속 발동되었지만, 이후 왕실의 참여로 골프 클럽을 통해 확산되었다.

카드놀이는 13~14세기에 유럽에서 행해지다가 15~16세기에 매우 대중적인 인기를 누렸다. 처음에 손으로 일일이 그림을 그려 넣었기 때문에 카드는 비싸고 진귀한 소유물이 되었는데, 엘리자베스 1세 여왕

옥외 공놀이

때 지금과 같은 1벌에 52장으로 정리되었다.

무용은 호화로운 축제와 무도회, 무용극 등에서 귀부인들의 사교생활의 일부로 인기를 누렸다. 이러한 춤들의 기원은 농민들 사이에서 비롯되었는데 궁정의 권위에 맞게 수정된 것이다. 농민들의 투박하고 향토적인 형태가 이러한 수정의 과정에서 우아하고 품위 있는 동작으로 바뀌었는데 발끝으로 서기, 단순한 걷기, 그리고 미끄러지듯 걷기 등의 동작이 창안되었다. 이 시대의 무용 가운데 당시 사회상을 특별히 반영하는 것으로 죽음의 춤(Dance of Death)이 있었다. 이 춤은 흑사병이 유행하여 많은 사람이 죽어갈 무렵, 인생 자체가 무덤으로 향하는 무시무시한 춤으로 간주되는 상황에서 유행하였다. 이 춤에서 사람들은 가면과 더불어 주로 해골분장을 하였고, 사회의 서로 다른 상황을 연출하는 사람들이 등장한 것이다.

르네상스 기간에 북유럽에서도 건강과 의학에 관한 많은 책들이 출간되었다. 프랑스의 인문주의자 샤를 에티엔느(Charles Estienne)는 1546년 《해부학》이란 책을 만들었고, 유명한 외과의사 존 바인스터(John Bainster)는 여러 권의 의학서적을 저술하였다. 토마스 엘리엇(Thomas

Elyot)이 쓴 의학논문 《건강의 성(*The Castle of Health*)》은 문외한들에게 의학에 대한 지식을 알리는 역할을 하였고, 16세기에는 잘 알려지지는 않았지만 건강의 유지를 위한 많은 글들이 쓰여졌다.

결론적으로 사회적 인문주의가 유행한 북유럽에서는 체육의 이상적 가치가 제대로 구현되지 못하였다. 이는 북유럽의 인문주의가 사회 및 종교에 지나치게 관심을 두어 이탈리아에서처럼 체육이 인간의 전인적 발달에 필수적인 교과가 되어야 한다는 교육관이 부재하였기 때문에 파생된 결과였다. 따라서 체육은 학교 및 교육기관을 통해 조직적으로 발전하지 못하였다. 그러나 중세 이래로 전개된 여러 스포츠와 게임들은 이 시기에도 지속적으로 발전하였다. 이러한 스포츠에 대한 교육은 학생 개인의 필요에 따라 각기 전문교사(master)로부터 특정한 종목의 기술을 교육받을 정도로 이미 일정한 수준에 도달하였고, 왕실이나 길드의 재정적 후원이 뒤따랐다.

## 2. 종교개혁기의 체육

르네상스가 문화적으로 중세를 거부하고 고대로 복귀하려는 운동이었다면, 종교개혁은 종교적으로 중세를 거부하고 고대의 원시 기독교로 돌아가려는 운동이었다고 볼 수 있다. 또한 종교개혁(The Reformation)은 중세적 권위의 상징이라 할 수 있는 로마 교황과 카톨릭 교회의 부정부패에 대한 근본적 개선운동이란 점에서, 그리고 속박에 억눌렸던 민중(농민)들이 호응했다는 점에서 도시의 자유시민운동이나 르네상스의 인문주의 운동에 비해 더 철저한 사회개혁운동이었다.

종교개혁의 배경에는 여러 가지가 있으나 가장 중요한 것은 고위 성직자의 성직매매, 성직서임을 통한 재산소유 등 교회와 성직자의 부패와 타락에서 찾을 수 있다. 이러한 종교의 세속화 · 경직화 현상은 일반 대중으로부터 외면당하는 지름길이 되었다. 다음으로는 보편교회에 대한 대안으로 지역별, 국가별 교회의 출현을 들 수 있다. 이는 사상적으로 이미 후기 스콜라 철학의 유명론(nominalism)이 유행하여 카톨릭의 보편적 지배에 반대하는 풍조가 유행하였다는 점에서 뒷받침될 수 있다. 다음으로 종교개혁에 커다란 영향을 미친 것으로 르네상스의 인문주의 운동을 들 수 있다. 종교개혁가들이 성경의 원전연구와 원시 기독교를 강조하려는 태도는 르네상스의 복고적 경향과 일맥상통한 흐름인 것이다. 따라서 종교개혁가들은 공통적으로 기독교 본래의 검소하고 정결 · 순수한 정신으로 돌아갈 것을 주상한 것이다. 또한 스위스 등 상공업이 발달한 일부 지역에서는 막 성장해 가고 있던 자본주의 정신에 투철한 시민계층이 자신을 보호해 줄 군주를 지지하는 방편으로 종교개혁을 지지하게 되었다.

루터가 면죄부 판매의 부당성을 지적하면서 시작된 종교개혁이 성공하면서 보편교회의 간섭을 벗어난 신교도(Protestant)들이었지만, 그들이 곧바로 개인의 자유로운 신앙을 선택할 수는 없었다. 신 · 구교 간의 대립과 전쟁으로 일정 지역의 시민과 농민들은 그 영토내에서 인정된 기독교만을 믿을 것을 허용받았고, 이에 저항하면 엄청난 박해가 가해졌다. 이에 따라 일단의 신교도들이 신대륙으로 이주해 가기도 하였던 것이다.

한편 종교개혁의 성공으로 세력과 권위가 축소된 카톨릭 교회는 자체 정화운동과 교리정비 등을 시도하는 등 다양한 노력을 보이지만, 교황의 절대적 권위를 다시 내세우고 금서목록 작성 · 종교재판소 설치 등 근본적인 개혁을 추구한 것은 아니었다.

### 1) 프로테스탄트와 체육

앞에서도 언급하였지만 초기 프로테스탄트들의 신앙은 성서 속의 진리를 발견하는 개인의 권리를 강조하였음에도 불구하고 그것이 이루어지는 데는 오랜 세월이 필요하였다. 심지어 루터를 자신들의 억압의 사슬을 풀어 줄 구원자로 믿고 따랐던 독일의 농민들은 제후와 손을 잡은 루터로부터 외면을 당할 지경이었다. 유럽 각 지역의 정치 · 경제적 상황에 따라 전개된 초기의 종교개혁으로 프로테스탄트들은 통일된 조직을 갖지 못하고 분열하였는데 크게 독일의 루터파, 스위스의 칼뱅파, 그리고 영국의 국교도 등으로 나뉜다. 여기서 칼뱅파는 스코틀랜드의 장로교, 네덜란드의 고이센파, 잉글랜드의 청교도, 프랑스의 위그노파 등으로 세분화되었다.

루터(Luther, M.)와 칼뱅(Calvin, J.)은 종교개혁을 성공시킨 인물들로서 교회의 혁신이 무지에 찬 백성들의 교육을 통해 가능하다는 신념을 가졌다. 특히, 루터는 자신의 개혁사상을 바로 독일어 성경번역으로 알리려 하였고 성인, 아동 모두에 필요한 교리문답서를 쓰기도 하였다. 루터의 교리는 농업중심의 독일과 북유럽지역을 중심으로 퍼져 나갔다. 이는 당시 신성 로마제국의 황제와 교황의 연합에 위협을 느낀 독일의 연방 제후들이 교황과 맞선 루터를 보호하면서 나타난 정치적 대립을 배경으로 하였기 때문이다.

이에 비해 칼뱅은 상공업이 발달한 스위스의 도시지역에서 구원예정설과 직업소명설, 그리고 근면 · 성실과 같은 프로테스탄티즘을 확산시키면서 상공인들의 지지 속에 종교개혁을 성공시켰다. 이러한 프로테스탄티즘은 훗날 서구 자본주의의 건전한 윤리관이 되기도 하였다.

### (1) 교육

종교개혁은 사회운동이기는 하였지만 또한 교육운동이었다. 왜냐하면 형식화, 세속화, 타락화된 기독교 사회를 올바른 방향으로 이끌기 위해서는 그 수단을 교육에서 찾아야 했기 때문이었다.

신교의 교육개혁의 방향에는 몇 가지 기본윤리가 있었다. 첫째 오직 성서만을 신앙의 규범으로 하여 기독교의 순수성을 재발견해야 한다는 점, 둘째 모든 인간은 하나님의 자녀로서 다같이 평등하고 존엄한 가치를 가지고 태어났으니 그것을 부정하는 신앙을 강요해서는 안 된다는 점, 셋째 생산적인 직업노동과 자본의 선한 축적은 바로 신의 소명이니 그것을 부정하거나 차별하는 사회제도는 결코 옳지 못하다는 점 등이 그것이다. 여기서 기독교 근본원리에 대한 충실, 민주적이고 평등한 가치존중, 직업에 대한 사명의식 등을 엿볼 수 있다. 이러한 특징과 개인 각자의 성서에 대한 이해의 필요성을 지적하는 것 등을 보면, 신교에서 처음에는 개성과 자유에 근거한 교육이념을 추구했다고 볼 수 있다. 그러나 아직 개인의 선택에 따른 종교이상의 실현은 거리가 멀었고, 시간이 지나면서 신교도들은 엄격하고 규칙적인 생활의 기준을 만들고 이를 의무적인 이행사항으로 만들었다. 이들은 모든 사람들이 종교적인 의무를 이행해야 하는 당위성도 지적하였지만 사람들이 시민적인 의무도 효과적으로 이행하는 능력을 가져야 한다고 강조한 것이다. 청교도적 도덕주의가 이러한 경향을 가장 대표하며, 이러한 교육이념은 금욕적인 풍조를 만연시키고 인간의 자유로운 활동을 제약함으로써 활발한 신체활동의 전개에도 일정한 한계로 작용하였다. 또한 지나치게 이성적 가치를 중요시하다 보니 주지주의적 경향이 커져서 감정 · 정서의 도야에 결함을 나타내게 되었다.

신교도 가운데서 청교도(Puritans)들은 교육의 도덕적 목표를 가장 강조하였는데 이를 당시 성장하고 있던 자본주의 정신과 조화를 맞추려 하였다. 교육자들은 어린이와 같은 동정심, 친숙함, 도덕성의 습성을 주입시키려 노력하였다. 특히 노동은 신에게 봉사하고 높은 도덕성을 함양하는 수단으로 여겨졌다. 이들에게 있어 게으름은 절대로 용납되지 않았는데 "시간과 재능은 낭비되어서는 안 된다. …… 누구도 고용되지 않으면 안 된다. 심지어 여가를 보내는 사람도 공동의 이익을 위해 어떠한 직업을 찾아야 한다"는 표현은 이들이 노동과 성실을 통해 도덕성을 확보하기에 얼마나 관심을 기울였는지 잘 보여 준다.

한편 루터의 종교개혁 이후에는 교회 자체가 실질적 교육기관화하였으며, 교회는 교사(校舍)를 제공하고 '교회 옆의 학교'라는 슬로건은 오늘의 기독교 활동의 특징에서도 쉽게 찾을 수 있다. 신교의 교육내용은 먼저 성서를 읽을 수 있는 기회와 능력을 만인에게 확대하는 것으로서, 초등교육의 기본교과는 '읽기'였다. 따라서 4R's(reading, writing, arithmetic, religion)는 신교 지역의 대중교육기관이었던 국어학교(Vernacular school)의 필수교과목이기도 하였다. 그리고 상류층 자제를 위한 당시의 중등교육이나 대학교육은 인문주의적 경향이 현저했으며 고전어가 매우 강조되었다. 고전을 읽을 능력이 없이는 존경받는 직종인 교직을 얻을 수 없었다. 대학의 교과목은 목사와 교사 그리고 사회지도자 양성에 필요한 것을 채택하였는데, 연구분야는 신학부, 법학부, 의학부의 비중이 컸다. 이는 국가기구의 확대와 중앙집권에 따르는 법률의 필요성이 커졌기 때문이었다.

### (2) 체육

종교개혁은 직접적으로 체육의 발전과 관계를 갖지는 못하였다. 오히려 프로테스탄트에 의해 엄격한 도덕주의가 강조됨으로써 수세기에 걸쳐 세속적인 욕구와 쾌락의 추구가 제한되면서 체육의 발전이 저해되는 상황이 연출되었다. 그러나 종교개혁가들은 모두 뛰어난 교육자들로서 그 가운데 일부 뛰어난 인물들이 체육에 대한 관심을 보였다.

루터와 칼뱅같이 초기의 종교개혁가들은 훗날의 청교도들에 비해 덜 엄격한 도덕주의를 표방하였고, 따라서 신체활동에 대한 금욕적인 태도를 보이지는 않았다. 루터는 놀이나 오락이 어린이들의 건강을 지켜 주고 그들이 서로 사귀는 데 매우 중요한 역할을 한다고 언급하였다. 또한 체조를 통해 체력을 증진시킬 수 있고 펜싱, 레슬링, 기사도 스포츠 등으로 심장과 사지의 강건함을 가져올 수 있다고 하였다. 아울러 "육체의 건전함과 강건함을 목적으로 자신의 몸을 돌보는 것은 기독교인으로 당연한 일이다. 그는 노동을 할 수 있으며 이로부터 부를 획득하여 남을 도울 수 있을 것이다"라고 말함으로써 경건한 기독교인으로 노동과 신앙에 충실하기 위해서라도 건강의 유지에 힘쓸 것을 강조한 것이다. 칼뱅 이전에 스위스에서 활동한 츠빙글리(Zwingli, U., 1484~1531)

는 어느 누구보다 체육의 가치를 천명한 종교개혁가였다. 그는 모든 스포츠나 게임이 목적지향적으로 행해질 수 있으며 운동이 도덕적으로 나쁜 영향을 미치지 않는다면 즐거움을 얻을 목적으로 행해진 운동은 반드시 인정되어야 한다고 하였다. 나아가 전통적인 체육의 군사적 가치도 강조하였다.

칼뱅은 앞선 두 인물에 비해서는 도덕적 규칙의 실천에 보다 관심이 많았다. 따라서 모든 쾌락을 추구하는 오락을 금지하였다. 그러나 놀이에 대한 본능적 욕구를 억압할 수 없다는 사실을 깨닫고 약간의 레크리에이션을 인정하였다. 칼뱅의 도덕적 훈련의 완수에 대한 태도는 전반적으로 활발한 신체활동에는 억압적인 요소로 작용하였다. 영국의 청교도들에게는 이러한 도덕에 대한 충실한 태도가 더 강하게 자리잡게 되었다. 이들은 아동들이 체육활동을 통해 도덕적인 목적을 달성하리라 생각하지 못하였다. 노동을 신성시하고 나태함을 혐오한 이들은 놀이를 사회적 행동으로 인정하지 않았고 오락을 천박한 시간 보내기로 간주하였던 것이다. 이들이 더욱 도덕적 의무감에 사로잡힌 이유 중의 하나는 종교적인 측면 외에 계급적인 측면이 있었다. 노동을 신성시한 청교도들의 눈에 상류계급의 태만은 도덕적으로 용납되지 않았다. 이들은 한가하게 레저를 즐기고 스포츠에 몰두하는 상류층에 대해 도덕적 우월감을 확보하는 차원에서 체육을 부정적으로 바라본 것이다. 16~17세기 종교적 이유로 신대륙으로 이주한 청교도들은 자신들의 선조에 비해서는 덜 금욕적이었다. 초기의 피폐한 생활과 도덕적 엄격함은 경제적 안정으로 점차 약화되어갔고, 따라서 보다 많은 여가를 즐기는 기회가 제공되었다. 이러한 상황은 스포츠, 게임, 무용 등의 발전에 도움을 주었고 오락에 대한 관심이 증대되었다. 놀란 성직자들이 이러한 움직임을 규제하려 하였지만 거대한 흐름을 막을 수는 없었다.

유럽의 몇몇 나라에서도 경제적인 여유가 시작되자 청교도들에게 안정감을 주어졌고 따라서 오락을 돌아볼 수 있는 계기가 마련되었다. 이들 나라들에서는 레크리에이션을 사회적 활동으로 간주하였고 종교개혁의 분위기에서 어느 정도 위축되었던 전통적인 여러 스포츠 종목들, 즉 사격, 달리기, 당구, 볼링, 무용, 사냥, 보트경주, 테니스, 스케이트, 하키 등이 다시 활발히 전개되기 시작하였다.

결론적으로 종교개혁기 프로테스탄트는 순수한 기독교 신앙의 부활을 추구하면서 일정하게 도덕적 근엄성을 강조하게 되었다. 이러한 도덕적 실천이 지나치게 강조된 경우에 자연스러운 인간의 욕구와 신체활동이 억압받는 상황이 펼쳐지기도 하였다. 그러나 종교개혁의 중요한 인물들은 훌륭한 교육가들로서 신체활동의 필요성과 체육의 가치를 기본적으로는 이해하고 있었기 때문에, 특히 아동들의 체육활동을 부정하지 않았던 것이다. 또한 일시 위축되었던 전통적 스포츠, 게임 등도 경제 및 사회안정과 더불어 다시 활발한 전개를 보여 근대 스포츠 발전에 기여하게 되었다.

### (3) 인물

① 마틴 루터(Luther, M., 1483~1546): '종교개혁' 하면 우선 떠오르는 인물이 된 루터는 위대한 사회운동가이자 교육사상가의 역할을 훌륭히 떠맡았다. 자신의 종교적 신념을 꺾지 않았을 뿐만 아니라 그 신념을 확산시키기 위해 독일어로 성경을 번역하는 한편, 아동들을 위한 학교의 설립에도 열정을 쏟았다. 교육가로서 루터는 체육의 목적과 가치에 대해 나름대로 정리된 생각을 펼쳤으며 신체와 정신과의 관계 속에서 신체관을 전개하였다.

마틴 루터의 초상

학생시절 문학석사학위를 받을 때까지 4개 일반 교과(기학, 산수, 음악, 천문학) 이외에 철학과 논리학 그리고 정치학 등 다양한 분야의 학문을 접하였다. 이어서 수도원에서의 2년간의 준비 끝에 청빈과 자선의 서약을 하고 수도사가 되었다. 1512년에 신학박사학위를 받은 루터는 특별히 성(聖) 버나드(St. Bernard)에 관한 연구에 몰두하였다. 이 때까지만 해도 "강하고 활동적인 신체에는 항상 마음이 연약하고 미온적인 반면에 허약한 신체에는 정신이 보다 강하고 활동적으로 번창한다"고 말한 성 버나드의 의견처럼 연구 이외의 다른 일에는 신경을 쓰지 않았다. 그러나 이후 수도사로서 루터가 자신의 신체적 욕망을 극복하는 데 있어서 겪은 어려움에 관해 널리 알려진 이야기가 많다. 루터가 자신의 가치를 신체를 부정하는 것에 두는 일을 중단한 것은 카톨릭 교회와 결별한 이후의 일이다. 그는 순결이 부자연스러운 것이고 또한 신이 요구하는 것도 아니라고 설교하였으며, 한때 수녀였던 여인과 결혼함으로써 자신의 소신을 보기 좋게 보여 주기도 하였다.

그는 "청소년은 절제할 수 없는 자연적 욕구를 지니고 있기 때문에 도약이나 점프 혹은 무엇인가를 해야 한다"라고 신체활동의 자연스러움을 표현하였다. 이는 카톨릭 교회의 권위와 독단으로부터 벗어나려는 사람들의 사이에서 유행하던 생각의 하나이기도 하였다.

또한 새로운 교육의 옹호자로서 편협한 신학교육에만 치중하는 수도원 학교를 "대학과 수도원만이 청소년의 유일한 교육원천으로 남을 바에는 오히려 청소년들이 무지하고 우둔하기를 진심으로 바란다"하면서 비판하였다. 이 시기에 부패하고 타락한 수도원 학교에 자녀들을 보내지 않거나 경제적인 이유로 보내지 못하는 자녀들에 대해 루터는 사람들이 하나님과의 직접적이고 개인적인 영적 교섭을 추구함으로써 교육받지 못한 일반인들도 구원받을 수 있음을 역설하였다. 아울러 농촌과 도시의 모든 남녀 아동들이 의무적으로 다닐 수 있는 학교의 설치를 주장하였다.

이러한 교육적 신념과 함께 그는 신체의 자연적 욕구에 따른 움직임은 죄가 되지 않는다고 하면서 체육의 가치를 다음과 같이 설명하고 있다. "인간이 폭식, 음란, 폭음, 폭행, 도박 등에 빠지지 않기 위해서는 휴식시 운동을 하는 것이 유용한 방법이다. …… 오락은 마음의 걱정과 근심을 없애 주고, 운동은 사지의 완전한 발달 및 건강한 신체를 유지하게 해준다."

신체관에 있어 루터는 영혼과 신체를 동일한 하나로 파악하였다. 신분상의 차이나 영혼과 분리된 신체의 문제는 충분히 조절할 수 있는 것으로서, 누구나 자신의 몸을 단련시키고 이를 종교적 신념 속에 통제함으로써 하나님에게 자신의 건전한 신체를 드러낼 수 있어야 한다고 주장하였다.

결론적으로 루터는 종교개혁의 기초를 확립하였을 뿐만 아니라 공공교육의 토대를 확립하는 데 기여한 인물이다. 그는 여러 서신을 통해 신체의 가치와 신체활동의 필요성을 언급하였다. 이러한 내용들로써 루터가 체육을 완전히 지지하였다고 단언하기는 어렵다. 그러나 이후 모든 놀이와 체육활동을 도덕적 완수에 방해가 된다고 보는 도덕주의에 대립할 만큼 루터는 신체의 가치를 높이 평가하였던 것이다.

② **칼뱅**(Calvin, J., 1509~1564): 프랑스 출신의 종교개혁가 칼뱅은 1523년 파리에서 공부한 후, 1533년 프로테스탄트의 입장을 밝히고 스위스로 망명하여 제네바 교회의 개혁에 착수하였다. 산악지방으로 둘러싸여 외부의 간섭이 적은 스위스는 중부 유럽의 교통의 요지로 일찍이 제네바와 같은 상업도시들이 발달하였다. 그리하여 독일의 종교개혁의 바람이 불어닥치자 츠빙글리를 비롯한 많은 카톨릭 비판자들이 스위스를 무대로 종교개혁을 확산하려 시도하였다.

**칼뱅의 초상화**

종교개혁에 나서기 전 칼뱅은 성직자가 되기 위한 준비에 몰두하거나 아버지의 요구로 법학을 전공할 때 금욕생활을 몸에 익혔다. 지나친 혹사로 인해 병약해지기도 하였다. 이러한 청년기의 습관은 그가 종교개혁에 나선 이후 금욕의 윤리를 강조하는 계기로 작용하였다.

칼뱅이 1536년 자신의 주저(主著) 《크리스트교 강요(綱要)》를 펴냄으로써 성서의 권위를 바탕으로 하는 프로테스탄트의 교리가 비로소 체계화되었으며, 예정설(豫定說)에 따른 금욕의 윤리 등 엄격한 도덕적 규율이 만들어졌다. 칼뱅의 사상은 신의 절대적 권위를 강조하는 점에서 루터와 달랐다. 그로 인해 신 이외의 권위를 두려워하지 않고, 극기 · 금욕하며 살아 가는 양심적인 인간상을 만들어 내는 서구의 정신세계가 형성되었다.

그가 제네바에서 전파한 종교는 메마르고 재미가 없었지만 매우 엄격한 행동규칙을 포함하였다. 그에 의하면 대부분의 사람들은 하나님에 의해 영원한 지옥에 떨어지도록 예정되어 있고, 몇 사람만이 천국에 가도록 선택되어 있으며, 선택의 증거는 엄격한 극기와 선행이라는 것이다. 그래서 무용이나 카드놀이, 그리고 사악한 노래 등은 금지되어야 한다고 하였다. 그는 사람이 일을 하는 데 필요한 정도만 신체를 돌보는 것을 허용하였다. 칼뱅은 불안전하고 불안정하며 타락하기 쉽고 쇠약해지고 보잘 것 없으며 부패해지는 우리의 신체를, 순수하고 완전하며 타락하지 않고 하늘나라의 영광을 저장할 수 있도록 분해시켜야 한다고 믿었다. 이러한 신체에 대한 부정적 견해가 받아들여진 제네바에서는 한동안 즐거운 일이 금지되기도 하였다.

그는 루터와 마찬가지로 아동들을 대상으로 하는 공공학교의 건립과 의무교육의 실시를 주장하였다. 그러나 루터에 비해서 더 집단적인 모습을 추구하였는데, 제네바를 시민 전체를 훈육하고 통제할 수 있는 단일한 유기체로 만들기 위해 교회, 정부, 가정, 학교 등을 조직하는 일을 지속적으로 행하였다. 의무교육의 교과내용에 있어서는 종교와 지적 학습이 강조되었다. 학생들은 일주일에 매 4일은 무려 9시간씩 공부를 하고, 토요일에도 주간의 강의내용을 복습하도록 하였다. 일요일은 하루 종일 종교적 숭배에 참가했으며, 수요일에는 금욕에 대해 토의하는 시간을 가졌다. 레크리에이션이 극히 제한된 시간에 허용되기는 하였으나 모든 스포츠 활동은 억제되었다. 체육과 관련하여 칼뱅은 극히 일부의 레크리에이션만을 인정한 것이다. 그의 교육제도가 시행되는 동안 유희(九柱戲, nine pins)를 즐긴 두 실업인이 구속당한 유명한 사건도 있었다.

결론적으로 칼뱅의 금욕적 도덕주의는 신체에 대한 전반적인 억압의 결과를 가져왔다. 또한 레크리에이션을 통하여 즐거움을 얻기 위해 시간을 투자하는 것을 죄악시하여 각종 오락이나 레크리에이션의 침체를 가져왔다. 그런데 칼뱅의 금욕적 도덕주의가 서구의 교육사상에 커다란 영향을 미침으로 인해 유럽은 물론 미국의 교육내용에도 체육과 관련한 과목이 상당기간 채택되지 못하거나 경시되는 부정적 결과를 가져온 것이다.

## 2) 카톨릭교와 체육

흔히 반동 종교개혁(the Counter-Reformation)이라 불리는 카톨릭의 종교개혁은 프로테스탄티즘(Protestantism)의 확산을 저지하고 카톨릭 교회를 정화하기 위한 것이었다. 그러나 이와는 별도로 훨씬 이전부터 카톨릭의 개혁을 위한 움직임은 있었던 것으로 보인다. 또한 지역적으로도 이교도와의 종교적 대립으로 신앙심이 불탔던 이베리아 반도의 에스파냐와 카톨릭의 본산지로 활약하였던 이탈리아에서 신교는 거의 영향력을 행사하지 못하였다. 에스파냐에서는 15세기 말부터, 그리고 이탈리아에서는 16세기 초부터 각각 진행된 개혁운동은 수도원과 성직자의 비리를 제거하기 위한 종교교단의 활동이나 성 프란체스코의 뒤를 좇는 탁발승려집단의 노력으로 전개되었다. 그 가운데서도 교회사에 남을 만한 가장 중요한 개혁은 1545년 소집된 트렌트 종교회의(the Council of Trent, 1545~1583)였다. 이 회의의 목적은 카톨릭 신앙교리을 재규정하는 것이었다. 예를 들어, 신교에 의해 도전된 교리들, 선업(善業, good works), 성사(聖事, sacraments), 화체설, 성직의 사도계승, 연옥신앙, 성자신앙, 승려의 독신 등이 재인정되었고 이외에도 교황지상권, 성경과 사도의 가르침의 동등성 등이 재확인되었다. 트렌트 종교회의에서는 이러한 교리문제 외에도 내부의 문제를 해결하기 위한 노력으로 교회의 지나친 권리남용, 면죄부 판매, 성직자의 축재 등을 단속하였다.

카톨릭의 종교개혁에 결정적인 기여를 한 것은 제수이트(Jesuit)라고 알려진 예수회(the Society of Jesus)와 같은 경건한 수도회 집단의 활동이었다. 예수회는 에스파냐의 군인출신인 이그나티우스 로욜라(Ignatius De Loyola)에 의해 창단되어 1540년 교황의 정식인가를 받았다. 예수회 교단은 강력하게 잘 조직되었고 잘 훈련된 교사를 양성하였으며, 또한 세계적으로 유명한 많은 학교를 경영하였다. 이들은 전도사업 이외에도 교육활동을 매우 활발히 전개하여 이들이 세운 학교는 당대 지배층 교육의 중심이 되었다. 카톨릭 교단의 대부분은 종교적 동기에서 시작되었고 이어서 사회적 이상에도 관심을 기울였다. 교육활동에 전념한 이들 가운데 샤들레토(Sadleto, C., 1477~1547)와 안토니아노(Antoniano, C. S.)는 자신의 교육이념 속에 체육과 관련하여 의미 있는 설명을 시도한 인물들이다.

### (1) 교육

종교개혁을 계기로 신교가 세력을 확장하는 한편, 교육의 개혁과 진보 · 발전으로 새 기운을 일으킴에 따라 상대적으로 구교인 카톨릭 교단은 점차 위축되어 가게 되었다. 이러한 상황에서 카톨릭은 반대자들을 포섭하려 하였고 자신들이 새롭게 형성한 종교적 이념을 교육을 통해 강화 · 확산시키는 데 진력하였다. 뛰어난 성직자들은 교구 학교를 재편성하고 우수한 교사를 양성하는 데 최선을 다하였다. 대표적 교단으로 성장한 제수이트 교파의 회원들은 일반적으로 희생과 봉사정신이 강하여 교단을 위한 일이라면 어떠한 어려움도 무릅쓰는 포교사이고 실교사이며 또한 교사였던 것이다.

이 교단의 교육방법은 이전의 카톨릭의 방식과 다르게 편협하고 강제적인 것이 아니라 인문주의적인 커리큘럼을 수용하고 교리문답서를 활용하였다. 또한 지금의 주일학교와 같이 레크리에이션이나 수학여행 같은 프로그램을 마련하여 청소년의 마음을 자연스럽게 교화시키는 방법도 사용하였다. 군대식 교육과 같이 상벌제를 만들어 엄격한 권위 속에서 학생들에게 고도의 경쟁심을 유발시키는 동시에 학생 개인의 능력을 존중하여 학습을 이끌어 가는 등 상반된 방식들이 행해지기도 하였다. 이와 관련하여 제수이트 교단의 교육방식의 대표적 특징으로 강의와 반복학습이 알려져 있지만, 또 하나의 중요한 특징으로 교육목적 달성을 위한 태도형성이 있다. 즉, 학생들에게 무조건 주입만 시킨 것이 아니라 학생 스스로의 학습태도 형성을 중요시한 것이다. 이를 위해 중세 기사도적인 운동과 게임 그리고 여행 등이 연주활동과 함께 교육되어진 것이다. 교육내용에 있어서는 라틴문법, 그리스어, 역사, 고전문학, 수사학 등을 중등교육에서 다루고, 대학교육에서는 논리학, 형이상학, 심리학, 수학, 기하학, 자연과학 등을 이수케 한 후 'Master of Art'라는 석사학위와 중등교사자격증을 수여하였다. 물론 제수이트 교단의 승려나 신부가 되기 위해서는 신학부에서 신구약, 히브리어, 교회사와 교회법, 동양어 등을 이수하도록 하였다.

제수이트를 포함하여 교육에 관심을 가진 교단들은 교육을 표준화하고 좋은 교육제도를 조직화하는 데 뛰어난 능력을 발휘하였다. 예를 들어 통일된 조직체계, 학교관리의 연계성, 상세한 주의 · 지시사항 설정 등은 교육을 엄정하게 이끌어 가는 데 큰 도움이 되었다. 또한 이들 교단들은 교사양성에 있어 세심한 주의와 훈련과정을 도입하였다. 이들은 교단의 유능한 회원이 건강을 유지하고 건강한 체력과 결백한 성격, 품위 있는 태도와 지성 등을 갖출 것을 요망하였다. 선택된 교사는 오랜 기간 동안 엄격하고 충실한 교육과정을 통하여 그들이 맡을 사명에 대비하였다.

### (2) 체육

종교개혁의 홍역 속에 새로운 교육방식을 추구하던 카톨릭의 종교개혁가들에게 중세의 엄격한 금욕주의가 그대로 받아들여질 수는 없었다. 이들은 오히려 신체활동을 자신들이 궁극적으로 추구하는 기독교 교육 목적을 달성하기 위한 수단으로 삼았다. 다시 말해 체육을 그 자체로 목적으로 삼지는 않았지만 도덕적 · 정신적 목적을 달성하는 수단으로 활용한 것이다. 이러한 생각의 기저에는 인간은 신에 의해 창조된 것이고 신에게 봉사하기 위해서는 몸과 마음을 완전한 상태로 유지하는 것이 기독교의 의무라는 생각이 깔려 있었다. 즉, 신체 자체를 중요시하기보다는 의지의 훈련을 하는 것이 풍부한 정신생활을 달성하는 수단이 되고, 또한 신체는 정신의 도구이며 영혼을 보호해 주는 장소라고 생각한 것이다.

이러한 입장에서 체육의 가치를 잘 묘사한 두 교육자가 샤들레토와 안토니아노였다. 특히 안토니아노는 놀이와 레크리이에이션, 그리고 건강을 위한 생활습관에 이르기까지 상세하게 언급하고 있다. 우선 반종교개혁운동의 초창기에 열정적으로 활약하였던 샤들레토는 《어린이의 올바른 양육에 대하여(*De lideris recte instituendis*)》라는 논문에서 체육에 대한 인문주의적 이상을 소개하고 있다. 그는 놀이에 대한 아동들의 욕구를 억제해서는 안 된다고 부모들에게 권고했으며 공놀이, 창던지기, 달리기, 승마 등과 같이 고대로부터의 운동을 장려하였다. 그럼에도 불구하고 샤들레토는 무용에 대해서는 매우 부정적인 견해를 가졌는데, 이는 카톨릭의 도덕주의에 대한 반영이라고 해석된다.

《아동의 기독교 교육(*Del educatione christina dei figliuoli*)》이라는 논문에서 아동의 신체발달에 대해 많은 관심을 보여 준 안토니아노는 아동들이 어려운 상황에서 벗어날 수 있는 적응력을 키우게 하기 위해서는 건강한 신체가 필요함을 역설하였다. 노인이나 청년들에게 그들의 신앙심과 관계없이 레크리에이션을 권장하였는데 아동들의 레크리에이션의 필요성을 강조하였다. 또한 놀이를 정신발달과 품위 있고 건전한 신체훈련의 수단으로 생각하여 교사는 놀이를 통해 청년의 마음과 정신을 교화시킬 수 있다고 믿었다. 대부분의 카톨릭 교육자들이 아동의 신체발달에 대해 안토니아노만큼 체계적으로 생각하지는 못하였다. 나아가 《제 3 의 서(*Book III of Cardinal Silvio Antonianos Treatise*)》에서 젊은이들의 식사, 수면, 의복 등 신체의 건강을 위한 생활습관에 대해 언급하기도 하였다. 끝으로 신체발육에 따른 운동을 권장하였는데, 아동들은 과도한 신체적 노력이나 기술이 요구되는 운동에는 참가시키지 말고 충분한 성장을 겪은 후에나 승마, 수렵(狩獵), 권투, 도약, 펜싱 등에 참가할 것을 권고하였다. 그러나 그 역시 샤들레토와 마찬가지로 무용에 대해서는 반대하였다.

한편 새로 설립된 여러 교단에서는 신체활동을 위한 여건들이 조성되었는데, 제수이트 교단의 학교들은 기숙사, 교실과 더불어 운동장을 잘 갖추고 있었고 학생들의 신체적 복지에 관심을 가졌다. 이들 학교에서는 오전, 오후 각각 2시간의 간결한 수업만을 실시하였기 때문에 학생들이 신체적 과로를 겪지 않았고 충분한 휴식과 여가를 보낼 수 있었다.

카톨릭의 교육자들은 아동들이 공부할 때나 놀이할 때 그들 가까이서 감독하는 것이 일반적이었다. 어떠한 학교에서는 이러한 감독이 억압적이었으나, 다른 학교에서는 이러한 감독이 실제적인 리더십을 기를 수 있는 기회를 제공하였다. 친절하고 관심을 가진 교사들은 레크리에이션 룸이나 운동장에서 즐거움과 휴식이 갖는 참된 의미를 일깨워 주는 것을 의무로 여겼다.

무용은 17세기 귀족사회에서 매우 중요한 교양으로 간주되어 제수이트의 발레는 크게 유행하였다. 무용의 연출은 유명한 무용교사에 의해 지도되었고 많은 부모들은 딸의 교육을 무용교사에게 맡기기도 하였다.

### (3) 인물

이그나티우스 로욜라(Ignatius De Loyola, 1491～1556): 에스파냐의 귀족출신이었던 로욜라는 당시 국왕 밑에서 기사로서 명성을 떨치다가 전쟁중 부상을 당하여 치료 도중에 신앙을 갖게 되었다. 그는 세속적 야망을 버리고 그리스도에 봉사할 것을 결심한 후 굳은 의지와 치밀한 계획으로 카톨릭 교단 부활의 선봉장이 되기로 결심하였다. 각 곳의 성지를 순례하고 파리 몽테뉴 대학에서 인문교육과 철학을 연구하여 박사학위를 받았다. 1534년에 프란시스 사비엘 등의 동지를 모아 예수회 교단을 창립하여 이를 발판으로 포교와 교육사업을 펼쳐 나갔다.

그가 만든 예수회 교단(제수이트파)은 앞서도 언급하였지만 프로테스탄트의 확산으로 쇠퇴의 위기에 직면한 카톨릭 교회에 새로운 정신과 활력을 불어넣어 카톨릭의 부활에 결정적 역할을 하였다. 그의 교단운영은 그리스도의 생애와 이상에 경건한 복종을 하는 데 주안점을 두었고, 인간은 초현세적인 커다란 목적에 모순되는 것을 제거함으로써 거듭날 수 있음을 강조하였다. 이러한 목적을 달성하기 위해 학생들로 하여금 덕에 대한 실천력을 배양하고, 나아가 신에 대한 사랑의 생활로 인도한다는 교육이념을 추구하였다. "사랑에 의하여 항상 다스리라"는 제수이트파의 교훈은 세상의 모든 인간이나 민족에게 골고루 혜택을 주어야 한다는 교육원리를 창출하여 카톨릭의 세계화에 영향을 준 것이다. 또한 로욜라의 노력이 성공함으로써 남유럽의 절반이 카톨릭 국가로 남게 되었고, 트렌트 종교회의가 열릴 때까지 교회개혁을 일으키는 것을 도왔다.

예수회 교단이 만들고 지켜 온 교회헌장(Constitution)은 총 10장으로 구성되었다. 그 가운데 1/4쯤 되는 제 4 장은 연구와 관련된 것으로 라티오 스튜디오룸(Ratio Studiorum)으로 알려져 있는데, 이는 오늘날 예수회 학교에서도 약간의 수정만 가하여 사용할 정도로 체계적이고 조직적인 교육체계라 할 수 있다. 라티오 스튜디오룸은 중등학교와 대학을 위한 규정을 마련했는데, 중등학교는 보통 교실, 기숙사, 운동장 등을 포함하여 좋은 시설을 갖추도록 하였다. 교육과정으로 중등학교에서는 문법, 인문학, 수사학, 도덕신학 등을 설정하였고, 대학에서는 언어학(라틴어, 그리스어, 히브리어), 실증신학, 철학, 자연과학, 응용과학 등을 설치하였는데 체육이나 신체훈련은 이러한 정식 교과에 전혀 포함되지 못하였다.

그러나 정식 교과에 포함시키지는 않았지만 로욜라는 칼뱅의 신학에 비해 신체의 가치를 긍정적으로 인정하였다. 즉, 로욜라는 신체의 가치를 인정하지 않은 중세의 생각에 반대하여 "신의 손으로 심신이 다같이 만들어졌다는 생각을 가져라. 그리하여 우리들은 인간의 몸과 마음 두 부분을 신에게 증명해야 한다. 신에 대한 사랑을 나타내려면 그 두 가지 중에 어느 하나라도 약하게 해서는 안 된다"라고 표현하였다. 이는 칼뱅이 신체를 악마로부터의 계속되는 유혹으로 간주하는 것에 비해 진일보한 생각을 가진 것이다. 라티오 스튜디오룸의 규정에 "신체적 건강 또한 신중하게 주의를 기울여야 할 부분이다. 학생들은 너무 오랫동안 공부할 필요는 없다. 저녁식사 후 한 시간에서 두 시간까지는 아무 할 일이 없다"는 표현은 이러한 로욜라의 생각을 잘 반영한다. 다시 말해, 이러한 시간은 결국 레크리에이션을 위해 특별히 고려되어야 한다는 것으로 해석되는 것이다. "실외에서 하는 경기와 남성다운 운동은 신체적 힘을 증진시킨다"는 당시 예수회의 표현은 신체의 가치를 어느 정도 인정한 것이었다. 아울러 정식 교과는 아니지만 스포츠와 게임이 제수이트가 운영하는 학교에서 생활의 재충전이라는 측면에서 프로그램으로 조직된 것도 주목할 만한 것이고, 예수회 학교의 이러한 프로그램의 실천은 예수회의 전파에 따라 세계적으로 확산되는 계기가 되었다.

로욜라 사후에 신에 대한 엄격한 복종의 규율과 개인의 희생을 전제로 신의 의지를 구현한다는 예수회의 회칙이 많은 사람들로 하여금 지치게 하여 교단의 쇠퇴를 가져오기도 하였다. 또한 아프리카와 라틴 아메리카 지역에서는 많은 희생을 가져오기도 하였다. 그러나 이들의 힘은 완전히 소멸되지 않았고 오늘날 여전히 전세계에 많은 학교를 가지며 영향을 미치고 있다. 이러한 학교에서의 체육은 교과과정에서 생략되거나 아주 제한된 시간만이 행해진다. 그러나 방과 후 운동과 신체활동 프로그램이 장려되고 있고 지원받고 있다는 측면에서 로욜라의 영향은 여전히 남아 있는 것이다.

## 3. 실학주의와 체육

서양사에 있어 17세기는 근대 자연과학이 본격적으로 발전하기 시작한 시기이다. 따라서 앞선 세기의 사회사상이었던 인문주의 및 종교개혁의 사상마저 생명력이 부족하다는 소리가 강력했던 시기였다. 그리하여 아직도 언어주의, 암기주의, 서적주의 및 훈련위주의 형식주의적(formialism)인 굴레에 매여 있던 교육의 내용과 방법에 대해 근본적인 변혁을 갈망하게 되었다. 그에 따른 사상의 변화에 의하여 나타난 주의를 실학주의(Realism)라 한다.

흔히 17세기를 '천재의 세기' 혹은 '과학의 세기'라고 불렀는데 코페르니쿠스(Copernicus, N., 1473~1543), 케플러(Kepler, J., 1571~1630), 데카르트(Descartes, R., 1596~1650), 뉴턴(Newton, I., 1642~1727), 파스칼(Pascal, 1623~1662) 등 수많은 과학적 개척자들이 활동하였기 때문에 가능한 명칭이다. 특히 코페르니쿠스는 아직 많은 사람들이 고전학의 연구에만 몰두하고 있던 시절에 새로운 방식으로 용기 있게 과학적 연구방식을 추구하였던 것이다. 이러한 자연과학의 발달은 지리상의 발견을 자극함으로써 이제까지의 좁은 시야를 보다 넓은 세계관으로 확대시켜 실학주의의 배경을 튼튼히 하였다. 또한 이외에도 실학주의의 배경으로는 영국의 베이컨(Bacon, F., 1561~1626)을 필두로 한 경험주의 철학의 발달이 있다. 경험론은 선험적 관념론을 배격하고 경험을 가진 지식을 기초로 하는 학설이기 때문에 지각 또는 감각을 통한 직접적인 경험에 의하지 아니하고는 진리를 얻을 수 없다는 것이다. 이러한 진리획득의 논리가 바로 실학주의 발전을 촉진시켰다고 볼 수 있다.

실학주의는 교육의 논리 및 실제에 있어서 관념보다는 사물을 중시하고, 고전어 또는 문학보다는 자연과학적이고 실학적인 교과를 중시하는 교육사상을 낳았다. 다시 말해 언어 또는 문학보다는 자연현상이나 사회제도를 교육의 대상으로 하여 현실생활에 대한 구체적이고 실제적인 내용을 중심으로 실질도야를 중시하는 교육적 주장인 것이다. 이는 이전의 인문주의자들이 개별적 · 개인적 성향에 근거하여 문학적 · 심미적 측면에 편향된 점과, 종교개혁가들이 사회적 · 정치적 성향 때문에 지나치게 종교적 · 도덕적인 측면에 빠진 것을 모두 비판한 것이다. 즉, 실학주의자들은 현실에 대한 객관적인 관찰을 자신들의 과업으로 삼았던 것이다. 이러한 배경으로 시작된 실학주의의 창시자들은 과거의 권위에서 탈피하여 광범위하고 풍부한 커리큘럼으로 직접 실생활에 관계있는 교육을 젊은이들에게 실시해야 한다는 필요성을 강조하였다.

'언어 이전의 사물(Things before words)' 혹은 '모든 지식은 감각으로부터'의 두 표현으로 그 특징이 대변되는 실학주의 교육사상은 그 발달과정에서 있어서 각기 다른 세 유형으로 구분된다. 첫째 언어적 실학주의(Verbal or Humanistic Realism), 둘째 사회적 실학주의(Social Realism), 셋째 감각적 실학주의(Sense or Scientific Realism) 등이 그것이다. 앞의 두 실학주의는 '언어 이전의 사물(Things before words)'의 특징을 갖는데, 지식을 보다 실용적인 방향으로 이끌려고 노력한 것이다. 감각적 실학주의는 말 그대로 '모든 지식은 감각으로부터'의 특징을 갖는데, 지식획득에 있어서의 과학적 방법론을 강조하였다고 볼 수 있다.

### 1) 언어적 실학주의와 체육

언어적 실학주의는 인문주의적 색채를 띠고 있는 실학주의로서 고전을 배운다는 점에서는 인문주의 교육과 같으나, 고전을 배워 그것을 실제적인 생활에 이용한다는 뜻에서 실학주의적 성격을 갖고 있는 것이다. 다시 말해, 인문주의자나 실학주의자는 교육의 내용에 있어서는 동일한 내용을 취급하고 있으나 교육의 범위와 목적에 대해서는 다른 개념을 갖고 있었다고 보아야 한다.

대표적인 언어적 실학주의자에는 에스파냐의 비베스(Vives, J.L., 1492~1540), 프랑스의 라블레(Rabelais, T.), 그리고 영국의 밀턴(Milton,

J., 1608~1674) 등이 있다. 이들이 주장하는 내용을 종합해 보면, 개인은 자기가 살고 있는 환경에 잘 적응하기 위하여 인간사회 및 그 사회의 여러 가지 제도, 자연 그리고 자연과 인간과의 관계를 잘 이해하여야 하며, 이러한 지식은 고전문학을 연구함으로써 얻을 수 있다는 것이다. 그리고 이들의 목표는 고전문학의 의미를 밝히기는 하되, 그 자체를 위한 연구가 아니고 고전문학이 포함하고 있는 과학적 · 역사적 · 사회적 지식을 연구하는 데 있다. 결국 이들은 고전도 인간의 실제 생활을 준비하는 도구로서 다룬 것이다.

### (1) 교육

언어적 실학주의자는 논리학이나 문장의 형식 혹은 고전의 종교적 · 윤리적 교훈에 흥미를 국한시키는 것에 반대하고 교육은 이보다 더 의미 있는 목표를 가져야 한다고 주장하였다. 그들은 고전에 내포되어 있는 진정한 의미를 이해하는 것이 문법과 문장을 감식(鑑識)하는 것보다 훨씬 중요하다고 믿었다.

우선 비베스는 교육목적은 종교적 신앙심을 바탕으로 한 행복, 즉 인간이 지식을 통하여 신을 아는 것에 있다고 하였고, 모든 학문의 목적은 인간생활의 향상 · 개선에 있다고 하여 인문주의자들을 앞서는 생각을 하였다. 나아가 우리들의 모든 연구는 심신에 대한 실익이나 경건한 신앙심의 획득 등 실제적인 필요성에 부응할 것을 강조하였다.

라블레는 '신학자이건 고전주의자이건 기독교도이건 간에 권위에 대해 무조건 의존함이 없이 사상과 행동의 자유'에로 인도하는 교육이 될 것을 주장하였다. 또한 전인적 발달을 위하여 지식과 더불어 감각을 훈련하고 정신과 함께 신체도 배양하여 성격과 종교적 정신을 발달시켜 학생으로 하여금 사회생활에서 자신의 지위를 획득할 수 있는 능력을 가져야 한다고 역설하였다. 이러한 그의 교육은 기본적으로 책에 의존할 수밖에 없지만, 이 책은 과거의 서적이 아니고 백과사전류의 것으로 사회에서 인간의 역할을 다하는 데 필요한 실질적인 지식을 망라한 것이다.

밀턴은 원래 고전에 심취하였지만 교육을 지식으로 제한하지는 않았다. 그의 교육이상에는 귀족적인 도덕목적이 충만해 있었고 교육의 신체적 · 미적 목표를 중하게 여겼다. 또한 학문을 배우는 이유는 생활의 준비를 위한 것이라고 하였다. 그는 완전하고 고귀한 교육에 대해 "전쟁과 평화시를 불문하고, 사적이건 공적이건 간에 모든 일을 올바르고 재치 있게, 그리고 고결하게 완수할 수 있도록 인간을 적응시키는 것"이라 설명하였다.

교육의 내용은 아직 주로 고전에 머물렀지만, 그 목적을 실제 생활로 눈을 돌린 언어적 실학주의자들에 있어 생활을 원만하게 이끌어 가기 위한 조건으로 지적 · 도덕적 준비는 물론 신체적 조건은 중요하게 받아들여졌다. 실학주의자들은 정신 못지않게 신체훈련이 사회에서 유용하게 공헌하려는 인간에게 필수적인 요소임을 공히 인정한 것이었다.

### (2) 체육

실학주의가 유행하면서 체육은 이제 발전의 새로운 단계에 접어들게 되었다. 그것은 중세의 스콜라주의 학교나 대학에서 정규교과로 채택되지 못하여 비공식적으로 행해지던 체육이 중요 교육가들에 의해 그 필요성이 제기되기 시작하였다는 점에서 말할 수 있다. 특히, 종교개혁 시기에 칼뱅주의와 같은 엄숙한 도덕주의로 인해 신체의 가치가 크게 약화되어가는 상황에서 커다란 진전의 계기가 되었다고 보는 것이다. 여기서는 3인의 언어적 실학주의자의 체육사상을 중심으로 살펴보려 한다.

우선 비베스는 체육이 교육의 중요한 목적 중의 하나인 종교적 신앙심을 강화하는 데 기여한다고 말하였다. 즉, 체육은 마음이 지쳐 있을 때 힘을 북돋아 주는 재생의 작용을 하며, 지력(知力)를 유지 · 강화하는 생생한 신체를 발달시키는 것으로 생각한 것이다. 그러나 과도한 체육은 오히려 부작용이 큼을 언급하였다. 그는 체육의 프로그램을 포괄적으로 운영하도록 하였는데 고대 그리스 · 로마시대에 유행하던 다양한 신체활동을 포함한 것이다. 그러나 여기서 군사적 훈련은 고려되지 않았고 무용과 카드놀이 등도 금지되었다.

라블레는 처음에는 교회에서 헌신적으로 활동하다가 성직생활을 떠난 이후에 의학을 공부하면서 성직의 학습방식과 무능한 교육체제에 대해 통렬한 비판을 가하였다. 그의 대표적인 저서인 《가르강튀아의 이야기(*The Life of Gargantua*)》는 권위와 억압의 굴레를 벗어난 자유로운 근대적 인간상을 표현하고 있으며, 이러한 인간이 형성되기에 필요한 교육에 대해 묘사하고 있다. 그의 사상이 당시 학교에는 커다란 영향을 미치지 못하였으나 후에 로크, 몽테뉴, 루소 등에 큰 영향을 주었다. 《가르강튀아의 이야기》에서는 그 당시 널리 알려져 있는 운동과 스포츠를 총망라하고 있다. 의학적 소양을 갖고 있던 라블레는 실학주의 학자들 가운데서도 뛰어난 체육사상을 보여 주었다. 그는 신체운동의 레크리에이션적 가치를 말하였으며 지적 학습과 신체운동의 균형을 중요시하였고 위생과 영양이 건강한 생활을 유지하는 것과 밀접한 관련이 있음을 강조하였다.

밀턴은 영국의 유명한 시인이면서 청교도인이었다. 크롬웰의 공화정시대에 관리를 지냈고 당시 영국에서 가장 박학다식한 학자 중의 한 사람이었다. 청소년들의 교육에 관심이 많았던 밀턴은 《교육론》을 써서 당시의 교육방식에 대해 비판하고 그 개선책을 논하였다. 여기서 그는 체육이 군사적 임무를 감당하기에 필요한 개인의 능력을 향상시키는 수단이 되어야 한다고 그 목적을 설명하였다. 그리하여 그가 제시한 신체활동의 프로그램은 거의 군사훈련의 성격을 띠었는데 "첫째로 권하고 싶은 운동은 정확한 무기를 사용하는 것 — 몸을 지키는 것, 칼로 잘 베고 찌르는 것이다. 그들은 또 레슬링을 해야 한다. 레슬링은 잡아당기거나 잡아채거나 얼싸안고 싸우는 것이 필요하므로 영국사람들이 잘 할 수 있는 종목이다"라는 표현은 이를 잘 대변한다. 나아가 그는 매일 저녁식사 2시간 전에 젊은이들이 제대로 스포츠를 하는 것이 군인정신의 초보적 훈련에 도움이 된다고 생각하였다. 이러한 밀턴의 신체활동은 그 목적이 군사적인 측면에 집중되어 있어 고대 아테네의 정신보다 스파르타의 그것에 더 가까운 모습이었다.

### (3) 인물

① 라블레(Rabelais, T., 1483～1553): 16세기의 대표적 실학주의인 라블레는 지식의 원천을 근본적으로는 책(이론)에 의존하고 있지만, 사회에서 인간의 의무를 수행하는 데 필요한 실제적인 지식을 추구하였고 따라서 백과사전적인 인식을 하였다. 실학주의자로서 고대의 작가들, 특히 갈렌(Galen: 그리스의 의사)과 플리니(Pliny: 로마의 정치가)에 심취해 있었던 라블레는 히포크라테스와 갈렌의 학술논문에 대한 주석서를 지었으며, 라틴학문의 최고였던 헤로도투스(Herodotus)의 책을 번역하기도 하였다.

《가르강튀아 에 팡타그뤼엘(*Gargantua et Pantagruel*)》은 라블레가 1532～1564년의 기간에 지은 소설 다섯 권을 모두 포함하여 표현한 것이다. 이 책에는 거인(巨人) 가르강튀아와 그 아들 팡타그뤼엘을 중심인물로 하여 그 언행과 무훈을 묘사한 통쾌한 작품이다. 라블레는 이 작품을 통해 교회와 봉건적 속박의 굴레를 벗어나 자기가 원하는대로 살아 가는 르네상스적 인간형을 표현하고 있으며 봉건제도와 카톨릭 교회를 신랄하게 풍자하고 있다.

라블레는 '체육의 목적은 완전한 인간을 개발하는 데 있어서 중요하다' 라고 생각했던 인문주의자들과는 다른 의견을 갖고 있었다. 미리 결론적으로 말하면 라블레는 체육의 목적이 전쟁에서 필요한 기술을 습득할 뿐만 아니라 경기를 통해 몸을 튼튼히 하고 즐거운 기분전환을 하는 데 있다고 하였다. 소설에 등장하는 가르강튀아의 교육 가운데 강렬한 신체훈련과 연습을 포함하는 것은 실제적 목적을 위한 것 때문이었다. 예를 들면, "그는 싸우고 달리고 뛰었다. 그는 한 번 뛰어서 개울을 건너고 울타리를 넘었는데 여러 스텝의 뛰기는 실제 전쟁에서는 도움이 되지 못하기 때문이었다. 그리고 여러 형태의 수영을 할 수 있었고 물에서 격렬하게 뛰어 오르고 다시 신속하게 잠수할 수 있었다"는 표현이 이러한 실제적 목적을 잘 반영한다.

또한 이 책에는 당시의 운동과 스포츠가 총망라되었는데 구체적인 종목으로 공놀이, 테니스, 레슬링, 도약, 수영, 사냥, 궁사, 승마, 펜싱 등이 다음의 표현 속에 등장한다. "…… 그리고 나서 3시간 동안 수업을 하며 유익한 시간을 가졌다. 수업이 끝나고 그들은 출발했다. 그들이 공놀이, 테니스를 하던 초원으로 가 독서가 정신을 훈련시키듯 운동을 통해 신체를 훈련시켰다. 점심식사 후에 일정 시간 동안 공부를 한 후에 다시 운동을 하였다. 근 쇠비늘 갑옷을 입고 승마훈련에 참가하였으며, 창과 전투용 도끼 등 다양한 형태의 무기를 가지고 연습하였다. …… 그는 다트를 던지고, 장대를 던지고, 돌을 던지는 훈련을 한다. 그는 가장 강한 활을 당겨서 부러뜨리고, 가장 강한 금속석궁에 대항해 가슴을 동여맸다. 그들은 거대한 장대를 준비하고, 두 나무를 정해서 발은 아무것에도 닿지 않은 채 단지 손만으로 앞서 말한 로프를 따라 오르내렸던 것이다. …… 그는 나폴리의 준마, 그리고 네덜란드와 에스파냐의 말 등과 같이 매우 빠른 말을 탔다."

라블레는 일반적인 운동 이외에 레크리에이션의 가치와 필요성을 높이 평가하였다. 그의 책에는 "그리고 날씨가 좋지 않을 때에는 바깥에서의 운동 대신에 실내의 레크리에이션으로 대치하였다. 비오는 날 가르강튀아와 그의 동료들은 마른 풀을 다발로 묶어 쌓기, 나무를 패고 톱질하기, 곳간에서 옥수수단을 묶어 타작하기 등으로 레크리에이션을 하였다. 가르강튀아의 교사는 한 달에 하루만은 책이나 강의가 없이 시골에서 유익한 시간을 보내도록 해야 한다고 주장하였다. 아름다운 목장에서 각종 놀이를 즐기고 노래를 부르며 무용, 재주넘기, 개구리와 게잡기 등 즐거운 시간을 보내며 하루 종일 쉬면서 많은 것을 생각할 수 있도록 도와 주어야 한다는 것이다. 즉, 시골의 하루는 활기를 불어넣고 창의력을 발휘할 수 있게 하는 중요한 역할을 한다는 것이다"는 표현으로 레크리에이션의 목적과 방법에 대해 잘 묘사하고 있다.

라블레의 저서를 통해서 그의 교육방법이 가정교사제도에 충실하고 있음을 알 수 있다. 이러한 가정교사는 공부뿐만 아니라 운동에 대해서도 책임을 져야 했다. 그는 의학적 소양을 갖추면서도 라틴어를 모르는 평민들을 대상으로 한 소설을 썼다는 점에서 선각적인 의식을 갖고 있었다. 그래서 위생과 영양이 인간의 건강에 미치는 영향에 대해 설명하였고, 실제적인 군사적 목적을 위한 체육을 말하면서도 당시 일반 백성들이 즐겼던 모든 놀이와 운동, 그리고 레크리에이션을 망라했다는 특징을 보여 주었다. 라블레는 인문주의자들의 교육사상을 발전시켜 뒤에 나오는 몽테뉴와 로크를 거쳐 자연주의 교육에 영향을 주는 가교의 역할을 하였다고 볼 수 있다.

## 2) 사회적 실학주의와 체육

사회적 실학주의는 고전을 통한 교육보다도 사회생활의 경험을 중시하였다. 교육목적은 어디까지나 현세에서 타인과 원만한 인간관계를 맺고 정당하게 행동하는 신사(gentleman), 세상에 익숙한 사람을 만드는 데 있다. 즉, 사회적 실학주의는 언어적 실학주의에 비해 더욱 실용적인 교육을 추구한 것이다. 이들은 책에 의한 지식전달의 방법을 버리지는 않았으나 고전적인 지식의 이해에 만족하지 않고 그 지식이 능동적인 생활에 적용되도록 노력하였다. 사회적 인문주의의 대표적 사상가에는 수필가로 유명한 프랑스의 몽테뉴(Montaigne)가 있다. 그는 교육이란 학자나 전문가를 만드는 것이 아니고 청소년을 하나의 신사로 만드는 것이라고 하여 이전과는 다른 근본적인 교육관을 창시하였다.

### (1) 교육

몽테뉴에 있어서 교육이란 학자나 전문가를 만드는 것이 아니고 청소년을 하나의 신사로 만드는 데 있다고 인식되었다. 다시 말해, 몽테뉴가 말한 '인간을 만든다'는 표현 속에는 단순한 학문보다는 지혜, 판단력, 시민적 관습, 겸손한 행동을 하는 유능한 사회인으로 만든다는 의미가 있다. 그러나 아직까지 이들의 교육은 어디까지나 귀족의 자제를 위한 것이었다.

현실생활에 잘 적응하기 위한 교육을 추구한 사회적 인문주의의 교육내용으로서는 당연히 고전보다는 현재에 관한 것들이 많았는데 여행, 사회접촉, 근대언어, 체육활동 등을 강조하였다. 또한 역사는 과거의 인간들에 의하여 이루어진 경험의 연구로 필요하며, 철학은 인간행위와 인간의 임무를 연구하는 데 필요하다고 하였다. 특히 여행은 세상물정에 밝은 사람을 기르는 데 필수적임을 강조하였다.

교육방법에 있어서는 단적으로 누가 더 박학한가라기보다는 누가 더 현명한가라는 문제가 주된 관심사였다. 몽테뉴는 머리 속을 지식으로 채우려고 하면서 판단력이나 덕행에 관해서는 한마디도 해주지 않는 부모들을 다음과 같이 비판하였다. "우리는 기억을 가득 채우려고 노력하지만 이해와 양심은 텅빈 채로 방치하고 있다." 이는 단순한 기억보다 이해와 판단을 강조한 것인데 '암기로서 아는 것은 아무것도 모르는 것이다'라는 단정적인 표현도 있었다. 또한 사회적 실학주의는 진정한 학습이란 외면적인 본체(reality)를 내면적인 본체로 바꾸는 과정으로 보았기 때문에 교육에서 강제와 폭력은 가장 나쁜 교육방법이며, 아동이 부드러운 마음속에서 학습이 이루어지도록 해야 한다고 하였다. 그래서 교실은 즐거운 장소여야 하며, 자연의 순리대로 교육을 이끄는 것이 교사의 임무라 하였다. 이러한 교육사상은 근대교육의 방법과 원리에 직접 연결되고 있다. 즉, 인간발달에 필수불가결한 조건을 상세히 관찰하는 일, 육체와 정신을 함께 단련하는 일, 인격의 발달이나 생활의 기술을 기르치는 일 등은 현대교육에서도 강조되는 일이기 때문이다.

### (2) 체육

단순한 지식보다 사회생활에 실제로 필요한 판단력과 이해력을 더 중요시한 사회적 인문주의자들 가운데서 몽테뉴는 인간의 발달을 전인적으로 바라보면서 체육의 가치를 평가하였다.

몽테뉴의 뛰어난 선각적 교육사상은 인간에게 부과된 요구사항과 이를 극복할 인간의 능력을 통합적인 관점에서 바라보았다는 점인데, 즉 인간의 능력을 이루는 요소들, 바로 신체적 · 정서적 · 지적 요소들을 모두 합쳐 하나로 모으려 한 점은 오늘날의 교육관과도 일맥상통함을 보여 준다. 몽테뉴는 이러한 통합적인 교육관점에서 체육을 전체교육과 관련하여 그 중요성을 부각시켰다. 그는 "신체는 우리의 존재 가운데 중요한 부분이며 뚜렷한 위치를 차지하고 있으므로 그 구조와 구성이 올바르게 고려되어야 한다"고 말하면서 체육을 인간발달의 불가결한 조건으로 인식하였다. 이는 신체를 통하지 않고는 인간의 다른 능력, 즉 정신적 · 도덕적 능력이 현실화될 수 없음을 강조한 것이다. 또한 그는 젊은이의 정서적 균형이 신체의 활력에 의존한다며 다음과 같이 주장하였다. "정신을 강화시키는 것만으로는 충분하지 않고 근육도 강화해야 한다. 정신이 도움을 받지 못하면 너무 심한 긴장이 생겨서 두 가지 일을 단독으로 해내기가 너무 벅차게 되기 때문이다." 이렇게 신체와 정신은 상호 보완하는 두 가지 힘으로써 일치하고 활동함으로써 한 사람의 건강한 개인, 사고하는 개인을 향하고 있다고 보았다.

몽테뉴는 신체활동과 관련하여 전반적으로 온건한 입장을 취하였지만 '신체활동의 고통과 가혹함'에 단련된 소년은 인생의 고통과 가혹함을 더 잘 극복할 수 있을 것이라고 믿었다.

또한 몽테뉴는 당시 행해졌던 교육과 동떨어진 보건과 체육을 커리큘럼 중에서 매우 중요하게 생각하였다. 몽테뉴의 체육 프로그램 내용은 활발하고 행동적인 생활을 영위할 수 있는 젊은이를 육성하도록 고안되었다. 그가 소년들의 체육에 관해서는 상세하게 언급하고 있지는 않지만 달리기, 레슬링, 무용, 수렵(狩獵), 승마, 펜싱 등을 학교교육의 일부로 삼았다.

### (3) 인물

① 몽테뉴(Montaigne, 1533~1592): 르네상스 시기 프랑스를 대표하는 철학자이자 문학가였던 몽테뉴는 《수상록(*Les Essais*)》의 저자로 유명하다. 그는 《경험에 관하여》라는 수필에서 경험이 이성과 마찬가지로 인식의 중요한 방법임을 제시하려 하였다. 그는 인간이 이성이나 지각 등으로 이룰 수 없는 것을 경험을 통해 얻을 수 있다고 하였다. 또한 교육은 관습에 의해서가 아니라 억압과 충동이 배제된 온화한 마음으로 행해져야 한다고 하면서 교육의 목적은 단순한 암기가 아니고 스스로 생각하고 판단할 수 있는 능력, 즉 지혜, 분별력, 미덕, 덕성 등을 가진 사람을 육성하는 데 있다고 하였다.

이러한 몽테뉴의 교육개념은 한마디로 '생각으로만 배우지 말라'라는 표현과 같은 것인데, 그는 체육을 이러한 개념이 발전된 하나의 예로 사용하였다. 그의 수필에 나오는 "나는 우리 시대의 위대한 무용가들이 우리 앞에서 연기하고, 우리를 좌석에 묶은 채 우리에게 뜀뛰기를 가르치기를 원했었다. 마치 연습 없이 말이나 단창, 악기 그리고 목소리를 조정하라고 가르치는, 다시 말해 동작 속에서 그것을 가르치지 않고 우리의 이해만을 훈련시키려는 사람과 같이 말이다. 그리고 우리에게 말하고 판단하는 것을 연습시키지 아니하고 판단과 말을 잘하라고 가르치는 사람과 같이 ……"라는 표현은 이를 잘 반영한다.

그의 두 번째 수필《현학(衒學)에 관하여》에서도 체육의 중요성을 강조하면서 자신의 신체관을 잘 드러내는데, "즉, 신체와 정신은 하나이며 이것을 둘로 나누어 어느 한 쪽에 치우치기 때문에 오류가 생기는 것이다. 자연은 신체와 정신에게 '부부처럼 함께 그리고 즐겁게' 서로 협력하고 조화를 이루도록 가르치고 있다. 자연의 이러한 가르침에 따르는 것이 인간으로서 올바르고 행복하게 사는 길이다"라는 표현이 있다. 이를 통해 몽테뉴의 도덕적 이상은 인간이 자연에 따르고 자연의 혜택을 올바르게 향유하고 인간의 자연적 본성을 충분히 펼쳐 나감으로써 자신의 인격을 정신적 · 감각적 · 이성적 · 신체적 방향 등 모든 부분에서 계발(啓發)하여 생활 전반을 자연의 성향에 합치시키도록 하는 데 있음을 알 수 있다.

결론적으로 몽테뉴의 교육사상은 고대 그리스의 교육철학과도 그 유사성을 발견할 수 있다. 즉, 인간에게 부과된 여러 가지 요구를 감당해 낼 수 있는 종합적인 능력(영혼, 지성, 정서 그리고 신체적인 능력을 모두 포함한)을 배양하기 위한 교육을 강조한 것이다. 이러한 교육사상을 기저로 하여 몽테뉴는 신체와 정신을 분리한다거나 신체를 정신으로부터 독립시켜 경시하지 말 것을 경고하였다. 이를 바탕으로 당시 정규 교육과정과 거리가 멀었던 보건과 체육을 매우 중요하게 판단한 것이다. 몽테뉴의 사상은 코메니우스와 로크 등에 의해 계승되다가 20세기 미국의 존 듀이에 의해 현대의 실용주의 교육사상으로 승화되었다.

### 3) 감각적 실학주의와 체육

실학주의 교육운동이 실질적으로 강력해지고 꽃을 피운 것은 감각적 실학주의에 이르러서였다. 감각적 실학주의는 자연과학의 발달에 따른 과학적 지식과 연구방법을 교육에 도입하여 인간생활과 사회생활을 합리적으로 향상시키려고 의도하였기 때문에 과학적 실학주의라고도 불린다. 여기서 말한 자연과학자들로는 해석기하학의 데카르트, 대수학(對數學)을 발전시킨 네이피어(Napier), 천문학에서 태양중심설을 밝힌 코페르니쿠스, 천체현상을 발견한 갈릴레이(Galilei), 유성의 궤도를 분석한 케플러(Kepler), 혈액순환을 규명한 하비(Harvey), 그리고 신체해부도를 작성한 베살리우스(Vesalius) 등이 있다. 이들은 자기 분야에서 선구적 연구를 통해 이름을 날렸지만, 이들이 궁극적으로 기여한 것은 바로 문제를 해결하는 새로운 연구방법을 고찰하였다는 점이다. 예를 들어 코페르니쿠스는 천동설을 지동설로 바꿔 놓은 인식의 전환을 시도함으로써 자신을 근대과학을 출발시킨 위대한 과학자의 위치에 오르게 만들었다.

감각적 실학주의는 이러한 자연과학의 성과를 바탕으로 지식획득의 방법을 과학적으로 하는 데 주안점을 두었다. 구체적으로 감각적 실학주의는 '지식은 일체가 감각기관을 통하여 얻어진 것이어야 하며, 교육은 감각기관의 훈련도 포함한다'고 보았다. 따라서 고전이나 사회적 생활경험을 통해서 실생활에 필요한 귀족적 지식을 얻는 것이 아니라 실물이나 표본, 그림과 같이 감각할 수 있는 구체적 사물을 교재로 해야만 참된 지식을 얻을 수 있다는 것이다.

과학적 사고의 새로운 방법을 널리 알리거나 이를 교육분야에 적용하려고 시도한 감각적 실학주의자에는 멀카스터(Mulcaster, R., 1531~1611), 베이컨(Bacon, F., 1561~1626) 그리고 코메니우스(Comenius, J.A., 1592~1679) 등이 있다.

### (1) 교육

감각적 실학주의 교육에서 추구하는 궁극적 목적은 인간과 신이 일체가 되어 영원한 행복을 얻는 데 있으며, 그 성취를 위하여 인류를 구제하고 사회를 개선한다는 입장에서 교육이 영위되어야 한다고 보았다. 따라서 인류의 구제와 사회의 개선을 이루기 위하여 모든 계층의 사람들은 교육을 받아야 하며, 당연히 모든 사람들에게 교육은 개방되어야 한다는 것이다. 이러한 점은 교육이란 민중을 깨우쳐서 그들도 참다운 지식과 경각심을 갖추어 사회에서 광명을 찾고 영원한 행복을 얻도록 해주어야 하며, 좋은 교육내용이란 이러한 입장에 맞아야 한다는 주장으로 이어졌다.

베이컨은 교육의 목적이 지적 생활을 통하여 인간이 현실생활을 영위하는 데 필요한 능력을 길러 주는 데 있다고 말하였다. 또한 인간은 그의 감각이나 관찰력을 통하여 자연의 기본적 법칙을 발견할 수 있고 지식은 인류의 봉사를 위하여 이용되어야 한다고 주장하였다.

멀카스터는 교육이란 홀로 생활하기 위한 것이 아니고 다른 사람들

**실학주의의 교육유형과 특징**

| 구분 | 언어적 실학주의 | 사회적 실학주의 | 감각적 실학주의 |
|---|---|---|---|
| 특징 | • 인문교육이면서도 실제적임.<br>• 지적 · 도덕적 · 사회적 훈련중점<br>• 체육, 종교교육 강조 | • 사설 및 가정교사제도(중등 및 대학 교육기관에 의존하지 않음) | • 실제적 · 과학적 교육<br>• 학교 강조(학교 내부의 계통적 조직 강조) |
| 목적 | • (고전문학연구로) 현실생활 이해, 준비 | • 사회적 조화<br>• 신사의 양성 | • 감각력을 통한 올바른 지식 획득 |
| 내용 | • 백과사전적인 풍부한 내용 | • 활동적인 교육과정 | • 자연현상 연구<br>• 공예 및 유희활동 |
| 방법 | • 개별 교육, 동기유발<br>• 독서 · 토론 활성화 | • 기억보다 이해, 판단 | • 관찰을 통한 감각훈련<br>• 귀납적 방법<br>• 실천을 통한 학습 |
| 학자 | • 라블레, 밀턴 | • 몽테뉴 | • 코메니우스<br>• 베이컨<br>• 로크 |

과 함께 어울려서 생활할 수 있는 인간을 육성하는 것이라 말하고, 교육과 훈련의 목적은 자연으로서의 인간의 완성을 이룩하게 하는 것이라 하였다. 이를 통해 그는 교육내용보다는 인간 자체에 더 많은 관심을 두었음을 알 수 있다.

코메니우스는 기독교적 관심에 투철하여 영원히 신과 함께 있는 행복을 얻는 것이 교육의 목적이라 하였다. 그는 "자연은 신의 힘에 의하여 이루어진 것이며, 이러한 자연을 모르는 한 자연은 인간의 적이 된다. 따라서 자연을 잘 알게 가르치지 않으면 안 된다"고 말하여 개인이 속한 사회와 자연 전체에 대한 인식의 필요성을 강조하였다.

감각적 실학주의자는 말 그대로 감각(感覺), 즉 보는 것, 듣는 것, 느끼는 것, 맛보는 것, 만져 보는 것 등을 통하여 완전히 이해할 수 있는 것으로 인식하고 교육을 감각훈련으로 이끌려고 하였다. 이들은 고대 철학자들의 위대한 업적은 인정하나 그들을 절대적으로 존경하거나 진리의 유일한 원천으로 생각하지는 않았다. 이들 감각적 실학주의자들은 대체로 교육의 원리를 모두 과학적 방법을 통하여 확립하려고 하였기 때문에 자연히 자연과학적 지식을 존중하였다. 베이컨은 자연에 관한 지식만이 참다운 지식이며, 이러한 지식만이 오로지 학교에서 교수할 만한 가치가 있다고 말할 정도였다. 따라서 그는 인문주의적인 비현실적 개념이나 관념을 경시하고 자연관찰이나 표현에 필요한 모국어의 가치를 높이 평가했다. 코메니우스는 모든 마을에 모국어 학교의 설치를 역설하고 있었다.

감각적 실학주의의 교육방법은 심리학적 · 과학적 토대 위에서 감각을 통한 학습에 중점을 둔 것이었다. 즉, 시청각 교구가 학습효과를 높이기 위한 기구로서 중요시되었다. 이에 따라 코메니우스는 직관의 원리에 의하여 그림을 삽입한 교과서를 저술함으로써 학습용 도서의 제작에 신기원을 이룩하였다.

### (2) 체육

인간의 감각을 통한 지식의 획득을 강조한 감각적 실학주의에서는 당연히 감각과 직접 관련된 활동으로 체육의 중요성을 높이 평가하게 된다. 즉, 인간의 감각은 신체를 통해 느껴지는 것으로서 감각기관이 원활한 기능을 발휘하기 위해서 건전한 신체의 육성이 필요하다는 개념이 강조된 것이다. 또한 몸과 마음을 다스리는 생리적 법칙에 대한 관심이 높아졌고 체육은 장려하기 위해 교육체제의 문은 더욱 넓어졌다.

감각적 실학주의자들이 체육에 미친 공헌에 대해서는 우선 당시 학교들의 모습을 상기할 필요가 있다. 자신이 교사였던 멀카스터는 건전한 학교분위기를 조성하는 데 세심한 주의를 다한 것이다. 그는 학교부지를 선정한 뒤에 설계도면이 신선한 공기와 햇빛을 충분히 공급하도록 되어 있는지, 운동장은 넓고 적당하게 되어 있는지 등에 관하여 검토하도록 교사들에게 당부하였다. 또한 멀카스터는 체육교사가 갖추어야 할 3가지 자격을 제시하였다. 첫째, 자신의 직업의 탁월성과 가치에 대해 즐거움을 느껴야 한다는 점이다. 왜냐하면 자신이 좋아하는 일의 탁월성을 깊이 느끼는 교사는 자신의 일을 더 잘하려고 노력할 뿐 아니라 타인에게 그것을 받아들이도록 열성적으로 설득하기 때문이다. 둘째, 체육교사는 교수상황에서 벌어질 수 있는 상황을 미리 예측할 수 있는 능력이 있어야 한다는 점이다. 이를 위해서는 체육이론이나 운동에 관한 논쟁점 등을 파악하여야 하는데, 여러 문헌들을 찾는 수고를 아끼지 말아야 한다는 것이다. 셋째, 체육교사는 자신이 알고 있는 지식을 적용함에 있어 상황과 환경에 맞게 적용시키는 분별력을 갖추어야 함을 지적하고 있다. 또한 그가 제안한 학교제도에서는 체육이 계획적으로 가르쳐져야 한다고 하면서 "아동들이 언제나 활발히 뛰어 논다는 이유로 그들의 신체활동에 큰 주의를 기울일 필요가 없다는 것은 충분하지 못하다. 정숙함이 학교의 규칙에 따라 이루어지듯이 활발함도 올바르게 지정된 운동의 의해 행해져야 한다"고 언급하였다.

당시 어느 누구보다 체육의 중요성을 강조한 멀카스터는 신체와 정신의 균형적 발전을 강조하였다. 어느 한 쪽만의 발달은 교육목적의 온전한 달성을 이루기 어렵다고 하였다. 또한 그는 신체활동을 레크리에이션과 군사적 목적과 결부시키기도 하였지만 교육적인 관점에서 교육을 받고 있는 개인의 건강을 위한 수단으로 보기도 하였다. 이처럼 신체와 정신의 균형적 발달과 체육의 다양한 목적에 대한 멀카스터의 인식은 오늘날의 관점과도 상당한 유사성이 있는 것이다.

베이컨은 자신의 철학논문에서 체육을 간단히 언급하였는데, 특히 몸과 마음의 상호작용과 관련하여 "몸의 선(善)한 상태와 마음의 선(善)한 상태 사이에는 어떠한 관련성 혹은 일치되는 점이 있는 듯하다"고 말하였다. 그는 또한 신체의 선을 아름다움, 건강, 힘, 쾌락 등으로 분류하였다. 건강과 관련하여 베이컨은 "적당한 운동에 의하여 예방할 수 없는 질병은 거의 없다"고 하여 운동이 건강에 미치는 영향을 강조하였다. 그러나 운동의 기술을 이용하기 위해서는 이를 충분히 연습해야 하지만, 과도한 운동은 '보수를 목적으로 하는 허식'에 지나지 않는다고 하였다. 베이컨의 일련의 설명은 적당한 운동 ⇒ 건강 ⇒ 신체의 선한 상태 ⇒ 마음의 선한 상태와 같이 도식화할 수 있는데, 적당한 운동을 통해 궁극적으로 몸과 마음의 평정을 유지할 수 있다는 것이다.

코메니우스는 신학자였음에도 불구하고 신체에 대한 관심을 통해 영혼을 고상하게 하려 하였다. 먼저 그는 아동들의 건강의 중요성에 대해 "무엇보다 먼저 자녀들이 건강을 유지하는 것이 부모의 최대관심사가 되어야 한다. 자녀들이 생기 있고 건강하지 못하면 성공적인 훈련을 받을 수 없다. 허약하고 질병에 걸리기 쉬운 몸으로 무엇을 이루어 낼 수 있겠는가?"라고 언급하면서 부모의 관심을 촉구하였다.

코메니우스는 특히 아동들의 놀이생활에 대하여 독특한 통찰력을 지녔다. 그는 놀이를 자연스러운 교육과정으로 파악하였고, 놀이를 억제하는 것은 몸과 마음의 조화로운 발달을 해치는 결과를 초래한다고 하며 다음과 같이 경고하였다. "아동들의 게임과 오락은 권장되어야 한다. 왜냐하면 그러한 놀이의 참가는 그들의 재치, 태도 그리고 습관을 발달시키도록 자연이 베푼 유익한 매개물이기 때문이다." 또한 부모들에게 충고하기를 "아동들이 할 일 없이 있는 것보다 놀이를 하는 것이 더 좋다. 왜냐하면 놀이를 하는 동안 정신은 능력을 강화시키는 어떤 대상에 몰두할 수 있기 때문이다. 이러한 방식으로 아동들은 커다란 어려움 없이 현실생활을 위한 훈련을 일찍부터 할 수 있다." 또한 그는 오락이 정서적 균형형성에 도움을 준다고 믿었는데 놀이로 인하여 느끼는 행복한 마음과 획득되는 건강한 신체는 건전한 정신건강을 보증하기 때문이다. 그래서 상상력이 풍부한 시기의 아동들이 어른들의 활동을 모방하고 즐거워할 때는 그들을 북돋아 주어야 하며, 어른들이 사용하는 기구와 모형 등은 아동들을 위하여 준비해야 한다고 하였다. 그리고 상급 학년으로 진학하더라도 일정한 공부시간 이후에는 놀이가 허용되고 권장되어져야 한다고 주장하였다.

코메니우스는 "즐거운 마음은 반 이상의 건강을 차지한다. 마음의 즐거움은 인간의 원천이다"라는 격언을 부모들에게 상기시키면서 아동들의 정신을 분발하는 것이라면 설령 사소한 것일지라도 심신과 도덕성에 배치되지 않는 한 이를 허용해야 한다고 역설하였다.

## 4. 단련주의와 체육

단련주의란 이성의 판단과 일치하지 않는 감정의 욕구를 누르고 바람직한 행위와 사고방식을 습관적으로 단련하기 위해 가르치는 교육이념을 말한다. 이러한 단련주의 교육이념을 대표하는 사람은 영국의 사상가로서 '사회계약설'을 통해 훗날 시민혁명의 이념적 토대를 제공하였던 존 로크(Locke, J., 1632~1704)였다. 로크가 활동했던 17세기는 과학의 엄청난 진보로 세계에 대한 지적 호기심이 불타고 있었으며, 종교개혁의 수행과 상공업의 발달로 인해 신흥 상인계층은 부의 축적과 더불어 새로운 사회의 주역으로서 자신의 역할을 공고히 하는 과정에 있었다. 정치적으로 시민의 자유를 옹호한 로크는 인간의 자유와 평등을 부르짖으며 절대왕정을 반박하였다. 이는 인간은 누구나 신으로부터 평등한 자기보존권(自己保存權), 즉 자연권(自然權)을 부여받았으므로 왕정에 의하여 자연권이 유린당해서는 안 된다는 것이다. 또한 인식론적인 측면에서 로크는 우리가 현재 품고 있는 모든 경험적 · 심리적 관념의 발생에 대한 기원을 탐구하는 경험주의 철학을 발전시켰다. 즉, 로크에 의하면 마음이라는 것은 태어나기 전부터 지식이나 신념의 인상(印象)을 받는 것이 아니라 오히려 태어날 때는 백지(白紙, Tabula Rasa)와 같은 마음이 있었을 뿐이고 차차 경험이라는 인생의 경력을 천천히 기록하여 나아가는 것이라 설명하였다. 따라서 학문은 감각의 인지와 지적 반성의 소산이며, 반성이란 감각된 것을 보다 복합적으로 종합하고 일반화하여 법칙을 만들어 가는 합리화의 과정이라고 보았다.

로크의 정치사상의 핵심은 정부에 대한 시민의 거부권의 행사와 혁명을 일으킬 권리에 대한 인정 등으로 정리되는데, 이는 영국의 명예혁명의 도덕적 정당성으로 옹호하였을 뿐만 아니라 18세기 미국의 독립혁명에도 영향을 주게 되었다. 또한 그의 '사회계약설'은 프랑스의 루소에 의해 더욱 철저히 가다듬어지게 되어 계몽주의 교육사상에도 많은 영향을 주었다.

### (1) 교육

단련주의 교육은 젊은 귀족 신사에게 세련된 몸가짐과 고상한 성격을 소유하기 위한 여러 습관을 몸에 배도록 하는 것을 목적으로 한 것이다.

원래 로크는 교육에 큰 관심을 갖지는 않았다. 우연한 기회에 귀족집안에서 가정교사를 하면서 느낀 점을 정리한 《교육에 대한 고찰(*Some Thoughts Concerning Education*)》을 편찬하면서 교육사의 한 위치를 차지하게 되었다. 의학을 공부한 로크는 신체와 마음에 대해 어느 학자보다도 자연주의적인 태도를 가졌으며 신체건강의 중요성을 강조하였다. 《교육에 대한 고찰(*Some Thoughts Concerning Education*)》도 총 4부(체육론, 덕육론, 지육론, 속지육론)로 구성되어 있는데, 그 가운데 체육에 관한 것이 첫번째로 다루어지고 있는 것이다.

로크의 교육목적은 영국의 전통에 따라 유용한 신사를 양성함에 두었다. 그리고 신사가 구비해야 할 기본적인 요소는 그의 《교육에 대한 고찰》에 따라 신체적 · 도덕적 · 지적 측면을 조화롭게 갖추는 것이었다. 그가 체육을 제일 중요시한 것은 자신이 의사이기도 하였지만 일생동안 몸이 무척 허약한 것에서 이유를 찾을 수 있다.

로크는 앞선 시대의 실학주의자였던 몽테뉴에게 커다란 영향을 받았기 때문에 모든 교육이 임무를 수행할 수 있는 신사(紳士)의 양성을 목표로 실시되어야 한다고 주장하였다. 이러한 점에서 로크는 사회적 실학주의의 한 사람으로 볼 수 있다. 그러나 로크는 청소년들의 신체와 정신을 전인적으로 육성시키는 것이 교육의 최대과제임을 역설하였고, 이를 달성하기 위해서는 청소년 각 개인의 내면에서의 단련과 이를 통한 자각의 필요성을 새롭게 주장한 것이다. 다시 말해 청소년 체력의 중요성을 인정하면서도 그들이 덕 · 지 · 교양 · 학식 등을 두루 갖춘 인물로 자랄 것을 주장하였다. 그리고 인간의 행위를 구성하는 이들 요소들이 각 개인의 내면에서 신체적 · 정신적 단련의 연속과정에 의하여 육성되고 조장되어야 한다고 강조한 것이다.

로크의 교육관을 전체적으로 보면 지적인 교육보다는 도덕적 · 신체적 단련의 과정을 강조한 것인데, 주의할 것은 단련을 위한 단련이 아니라 바람직한 행위의 습관을 기르기 위한 합리적인 단련만이 필요하다고 하였다. 이러한 단련을 위해 아동들은 권위에 복종해야 한다고 믿었지만 체벌이나 잔소리를 수단으로 삼는 것은 반대하였다.

### (2) 체육

로크가 체육의 필요성을 강조하던 17세기는 전통적인 귀족을 포함하여 신흥 상공인과 의사나 변호사와 같이 전문직업에 종사하면서 새로운 사회를 주도적으로 전개하고 있던 신사(紳士, gentry)계층에 대한 사회적 열망이 높아가고 있던 시기였다. 로크의 체육사상은 이들 신사계층과 이들의 자녀들이 사회를 주도적으로 이끌기 위한 자질과 능력의 확보를 중요한 사회적 목표로 삼았던 것이다. 그래서 이들은 과학과 독서를 통한 지적 우수성은 물론 신체활동에 의하여 얻어지는 대담성, 자신감, 세련된 몸가짐, 우아한 처신, 건강, 힘 등의 신체적 탁월함이 필요하였던 것이다. 그리고 이러한 능력의 확보는 일상생활 속에서 끊임없는 노력으로 단련되어야 한다는 것이다.

로크의 체육에 대한 단련주의적 태도는 《교육에 대한 고찰(*Some Thoughts Concerning Education*)》의 '체육론'에 잘 나타나 있다. 이 내용은 건전한 신체를 기르기 위해서는 우선 엄격하고 금욕적인 단속을 실시해야 함을 강조하고 있다. 구체적으로 보면 얇은 옷을 입혀 추위와 더위에 대한 저항력을 기를 것, 약은 가급적 먹지 않을 것, 딱딱한 침대를 사용할 것, 충분한 수면을 취하고 일찍 일어날 것 등 모두 엄격한 단속으로 구성되어 있다. 이와 관련하여 로크는 대부분의 아동들의 체격은 부모들이 너무 귀여워하고 다정하게 대함으로써 망쳤거나 적어도 손상을 받았기 때문에 부모들은 비판받아야 하고, 약한 체격은 오직 건전한 신체습관을 통해서만 발전시킬 수 있다고 부모들에게 경고하였다.

이러한 인위적인 유의사항을 강조했다고 해서 로크가 자연적인 놀이를 금지한 것은 결코 아니었다. 아동들이 즐기는 오락은 어떠한 것이라도 항상 장려되었다. 또한 레크리에이션에 대해서도 로크는 그 필요성을 강조하면서 새로운 의미를 부여하였다. 즉, 전통적으로 레크리에이션이 '병에서 회복되다' 라는 뜻을 가진 것과 달리 로크는 레크리에이션이 게으름이 아니라 '업무의 변화로 지친 부분을 편안하게 하는 것' 으로 적극적인 해석을 하였다. 그 필요성에 대해서는 계속 앉아서만 하는 일들과의 균형을 맞추기 위해 신체적 운동이 요구되며 휴식과 원기회복이 필요할 때, 생각을 편안히 하고 건강과 인내심을 북돋우는 몇 가지 신체운동으로서 레크리에이션의 적합성을 주장한 것이다. 나아가 레크리에이션은 아무것이나 할 것이 아니라 활기차고 긴장을 풀 수 있는 유익한 것이 되어야 하므로, 정열을 헛되이 소모하는 것으로 보이는 카드놀이나 주사위놀이는 반대하였다.

로크가 아동들에게 행한 체육 프로그램은 건강하게 단련된 체력의 육성과 건전한 생활습관을 유지하게 하고 정신을 상쾌하게 하는 레크리에이션의 경험을 갖게 하여 상류사회에서 신사에게 필요로 하는 특수한 능력을 발달시키는 것이었다.

한편, 신사의 양성이라는 교육적 전제하에서 로크는 여러 운동들을 옹호하였는데 특히 수영, 승마, 펜싱, 무용 등이 필수적인 운동이라 생각하였다. 수영은 건강에 유익하고 인명을 구조하는 데 도움이 되며,

승마는 전시나 평상시에도 젊은이들의 교육에 필수적인 것으로 생각하였다. 그러나 펜싱은 조건부로 인정하였다. 그 이유는 펜싱은 참다운 기술을 습득하기 위하여 불필요하게 생명의 위협을 가져온다고 생각하였기 때문이다. 무용에 대해서는 모든 생활에 우아한 동작을 길러 주고, 무엇보다도 젊은이들에게 남자다움과 자신감을 갖게 한다는 이유로 적극적인 지지를 표명하였다. 그러나 이는 가능한 능력과 연령에 맞게, 즉 적절한 때에 배우는 것을 전제로 한 것이다.

결론적으로 로크의 체육사상은 엄격한 훈련과 금욕적인 자세를 강조하기도 하였지만 그것이 타율적으로 강제되는 과정으로 이루어져서는 안 되고, 자기 스스로의 인내와 노력으로 습관화되는 자발적인 단련의 과정을 강조한 것이다. 그리고 지적 · 도덕적 능력과 신체적 재능이 함께 완성되는 전인적 교육관을 주장한 로크는 그러한 수준에 도달하기까지 어느 한 쪽에 치우치지 않는, 균형 있는 단련의 방법을 중요한 목표로 설정한 것이다.

## 5. 자연주의와 체육

18세기의 유럽은 봉건국가체제의 최종역이라 불리는 절대주의 체제가 17세기부터 융성하여 그 전성기를 구가하고 있었다. 절대주의의 군주들은 쇠퇴해 가던 귀족들의 충성과 신흥 상공인들의 협력 속에 자신의 권력을 유지 · 강화할 수 있었다. 그러나 자유로운 시장경제의 발달과 시민권의 확대라는 역사의 대방향에서 보면 절대주의는 중세의 마지막 반동에 지나지 않는 것이다. 또한, 사상적으로도 17세기부터 18세기에 걸쳐서 성립한 절대주의는 무지몽매(無知蒙昧)한 사회의 잔재였다. 따라서 진정한 의미에 있어서 근대에로 접근하기 위해서는 이 중세적 몽매성을 타파하는 계몽(啓蒙)이 필요하였고, 바로 이를 실천하려는 주장을 계몽사상(enligtenment of illumination)이라 한다. 계몽사상이 공격한 대상은 구체제(Ancient Regime)로서 구체적으로는 전제군주제, 사회신분제 그리고 사상 및 신앙의 통제방식 등을 모두 포함하였다.

나중에 칸트(Kant, 1724~1804)는 《계몽이란 무엇인가?》에서 계몽이란 '인간이 스스로의 미성년상태로부터의 탈출 또는 해방'이라고 규정하고 자기 자신의 오성(悟性)을 가지라고 주장한 것이다. 이처럼 계몽사상은 전통적 권위를 부정하고 스스로의 오성을 심판관으로 하는 이른바 인간이성에 대한 깊은 신뢰를 밑바탕에 깔고 있다. 다시 말해, 모든 사물을 이성에 의하여 비판하고 판단함으로써 진리의 표준을 이성의 승인에 두는 합리주의(rationalism)를 지칭하기도 하는 계몽사상에서는 이성이야말로 궁극적인 판단자요 지도자의 역할을 하는 것이다.

자연주의(naturalism) 교육사상은 18세기의 계몽사상이 지나치게 이성과 합리성만을 추구함에 따라 개인의 존엄과 감성이 경시됨에 따라 나타난 사조였다. 그렇다고 자연주의가 계몽사상의 반대편에 위치한 것은 아니었고, 계몽사상의 기본성격을 더욱 보완·개선하기 위한 측면에 서 있었다고 보아야 한다. 그렇기 때문에 18세기의 루소(Rousseau, J.J.)에 이르러 절정을 이룬 자연주의 교육사상을 계몽적 자연주의 교육사상이라 부를 수 있는 것이다. 자연주의 교육사상은 일찍이 17세기의 라트케, 베이컨, 코메니우스의 교육사상에서도 찾을 수 있겠지만 18세기의 루소에 이르러 절정을 이루었고, 나중에는 바세도우(Basedow, J.B., 1723~1790), 잘츠만(Salzmann, C.G., 1744~1811)과 같은 범애주의자들의 교육원리에 응용되었다. 그리고 페스탈로치(Pestalozzi, J.H.) 교육사상의 핵심을 이루게 하였을 뿐만 아니라 현대 민주주의 교육사상의 뿌리가 되고 있는 것이다.

계몽사상의 지나친 이성숭배에 반발하면서 나타난 자연주의 사조에서는 이성을 대신하여 자연을 강조하는데, 과연 '자연'은 무엇을 의미하는가? 자연은 세계를 지배하는 근본원리로서 신과 같은 개념이며 그 근본속성은 자유와 질서라는 것이다. 모든 것이 합질서적(合秩序的) 의지의 발현이며 그 의도에 원인을 두고 있다는 것이다. 또한 세계는 근본적으로 신적 질서의 운행이며, 따라서 세계는 자연 그대로라면 반드시 전체적으로 조화를 이루고 선한 것으로 이해된다는 것이다. 다음으로 인간에게 있어서의 자연, 즉 인간의 자연이란 무엇인가? 그것은 인간이 후천적 습관이나 의도에 의하여 변화되기 이전의 상태 혹은 경향, 다시 말해 인위(人爲) 이전의 근본적 지향이나 선천적 경향을 의미한다는 것이다.

### (1) 교육

18세기에 '모든 것을 자연에 따라서' 라는 표현에 자신의 목적을 잘 드러낸 자연주의 교육사상의 대표적 특징을 나열해 보면 첫째, 자연주의 교육은 자연에 일치하는 교육으로서 이는 교육과정을 자연법칙에 맞게 구성하는 것을 의미한다. 둘째, 자연주의 교육은 교육방법을 자연법칙에 일치되도록 노력하는 것으로서 이는 훗날의 계발주의자들에 영향을 주었다. 셋째, 자연주의 교육은 모든 인위적인 것에 반대하여 자연에 돌아가게 하는 교육을 의미한다. 그리하여 자연주의자들은 아동에 대한 인위적인 환경과 훈련을 비판하고, 아동의 자연스러운 자발성을 억압한다든지 아동을 인형과 같이 다루는 모든 인위적인 것을 반대한다. 특히 마지막 사항이 중요한데, 루소는 당시 프랑스 교육의 모순을 통렬하게 고발하였다. 루소는 당시의 아동들이 자연스럽지 못한 지도로 괴롭힘을 당하고 있었으며 성인과 같은 규범으로 생활하도록 강요당했다고 지적하였다. 특히 단련주의 교육 속에서 귀족의 자녀들은 마치 사교계의 신사와 숙녀를 모방해서 행동하도록 요구되었는데 이러한 풍토에서 기억과 암기가 학생의 유일한 학습활동이었으며, 암기를 검사하고 질서를 유지해 나가는 것이 교사의 주된 임무였다. 루소의 '자연으로 돌아가라' 는 말은 교육에 대한 이러한 전통적인 태도에 대한 투쟁의 외침이었다.

루소는 일련의 저서인 《정치계약론(*Discourse on Political Economy*)》, 《사회계약론(*The Social Contract*)》, 《에밀(*Emile*)》 등을 통해 사회와 교

육의 결함 및 폐해를 분명히 밝히고 교육과 인류 행복과의 관계를 해명하였다.

프랑스에서는 자연주의 사조가 불법으로 되어 있었기 때문에 자연주의 교육사상의 구체적인 실천은 루소의 영향을 받은 독일의 교육가들에 의해 시도되었다. 바세도우는 독일의 교사로서 루소의 영향을 받아 범애학교(Philanthropium)로 알려져 있는 자신의 학교에서 자연주의 교육을 최초로 실천하였다. 당시 체육이론가로도 유명하였던 바세도우의 교육목적은 아동들로 하여금 그 자신의 행복을 누릴 수 있게 함과 동시에 공공의 이익을 증진하고 국가에 봉사할 수 있는 애국적인 생활을 준비시키는 데 두었다. 따라서 교육은 개인의 행복과 국가 전체의 복지에 공헌하는 것이므로, 교육제도의 개혁은 국가사회 개혁의 본질적인 부분을 이룬다고 보았다. 그리하여 학교는 종파를 떠나 존재해야 하며 공교육을 관리하는 국가교육평의회가 필요하다고 보았다.

바세도우의 교육사상은 독일의 저명한 자연주의 교육가인 비에스(Vieth, G.)에게 많은 영향을 주었다. 자연주의 교육운동에 대한 비에스의 공헌은 《신체운동의 백과사전》을 저술한 것이다. 이 책에는 비에스 자신이 체계를 세워 놓은 체육사와 신체운동에 대한 내용이 담겨져 있다.

18세기 후반에는 많은 새로운 학교들이 바세도우의 범애학교를 모방하여 건설되었다. 이 학교 중에서 가장 유명한 학교는 잘츠만에 의하여 세워진 슈넵펜탈(Schnepfental)의 범애학교였다.

흔히 근대체육의 아버지로 불리는 구츠 무츠(Guts Muths, J.F.)는 이 학교의 교사였다. 구츠 무츠는 50여 년에 걸쳐 뛰어난 지도를 하였고 체육에 관한 일련의 저술을 하였다. 그의 2대 저서에는 근대체육의 기초를 제공한 《청년을 위한 체조》와 105가지의 게임을 기술적 발전에 따라 분류한 《유희》가 있으며 이 밖에 《수영교과서》, 《청년과 성인을 위한 기계론》, 《조국의 아들을 위한 체육서》, 《체조문제서, 선생과 학생을 위한 참고서》 등이 있다.

18세기에 체육은 학문적 차원에서 보다 많이 연구되기 시작하였는데,

신체가 점차로 학문적 관심의 대상이 되었다. 의학자들은 신체를 지배하고 있는 법칙이 어떤 것인가를 알기 위해 해부학과 생리학을 연구하기 시작하여 운동이 건강에 미치는 영향에 관한 많은 서적을 출판하였다. 1705년에는 퓰러(Füller, F.)의 《체육의학(*Medizin Gymnastik*)》이 출판되었고, 1700년에서 1720년까지는 호프만(Hoffmann, F., 1660~1742)이 저술한 《운동에 관하여, 신체를 위한 최선의 의학》과 《운동과 신체훈련의 이익 및 어떻게 그것들이 건강의 유지를 위하여 이용되어야 하는가?》와 같은 많은 논문집이 발간되어 나중에 구츠 무츠에게 많은 영향을 주었다.

### (2) 체육

자연주의 교육에서의 체육의 목적은 개인적으로 충분한 운동기술·레크리에이션·건강교육 등을 포함한 건전한 신체훈련을 통하여 심신의 수련을 쌓아 시민으로서 살아가는 데 불편함이 없도록 하는 데 있다. 나아가 사회적으로는 애국적인 민주시민을 육성함으로써 이상적인 국가건설을 하는 데 기여하는 것이다. 자연주의자들에게 있어 신체활동은 힘이나 체력의 발달 이상의 의미를 갖고 있다. 즉, 그들은 아동들이 신체활동을 통해 집단에 기여하는 일원이 되는 방법을 배우고 또한 정신상태를 발전시키고 자기 자신에 적합한 예의를 갖추어 표현하면서 잠재된 능력을 계발할 수 있다고 믿었으니 신체활동의 가치를 매우 높이 평가한 것이다. 나아가 자연주의자들은 환경에 적응할 수 있도록 아동들에게 폭넓은 다양성을 제공하였으니 팀 스포츠, 개인 스포츠, 야외 스포츠를 포함한 모든 활동을 찬성하였다. 그리고 학생들이 필요로 하고 관심 있는 활동들을 그들이 생리학적·사회학적·심리학적으로 준비되어진 때에만 배울 수 있다는 점을 지적하였는데, 이는 학생중심의 진보적인 체육개념을 제시하였다고 볼 수 있다.

자연주의에 설정된 체육의 개념은 아동들에게 충분한 운동기술을 습득시키고 신체적 환경을 조성하며 가치 있는 레크리에이션을 행하게 하고 위급한 상황에 대처할 수 있는 신체를 단련하며 동료들과 일하면서 어울려 노는 방법을 가르치는 것을 이상으로 삼고 있다. 그렇기 때문에 레크리에이션은 자연주의 체육에서 매우 중요한 역할을 하게 된다.

자연주의자들은 감각의 교묘한 작용을 수련하는 것이 체육의 중요한 임무라고 생각하고, 아동들에게 게임을 행하게 하면 그들을 둘러싸고 있는 환경과 친숙하게 된다는 것이다. 즉 더위, 추위, 딱딱함, 부드러움, 크기, 수량과 형태 등을 판단할 수 있게 되며, 감각의 훈련과 경험이 책에 의한 간접적인 재료에 의한 것보다 학생들의 지식영역을 확대할 수 있다고 보았다. 자연주의 체육을 대표하는 사상가들의 견해를 살펴보면 다음과 같다.

루소는 자연주의 체육사상을 대표하는 인물로서 전통적인 교과목체계의 한계를 지적하면서 자연주의적인 교육과정에 의한 학교의 필요성을 주장하였고 신체와 지적 발달의 조화를 강조하였다. 루소의 교육사상은 자신의 저서인《에밀》에 잘 나타나 있다. 이 책은 아동이 사회의 간섭 없이 자연 그대로 성장할 수 있는 분위기를 조성해야 한다고 말하였다. 그 당시 학교는 학생들을 구속하고 자연적인 성장을 방해하며, 사회 역시 학생들의 내적 성격을 파괴시킨다고 생각한 루소는 발육의 단계에 적합한 자연주의 교육과정의 학습방법을《에밀》에서 주장하였다. 즉, 첫 단계인 동물적 단계(5세 이전)는 신체적 활동의 욕구가 가장 강력한 시기로 어떠한 속박도 없이 자유로운 운동이 행해져야 하는 시기이다. 둘째 단계인 미개의 단계(5~12세)는 신체를 강하게 하며 감각의 식별기능이 높아지는 때로 놀이, 스포츠 등으로 짜여져야 하는 시기이다. 셋째 단계인 전원생활의 단계(12~15세)는 이성적 판단이 시작되는 시기로 흥미 있고 실제적인 공부가 추구되면서 성인의 노동에 익숙해지도록 더 많은 신체노동이 필요한 시기이다. 넷째 단계인 사회적 단계(15~20세)는 복잡한 개념의 파악이 가능해지는 시기로 사회적 · 종교적 · 도덕적 문제의 학습이 가능한 이 때에는 성교육의 측면에서 정력을 신체활동을 통해 발산하는 시기라고 보았다. 마지막 단계인 이상적 단계(성인)에서는 이성과의 결혼을 통해 완결되는 시기로 보았다.

루소는 이상과 같이 모든 교육기술이 특정한 성장단계에 따라 학생의 능력에 맞게 적절하게 선택되어져야 하며, 신체운동도 틀에 박힌 훈련방법이 아니고 자연적인 발육상황에 맞게 자유롭게 행할 것을 주장한 것이다.

바세도우는 범애학교(Philanthropium)의 '바세도우 학교 프로그램'을 통해서 자연주의 사상을 바탕으로 현대적인 체육 프로그램을 최초로 시도했던 인물이었다. 그가 설립한 범애학교에서는 교육을 지적 발달과 신체적 발달로 구분하였다. 그는 일과 중 오전 1시간과 오후 2시간을 게임, 체조, 스포츠, 레크리에이션 활동 등에 할애할 것을 권장하였다. 바세도우의 체육에 대한 견해는 루소의 체육사상과 일치되고 있는데, 아동들의 자연적 성장을 위해서는 유희 및 신체운동이 요구된다고 하였다. 또한 그는 여름캠프에 대한 생각도 갖고 있었다. 그의 학교광고 중의 하나는 학생들이 충분하다면 그들에게 지리와 자연과학의 탐구뿐만 아니라 목욕, 사냥, 낚시, 등산 등을 위한 기회를 주기 위해 두 달간의 여름캠핑을 제공할 것을 약속하였다. 한편 범애학교의 체육 프로그램으로는 우선 펜싱, 승마, 무용, 도약 등과 같은 전통적인 운동이 채택되었는데 이 학교의 체육교사였던 시몽(Simmon, J.F.)은 이 프로그램에 달리기, 높이뛰기, 던지기, 레슬링 등 그리스 전통의 운동들을 추가시켰다. 시몽의 뒤를 이은 뒤 토아(Du Toit, J.)는 수영, 스케이트, 궁술, 행진 등을 추가하였고 아울러 병정놀이, 각 지방의 소풍, 사다리 위에서의 보행과 매달리기, 그리고 손을 수평으로 벌려 모래주머니 운반하기 등의 운동이 행해졌다.

잘츠만이 설립한 슈넵펜탈(Schnepfental) 학교는 범애학교를 모방하여 세워졌는데 역시 자연주의 교육사상을 실천하기 위한 목적을 갖고 있었다. 체육수업은 오전 11시부터 12시까지 규칙적으로 행해졌는데, 아동들은 오후 2시까지 게임을 할 수 있었고 저녁시간에는 오락을 위한 활동들이 선택적으로 이루어졌다. 일요일 오후에도 오락, 소풍, 레크리에이션 등이 행해졌다. 자연주의 사상의 실천과 관련한 환경적인 측면에서 이 학교는 꽃과 야채가 가득히 심어져 있었고 학생들은 각자 자기의 작은 정원을 가꾸고 있었다. 전교생이 휴일에는 숲으로 소풍을 갔으며, 때때로 고학년 학생은 짐을 마차에 싣고 수일간의 여행을 하기도 하였다. 이처럼 자연주의 학교에서의 체육교사는 아동의 본성과 자연환경을 경험할 수 있는 프로그램을 실천하였다.

잘츠만은 이러한 프로그램을 앙드레(Andre, C.C.)를 체육교사로 임명하여 실행하였고 1786년에는 이 업무가 구츠 무츠에게 넘겨지게 되었다. 앙드레는 바세도우의 범애학교의 체육 프로그램을 모방하였으나 표적맞추기, 등반, 도약, 로프 빠져 달리기, 언덕 뛰어 오르기 등의 운동을 추가하였다. 또한 학생들의 자세교정을 위한 운동을 실시하였는데 이것이 오늘날의 도수체조(徒手體操)의 시작이었다.

구츠 무츠 역시 루소의 교육적 이상을 좇아 자연주의에 기초하여 체육 프로그램을 실시하였다. 구츠 무츠가 앙드레의 책을 대신하면서 앙드레가 실시했던 많은 프로그램을 계승하기도 하였지만 그는 새로운 운동과 도구를 시험하거나 많은 지식을 탐구하였다. 그리하여 이후의 많은 체육지도자들, 예를 들어 덴마크의 나흐테갈(Nachtegall, F.), 스웨덴의 링(Ling, P.H.), 독일의 얀(Jahn, F.L.) 등이 구츠 무츠의 체육사상에 영향을 받아 유럽 각국의 체육발전에 기여했기 때문에 구츠 무츠를 '근대체육의 아버지'라 부르게 되었다.

구츠 무츠는 교과과정의 설치에 있어 의학, 생리학 등 과학적인 지식을 고려하였다. 날씨가 좋은 때에는 늘 옥외에서 운동을 하도록 하였고, 이러한 운동이 심신에 도움이 되도록 계획되었으며, 학생들이 향상된 만큼 기쁨과 즐거움을 느낄 수 있도록 배려하였다. 그는 루소와 마찬가지로 어린이들은 자연 그대로 성장할 수 있도록 해야 한다고 믿었다. 그리고 소녀들도 게임과 신체훈련에 참가해야 하지만 그 활동이 과격한 것이어서는 안 된다고 보았다. 체계적인 연구를 지속하면서 고전에 대해 관심을 보인 구츠 무츠는 운동의 유형을 세 가지 범주로 분류하였다. 즉 체육운동(gymnastic exercise), 수공작업(manual labor), 사회적 게임(social game) 등인데 이는 운동의 특성을 매우 체계화한 것으로 당시로서는 선각적인 체육지식을 내놓은 것으로 평가받고 있다. 또한 자신의 저서 《청년을 위한 체조》에서 운동의 여러 종목을 비슷한 동작을 기준으로 유형화시켰는데 a. 뛰어넘기, 서서 뛰기, 높이뛰기, 막대기나 손잡고 뛰기, b. 달리기, c. 투석, 궁술, 투창, 투원반, d. 레슬링, e. 기둥 · 사다리 · 마스트 · 로프 등에 오르기, f. 평균운동, g. 들어 올리기, 운반, h. 무용, 보행, 군사운동, i. 수영 등으로 구분하였다.

결론적으로 자연주의 사상에 뿌리를 둔 체육지도자들은 학습에서 이루어지는 내용을 아이들의 개성적인 경험과 자연적 환경과 조화시키려 한 점에서 가장 큰 특징을 보여 주었다고 볼 수 있다. 다시 말해 자연주의 체육사상은 개인의 차이를 중요시하였고, 아동이 경쟁자를 능가하도록 재촉받는 학습이 아니라 자신들의 성장에 관해서 자기 스스로의 향상 · 진보를 확인할 수 있는 기회가 제공되는 환경을 강조한 것이다.

### (3) 인물

① **루소**(Rousseau, J.J., 1712~1778): 자연주의 교육자로서 루소가 체육의 필요성을 얼마나 강조했는지는 다음의 인용문에서 쉽게 확인된다. "당신이 담당한 학생의 지식을 강화하려고 한다면 그것을 지배하는 힘을 길러야 한다. 선량하고 현명하게 대처하기 위하여 항상 운동을 행하고 신체를 건강하고 강하게 하라. …… 인간을 강한 사람으로 만들면 얼마 안 가서 이성적인 사람이 될 것이다." 루소의 이와 같은 주장은 체육을 교육의 불가결한 요소로서 인식시키는 데 크게 기여한 것이다.

루소의 자연주의 교육사상에서 레크리에이션은 필수적인 것이었다. 자신의 저서 《에밀》에서 가공의 인물 '에밀'에게 격렬한 신체운동을 권하였을 뿐만 아니라 신체운동이 새로운 관심과 기분을 좋게 하고 즐거움을 가져다 주며 주의를 집중하는 데 훈련이 된다고 언급하였다. 또한 레크리에이션이 생활의 평형을 가져다 주는 힘으로 보고 "교육의 참뜻

| 단 계 | 연 령 | 성장의 특징 | 교육 및 체육 프로그램 |
|---|---|---|---|
| 동물적 단계 | 탄생~5세 | 강렬한 신체활동 욕구 | 자연적 · 신체적 욕구만족을 위한 자유로운 운동 |
| 미개의 단계 | 5~12세 | 강건한 신체발육 | 감각의 능력을 위한 게임, 스포츠 등 |
| 전원생활단계 | 12~15세 | 이성적 판단 시작 | 실질적인 공부(농업, 수공업의 기술), 신체노동 |
| 사회적 단계 | 15~20세 | 복잡한 개념파악 | 성교육, 신체활동을 통한 정력의 순화 |
| 이상적 단계 | 20세 이상 | 신체적, 지적 발달 완성 | 이상적인 이성과의 결혼 |

은 레크리에이션을 행함으로써 심신의 상호작용에 도움이 될 수 있도록 심신을 수련하는 데 있다"고 하였다. 그러나 그는 레크리에이션이 과도하게 행해지는 것에는 주의를 표하였다.

루소가 《에밀》에서 밝힌 발육의 5단계에 적합한 자연주의적 학습과정은 위의 표와 같이 정리된다.

루소는 교육이 자연, 인간, 사물의 세 가지 요소로 성립한다고 생각하였다. 그런데 루소는 개인의 성장에서 자연의 작용이 영속적인 요소로서 기초적인 영향을 미치기 때문에 여타의 교육작용들은 자연의 작용과 동시에 이루어져야 한다고 보았다. 즉, 루소에게 있어 자연은 교육의 가장 중요한 요소이며 인간과 사물은 목적을 성취하기 위한 부수적인 요소가 될 뿐이다.

루소에 의하면 모든 교육경험은 학생들의 성장단계에서 그들의 능력과 일치되어야 한다. 신체는 어떠한 틀에 따르는 것이 아닌, 자연적으로 의도되었을 때 자유로운 발달을 가져온다는 것이다. "자연은 아이들의 성장을 유도하고 이것은 방해를 받아서는 안 된다. 그가 달리고 싶어 할 때 조용히 앉혀 두지 말고 그가 조용히 있고 싶어할 때 달리게 하지 말라"라는 표현과 같이 루소는 어머니들에게 아이의 팔다리를 자유롭게 해주고 그가 원할 때에는 기어다니도록 해주며 점진적으로 다리를 발달시키도록 조언하였다. 나아가 아이들은 스스로 관찰, 경험, 자신에 대한 사고, 자신의 결정을 함으로써 배워 나가고 교사는 단지 아이들의 호기심을 불러일으키지만 아이들은 스스로의 활동을 통해서 만족할 수 있다는 사실을 지적하였다.

루소의 사상들은 그가 원하면서도 경험하지 못했던 프랑스 혁명 이전까지는 거부되었다. 그 대신 학교개혁을 추진하던 프로이센에서 열렬히 받아들여졌는데, 바세도우와 구츠 무츠의 체육방식은 모두 루소에 뿌리를 두고 있는 것이다. 즉, 루소의 체육사상은 바세도우에게 전수되어 범애학교의 체육 프로그램으로 발전되었고 나아가 근대체육의 기초를 쌓는 데 커다란 기여를 하였다.

② **구츠 무츠**(Guts Muths, J.F., 1759~1839): 어려서부터 그리스와 로마의 고전을 탐독하던 구츠 무츠는 고대체조에 대한 이해를 충분히 하고 있었다. 그는 플라톤의 말을 인용하면서 교육의 목적에 대해 "심신의 측면에서의 경작이 바로 교육의 목적이다. 따라서 체육활동에 많은 힘과 에너지를 쓰도록 하고 …… 심신의 조화는 체조의 유일하고도 참된 목적이 될 것이다"라고 하여 체육이 이러한 교육의 목적을 달성하는 데 중요한 역할을 한다고 지적하였다. 다시 말해, 구츠 무츠는 체육이 교육의 한 부분이 되지 않는 한 그 교육은 불충분한 것이라고 주장한 것이다.

구츠 무츠는 여러 번에 걸쳐 루소의 생각을 인용하면서 자연이란 순응하는 것, 또는 자신의 신체를 발전시키는 것인데, 그러나 신체를 발전시키는 것은 자연으로만 되는 것이 아니라고 하였다. 그의 표현을 빌리면 "자연은 우리에게 재능함을 부여함에 있어 그 요소가 발아되는 것을 남겨 놓았는데 이는 인간 스스로가 권태로움에서 벗어나려고 해야 이루어질 수 있다. 그러므로 운동이란 자연스러운 일이 아니고 인간 자체의 일이다"고 언급하였다. 이러한 구츠 무츠의 표현은 자연주의 교육사상에 근거하면서도 그 자연상태를 발전시키기 위한 인간의 노력이 운

| 신체의 상태 | | 마음(정신)의 상태 |
|---|---|---|
| 신체의 건강 | ………… | 마음의 평정 |
| 신체의 단련 | ………… | 감정의 평온 |
| 신체운동 | ………… | 정신의 활성 |
| 훌륭한 연기 | ………… | 정신적 아름다움 |
| 예리한 감각 | ………… | 높은 이해력 |

동으로 표출되어야 한다는 점을 강조한 것이다.

구츠 무츠의 자연주의 체육사상은 심신의 조화를 특별히 강조하게 되는데, 심신의 상호 관련성을 위의 그림과 같이 정리할 수 있다.

그는 특히 체조의 필요성을 자주 강조하였는데 "체조는 즐거움이 추가된 노동이다. 우리가 순환계를 발달시키고 근육과 신경을 강화시키기 위해서는 이러한 노동이 필요한 것이다"는 표현은 이러한 생각을 잘 반영하고 있다. 나아가 체조의 구체적 원리에 대해서도 "체조동작의 참된 이론은 생리학적인 원리에서 구성되어야 하고 각 동작의 실제는 개인의 신체적 조건을 고려해야 한다"고 자세히 기술하였다. 그는 체조의 가치를 다음 세 가지로 분류하였다. 첫째, 체조동작은 사회적인 유희보다는 신체발전을 위해 고안되어야 한다. 둘째, 체조는 신체적 노동이어야 한다. 셋째, 체조는 젊은이를 위한 사회적 게임이다.

또한 구츠 무츠가 체육에서 차지하는 독특한 점은 그가 비형식적 체조를 강조하였다는 점에서 확인된다. 즉, 그는 아동들이 신체활동에서 우선 기쁨과 즐거움을 찾을 수 있어야 하고 이를 위해서 아이들의 자연적 성장에 맞는 활동이 있어야 한다고 하였는데, 이 점이 바로 그가 비형식적 체조 프로그램을 고안하게 된 동기였다.

결론적으로 구츠 무츠는 체조를 연구하며 가르치는 데 평생을 바친 최초의 체육교사이며 유럽의 근대체육을 발전시키는 데 크게 기여한 인물이다. 따라서 그를 얀과 더불어 근대체육의 아버지라 부르는 것이다.

구츠 무츠의 작품과 교육활동 전체를 통해 확인할 수 있는 것은 젊은이들이 체육을 통하여 건강과 힘을 추구해야 한다는 믿음을 강하게 가졌다는 점이다. 또한 최근에 서구의 체육 프로그램과 교육방식이 얀의 형식체조보다는 구츠 무츠의 비형식적 체조 프로그램에 더 근접해 가고 있는 점으로 보아 그가 체육에 끼친 공헌은 시공을 초월하고 있다고 보겠다.

제 4 장

# 근대 후기 및 현대의 유럽

### 시대개관

서양사에 있어 19세기는 역사적 진전이 매우 복잡한 과정을 겪은 급격한 변화의 시대였다. 그러나 사상적으로는 철학 · 과학이 더욱 풍부하게 발달하고 문화가 번성하여 인간의 힘이 역사상 가장 충실한 시대가 되었다. 그렇기 때문에 '19세기의 한 세기의 문화발전이 지난 기간을 합친 그것보다 더 크다' 라는 표현이 나오기도 하였다. 그래서 19세기는 18세기를 이어받은 '사상의 세기' 이며 또한 '진보의 세기' 라고도 평가된다.

19세기가 이와 같은 모습을 갖는 배경으로는 정치적으로 18세기의 미국과 프랑스의 시민혁명 이후 민주적 정치제도가 실현되었고, 사회적으로도 시민 · 민권사회가 형성되어갔다는 사실들을 들 수 있다. 그리고 경제적으로 산업혁명이 완수되면서 자본주의 경제체제가 확립되는 과정이 매우 중요한 배경이 될 수 있다. 또한 사상적으로는 자유주의가 더욱 발전하였고 국가주의(민족주의, nationalism)가 각 국가의 통합과 발전에 결정적인 역할을 하게 된 점을 들 수 있다. 끝으로 문화적으로는 신인문주의(new humanism)가 대두하여 근대인으로서의 인간성의 개척을 촉진시킨 사실이 주목된다.

특히 19세기의 교육사조에 중요한 영향을 미친 국가주의는 19세기 전반 나폴레옹의 유럽 침공에 대한 각국의 저항으로부터 촉발되었지만, 그 뿌리는 봉건체제가 무너지고 중앙집권적 국민국가가 형성된 16~17세기로 거슬러 올라간다. 즉 인종, 역사, 언어, 종교, 문화 등의 공통성을 기반으로 국가에 대한 충성심과 조국에 대한 애착을 말하는 국가주의 이념은 자기가 소속된 사회에 대한 외부의 침략을 막기 위한 자국민의 단결의 필요가 철저한 국가적 이념으로 발전한 것이다. 하여간 19세기는 14세기부터 전개된 근대화의 과정이 최종적으로 종착 · 완성된 시기가 되며, 근대화의 산물을 20세기 현대문명으로 넘겨 주는 가교역할을 하였다고 볼 수 있다.

체육사의 시대구분에 있어서도 14세기부터 19세기까지의 유럽 근대의 체육을 근대 전기와 근대 후기로 나누는 이유는 18세기까지 중요한 체육사상으로 영향을 미쳤던 실학주의, 단련주의, 자연주의 체육사상이 19세기 국가주의 교육사상이 팽배하면서 각국에서 어떻게 자리잡게 되었는지를 나누어 살펴볼 필요가 있기 때문이다. 그래서 18세기까지를 근대 전기의 체육으로, 19세기를 국가주의 체육을 중심으로 한 근대 후기의 체육으로 구분한 것이다.

아울러 19세기 말과 20세기에 들어서는 대중 사회체육이 현대체육의 중요한 특징으로 발전하게 되었다.

## 1. 국가주의 체육의 등장과 현대체육의 발전

### 1) 국가주의 체육의 등장

18세기의 사조를 한마디로 '합리화'라 한다면 19세기는 '국민화'라 부를 수 있다. 나폴레옹의 침략주의에 반대하는 국가적 관념이 고조되면서 성립한 국가주의에서 교육이 국가의 관리 속에 들어가는 국가적 학교제도가 나타나고 의무교육제도가 발달되는 등 교육 외적 체제에 많은 영향을 받게 되었다. 또한 이 사족 속에서 교육의 역할은 개인의 성장 · 발달보다도 국가나 사회의 발전에 기여하는 것에 더 큰 중점을 두게 되었다. 특히 독일의 피히테는 《독일 국민에게 고함》에서 국가를 정신생활의 보호자로서 보고, 이러한 조국을 섬기는 인간의 교육이 국가의 최대관심사가 되어야 한다고 주장하였다. 헤겔(Hegel, G.W.F., 1770~1831) 역시도 개인은 국가에 있어서만 진실성에 도달할 수 있는 것으로 보고, 국가는 개인의 목적을 수단으로 하는 절대의 목적이라 하였다. 덴마크의 그룬트비히(Grundtvig, N.F.S., 1783~1872)도 "먼저 참된 덴마크 사람이 되라. 그 다음에 크리스천이 되라. 조국 덴마크를 사랑할 줄 모르는 사람이 하느님을 사랑한다는 것은 믿을 수 없는 일이다"고 하여 국가주의 교육사상을 표명하였다.

이러한 국가주의의 사조 속에서 19세기 체육의 특징은 국가주의라는 개념으로 설명할 수 있다. 국가주의 교육사조에서는 국가 공통의 언어, 역사, 지리, 문자, 민속문화 등을 가르쳤을 뿐만 아니라 국가유지에 필요한 기술이나 체력의 발달을 위하여 교육과정을 편성하였다. 그리고 사회적 가치를 애국정신과 공동 협력정신을 고취시키는 것에 치중하였다.

이러한 상황에서 덴마크의 나흐테갈(Nachtegall, F.), 스웨덴의 링(Ling, P.H.), 독일의 얀(Jahn, F.L.) 등은 각기 자국의 정치적 · 사회적 제약에도 불구하고 특색 있게 그들 나름대로의 체육활동을 통하여 전쟁으로 피폐한 조국을 재건하려 하였으며, 이러한 노력으로 근대체육이 정착되어간 것이다.

한편, 대륙에서의 혼란을 겪지 않은 영국에서는 일찍이 18세기 후반부터 산업혁명에 들어가 생산방식과 동력의 혁명적 발전으로 인한 대량 · 자동화 산업체제가 펼쳐지고 이에 따라 경제구조 자체의 변혁이 생겨났다. 농업중심의 경제체제는 무너지고 상공업과 자본주의가 경제의 핵심을 이루게 되었다. 이에 따라 상공업에 종사하는 시민계층이 자연스럽게 사회의 주역으로 활동하게 되고, 농민과 수공업자들이 공업이 발달한 도시로 이주하면서 인구의 지역적 재편이 나타났다.

그러나 산업혁명에 따른 후유증도 적지 않아 아직 도시의 기반시설이 확충되지 않은 상황에서 많은 도시문제와 환경문제가 발생하게 되었다. 또한 노동자들의 장시간, 저임금, 미성년 노동과 같은 열악한 노동조건은 노동자계층의 저항을 불러일으켰고, 이들의 신체적 불균형과 발육기에 있는 청소년들의 신체적 피해가 날로 급증하여 갔다. 따라서 각국은 이러한 문제에 대처하기 위해 체육에 대해 비상한 관심을 보이기 시작하였다. 영국의 경우 유럽대륙과 달리 전통적인 스포츠의 근대화를 통해 영국풍(英國風)의 스포츠를 발전시키고 다시 이를 유럽대륙과 미국 그리고 식민지 등을 통해 세계적으로 보급시키는 역할을 하였다.

이상 19세기의 체육의 전개는 국력이나 그 나라의 정치형태, 그 민족의 국가관에 따라 다르기는 했지만 민족이란 공동사회를 기반으로 한 것이었다.

## 2) 현대체육의 발전

### (1) 대중 사회체육의 발전

산업혁명 초기에는 힘든 노동조건으로 노동자계층의 체육활동 참가가 쉽게 일어나지 못했다. 그러나 노동조건이 점차 개선되고 기술력이 점차 발전함에 따라 19세기 말부터 20세기 초에 걸쳐 많은 사람들이 여가시간을 이용하여 체육에 참가하는 대중 사회체육이 발전하게 되었다. 운동 및 스포츠를 애호하는 많은 시민들은 지역별 혹은 직장별로 모여서 동호인 스포츠 클럽을 만든 것도 이 시기부터이다.

한편, 유럽 각국에서는 19세기 후반에 이르러서 오늘날 유럽의 대중 사회체육의 기반을 마련해 준 클럽이나 조직을 만든 이후 19세기 말부터 20세기 초에 걸쳐 종목별로 전국적인 조직을 결성하기 시작하였다. 그리하여 20세기 전반에는 스위스의 체육협회(1922)와 영국의 유희협회(1925)가 결성되었다. 그 외 다른 나라에서도 20세기 전반에 대중의 사회체육과 스포츠 조직을 완성하여 대중의 체육활동을 돕기 위한 시설과 용구를 정비하고 경비를 조달하며 관계법안 및 여러 제도의 정비에 노력을 기울였다. 오늘날 유럽에서의 충실하고 잘 정비된 사회체육의 체제는 대부분 이 시기에 성립하였다고 볼 수 있다.

### (2) 국제 스포츠 조직의 발전

20세기 전반에는 스포츠의 국제화 시대가 펼쳐졌다. 각국 내부의 대중 사회체육의 발전과 더불어 스포츠 조직의 결성 · 발전은 국제조직 및 대회의 확충으로 이어졌고, 이는 다시 국내체제의 정비 및 충실에 영향을 주었다.

1913년 국제펜싱협회가 파리에서, 1932년 국제농구협회가 제네바에서 결성되었다. 1924년에는 유럽육상선수권대회가 이탈리아의 토리노에서, 1926년 유럽수영선수권대회가 헝가리의 부다페스트에서 각각 개최되었다. 그 외 여러 종목의 조직과 대회가 창설 · 개최된 것이다.

또한 1925년에는 올림픽대회에 대항하는 의미로서 제 1 회 국제노동자올림픽대회가 16개국의 노동자들이 참가한 가운데 독일에서 개최되기도 하였다. 그러나 현대체육의 발전과 체육의 국제화에 결정적으로 기여한 것은 1896년 그리스에서 개최된 제 1 회 근대 올림픽대회이다. 당시에는 유럽을 중심으로 작은 규모로 시작되었지만 오늘날에는 국제 스포츠의 상징으로 성장하게 된 것이다.

### (3) 체육지도자의 양성과 학문적 발전

① 지도자 양성제도의 확립

19세기 후반부터 각국은 체육지도자를 체계적으로 양성하는 문제에 대해 관심을 갖기 시작했다. 1885년 영국의 바쿠만(Bahkuman)에 의해 지도자과정이 개설되었으며, 1891년 영국에는 체육전문학교가 설치되었다. 스위스에서는 1858년에 체육지도자연맹이 결성되었고, 1909년에는 군대에서 실시해 오던 지도자 양성과정이 민간으로 위탁되었다.

한편, 미국에서는 1861년 로체스터에 체육지도자 양성과정이 개설되었으며, YMCA는 1887년 메사추세츠의 스프링필드에 체육지도자 양성학교를 설치하였다.

일반적으로 이러한 양성과정에서는 학교체육뿐만 아니라 군대체육과 사회의 클럽체육지도자를 동시에 양성하는 경향이 있었다. 그러나 학교체육을 중요시함과 더불어 교원양성제도가 개선되면서 1920~1930년대 독일과 호주에서 볼 수 있는 것과 같이 사범학교에 초등학교 교사양성, 대학의 체육학과에 중등 체육교사 양성제도가 이분되어 실시되었다. 그리고 호주와 미국에서처럼 사회체육과 레크리에이션 지도자의 양성과정이 국가, 체육협회 혹은 공공단체의 협력하에서 이루어지기 시작하였다.

② 대학의 체육과정 설치

위에서도 언급했지만 20세기에 들어 체육과 스포츠는 국민생활의 일부로서 또는 학교교육의 교과로서 움직일 수 없는 위치를 차지하였다. 그리하여 학교체육과 사회체육의 지도자 양성이 조직적으로 이루어지게 되었다. 여기에 체육관계자들은 체육에 관한 여러 가지 문제를 과학적으로 연구하고 이를 학문의 한 영역으로 세우려고 노력하였다.

이들의 노력은 한 편으로는 종래의 교사양성소의 확충에 따르는 연구체제의 정비와, 또 한 편으로는 대학의 체육강좌의 개설이라는 결실을 맺게 되었다. 예를 들어 1860년에는 미국의 아마스트(Armhearst) 대학에, 1871년에는 스위스의 바젤(Basel) 대학에, 그리고 1925년에는 독일의 여러 대학에 체육과정이 개설되었다. 이와 같은 구미 여러 대학의 체육과정에서는 체육지도자뿐만 아니라 연구자를 양성하고 일반 학생의 보건과 체육을 지도하며, 현직 교원의 재교육을 실시하여 체육연구를 다목적으로 실시하였다는 것에 주목할 필요가 있다.

③ 체육학회의 설립

체육에 대한 학문적 연구의 움직임은 제1차 세계대전 이후에 더욱 뚜렷하게 나타났는데, 각국내에서 연수체제가 갖추어지면서 국제적인 학회설립이 시도되었다. 국경이 접해 있으면서도 문화교류가 별로 없던 유럽에서는 전쟁 이후의 국제교류의 정세가 반영되어 학회결성이 이루어졌다.

일찍이 북유럽의 체육지도자들은 1911년에 국제체육학회를 설립하여 체육의 정보교환과 연구의 교류를 추진하였다. 또한 1928년 호주의 가울호퍼(Gaulhofer)가 중심이 되어 본격적인 국제체육학회가 베를린에서 결성되었다. 그리하여 같은 해 스위스의 산모리스에서 스포츠 · 체육의학을 중심으로 하는 국제스포츠의학회를 창설하였다. 이러한 학회의 결성 이외에도 19세기 말부터 유럽 각지에서는 여러 국제체육회의가 열리게 됨으로써 체육발전의 밑거름이 되었다.

④ 체육도서의 발행

최초의 근대적인 체육지도서로는 1793년 발간된 구츠 무츠의 《청년의 체육》을 들 수 있다. 또한 1828년 발간된 나흐테갈의 《덴마크 초등학교 체육지도서》가 있다. 학술서로는 1794년 비에스의 《체육사전》이 있다. 이와 같은 전통을 지니고 있는 유럽은 20세기에 들어서도 많은 체육서가 출판되어 체육의 학문화를 촉진시켰다.

이 중에서도 특히 역사적인 의미를 지닌 것은 체육의학방면에서 덴마크의 린드하르트(Lindhart) 교수가 쓴 《체육학》 4권이 있고, 역사서로는 독일의 노엔도르프(Noendorff) 교수의 《근대 독일체육사》 4권이 있다.

한편, 독일 체육의 학문화에 결정적인 기여를 하였던 출판물로는 1856년에 처음 발간된 주간지 《독일체육신문》과 1882년에 처음 발간된 월간지 《월간 체육잡지》 등이 있다.

오늘날 유럽 체육을 이해하기 위해 도움이 되는 체육지도서로서 가울호퍼와 스트라이허(Streicher)의 '자연체육'에 관한 많은 논문과 서적이 1920~1936년에 걸쳐 출판되었다. 스포츠 사전으로 오늘날에도 이용되고 있는 보겡(Bogeng)의 《세계 스포츠사 사전》 2권이 있다.

### (4) 근대 올림픽경기의 전개

근대 올림픽의 연원은 멀리 르네상스로부터 시작된다. 르네상스에 의해 고대체육이 재평가되었고, 계몽주의가 이것에 박차를 가한 것이다. 또한 17, 18세기의 고전주의의 사조는 고대 그리스 · 로마의 문화에 대한 관심을 고무시켰다. 고대 올림픽에 대한 초기의 관심은 독일인 빙켈만의 올림피아 발굴로 시작되었지만 뜻을 이루지는 못하였고, 영국인 챈들러에 의해 올림피아의 폐허가 발견되었지만 터키정부의 국외 추방 명령으로 발굴은 중단되었다.

이후 터키와의 전쟁에서 승리한 그리스의 국왕 오토 1세(재위 1832~1862년)는 프랑스 군대에 의한 올림피아 발굴(1827~1929), 체육사가 클라우제의 저서 《올림피아》(1838) 등에 자극을 받아 올림픽의 부활을 계획하고 1859년에 제 1 회 대회를 개최하였으나 근대 스포츠에 대한 지식의 부족으로 실패하고 말았다. 1870년에 열린 제 2 회 대회의 실패와 1875년 고작 24명이 참가한 3회 대회의 실패, 그리고 1889년 4회 대회의 참담한 실패로 '그리스 독립기념 부활 올림픽'으로 불린 대회는 종지부를 찍게 되었다.

그 뒤 그리스 유적의 발굴로 고대 올림피아 제전의 윤곽이 뚜렷해지자 프랑스에서 체육에 의한 문교정책을 추진하던 쿠베르탱(Coubertin, P., 1863~1937)은 1892년에 다시 올림픽경기를 부활 · 제창하였지만 거의 주목을 받지 못하였다. 이미 쿠베르탱은 프랑스의 학교체육 육성을 위해 1888년 체육 · 스포츠연맹을 결성하였고, 1년 뒤에는 프랑스 국민들에게 스포츠에 대한 흥미를 높이기 위해 월간지를 발행하기도 하였으며, 정부로부터 세계 체육문화에 관한 연구를 위촉받기도 하였다. 그는 1892년 11월 파리에서 개최된 '체육 · 스포츠연맹'에서의 올림픽경기 부활에 대한 제안설명에서 국가간의 친선과 우정을 위하여, 그리고 체육의 발전을 위하여 세계평화를 위한 스포츠 전 종목에 걸친 국제경기 대회의 필요성을 역설하였다.

근대 올림픽의 창시자
쿠베르탱

1894년 6월 아마추어 문제를 주요 의제로 하여 소르본 대학 강당에 모인 12개국 대표 앞에서 쿠베르탱은 올림픽경기의 부활을 다시 제창하였다. 이번에는 대회장에서 전년에 델포이에서 발견된 아폴론 찬가에 멜로디를 붙여 노래하는 등의 분위기 조성이 주효하여 만장일치로 대회의 실시를 결의하였고, 대회운영을 맡기 위한 국제올림픽위원회(International Olympic Committee, IOC)를 조직하여 위원선임을 쿠베르탱에 일임하였다. 쿠베르탱은 페리클레스 시대의 고대 올림피아 제전의 운영을 참고로 하여 대회순서나 운영을 결정하였는데, 세계 각국의 정치가 · 군인을 추천하고 13개국 15명을 위원으로 선출하여 대회를 추진하였다. 그리하여 유서 깊은 올림픽의 도시 아테네에서 1896년 제 1 회 근대 올림픽경기가 개최되었고 현재까지 26회를 거듭하고 있다.

쿠베르탱이 부활시킨 올림픽경기의 이상은 스포츠의 기본인 신체적 · 도덕적 자질의 향상에서부터 스포츠를 통한 상호간의 이해와 우정을 드높이고 청소년을 건전하게 교육하며 세계평화에 기여함에 이르기까지 순수한 정신에 기초한 것이었다. 또한 산업혁명 이후 국민대중의 중요한 여가활동으로 자리잡아 가던 스포츠에 대한 관심을 세계적으로 알린 역할을 담당하였다.

올림픽은 대회를 거듭함에 따라 점점 규모가 확대되어갔다. 쿠베르탱과 그의 후계자들은 끊임없이 올림픽경기의 기본정신을 유지하려고 노력하였다. 4년마다 개최되는 대회가 횟수를 거듭할수록 점점 많은 나라들이 참가하여 프로그램에 포함되는 종목수도 늘어났다.

그러나 20세기 전반기의 양차 세계대전의 혼란한 국제정세에서 올림픽경기는 파행을 거듭하였으며, 나치즘 등 전체주의의 홍보수단으로 전락하기도 하였다. 2차 대전 이후 정착단계에 접어든 것처럼 보인 올림픽경기는 냉전기에 체제의 우월성을 드러내는 각축장이 되기도 하였고, 정치적 보이콧으로 홍역을 겪기도 하였다. 현재에는 대중매체의 발달과 스포츠의 상업화로 인해 오염된 올림픽이라는 질타를 당하고 있기도 하다. 그렇지만 근대 올림픽경기는 인류가 만들어 낸 최대의 세계적 문화행사로서 체육의 양적 · 질적 발전에 끼친 공로는 이루 헤아릴 수 없을 정도이다. 앞으로 올림픽경기의 순수한 이상을 지켜 내며 새로운 세기에 걸맞는 세계적 스포츠 행사로 진일보해야 하는 과제를 남겨 놓고 있다.

## 2. 독일의 체육

19세기 중엽까지 대략 300개의 연방국이 독립된 주권을 행사하면서 통일을 이루지 못하고 사분 오열된 독일연방은, 프로이센이 1806년 나폴레옹의 프랑스에 대패하자 많은 독일의 지도자들은 독일연방의 대동단결을 촉구하면서 통일의 열망이 고조되었다. 아울러 국가주의가 팽배해지면서 프로이센과 오스트리아를 중심으로 통일을 추구하게 되었다. 이 과정에서 프랑스에 대항하기 위해 내부적으로 대동단결이 모든 국민들에게 쉽게 수용되었지만, 대중의 민주주의 선언에 대해 왕과 귀족 등 기득권 세력은 불안해지기 시작하였다.

1862년 프로이센의 수상에 임명된 비스마르크(Bismarck, O.V., 1815~1898)는 오스트리아를 배제하고 프로이센에 협력한 연방국들을 중심으로 통일을 시도한 소독일주의를 통일의 목표로 설정하였다. 그는 내부적으로 국민의 자유와 민주주의에 대한 열망을 억압하였고, 대외적으로는 강력한 군사력과 전쟁을 수단으로 하는 철혈정책(鐵血政策)을 바탕으로 통일을 강력히 추진해 나갔다. 1866년 프로이센 · 오스트리아 전쟁에서 승리하였고, 1870년 독일의 통일을 반대한 프랑스와의 전쟁에서 승리하면서 당시 프로이센의 국왕 윌리엄 1세는 베르사이유 궁전에서 독일의 전 군주들이 헌납하는 제관을 받고 독일제국의 황제로 즉위한 사실은, 독일의 통일을 완수했음은 물론 유럽의 최강국으로 독일의 위상을 확인한 것이기도 하였다.

그러나 제국주의 대립이 표출된 제 1 차 세계대전에서 연합국에 패배한 독일은 독재주의 황제시대(1871～1918)를 마감하고, 민주적인 체제인 바이마르 공화국시대(1919～1945)에 접어들었다. 이상적인 헌법을 바탕으로 국민의 권리를 보장하려는 이 공화국은 1920년대 세계경제를 혼란에 빠뜨린 경제공황으로 인해 국민의 지지를 상실하였다. 히틀러(Hitler)와 국가사회주의 노동자당(1933～1945)은 국민의 권리와 자유를 포기하고 유럽침략정책으로 세계를 위기의 수렁으로 몰아갔다.

제 2 차 대전 이후 패전국 독일은 서구 열강과 소련의 위임통치기간을 겪으며 동 · 서독으로 분열되었다. 동독은 사회주의 체제로, 서독은 자유민주주의 체제를 각각 추구하다가 베를린 장벽이 무너진 이후 1990년 재통합을 이루었다.

이하 독일의 체육은 ① 제 1 차 세계대전까지의 독일 체육, ② 바이마르 공화국의 체육, ③ 국가사회주의 정부의 체육, ④ 연방공화국의 체육 등으로 살펴본다.

### (1) 교육

프로이센의 군국주의 정책에서 볼 수 있듯이 19세기의 독일 교육은 엄격한 기준에 의한 지식교육을 위주로 하였고 국민 전체의 참여는 힘든 실정이었다. 당시 독일의 초등학교는 전제적인 정부체제에 순종적이며 신을 두려워하는 시민교육을 주로 실시하였다. 순수하게 지적이고 정확성을 추구하는 중등학교의 교육을 일반인들이 받기는 매우 어려웠다. 대중은 대부분 보잘 것 없는 직업에서 최선을 다하도록 지도받았고 자신의 현 위치에 대한 만족을 강요받았다.

그러나 20세기 들어 1차 세계대전으로 독일제국이 붕괴되고 민주적인 바이마르 공화국시대에 들어와서는 개인의 가치와 자유가 인정되는 교육분위기가 고조되었다. 이 시대의 학교교육의 목표는 청소년들에게 국가에 대한 책임감은 물론, 세계적인 화합의 정신에 개인적이고 전문적인 능력을 제공하는 것이 추가되었다. 즉, 이전에 비해 보다 민주적이고 자유주의적인 교육이념이 자리잡게 된 것이다.

그러다가 국가사회주의 독일노동자당이 권력을 잡고 전체주의의 광풍이 몰아 닥치자 나치스(Nazis)는 청소년들을 자신들이 원하는 틀에 끼워 맞추는 형식의 교육을 실시하였으며, 군대와 체력훈련이 지적 교육 이상으로 강조되기도 하였다.

제 2 차 세계대전에서 나치스가 패한 후, 서구 열강의 간섭하에서 독일의 지도자들은 새로운 교육정책을 실시하게 되었다. 전후 수립된 독일연방공화국(Federal Republic of Germany, 서독)에서 비록 과거 나치시절의 교육이 일시에 바뀌지는 않았지만 모든 청소년들을 각종 교육기관에 접근시키려 하였고, 민주적인 시민의식을 함양하는 교육의 방향으로 나아가고 있었다.

### (2) 체육

#### ① 제 1 차 세계대전까지의 체육

##### a. 체육지도자들의 활동

나폴레옹 전쟁에서 독일이 패배한 후, 철학자 피히테(Fichte, J.G., 1762～1814)는 유약하고 비도덕적인 독일 구민의 마음에 자유와 독립에 대한 이상을 심어 주려 하였다. 그는 지도자들에게 국가를 구하는 수단으로서 교육을 강조했고, 또한 교육의 중요 내용으로 체육에 대한 관심을 지적인 것과 함께 가져야 한다고 말하였다. 피히테의 이러한 입장은 이러한 교육만이 국가의 주권을 회복하고 독립을 지속하는 데 필수적이라는 데서 기인한다.

피히테의 뒤를 이어 체육에 대한 국가주의적 경향을 표명한 인물은 얀(Jahn, F.L., 1787～1852)이었다. 얀은 우선 “체육은 도덕적 교육과 신체적 교육이 조화를 이루게 하는 데 기여할 수 있다. 그 동안 신체적 교

독일 체조의 창시자 얀

육이 무시된 경향이 있었는데 인간이 신체를 소유하고 있는 한, 인간이 정신뿐만 아니라 신체를 돌보고 육성하는 것은 의무이다. 따라서 체육은 교육의 본질적인 부분이 되어야 하는 것이다"라는 표현으로 체육의 교육적 가치를 높이 평가하였다. 얀은 독일의 자유와 힘이 청소년들에 달려 있으므로 체육의 최고 목표는 조국을 사랑하는 강건한 시민을 만드는 것이고 압제자의 통치를 추방하기 위해 힘을 결집하는 것이라 말하였다. 그러한 얀은 다른 야망에 넘치는 지도자들과 달리 이러한 국가주의 체육의 목표가 개인주의 정신과 충돌하는 것을 원치 않았다.

얀이 체육의 발전에 끼친 업적은 얀 이전에는 바세도우, 잘츠만, 구츠 무츠 등의 노력이 단지 실험적인 학교의 수준을 넘지 못한 것에 비해 얀을 통해 비로소 체육이 국가발전의 요소로 자리잡고 국민의 대중적 기반으로 성장하였다는 점에서 지적될 수 있다.

얀은 1810년 소년학교 교사로 출발하면서 학생들의 자연탐험에 적극 참가하면서 그들에게 활발한 신체활동을 경험하도록 격려하였다. 그는 이 과정에서 매달리기의 봉으로 사용할 수 있는 참나뭇가지, 높이뛰기를 위한 받침대 등 원시적인 장비를 고안하였는데 이는 간단하고 비형식적인 체조장의 원형으로 이해될 수 있는 것이었다. 1811년 얀은 베를린 교외에 최초로 체조장을 완성하였다. 이 체조장은 고대 그리스의 팔레스트라(Palestra)를 모방한 것인데, 그 때보다는 보다 많은 사람들을 위한 시설들을 설치하였다. 이 시설에는 사다리, 높이뛰기대, 철봉, 등반봉, 경사사다리, 평균대, 봉고조대, 줄타기, 8자형 트랙, 트랙 안쪽의 레슬링장 등이 있었다. 이 시설은 이전의 어느 시대에 비해 평등하게 사용되도록 하였고, 그는 청소년들과 정기적으로 이 곳에서 만났다.

1812년에는 경주트랙, 높이뛰기장, 최초의 근대적 평행봉, 안마를 제

**베를린 교외의 체조장**

외한 뜀틀 등이 갖추어진 체조장을 만들었는데, 비록 디자인과 구조의 조잡성에도 불구하고 이는 현대적인 장비모형의 선구적인 것으로 평가받는다. 그리고 많은 시민들이 얀의 체조 프로그램에 참가하기 위해 줄을 설 정도로 호응을 받았다. 1813년 프랑스와 벌인 해방전쟁에서 돌아온 얀은 그 동안의 경험과 연구를 정리하여 《독일의 체조술(*Die Deutsche Trunkunst*)》이라는 책을 저술하였다. 프랑스 군이 물러나자 독일 전국에는 애국주의 사상이 고조됨과 동시에 체조운동을 철저하게 조직하여 국민 전체를 대상으로 실시하였는데, 여기에는 해방과 자유의 이념이 바탕이 되었다. 그리고 얀은 체조를 통해 이러한 사명을 담당하는 기초를 마련한 것이었다.

그러나 오스트리아 수상 메테르니히(Metternich, P.V., 1773~1859)의 반동정치로 인해 자유주의는 억압을 받기 시작하였는데, 체조장에서 자유롭게 운동하는 청소년들을 방치해 두지는 않았다. 그리하여 얀은 1819년 혁명선동의 죄목으로 연금되었다가 1824년 석방되었고, 이후에는 체조지도에 종사하지 않았다. 대신에 체조단체가 불법화되었을 때에 얀의 충실한 제자들 몇 명이 비밀리에 실내 회합장에서 활동하였다. 또한 금지령이 해제되었을 때에 체조지도자들은 적극적으로 체조제(體操祭, Turnfest)와 체조의 날(Turn Tage)과 같은 행사를 즉시 전개하였다. 단기간의 급속한 자유주의의 전파는 다시 탄압의 빌미가 되어 1832년과 1848년에 정부에 의한 체조조직의 해체를 가져왔다.

1860년대 이후부터 체조단체는 모든 정치적 연합을 조건 없이 해체하기로 결의함으로써 다시 국가의 인정을 받았고, 1868년에 독일체조연맹(Deutsche Turnerschaft)이 128,491명의 회원의 가입으로 조직되었다. 이후 해가 갈수록 수많은 지부가 만들어졌고, 회원수는 급격한 증가를 보여 1951년에는 11,769개의 지부에 수백만 명의 회원이 가입하게 되었다.

이러한 체조연맹의 결성은 청소년들에게 지적 학업을 보충하는 의미로 역할하였으나 학교의 교과과정과는 분리되어 있었다. 이는 이미 얀에 의해 학교 정규과정에 체조가 포함되지 않은 전통에서 비롯된 것이다. 체조가 공식적으로 학교의 교과과정에 도입된 것은 '체조지도자 운동(Turne Movement)'이 일어나면서부터였다.

얀 이후 독일 체조의 발전에 공헌한 인물로는《학교에서의 보건예방에 관하여》라는 논문을 쓴 로린저(Lorinser, K.)를 들 수 있다. 그는 이 논문에서 젊은이들의 정서적 평형과 체력을 희생하고 지적 훈련만을 일삼아 온 결과 국가의 활력을 떨어뜨린 정부당국자의 책임을 비난하고 있다.

1848년 마스만(Massmann, H.)은 얀의 지역사회중심의 체조활동형식을 모방한 프로그램을 만들었고, 이를 학교의 클럽활동에 접목하려 하였지만 실패하고 말았다. 이 실패를 계기로 마스만의 비형식적 프로그램은 스피스(Spiess)가 만든 형식의 체조로 대체되었다. 스피스는 젊은 시절 스위스에서 정규과정에 체육이 필수과목이 되어야 한다고 주장하였고, '학교체조의 창시자' 혹은 '여성체육의 창시자'라는 호칭이 붙여졌다. 독일 학교체조의 특색 있고 훌륭한 프로그램은 바로 스피스와 그의 제자들의 공헌에 의한 것이었고 그의 영향은 전 독일에 전파되었다.

스피스는 1852년 헤세에 새로운 체조장을 개설하였는데, 실내와 야외

시설이 고루 갖추어져서 일기로 인한 지장을 받지 않았다. 시설의 일부는 스피스 자신이 고안한 것으로 철봉, 평균대, 통나무사다리, 로프, 평행봉, 안마, 죽마, 회전그네, 등반봉 등이 설치되었다.

스피스는 지정 교과와 함께 신체운동을 교육과정에 포함시키려 하였으며, 체조교사로 남자뿐만 아니라 여자도 인정하였다. 그는 체조를 모든 학생에게 필수적으로 실시하되 의사가 부적당한 운동임을 증명할 때에는 면제해 주고 저학년에서는 매일 한 시간의 체조수업을, 고학년에서는 이보다 약간 짧은 시간을 배당하도록 하였다.

로드스타인(Rothstein, H., 1810～1865)은 육군사관으로서 링의 스웨덴 체조를 독일에 소개한 사람이었다. 그는 모든 체조가 링의 체조방식을 따라야 한다고 주장했는데, 이는 얀과 스피스의 제자들로부터 격심한 반발을 일으킨 이유가 되었다. 또한 로드스타인의 프로그램이 지나치게 군사적이라고 비난했던 체조지도자들과 생리학적 · 해부학적 측면에서 이 프로그램을 반박한 의사들의 공격이 그치지 않게 되었다. 로드스타인의 방식이 군사체조로 비난받은 이유는 자신이 교장으로 있던 왕립중앙체조학교에 육군사관과 학교교사를 양성하기 위한 과정을 설치하면서 만든 유연체조, 병식체조, 펜싱, 총검술, 사격훈련, 교정훈련, 미적 체조 등의 교과가 지나치게 군사적 목적을 반영하였기 때문이었다. 결국 그는 여러 반대에 직면하여 사임하게 되었지만 제 1 차 세계대전까지 군대와 일부 학교에 그 영향력을 미치게 되었다.

b. 교육과정

1860년 이후 프로이센은 학교교육의 선두주자가 되었고, 1862년에 체육은 초등학교의 소년들에게 필수과목으로 지정되면서 최초로 체조교범이 발간되기도 하였다. 1868년에는 스웨덴 체조방식과 독일 체조방식에 대한 견해차이가 조정되었고, 이 작업은 1895년과 1909년에도 시도되었다.

1892년에는 중등학교의 청소년들에게 주당 2～3시간을 배당하여 시간이 증가되었다. 1894년에 교육부는 중등학교와 초등학교의 순으로 여

학생에게도 체조를 필수과목으로 지정하였고, 1913년에는 프로이센의 여자중등학교 체조교범이 출간되었다.

c. 교사교육

얀이 1815년 체조교사를 양성하기 위해 소수의 지도자를 훈련시킨 이후, 마스만이 1848년에 3개월 기간의 코스로 중앙체조사범학교를 조직하였으나 아직 시기상조로 실패하였다.

1851년 로드스타인의 주도로 왕립중앙체조학교가 설립되어 교사양성에 크게 기여하였다. 이 학교는 군인양성과 민간인 양성으로 양분되어 운영되었는데, 민간부분은 분리되어 초등체조학교(Landesturnanstalt)로 개칭되었다. 또한 교사에 대한 수요가 많아지자 학교의 지도를 전제로, 학교 이외의 지역에서도 수업을 받을 수 있도록 조정하기도 하였다. 몇몇 도시에서는 교사를 대상으로 국가시험을 실시하였고, 나중에 자격을 갖춘 일반 교사와 4학기를 마친 대학생을 위하여 프로이센 대학에 5개월의 양성코스가 설치되었다. 1차 대전 이전에 프로이센에서 체조교사 자격을 획득하기 위해서는 대학생의 경우 이론과 실기로 구성된 국가시험에 합격해야 했다. 자격을 부여받은 체조교사는 명성을 얻을 수 있었고 학교행정가로 근무하기도 하였다.

d. 스포츠의 발전

프랑스 · 프로이센 전쟁(1870) 직후, 스포츠가 영국으로부터 독일에 최초로 소개되었다. 학교교사였던 헤르만(Hermann, A.)은 1874년 영국에서 럭비공을 가져와 이를 보급하였다. 2년 후엔 크리켓이 시작되었고, 1900년경에 영국의 학생과 사업가 그리고 공직자 등의 노력으로 일부 독일인들이 보트, 트랙과 필드, 테니스, 축구 등과 기타의 스포츠를 즐기게 되었다. 특히 몇몇 중등학교에서는 영국의 공립학교와 유사하게 스포츠의 참가시간이 부여되었다.

한편, 1882년 플레이그라운드 운동(the Playground Movement)에 관한 공식 승인이 프로이센의 교육부 장관인 고슬러(Gossler, G.)에 의하여 이루어졌다. 이 운동의 취지는 '야외에서의 체조활동을 장려하고, 활동적인 게임에 참가시키기 위한 플레이그라운드의 준비'라는 표현에서 찾을 수 있다. 이러한 플레이그라운드의 운동과 함께 일어난 스포츠에 대한 관심은 드디어 운동경기를 진흥시키기 위한 민간 및 공공기관을 설치하게 되었다. 1896년의 올림픽경기의 부활에는 그다지 열성을 나타내지 않았으나 올림픽위원만은 임명되었다. 1912년의 올림픽경기에서 독일이 매우 저조한 성적을 얻자 훈련방법을 개선하려는 국가적 요구가 팽배해졌다. 그리하여 좋은 성적을 거둔 미국에 연구원을 파견하여 미국의 체육현황을 시찰하게 하였고, 파견단장이었던 디엠(Diem, K.)은 미국의 여러 도시에서의 플레이그라운드 조직에 깊은 감명을 받았다. 그리하여 미국의 코치를 초빙함과 아울러 미국에서 얻은 새로운 지식으로 1916년에 열릴 예정인 베를린올림픽에 대비하였다.

독일의 청소년 운동의 기원은 1896년 베를린 근교 슈테글리츠

**1908년 베를린 체육관의 부인들의 펜싱연습장면**
(스포츠 박물관, Basel, 독일)

(Steglitz)에 있는 체조장에서 시작되었다. 사려 깊은 교사 피셔(Fischer, K.)가 지도하는 일단의 소년들이 하이킹과 야외활동을 자유롭게 추구한 것이 그 시초가 된 것이다. 이로부터 8년 후에 청년 도보여행장려회(Wander Vögel) 운동이 일어나 급속히 발전하였다. 1911년의 법령은 도보여행자가 사용할 수 있는 건물을 짓도록 각 단체에 장려하였다. 같은 해에 프로이센 의회는 350만 마르크의 예산을 의결하여 이 사업을 추진하도록 했으며, 이후 호스텔(Hostel)이 전 독일에 세워졌다. 이후에도 많은 산장이 건축되었고 유스호스텔 운동(Youth Hostel Movement)이 조직되었다.

② 바이마르 공화국의 체육

억압적인 체제를 대신하여 민주주의를 표방한 바이마르 공화국에서는 체육이 전 국가적인 지지를 받았으며 스포츠, 게임, 야외활동 등이 널리 행해졌다. 1921년에 제정된 조례에서는 플레이그라운드 활동의 부활과 체조장 및 교사수의 증가가 결정되었다. 다른 조항에서도 지금까지 포함되지 못했던 학교 교과과정에 체육이 포함될 것이 결정되었다.

이러한 분위기 속에서 체육의 주당 수업시간이 점차 증가하게 되었고, 일부 학교에서는 매일 한 시간씩 할당되기도 하였다. 또 다른 학교에서는 매주 하루의 오후시간을 놀이에, 그리고 매월 하루를 하이킹에 할당하기도 하였다. 이로써 체육은 다른 교과와 동등한 수준에서 이해되었고, 학년 진급과 졸업에 필수적인 이수과목이 된 것이다.

독일의 체육시설은 상당부분이 바이마르 공화국에서부터 건립되었다. 비록 1차 대전으로 인한 경제적 피폐와 인플레이션에도 불구하고 많은 도시지도자들은 퇴역 군인의 임시 일자리를 마련하기 위해 대규모의 공공건설 프로그램을 실시하였는데, 1919년에서 1928년 사이에 정부의 지원으로 833개의 플레이그라운드와 274개의 유스호스텔이 세워졌다.

이러한 시설의 확충과 더불어 더 많은 사람들이 곳곳에서 사회체육에 참가하기 시작하였다. 특히 여성들은 하이킹, 수영, 스키, 달리기 등과 격렬한 스포츠에 남자들과 함께 참여하였고, 청소년들의 운동도 종교조직 및 각종 조직에 의해 적극 장려되었다. 아울러 각종 스포츠 외 체조단체들이 전국적으로 조직되었으며 전국적인 위원회를 구성하였다. 학교의 많은 청년단체는 독일청년연합위원회(RDI)와 독일호스텔위원회(JH)에 가입하였다. 또한 수많은 성인 레크리에이션 클럽들은 독일체육위원회(DRA), 사회주의 노동자스포츠 · 체육중앙위원회(ZK) 그리고 공산주의 스포츠위원회(DRS) 중의 한 곳에 소속되었다. 특히 디엠(Diem, K.)이 이끄는 DRA는 3만의 클럽과 회원수 600만 이상을 대표하는 38개 공사(公私) 연맹의 연합체로서 회원에게 전문적인 자문과 모금을 통하여 조직을 후원하고 연구활동를 위한 회의를 주최하였다. 나아가 올림픽경기를 주관하고 1920년에는 독일체육대학의 설립을 후원하였다.

이 시대에는 국가가 스포츠 클럽 혹은 각종 위원회 등을 직접 통제하는 일은 없었다. 그러나 체육심의위원회가 1920년에 발족되었는데 이 위원회는 5개의 전국위원회, 즉 RDI, JH, DRA, ZK 그리고 KRS 등의 대표자로 구성되어 민간체육단체와 정부 간의 연락기관의 역할을 하였다.

③ 국가사회주의 정부의 체육

국가사회주의자들은 권력을 장악하자 자신의 목적을 달성하는 데 유리하도록 중앙집권적 행정기구를 조직하였다. 나치당은 곧 모든 스포츠와 운동경기 그리고 청소년 단체뿐만 아니라 공화국시대부터 존재하였던 학교체육 프로그램을 통제하였다. 나치당은 자신의 정치조직을 확보하기 위해서 모든 수준의 체육을 정부의 통제하에 두고 이를 전체주의적인 방식으로 조절할 필요가 있었던 것이다. 1933년 히틀러(Hitler, A.)가 자신의 부하 군인을 국가스포츠장관으로 임명하면서 기존의 아마추어 스포츠단체에 대한 정부의 감독은 점점 심해졌고, 이들 단체들은 자신의 존립을 위해 정부에 협조하지 않으면 안 되었다.

학교 이외의 모든 스포츠기관을 단일화하여 통제하려는 의도를 가진 스포츠장관은 모든 아마추어 클럽들을 다음의 16개의 연맹 중의 하나에 가입토록 하였다. 즉, 체조연맹, 축구연맹, 육상경기연맹, 격기연맹, 역도연맹, 겨울스포츠연맹, 사격연맹, 수상스포츠연맹, 도보여행연맹, 사이클연맹, 자동차경기연맹, 테니스연맹, 볼링연맹, 스포츠의학자연맹, 교사연맹 그리고 청소년연맹 등이었다. 이러한 조직을 강화하기 위해 장관은 16개 각 단체의 대표자로 구성된 연합지도자회의를 구성하기도 하였다.

또한 노동자를 위한 레크리에이션 프로그램을 권장하였는데, 1933년 설립된 휴약체력단(Kraft durch Freude)은 이탈리아의 전국노동자여가활동조직을 모방한 것으로 독일 전 국민의 여가활동을 조직하기 위한 것이었다. 이 단체의 11개 부서 중에 스포츠, 여행, 하이킹, 휴가 등의 부서는 체육과 깊은 관계가 있었는데 스포츠부는 정규 스포츠 회원이 아닌 약 250만 명의 성인을 흡수하도록 계획되어 2,000명 이상의 트레이너와 교사가 지도하였다. 독일인이라면 누구나 회원카드를 받을 자격이 있었고, 매년 10마르크의 회비로 자격을 갱신할 수 있었다. 또 회원은 철도요금 할인의 특전을 누리고 파격적인 염가로 스포츠 용구를 구입할 수 있었다.

여행, 하이킹, 휴가부서에서는 여관이나 휴양지의 편의를 제공하고 하이킹과 여행을 도와 주었다. 비용이 아주 싸기 때문에 이전에는 기회를 갖지 못했던 수백만의 노동자들이 여행을 할 수 있게 되었다. 이러한 정책의 이면에는 당에 대한 충성을 강화시키고자 하는 의도가 있었다.

학교체육의 경우 독일 문화 다음으로 체육의 중요성이 강조되었다. 초등학교의 경우 주당 2~3시간의 체육수업을 받았고, 상급 학년으로 진급하면서 할당시간이 늘어났다. 중등학교에 진학하기 위해서는 지적 시험과 마찬가지로 체력 테스트에 합격해야 했다. 특히 뛰어난 체력이나 지도력을 가진 학생은 당이나 군대의 지도자로 양성하기 위해 특별학교에 입학시키기도 하였다.

체육수업은 보통 준비운동, 기계체조와 민첩성 운동 그리고 게임 등으로 나누어 실시하였다. 체계적인 신체측정을 실시하고 신체특징, 스포츠 성취 그리고 주의를 요하는 병력 등을 카드에 기록 · 보존하였다. 각 학교에서 연중 1회 실시하는 체육의 날에 5개 경기종목의 표준점수에 도달한 학생에게는 상으로 국가에서 정한 스포츠 메달(Reich Sports Medal)이 수여되었다.

나치스는 청년들을 흡수하여 당의 이데올로기를 그들에게 주입시킬 수 있는 면밀한 청소년 지도 프로그램을 발전시켰다. 1933년에는 전부터 존속하던 아동들의 교회클럽을 히틀러 유겐트(Hitler Jugend), 소녀단, 유스호스텔연맹학교, 전원기숙사연맹 중의 하나에 예속시켜 국가스포츠장관이 관할토록 하였다. 히틀러 유겐트(Hitler Jugend)는 체조, 복싱, 레슬링, 수영, 육상, 사격, 구급법, 하이킹, 정찰활동 등을 행하였다. 이와 같은 야외 스포츠는 현실적이면서도 군사적인 성격을 갖춘 것으로 가장 중요하게 인정받았다.

전원 학년(Tant Jahr)제도는 아동들이 시골에서 생활하며 오전은 농사에 종사하고, 오후는 스포츠 · 유희 등에 참가하는 제도였다. 근로봉사단의 청년들은 6개월 동안 개간, 식목, 저수지 및 항만건설 등의 국가적 사업에 종사하였는데, 이러한 작업 중 매일 1시간 이상을 운동경기나 스포츠 혹은 군사훈련에 참가하게 하였다.

한편, 국가사회주의 체제에서 모든 교원들은 정부의 통제를 받았는데 이는 교사들에게 적극적인 당원의 역할을 기대했기 때문이었다. 따라서 전 교원단체를 국가사회주의 교사연맹(NSLB)으로 통합하고 여기에 학교체육, 선전, 스포츠, 야외 스포츠, 항공 등의 5개 부서를 설치하였다. 나아가 초 · 중등의 모든 교사는 자신의 교과목은 물론 체육을 지도할 수 있도록 훈련받았다.

나치스의 통치방식을 상징하는 찬란한 유니폼과 철십자상, 근로봉사대의 완장, 그리고 히틀러식 경례 등은 국가의 목표에 열광적으로 호응하는 국민의 태도를 청소년시절부터 익히는 좋은 수단이 되었다. 그리고 스포츠 배지는 체육분야에서도 이러한 목적을 달성하는 데 기여하였음을 상징적으로 나타내고 있다. 1936년 베를린에서 개최된 올림픽대회가 나치당의 정치적 선전으로, 독일민족의 우수성을 과시하는 수단으로 전락된 것도 국가사회주의 체제의 성격과 관련된 결과로 볼 수 있다.

④ 연방공화국의 체육

제 2 차 세계대전의 패전으로부터 회복하는 데 몰두하던 독일연방공화국(서독, FRG)에서 체육은 잠시나마 뒷전으로 물러나 있었다. 이는 나치스의 통치하에서 체육의 성격이 왜곡되었던 사실에 대한 반작용의 결과이기도 하였다. 그러나 1956년 각 주의 교육부 장관들이 공식적으로 청소년의 전인교육의 일환으로 체육의 필요성을 다시 선언하였고, 모든 초등학교에서는 주당 2시간을, 그리고 중등학교에서는 3시간의 체육수업을 할당하였다. 때때로 어느 하루의 오후시간을 체육에 할애하기도 하였다. 그렇지만 직업학교에서는 점차적으로 체육과목을 제외시켰고, 대학에서의 체육은 대개 자발적이지만 스포츠 클럽이 시합을 중심으로 발전하여 갔다.

체육의 발전에 적극적인 자세를 보여 주었던 디엠은 시급한 사항이 체육교사의 양성임을 깨닫고 1947년 쾰른에 독일체육대학을 주도적으로 설립하였다. 이 학교는 디엠과 그의 아내의 능숙한 지도력으로 곧 번성하였는데, 1947년 100명의 학생수가 1969년에는 1,200명으로 증가하였다. 이 밖에 독일 전역의 약 30여 개 대학에서 체육학과를 설치하였는데 4년의 교육과정 및 체육 이외의 한두 개 과목을 전공하도록 하였다. 보수적인 독일 대학교수단에서도 체육을 타과목과 동등한 기초과목으로 수용하기 시작하였고 프랑크푸르트, 튜비겐 및 본 대학 등에서 체육학 박사학위가 수여되었다.

서독에서의 체육 및 스포츠의 발전에 최대걸림돌로 평가받은 부분은 시설의 부족이었다. 그래서 이러한 문제를 포함하여 체육의 발전을 장기적으로 계획한 '황금계획(Golden Plan)'이 선언되었고 1960년 들어 본격적인 시실확충이 전개되었다. 15년 동안 약 65억 마르크(16억 2천5백만 달러)가 책정된 이 계획에 대한 지원은 각 지방 및 주정부와 연방정부가 담당하였다.

스포츠 조직에 대한 전체적인 재평가가 있은 후, 1950년 독일스포츠연맹이 국가적 권위를 얻으며 설립되었다. 1966년에 연맹 회원수가 700백만 이상이었고, 3만 5천여 개의 클럽과 41개의 연방 스포츠연맹이·소속되었다. 축구연맹에만 2백2십4만 명이 가입하였다.

1952년 독일스포츠연맹은 1913년 디엠에 의해 시도된 독일 스포츠 배지 프로그램을 계승하여 실시하였다. 12세부터 40세까지 성의 구분에 따라 계층화를 이룬 이 프로그램에서 참가자들은 5개 그룹, 즉 수영, 높이뛰기, 달리기, 던지기 그리고 지구력 운동종목 중에서 한 종목을 수행하도록 하였다. 1964년까지 15만 명이 배지를 달았고, 1952년에서 1967년까지 100만 명이 넘는 사람들이 배지를 획득하였다.

독일스포츠연맹은 1959년 '제 2 방안'이라 불리는 새로운 프로그램에 착수하였는데, 이는 스포츠 클럽에 소속되지 못하거나 스포츠에 참가하지 못하는 서독인들이 100만 명이 넘는다는 사실에서 출발하였다. 여전히 30대 남자중심의 스포츠 클럽 운영과 특정 종목에 치중된 문제점을 해결하기 위하여 주말 및 공휴일 프로그램, 3개월의 단기 프로그램 혹은 남녀 모두를 위한 다양한 오락활동 등을 제시하였고, 이는 1960년대 서독의 경제부흥과 맞물려 스포츠 인구의 저변확대에 크게 기여하였다.

## 3. 스웨덴의 체육

17세기까지 발트해 주변을 중심으로 강력한 왕조국가를 이루었던 스웨덴은 러시아의 피요트르(Peter) 대제가 발트해를 향한 정책을 펼치자 이에 맞서 싸웠다. 1805년 스웨덴은 나폴레옹 전쟁에 개입하였으나 패배를 거듭하여 독일 북부의 영토를 잃었다. 더구나 1808년 러시아와의 전쟁에서 패한 이후 스웨덴은 영토의 1/3을 빼앗기고 말았으니 국민의 불만과 불안은 증폭되었다. 그리하여 1809년 3월의 혁명으로 기존의 황제인 구스타프 4세는 추방되었고 의회는 새 헌법을 제정하였는데, 이 과정에서 프랑스에서 건너온 칼 요한이 실권을 장악하여 반(反)나폴레옹 정책을 추진하였다.

이상과 같이 거듭된 전쟁의 패배에 따른 영토상실은 오히려 스웨덴 국민의 마음에 국가에 대한 뜨거운 열정을 불태우는 계기가 되었는데, 때맞춰 나폴레옹이 몰락하자 철학자, 시인, 지식인들 사이에는 조국의 위신과 명예를 되찾으려는 소망이 더욱 강화되었다.

1818년 칼 요한이 즉위하면서 대외적인 협조정책을 펼치자 국력은 회복되었으나 국내적으로 반동정치가 전개되었다. 그러나 시민들의 자유주의적 개혁요구에 밀려 19세기 후반에는 지방자치제와 양원제를 근간으로 민주정치가 뿌리내렸고 광공업의 발달로 경제발전의 기틀을 이루었으며 상당수의 국민은 북아메리카 등 해외로 이주하였다.

### (1) 교육

19세기 스웨덴의 교육에 있어서는 유럽의 다른 국가들과 마찬가지로 국가주의 교육사상이 커다란 영향을 미치고 있었다. 그리하여 학생들에게는 국가에 대한 관심과 열정을 가장 우선시하였고, 국가의 필요한 인물로 양성되기 위하여 지적 교육은 물론 신체적 훈련에도 중점을 두었다.

당시 스웨덴의 초등학교에서는 아동들에게 애국심과 국가에 대한 충성심을 고취시켰고, 또한 성경을 읽게 하며 일상적인 일을 영위하는 데 필요한 기술을 습득시켰다. 중등학교에서는 주로 성직자나 관리가 되는 데 필요한 고전적이고 지적인 교육을 중심으로 교육이 이루어졌다. 이후에는 개인의 완전한 발달을 목표로 교육이 추구되었으며, 교육의 기회는 계층이나 성에 관계없이 평등하게 제공되어 왔다. 아동들의 개인적인 능력을 기르고 장래의 직업수행에 필요한 기초를 쌓는 데 교육의 초점이 맞추어졌지만, 전반적으로는 국가의 이상과 제도에 대한 청소년들의 이해와 인식을 심도 있게 훈련하는 교육도 병행되어 왔다.

### (2) 체육

**스웨덴 체조의 창시자 링**

스웨덴 체조의 창시자 링(Ling, P.H., 1776~1839)은 당시 국가주의 사조가 팽배할 무렵에 단지 국가를 수호한다는 측면, 즉 애국적인 측면에서만 체조를 장려한다는 입장을 취하지는 않았다. 또한 군사적인 목적의 달성에 자신의 생각을 제한하지도 않았다. 그는 전통적인 지적 교육의 전통 속에서 문약(文弱)에 빠진 스웨덴의 젊은이들에게 체조활동의 프로그램을 확장함으로써 옛 노르만의 후손으로서의 용기와 뛰어난 체력을 재건하고 싶었던 것이다.

문학과 어학에 심취하면서 병약했던 링은 덴마크의 나흐테갈의 체조학교에서 펜싱을 배운 후 아프던 팔이 치료되자 자연스럽게 신체에 미치는 운동의 효과에 관심을 갖기 시작하였다. 덴마크 체조장에서의 수련을 마치고 귀국한 링은 룬트(Lund) 대학에서 펜싱과 기타 인문과목을 동시에 강의하였다.

문학활동에서도 빼어난 면을 보인 링은 이에 못지않은 열정으로 체조발전에 기여하였는데 우선 그의 체조와 관련되 저서를 살펴보면 《체조교본(*Reglement für Gymnastik*)》(1836), 《총검술교본(*Reglement für Bajonett-fechten*)》(1836), 《체조 · 총검술 교본(*Soldad under uisnigi Gymnastik oeh Bajonettfechten*)》(1838) 등이 있었고 1831년에 시작하였지만 사후 제자들에 의해 출판된 《체조원론》이 유명하다. 링은 이러한 저서를 통해 과학적 토대 위에 체육이 이루어져야 함을 역설하였는데 "체조이론에 따라 유기체가 인식할 수 있는 법칙에 맞도록 신체운동을 하도록 가르치고 …… 이러한 법칙들은 유기체의 부분들간에 완전한 조화를 지향하며 …… 건강은 이러한 조화의 표현이다"라는 그의 표현은 이러한 주장을 뒷받침한다. 처음에 나흐테갈의 체육방식을 모방한 링이었지만 자신의 과학적 이론에 부합하지 않는 운동동작들을 제거하여 마침내 체조의 대부분을 맨손체조나 가벼운 기구를 사용하는 체조로 재정비한 것이다.

나아가 이러한 목적들을 달성하기 위하여 체조를 4가지 방향, 즉 병식(兵式), 의료, 교육, 미적 체조 등으로 확대하였다. 병식체조는 군대에서의 신체적 기준을 세우는 목적을 강조한 것으로 체력, 민첩한 행동, 피로를 견디는 능력 등을 훈련하기 위해 구성되었다. 또한 그는 의료체조분야의 근대적 선구자로서 운동을 통하여 허약한 사람들의 건강을 회복시킬 수 있다는 가능성에 관심을 집중하였다. 교육체조는 신체의 잠재능력을 개발하고 개인의지의 통제하에 바르고 균형잡힌 완전한 유기체를 형성하는 목적으로 구성되었다. 끝으로 미적 체조는 내부의 감정, 정서, 생각 등을 신체적으로 표현하는 것으로 이루어졌다.

당시에 링은 주로 병식과 의료체조에 더 많은 관심을 가진 것은 사실이나 그는 병식, 의료, 교육, 미적 체조 등이 상호 의존적으로 연관되어 있음을 인정하였다. 그럼에도 운동의 수행방식에 따라 틀에 박힌 형식적인 프로그램을 지도하였다는 지적을 받고 있다.

이는 링의 체조에 운동의 선택과 배열에 대한 많은 주의와 정밀한 계획이 수반되었기 때문이었는데, 그 결과 구성이 인위적이고 대규모로 이루어져서 개개인의 자기표현의 기회가 줄어 들게 되어 딱딱하고 흥미가 축소된다는 비판으로 이어졌다. 그러나 당시에는 유럽의 많

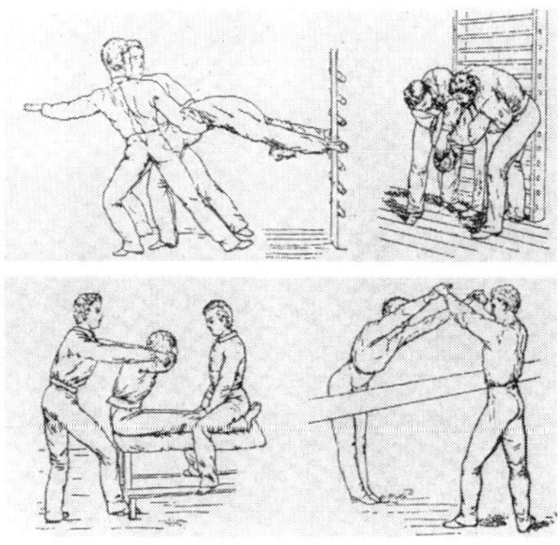

19세기 후반의 스웨덴 체조

은 나라에서 링과 그 후계자들에 의해 체계화된 스웨덴 체조를 채택하였다.

이와 같은 링의 체조는 1804년 코펜하겐에서 모국으로 돌아온 링이 학교설립운동을 벌인 이후, 1813년 정부로부터 스톡홀름에 있는 왕립중앙체조학교의 전신인 국립훈련학교의 설립인가를 받아 25년 동안 이 학교에서 지도하고 연구한 결과였다.

처음에 치료를 받기 위해 입학한 장애학생 브란팅(Branting, L.G.)이 열정과 재능을 보이자 링은 그를 연구생으로 삼았고 후에 그를 교사로 임명하였다. 링의 사후에 브란팅은 링의 뒤를 이어 23년간 학교장으로 재직하며 의료체조에 관심을 보였고, 얼마 후 의료체조가 국제적인 관심을 얻자 교수진의 확충과 전임 여교사도 임명하였다.

한편, 링으로부터 높은 평가를 받았으며 장교이고 동시에 이 학교의 교사였던 게로르기(Grorgie)는 스웨덴 체조를 프랑스와 독일 등 유럽의 여러 나라에 소개하였다.

니블레우스(Nibleus, C.G.)는 1862년부터 1887년까지 브란팅의 뒤를 이어 교장으로 봉직하였는데, 이 기간에 이 학교의 교육기간은 6개월에서 2년으로 연장되었고 여교사 양성도 시작하였다. 1864년에 이 학교는 3부, 즉 병식, 의료, 교육체조로 나누어 각 부에 주임교수를 임명하였다. 군인으로서 훈련을 받은 니블레우스는 병식체조를, 링의 아들인 할마(Ling, Hjalmar)는 교육체조를, 그리고 의사인 하르텔리우스(Hartelius, T.J.)는 의료체조를 각각 지도하였다.

왕립중앙체조학교는 민간인과 군인을 동시에 훈련시키기 위한 목적으로 설립되었기 때문에 민간인보다 군인이 더 많았는데, 따라서 교장이나 교수요원으로 군인이 많이 임명되었고 스웨덴 체조의 군대적 성격에 영향을 주었던 것이다.

결과적으로 링의 체조에 대한 열정과 헌신, 그리고 그 후계자들의 노력으로 오늘날 스웨덴의 학교에서는 건강과 레크리에이션의 수단으로서, 나아가 현대사회에서 능률적으로 일할 수 있는 건강한 시민을 육성하는 수단으로서 신체활동에 대한 긍정적 이해를 발전시키게 되었다. 체조운동은 지적이고 산업화된 생활로 인해 한 쪽으로 치우친 삶의 균형을 바로잡아 주며, 신체의 모든 부분이 조화롭게 기능하도록 촉진하고 관절이 정상적으로 움직일 수 있게 함은 물론 근육, 순환, 호흡, 신경계 등의 기능을 향상시킨다고 인시되었던 것이다. 그리하여 학생들은 운동을 통하여 신체적 · 정신적인 긴장을 이완하고 정중하면서도 효과적으로 행동하며 미적으로 만족스러운 자세와 일반적인 작업을 적절하게 수행할 수 있음은 물론 가능한 오랫동안 체력을 유지하는 방법을 배울 수 있었다.

스웨덴에는 학교 스포츠단체와 각종 경기단체가 구성되어 있었다. 학교경기연맹은 여러 종류의 학교 스포츠단체의 통합기구였다. 학생이 경기단체를 구성하면 학교의 경기와 연습에 필요한 시설이 제공되었으며, 스키나 스케이트를 구입할 때에는 학교경기위원회의 보조를 받았다. 이 위원회는 교육국의 대표자와 학교의 경기, 수영, 스키, 야외생활협회에서 선출된 대표자들로 구성되었다. 위원회는 운동경기 교사를 양성하는 학급을 조직하고, 빈곤한 학생을 위한 운동기구를 지급하였다.

스웨덴의 중등학교에는 깨끗한 체육관이 있고 이 체육관에는 기구실, 탈의실, 샤워실 등이 잘 설비되었다. 체육관이 없는 농촌의 학교에는 운동장이나 교실내에서 수업을 하였으며, 기존의 시설을 체조기구로 사용하였다. 교정이나 공공의 운동장이 야외 경기나 연습에 이용되었고, 대도시에서는 위원회가 스키, 스케이트, 길찾기 놀이(path finding) 등을 위하여 시설을 설치하였으며, 이러한 활동을 지원하기 위한 지도자를 임명하였다.

의학적 관리분야에서는 선구적인 중등학교의 학생을 위하여 건강관리요원을 임용하였다. 1950년에는 강제적으로 건강보험법이 시행되어 이미 높은 수준에 도달한 스웨덴 의료의 사회화를 더욱 광범위하게 확대시켰다.

왕립중앙체조학교는 설립 이후 계속 스웨덴의 주요한 교사양성기관으로서 중등학교의 체육 전문지도자의 거의 전부를 배출하였다. 1914년 국왕으로부터 임명된 위원회는 보고서를 통해 중등학교의 군인출신 교사를 민간인으로 대체해야 한다는 근본적인 개혁을 권고하였다. 그리하여 군인은 만 2년 동안의 교사훈련을 받지 않으면 학교에서 가르칠 수 없게 되었고, 이후 각종 단기과정이 체조나 스포츠의 민간지도자를 위해 설치되었다.

이 과정에서 특수체조고등학교가 릴스베드에 세워졌는데, 이 학교는 겨울에 일반 교육과 체육수업을 6개월 가량 실시하였으며, 여름에는 민간단체에서 운영하는 단기 코스가 외국 학생이나 회사의 체조지도자 혹은 보수교육을 희망하는 지도자를 위하여 개설되었다.

스웨덴은 다른 국가들에 비해 스포츠를 다소 늦게 받아들였다. 그 이유는 기후적으로 추운 겨울, 왕립중앙체조학교의 군사적 성격과 이 학교를 졸업해야 교수진이 될 수 있는 폐쇄성, 그리고 학교에서 제공하는 체조기술의 상대적인 용이함과 저렴한 비용 등에서 찾을 수 있다. 스웨덴에서 가장 오래된 스포츠 클럽은 1796년 설립된 웁살라 수영클럽(Upsala Swimming Club)이지만 19세기 말까지는 제대로 운영되지 못한 것이다. 발레크(Balek, V.)라는 운동지도자가 1880년에 체조팀과 함께 영국을 여행하는 동안 영국의 여러 스포츠 게임을 시찰하였다. 스웨덴으로 돌아온 그는 스포츠를 장려하기 위한 모임을 조직하고 잡지(*The Sporting Times*)를 발간하였으며 군인들에게 스포츠를 소개하였다. 1903년에서 1909년까지 왕립중앙체조학교의 교장으로 재직하며 스포츠의 보급에 힘쓴 그의 노력으로 상류계급, 군사학교 그리고 고급 학교를 중심으로 스포츠가 발달하기 시작하였다. 농민층, 산업노동자층 그리고 학자들은 스포츠의 필요성을 거의 느끼지 못하다가 산업의 고도화를 겪고 나서 도시가 발달하고 중간계층의 지위와 신분이 상승하면서 스포츠가 발달하기 좋은 사회여건이 조성되었다. 그 결과 1949년에는 70만 이상의 회원을 확보한 9,000여 개의 민간단체가 생겨났다.

대부분의 스포츠 클럽은 전체를 통괄하는 협회나 연맹에 가입되었다. 큰 조직으로 2,180개의 클럽을 대표하는 아마추어 육상경기연맹과 2,619개의 클럽을 대표하는 축구협회, 1,555개의 클럽을 가진 학교스포츠협회 등이 있다. 이들 협회는 시설의 설치, 지도자 양성, 그리고 일반인의 흥미를 고조하는 것들을 주목적으로 하여 활동하였다. 예를 들면, 1939년에 스웨덴체조협회는 링의 사후 100년을 기념하는 '링 체조제'를 스톡홀름에서 개최하였는데 37개 국가에서 73,000명이 참가하였다.

27개의 체조 혹은 스포츠의 경기단체협회는 약 9,000여 개의 클럽을 대표하며, 중앙통제단체인 스웨덴스포츠연맹에 소속되어 있다. 이 연맹은 정부에 대한 재정권고, 기금의 배분, 시설의 건설 · 유지권고, 청년클럽 지원, 레크리에이션 프로그램 및 청년 운동과의 협력, 국제적으로 스웨덴을 대표하는 등의 역할을 한다. 이 전국적 연맹은 몇 개의 산하단체로 나뉘어서 공통의 규칙이나 규정을 제정하여 체조나 스포츠를 발전시키고 있으며, 체력에 대한 관심을 고조 · 유지시키기 위해 전국연맹은 1903년 이후 우수한 경기자에게 국민 스포츠 배지를 수여하였다. 이 테스트에 통과하기 위해서는 체력의 전면적인 발달을 요구하였는데 검사종목에는 수영, 체조, 도약, 투척, 경주, 펜싱, 조정, 스키 등이 있었다. 그 뒤를 이어 전국연맹에 소속된 대부분의 협회에서도 그들이 관리하는 활동에 대해 배지를 수여하였다.

1939년 유럽에 전운이 감돌 무렵 스웨덴은 전쟁에 대비하여 강인한 체력을 가진 시민을 육성하기 위한 체육계획을 확립하였고, 이 결과 체조협회는 표준 테스트를 통과한 사람들에게 라이온 배지를 수여하였다. 약 112,000명 이상의 국민들이 이 배지를 원하였는데, 대부분이 획득하여 체육관의 정규후원자로서 활동을 계속하였다.

한편, 도보여행협회는 도보여행자 배지를 제정하여 1939년에 국민 도보행진 시합을 개최하였는데 약 358,000명이 참가하였다. 1941년에는 특수스키 배지, 스키사격 배지, 시민수영 배지, 도보경주 배지 등이 제정되었다. 야외 스포츠 배지는 병사와 일반 시민을 대상으로 수여하였는데 크로스 컨트리에 참가하여 지구력, 사격의 정확도, 사격속도, 불의의 장애를 극복하는 능력, 수류탄던지기의 정확도 등을 검사하였다.

1929년 이후에는 체력 프로그램의 라디오 방송이 시작되었고, 1942년 스톡홀름에서 최초로 거행된 제1회 주부체조강습에 12명의 부인이 참석하기도 하였다. 최근에는 스톡홀름에서만 3,000여 명의 부인이 회원으로 가입하였으며, 링 100년제에는 약 5,000여 명의 부인이 시범을 보이기도 하였다.

유연체조강습이 공장의 노동자나 사무직원을 위하여 개최되었고, 교사는 5분에서 10분 동안의 운동을 지도하기 위하여 각 부처를 순회하였다. 대부분의 지역사회에서는 경기시설이 스포츠협회의 소유이거나 관리로 되어 있었으므로 당국과 지역사회 클럽 간에는 상시적인 협력관계가 구축되었다. 일반적으로 운동장을 관리하는 관리위원회는 당국에 의하여 임명된 1인 내지 2인의 위원이 집행하였다. 아울러 지역사회에서는 운동장의 유지와 관리를 위하여 재정적 원조를 제공하였고, 국가도 스포츠 경기나 체조활동에 대한 원조를 하였다. 실업자가 많은 시기에는 그 대책으로서 예산을 편성하여 유희장, 스키장, 체육관, 테니스장 그리고 수영장 등을 건설하였다.

스웨덴의 경기장은 일반적으로 축구장이나 플레이그라운드를 가운데에 두고 도약이나 투척을 행할 수 있는 면적을 가진 러닝 트랙으로 이루어져 있다.

스포츠, 운동경기, 체조를 지원하기 위한 독자적인 수입조달방법의 하나로 축구복권 추첨이 있었다. 원래 이 추첨은 민간회사가 시작하였는데, 대부분이 외국인 경영회사였기 때문에 화폐의 국외 유출을 막기 위하여 1943년에 정부가 국가통제의 전매회사를 설립하여 운영하도록 하였다. 축구복권 추첨에서 얻은 수입은 운동장 건설, 용구공급, 스포츠 경기 그리고 체조교사 양성 등에 쓰이도록 각 스포츠협회에 할당하였다.

스웨덴은 진보적인 사회보장제도의 선구자였다. 따라서 노동자들에게 유급휴가를 법률로써 보장하여 정부는 국민에게 휴가를 야외활동에서 즐기도록 장려하였다.

또한 2차 대전 이후에는 건강 · 레크리에이션 운동이 커다란 유행 속에 전개되었다. 5천여 개 이상의 회사에서 산업 레크리에이션 프로그램과 구성원들을 위한 폭넓은 시설개발을 시작하였다. 백만 이상의 노동자들이 다양한 스포츠 시합과 축구 및 아이스하키 리그에 참가하고 있다. 건강에 대한 관심을 고조시키기 위하여 1960년에 시작되고 다음 해에 반복된 '스포츠 60'은 배지를 받기 위한 자격으로 스키, 도보, 체조, 사이클, 수영, 오리엔티어링 등을 수행하는 최소한의 기준이 요구된다. 또한 1962년에 '4M'이라는 건강 캠페인이 시작되었을 때 모든 스포츠와 체육단체는 이 프로그램을 지원하였다.

이러한 사례들은 현재 스웨덴의 체육이 건강 · 레크리에이션을 중심으로 일반 국민들의 일상적인 생활의 한 부분으로 자리잡고 있음을 보여 주는 것이다.

## 4. 덴마크의 체육

17세기부터 화려한 절대왕정의 치세를 누려 온 덴마크는 유럽 강국들의 세력확대에 대응하여 자국의 영토와 주권을 지키는 데 온 힘을 기울였다. 18세기 후반, 덴마크는 중상주의를 기초로 영국 · 프랑스 사이의 대결에 중립을 취하였다.

프레데릭 6세(재위 1808～1839)는 1784년부터 부왕 크리스천 7세의 섭정이 되어 농민해방, 자작농화, 농지개혁을 수행하고 자유무역을 장려하는 등 덴마크의 근대화를 위해 노력하였으나 나폴레옹 전쟁에서는 위기에 직면하여 수도가 영국함의 포격을 받았고, 결국 프랑스와의 동맹국으로 패전한 후 많은 영토를 상실하게 되었다.

1814년 킬 조약을 체결함으로써 노르웨이와의 동일군주(同一君主) 연합에 종지부를 찍었고, 뒤이어 덴마크계와 독일계 사이의 언어투쟁도 전개되어 혼란이 지속되었다.

1848년 코펜하겐에서 무혈혁명이 일어나 절대왕정이 붕괴하고 독일의 국가주의가 발흥하면서 비스마르크의 야심이 덴마크의 독일계 지방으로 확산되었다. 두 차례의 독일과의 전쟁에서 패배함으로써(1864) 덴마크는 최소의 판도로 축소되었지만, 대독 전쟁 이후 공동조합활동 등을 통하여 곡물농업구조를 낙농업으로 전환하는 데 성공하였고 나아가 산업혁명으로 근대 산업국가의 길을 걸었다.

### (1) 교육

1814년 제정된 덴마크 학교법률은 젊은이들을 훌륭한 기독교인과 유능한 시민이 되도록 육성하는 데 초점을 맞춘 것이다. 이와 유사한 목적들이 현재까지 면면히 이어져 내려오고 있는데, 각종 공식선언문에 나타난 교육의 가치관에는 다음과 같은 것들이 있다.

윤리적이고 기독교적인 가치를 갖도록 아이들의 감성을 강화할 것, 인간의 생명과 자연에 대한 존중심을 갖게 할 것, 자신의 가정과 이웃 및 국가를 사랑하도록 할 것, 다른 사람의 의견을 존중할 것, 민족간의 공동체의식을 함양할 것 등이 그것이다.

이상의 교육목적들은 구체적인 법령이나 명령을 통하여 규정하지 않고 다만 자유롭고 합리적인 정신을 바탕으로 달성하도록 하였는데, 덴마크 사람들을 깊은 암울함에서 건지고 새로운 희망을 불어넣으려 한 대표적 인물은 시인이자 주교였던 그룬트비크(Grundtwig, N.G.S., 1783~1872)였다. 그는 젊은이들에게 국가적 경각심을 일깨워 주고, 이들에게 19세기 중반에 널리 퍼져 있던 정치적 자유를 준비시키기 위해 새로운 형태의 학교를 모색하였다. 그리하여 1844년 '모국어에 기반한 국가교육'을 기치로 내세워 민속고등학교가 만들어졌고, 이 학교는 덴마크인들에게 강력한 사회건설이라는 목표를 심어 주었다.

이 학교의 새로운 수업방식은 자발적인 수업에서 큰 특징을 찾을 수 있다. 즉, 학생과 교사가 형식에 구애받지 않으면서 과거와 현재의 인간의 성취에 대해 연구했고, 어떻게 하면 의미 있는 삶을 살 것인가를 토론했으며, 이 과정에서 그들 나라를 위한 새로운 이상을 추구했던 것이다.

### (2) 체육

나흐테갈

덴마크는 지리적으로 유럽의 북쪽에 위치하였기 때문에 대륙의 중심에서 진행되고 있던 체육의 발전을 주도적으로 이끌지는 못하였다. 그러나 비록 독일 및 스웨덴의 체조와 영국의 스포츠를 수용하기는 하였지만, 이를 실천하는 과정에서 여러 과학적인 방법들을 창안하여 덴마크 고유의 특성을 만들어 내었다. 특히 산업구조에서 농업 및 낙농업이 큰 비중을 차지하고 있기 때문에 농민을 위한 체육의 발전이라는 특징을 갖고 있다.

한편 19세기의 다른 나라들과 마찬가지로 덴마크에서도 체육의 국가주의 성격이 강하게 나타났기 때문에 군인다운 강인함과 애국심의 고취를 목적으로 체육이 전개되었다.

19세기 초의 전란의 소용돌이 속에서도 나흐테갈(Nachtegall, F., 1737~1843)은 효율적인 학교교육을 통해 강인하고 건전한 국민을 만드는 것을 자신의 교육목표로 삼았다. 그러나 나폴레옹 전쟁의 혼란 속에 자신의 교육목적이 상실되자 그는 전쟁 이후 국가의 활력을 불어넣고 강력한 군사력과 전 국민적 체력육성이라는 제한된 목적을 다시 수립하였다.

1799년 나흐테갈은 코펜하겐에 체조학교를 설립하였는데, 이는 유럽에 설립된 최초의 근대적 체육연구기관이었다. 그의 체조는 점차로 공립학교에서 인정받게 되었고 얼마 후에는 군대에도 보급되었다. 나흐테갈의 뛰어난 노력으로 덴마크는 체육을 독립 교과로 선정한 최초의 국가가 되었다. 나아가 최초로 교사양성과정을 설치하고 지도자용 교본을 출간 · 배포하기도 하였다.

1809년의 정부령은 중등학교에서 체조지도가 가능할 때에는 언제나 실행할 수 있도록 규정하고 있다. 1814년 7세에서 14세까지의 모든 아동에 대한 의무적인 교육법을 만들면서 체조수업을 모든 초등학교의 남학생에게 실시하도록 명하였다.

그러나 나폴레옹 전쟁으로 인한 빈곤상태로 많은 지역에서 이 법이 제대로 시행되지 못하였다. 1828년 이와 관련된 법이 통과되어 남학생을 위한 체육이 이수되도록 하였으나 1904년에 이르기까지 여학생에 대해 체육을 이수하도록 하는 법률은 제정되지 않았다.

체육교사 양성에 있어 처음에는 군사기관과 결합된 방식을 갖고 있었다. 프레데릭 6세는 1804년 육군체조학교를 설립하여 나흐테갈을 초대 교장으로 임명하였다. 이 학교는 군사적 목적으로 설립된 최초의 학교인데, 1808년에 교사양성을 위한 시민체조학교를 병설하였다. 체조는 1818년에 교원양성학교의 필수과목으로 채택되었지만 커다란 효과를 보지는 못하였다.

1821년 나흐테갈이 시민과 군대체조의 최고 책임자로 임명되었을 때, 그는 공립학교 교사를 후원하려고 노력하였다. 초등학교용 체조교본을 공동으로 집필하여 1828년에는 공식적으로 배부하기 위해서 왕의 인가를 얻었다. 그러나 1839년 프레데릭 6세가 서거한 후 19세기 중엽까지 체조는 침체기를 맞이하였다. 그의 뒤를 이어 크리스천 8세가 즉위하였으나 체조에는 특별한 관심이 없었다.

나흐테갈은 1842년 육군체조학교장의 지위를 사임하고 군의 지도자가 그를 대신하였다. 그의 후계자 라쿠르(Lacour, M.G.) 대위는 나흐테갈만큼 체조에 열의를 가지고 있지 않았으며, 점차 군인이 학교에서 멀어져 가는 경향이 나타났다. 이와 같은 사태는 체육의 지위를 개선하지 못하는 원인이 되었으며, 군에서는 체조연습을 단련이나 징벌의 수단으로 간주하여 체조의 인식에 나쁜 영향을 주었다.

1864년 덴마크는 오스트리아와 프로이센 간의 전쟁 끝에 슐레비히 홀스타인 지역을 잃은 데 자극을 받자 체육에 대한 새로운 관심이 일어났다. 덴마크인들은 국민에게 활기를 넣어 주고 국가의 위신을 높이는 수단으로 체조를 이용하게 되었고, 독일과 마찬가지로 이 운동은 청년들에 의하여 추진되었다. 2개의 민간인 기관이 최초로 그 임무를 수행하였는데 그것은 사격클럽과 민족고등학교였다.

이후 점차적으로 확산되어 민족고등학교는 덴마크만의 독자적인 교육기관이었다. 이 학교는 누구나 입학할 수 있었으며, 주로 초등학교를 졸업한 농촌의 청년들을 위한 학교였다. 교육과정은 국어, 음악, 문학, 역사, 체조 등으로 이루어졌고 그 외에 농업 및 기타 산업 등을 많이 가르쳤다. 대부분의 민족고등학교는 일반 교양과정을 이수하였지만 학교에 따라서는 체조 혹은 양호에 중점을 두는 학교도 있었다.

1868년에 영국의 모형을 모방하여 민간사격협회가 조직되었다. 이들 조직은 서서히 그 활동범위를 확대하여 일반 경기대회를 개최하고 사격장이나 운동장을 세움에 따라 더욱 체육단체로서의 성격을 강하게 띠게 되었다.

1884년 링의 스웨덴 체조가 덴마크에 자리잡기 시작한 것은 덴마크의 귀족이었던 라스무센(Rassmusen, N.H.)이 링 체조를 질란트에 소재하는 발레킬데 민족고등학교에 도입하면서 정착되었다. 이 때부터 급속히 다른 민족학교나 많은 사격클럽에 전파되어 링 체조는 결국 초 · 중등학교와 대학에 수용되었다. 그러나 이것이 도입되기까지는 여러 논쟁이 제기되었으며, 특히 군에서 옛 덴마크식 독일 체조가 변경되는 것을 반대하였다. 그래서 정부는 그 문제를 연구하는 위원회를 구성하여 연구한 결과를 1899년에 《체조교본》으로 간행하여 학교에 배부하였다. 이 책은 링의 일반원칙에 기초를 둔 스웨덴 체조를 기반으로 하여 예로부터 행해오던 덴마크 체조 중에서 가장 가치 있는 것만을 선택 · 수집한 것이다.

1920년대 들어 덴마크 체조는 민족고등학교의 닐스 부크(Niels Bukh, 1880~1950)의 지도하에 새로운 출발을 시도하였다. 활기차고 효과적인 체조를 장려하였던 닐스 부크는 기본체조라고 불리는 운동을 연구하였다. 이들 체조는 오늘날 행해지고 있는 것과 같이 탄력성, 유연성, 자율성 등을 추구하기 위하여 연속적인 동작과 강한 신장(伸張)운동을 강조하였다. 닐스 부크의 체조는 정지된 자세에 의한 것보다도 잘 구성된 활발한 율동적 동작을 구사하고 있다. 그는 체조의 중요한 목표를 유연성, 근력, 조정력 혹은 민첩성 등의 세 가지로 분류하였다.

1904년 크누드센(Knudsen, K.A.)이 최초의 민간인 장학관으로 임명되었다. 그리고 모든 교사가 전문적 훈련과정을 밟을 것을 필수조건으로 하는 법률이 제정되었는데, 체육을 군 관할하에 두는 것보다는 민간인의 지도하에 둘 것도 아울러 요청하였다. 체육교사를 양성하는 독립된 최초의 민간학교가 1911년에 국립체조학교로 설립되었는데, 후에 덴마크체육대학으로 개편되었다. 한편, 1909년에는 중등학교에서 체육교원 자격을 획득하고자 하는 학생을 위하여 대학에 교육과정이 새로이 마련되었다. 코펜하겐 대학은 체조를 과학분야의 학과목으로 취급하였고 체육연구실험실을 최초로 설치하였다.

또한 체육은 덴마크의 모든 중등학교에서 필수과목으로 인정되어 다른 학과와 동등하게 취급되었으며, 학생의 시험성적을 평가할 때에도 체육점수가 포함되었다. 모든 사범학교는 사립학교였으므로 체육 프로그램이 필수적인 과목은 아니었으나 대부분의 경우 주당 4~5회의 활동으로 3시간 이상을 할당하였다. 대학에서도 선택과목이었지만 나름대로 장려되었고 상당한 수준의 시설을 보유하고 있었다.

국가는 크게 체육에 관심을 두었고 시나 지방 당국에서 체육관이나 운동장, 수영장 등을 건설할 경우 충분한 재정적 지원을 제공하였다. 1950년에 12세 이상의 학생이 다니는 학교는 모두 탈의실이 달린 체육관, 샤워실 그리고 운동장을 구비해야 하는 법률이 만들어졌다.

덴마크인은 체육행사와 경기대회를 중요시하였다. 민족고등학교는 국내 순회공연과 집단시범을 캠프에서 행하였으며, 도시와 농촌의 클럽은 체조, 스포츠, 게임, 댄스 등을 행하여 대중을 즐겁게 하였다.

닐스 부크의 해외공연여행은 국제적인 주목을 끌었으며 덴마크 체조를 세계에 전파하는 데 기여하였다. 또한 덴마크에서는 유럽의 다른 나라와 같이 덴마크의 체육에 대한 관심을 높이는 수단으로 학생이나 성인에게 배지 테스트를 시행하였다.

스포츠에 참가하는 수많은 덴마크의 성인은 1896년에 설립된 덴마크스포츠연맹, 1864년에 설립된 덴마크사격 · 체조 · 스포츠연맹, 그리고 1930년에 설립된 덴마크체조협회 중 어느 한 단체에 소속하고 있었다.

덴마크사격 · 체조 · 스포츠연맹과 덴마크체조협회는 전쟁 직전인 1864년에 만들어진 초기의 사격클럽이 계기가 되어 발전한 것인데, 이들 단체의 회원은 대체로 농민들로 구성되었다.

덴마크의 스포츠연맹은 대부분 시민으로 구성되어 있고 체조, 수영, 사격, 승마, 자전거, 요트, 육상, 복싱 등과 그 밖의 다른 스포츠단체가 포함되어 있었다. 이 연맹은 플레이그라운드를 계획하고 스포츠 대회의 기념일을 정하거나 공개 연기회를 계획하는 등 스포츠 진흥을 위하여 많은 노력을 기울였다. 학교의 배지에 대응하여 덴마크스포츠연맹은 세 종류의 경기배지(금, 은, 동)를 제정하여 각종 스포츠 테스트에 통과한 사람에게 수여하였다. 덴마크는 서구 유럽의 여러 나라와는 달리 스포츠연맹조직이 중앙에 집중되지 않은 것이 특색이다.

덴마크에서 플레이그라운드 운동과 청소년 운동(Youth Movement)이 시작된 것은 비교적 최근의 일로서, 이러한 활동을 장려하는 정책은 독일이나 영국보다 뒤떨어져 있다.

코펜하겐 플레이그라운드 협회가 최초의 공공 플레이그라운드를 개설한 것은 1891년이었다. 1897년에는 전국적인 덴마크 학생게임 조정위원회가 설립되어 아동들의 게임활동을 진흥시키고 게임지도교사를 양성하는 등 지역사회에 대한 보급에 힘썼다. 정부에서는 플레이그라운드를 건설하기 위하여 예산을 지출하였으며, 지방의 작은 촌락에도 보조금을 지원하였다.

덴마크의 청소년조직은 공업화와 도시화가 일찍부터 이루어져 청소년조직이 발달한 영국의 영향을 많이 받았다. 1905년에 청년스포츠연맹이 결성되었고, 1909년에는 영국 소년단을 모방한 덴마크 보이스카우트가, 1911년에는 덴마크 걸스카우트가 각각 결성되었다. 또한 1910년에는 YMCA 소녀단이 조직되었으며, 1919년 이후부터는 YWCA가 독자적인 소녀단 프로그램을 운영하였다.

32개의 청소년단체로 구성된 덴마크호스텔동맹은 1930년에 결성되어 소년, 소녀에게 저렴한 비용으로 국내 및 국외 여행과 야외활동을 즐길 수 있도록 협조하였다.

1938년에는 덴마크의 휴일법령이 제정되어 모든 근로자에게 연간 20일간의 유급휴가를 법률로 규정하였다. 이 휴가를 이용하여 많은 클럽이나 민족고등학교에서 강의, 체조, 스포츠 활동 등을 개최하였다.

코펜하겐 스포츠 공원에는 스포츠 팬을 위해 건설한 특수시설이 있었다. 이 공원은 경기의 개최와는 상관 없이 스포츠 활동만을 위주로 하고 있는 것이 특색이었다. 약 3에이커 크기의 수영장, 35개의 간이사격장, 2개의 실내 정구코트, 육상경기장, 하키경기장 그리고 축구장 등이 갖추어졌다. 관리는 스포츠연맹과 코펜하겐 체육장학관들로 구성된 관리위원회가 맡았다. 이 거대한 계획의 재정은 영화관, 음식점, 공원의 매점수입으로 충당하였다.

그러나 스포츠에 대한 흥미가 증가함에 따라 이 정도의 수용능력으로써 부족하였기 때문에 1911년 이후 시 당국은 약 300에이커에 달하는 토지를 제공하였으며, 또한 이와 같은 운동장이 코펜하겐 교외에 건설되었다.

## 5. 프랑스의 체육

영국과의 치열했던 백년전쟁(1337~1453)을 겪으며 중앙집권적 국가를 형성할 수 있었던 프랑스는 16~18세기에 절대주의 왕정의 꽃을 피우게 되었다. 그러나 18세기 후반에 절대왕정의 폭압과 신분계층상의 차별로 인해 혁명의 분위기가 무르익었다.

1789년 시작된 프랑스 대혁명은 가장 전형적인 시민혁명의 모습을 보여 주었으며, 권위주의적인 왕조체제가 근대적인 시민사회로 전환하는 상징적인 사건이 되었다. 그러나 혁명의 확산과 이를 저지하려는 주변 왕조국가들의 대프랑스 동맹으로 유럽은 전쟁에 휩싸였고 이 과정에서 나폴레옹이 등장하였다. 그는 혁명의 수호자로 자처하였지만 스스로는 황제에 즉위하였는데 전 유럽을 상대로 한 싸움에서 결국 패하고 말았다.

이후 1830년의 7월혁명과 1848년의 2월혁명 등 일련의 혼란을 겪고 난 프랑스는 프로이센과의 전쟁(1870)에서 패배한 후 성립한 제 3 공화정(1870)에 들어서야 비로소 안정을 되찾고 국력을 신장시킬 수 있었다.

### (1) 교육

프랑스는 국민의 단결을 위하여 학교를 통해 전승되어 온 지식과 이상을 지속적으로 아동에게 가르쳤다. 초등학교에서는 국가이상의 충성심을 함양하는 동시에 기초적인 기술과 지식을 몸에 익히는 것이 교육의 주된 목적이었다.

또한 상류와 중류계급의 자제를 입학시키고 있는 중등학교에서는 특히 고전교육에 중점을 두었다. 그리하여 오랜 논쟁 끝에 겨우 근대어, 역사, 과학 등의 교과가 채택되었으며, 그 목표는 프랑스 문화를 지키고 장차 국가의 지도자가 될 사람들을 길러 내는 것이었다.

1947년 교육개혁위원회는 광범위하고 보다 민주적인 교육목적을 채용하도록 권고하였다. 랑게방(Langevin) 위원회는 모든 아동에게 사회적 · 경제적 지위여하에 관계없이 그 재능을 최대한 개발시킬 기회가 부여되어야 하며, 또한 학교는 지적 기능과 마찬가지로 수공업이나 기술적 · 공예적 기능의 발달을 도모하여야 한다고 강조하였다. 이 위원회는 전통적 교육의 필요성을 인정하였을 뿐 그것을 미래의 시민육성을 위한 것으로 방향을 실징하지는 못하였다. 그리하여 프랑스는 체육의 필요성을 인정하기 시작하였을 때에 독자적인 발전을 이루지 못하여 외국의 이론과 실천을 받아들여야 했고 외국인 교사를 고용하는 수동적인 입장을 취하였다.

### (2) 체육

워털루 전쟁(1815)과 1848년 2월혁명 사이에 체조가 프랑스, 특히 군대에 소개되었다. 스페인의 망명객 아모로스(Amoros, F.)는 1817년 두르당(Durdan) 사립학교에서 최초의 체육관을 건립하였다. 프랑스의 국방상은 아모로스가 주최한 공개 시범연기를 보고, 운동으로써 병사를 단련시켜야 한다고 결심하였다. 그 후 선발된 군인들은 장래 군의 지도자로서 체육코스를 이수하기 위하여 파견되었다. 이에 고무된 아모로스는 큰 야외체조장을 갖춘 육군 및 시민체조학교를 1820년 설립하여 이 학교의 교장이 되었다. 교육대상은 원래 군인에 한정되었지만 민간의 입학도 허용되었으며, 또한 왕립학교나 전문학교의 학생도 출석하였다. 1831년 아모로스는 프랑스의 체조감(體操監)에 임명되었으나 정부와의 불화로 1837년에 활동을 중단하였

**19세기 후반 프랑스의 테니스 장면**

다. 1834년부터 그는 사립시민학교를 개원하여 14년 동안 가르쳤다.

클리아스(Clias, P.H., 1728~1854)는 영국에서 군사용 체육 프로그램을 입안한 체조인으로서 1814년 프랑스에 초청되어 시립학교, 사범학교 그리고 군 주둔지의 지도자로서 활동하였다. 그 후 파리의 초등학교의 체조감독관으로서 1848년 혁명 때까지 근무한 다음 스위스로 돌아갔다. 그의 저서인 《체조연습의 초보》는 구츠 무츠와 얀의 영향을 많이 받은 것이다.

프랑스는 1850년에서 1870년까지 체육의 침체기였다. 이 기간에 아모로스의 두 제자와 그 동료는 조안빌에 있는 육군체조학교의 설립을 도왔는데, 이 학교는 군과 학교에 필요한 체조교사를 양성하였다.

1870년 보불(普佛)전쟁에서 패한 후 체육에 대한 관심이 부활되면서 지식인들은 신체적 · 도덕적 무관심이 프랑스가 쇠퇴한 원인이었음을 지적하였다. 그리하여 많은 체조단체가 조직되었고 학교체육도 부흥하였다. 또한 교육과정에 체조를 포함시킬 것을 요구하는 법령이 1872년, 1880년, 1887년 그리고 1925년에 각각 통과되었다.

체조수업은 처음에는 남자에 대하여 필수로 규정하였으나 그 후 공립학교에서는 여자에게도 필수로 하였고, 마침내 모든 사립 및 공립학교의 학생에게 필수과목을 지정하였다. 이와 같이 19세기의 프랑스 체육은 공식적으로 교육계획서에 정규교과의 지위를 차지하게 되었으나 실제 그 가치는 체육 본연의 가치로부터 상당히 이탈되어 있었다.

1900년대 초기에 이르러서 중등학교의 체육은 지식교육에 열중한 다른 과목의 교사들로부터 냉대를 받기 시작하였으며 체육의 프로그램도 빈약한 것이 되어 버렸다.

오늘날 프랑스 체육의 급격한 발전은 데물랭(Demoulins)의 《앵글로색슨족의 우수성은 무엇에 유래하는가?》(1895)라는 저서의 출판과 1896년의 근대 올림픽 개최에서 비롯된다. 그리고 두 차례의 세계대전은 교육제도에 전면적인 충격을 주었으며, 체육 및 스포츠에도 커다란 영향을 미쳤다.

1920년 4월 27일 반포된 법령에 의하여 학생스포츠경기단체에 대한 면세, 운동장과 교사양성 그리고 교원면허에 관한 문제가 고려되었으며, 1922년 4월 6일에는 체육심의회가 체육의 방법과 시간, 체육교사 양성, 학교 스포츠의 진흥방안 등을 모색하기 위해 구성되었다. 1925년 1월에 제정된 법령이 있으나 실제로는 이 원칙의 엄격한 적용이 불가능하였다. 1940년 11월의 훈령은 체육을 더욱 확장하였으며 스포츠 교육, 위생훈련, 직업교육, 합창, 야외생활 준비 등을 포함한 프로그램이 주 9시간으로 할당되었다.

이전에는 체육이 국방부와 교육부의 관리를 모두 받았는데 점차로 그 권한이 교육부에로 이관되었다. 1929년에는 체육국이 교육부에 설치되었다가 후에 체육청으로 승격되었다. 현재에는 청소년스포츠차관이 청소년 운동과 스포츠를 관할하고 체육 프로그램을 감독하고 있다. 중앙조직은 청소년 운동 및 사회교육 지도부, 스포츠 지도부, 체육지도부 등 세 부서로 나누어져 있다. 이들 세 부서는 하부의 지방행정단위인 군, 시, 읍 등에 똑같은 독립 지부를 두고 있다.

모든 중등학교의 학생은 주당 2시간의 체육수업을 받아야 하며, 또한 주당 3시간 연속의 오후 야외활동에 참가하지 않으면 안 되었다. 스포츠나 경기대회에 참가를 희망하는 학생은 학교의 운동부에 가입할 수 있었다. 스포츠 지도부는 과외의 운동경기를 관리 · 운영하기 위하여 사립학교의 운동경기를 관리하는 자유스포츠협회(UGSEL), 공립초등학교 운동경기단체를 조정하는 초등학교스포츠협회(USEP), 중등학교나 대학의 스포츠를 관리하는 중등 · 대학교스포츠연맹(OSSU) 등의 조직을 이용하였다. 운동부의 학교대항 경기대회는 목요일 오후에 행해졌는데 이는 프랑스의 휴일이 목요일이었기 때문이었다.

프랑스의 청소년 운동은 다른 나라와 거의 같은 방법으로 행해지고 있으며, 개인의 신체적 · 도덕적 힘을 높여 국력을 증대시키려는 사상에 기초를 두고 있다. 체육 · 예술교육, 휴일 캠프, 유스호스텔 참가, 노동자의 레크리에이션 활동 등이 장려되었고, 이들 청소년단체가 제 협회의 후원으로 창립되어 청소년 운동 및 사회교육 지도부의 관리하에서 그 활동이 조정되었다. 프랑스정부는 여러 스포츠 발전의 자금을 제공해 주는 축구복권 추첨을 허가하지 않았다. 그 이유는 이와 같은 복권이 프랑스 청소년에게 나쁜 영향을 미칠 것으로 생각하였기 때문이었다.

조안빌의 육군 아카데미는 다년간 프랑스의 군대, 학교, 스포츠협회 등에 많은 체육지도자를 공급하였으며 제 1 차 대전 후에는 민간인 교사가 다수를 점유하게 되었다. 1929년경 대학은 지도자 양성을 위하여 체육분야의 전공코스를 설치하기 시작하였다. 최초의 코스는 단기간이었으나 점차 그 기간이 늘어났으며, 오늘날에는 여러 체육분야의 지도자를 양성하는 학교가 있다. 즉, 고등사범학교, 사범학교, 각 대학에 소속한 체육연구소, 16개의 지방체육 스포츠센터 등에서 체육지도자를 양성하고 있다.

중등학교의 체육교사는 3년 과정을 이수하고, 전문가가 아닌 지도자는 1년 과정을 이수하도록 하였다. 단기간의 강습은 초등학교 교사, 공장이나 사회체육단체와 농촌지방 등의 레크리에이션 지도자, 그리고 재교육을 희망하는 체육교사 등과 같은 특수한 수강자를 위하여 지방체육 스포츠센터에서 행하고 있다. 국립스포츠과학연구소는 조사연구, 교수법 연구, 선수 트레이닝 그리고 국가대표선수 양성 등의 목적으로 설립된 연구기관이다.

최근에 프랑스정부는 체육에 대한 많은 의학적 관리를 시도하고 있다. 공 · 사립학교와 유치원의 모든 학생이나 아동은 1947년에 제정된 법령에 의해 정기 신체검사를 받아야 했는데, 모든 관찰결과는 개개인의 누적체력기록카드에 기록하여 매년 최종 학기에 보고서가 각 학생의 가정에 보내졌다. 이 즈음에 약 100여 곳에 신체교정센터가 개설되어 의사와 체육교사가 함께 아동의 신체교정을 담당하였다.

제 2 차 대전 후 20세부터 시작되는 의무적인 군사훈련으로 체육활동을 할 수 없는 사람들에게 일정한 신체활동의 기회를 주려 하였다. 이러한 목적을 위하여 스포츠협회나 체조협회에서 행하던 이전의 예비군사훈련이 부활 · 확장되었고, 또 일련의 체력 테스트로서의 일반 스포츠장(章) 제도가 제정되었다.

프랑스는 유럽의 다른 나라들에 비해 스포츠 배지 테스트의 제정이 훨씬 뒤떨어졌다. 1937년에 이 운동을 전국적으로 전개하려는 계획이 이루어져, 그 해 3월 일반 스포츠장(BSP)은 각 개인의 발달단계와 아동, 소년, 청소년, 성인의 여러 단계로 구분되어 시행되었다. 2차 대전 이후 일반 스포츠장은 더욱 자유롭고 단순한 형태로 변형 · 유지되었다. 이 검사는 학교의 청소년은 대학에서, 현역 장병과 육군 예비학교 생도 및 예비역은 군에서, 그 밖의 희망자는 지방의 청소년스포츠심의회에서 행하였다. 1947년에 일반 스포츠장에 추가되어 우수 스포츠장이 만들어졌는데, 이는 이 검사를 받기 위한 사전 의학증명의 5단계 중 3단계 이상의 남녀에게만 한정되었다.

다른 유럽의 여러 나라와 마찬가지로 체조와 스포츠단체는 19세기에 조직 · 결성되기 시작하여 제 1 차 세계대전 이후 비약적 발전을 이루었다. 이들 단체들은 정부로부터 재정적 지원을 받기 위한 활동의 일환으로서 예비 군사훈련을 실시하였고 중앙통제단체인 최고스포츠회의에 가입하였는데, 이 스포츠회의는 청소년스포츠차관이 감독하였다. 이 회의의 중요한 역할은 스포츠와 관련된 문제, 특히 아마추어와 프로의 자격에 관한 문제를 연구하였으며, 스포츠단체간에 일어나는 쟁의를 심의하였다.

쿠베르탱이 근대 올림픽경기의 개최를 제창하였을 때, 프랑스에는 국제적 스포츠 정신에 대한 르네상스가 일어났다. 쿠베르탱은 프랑스인이 독일인에 비해 체조협회에 무관심하고, 또 영국에서 전개되고 있는 것과 같은 스포츠의 육성이 프랑스에서는 거의 찾아보기 어렵다는 점을 느꼈다. 특히 그는 영국의 학교에서 행해지는 럭비, 축구, 크리켓, 육상경기 등에 큰 감명을 받았는데, 이러한 활동이야말로 위대한 대영제국의 지도자를 육성하기 위한 신체적 활동과 도덕적 규율의 근원이 된다고 판단하여 프랑스에서도 이와 같은 활동을 일으키려고 하였다.

그의 지도하에 프랑스스포츠경기연맹이 1891년에서 1892년 사이에 조직되어 약 200여 개의 프랑스 스포츠 클럽을 통합하였다. 이와 같은 조직의 통일로 1892년에 처음으로 프랑스와 영국의 국가간 경기대회의 기초가 세워졌다. 이 해 후반에 그는 스포츠와 체력에 대한 일반의 관심을 높이는 수단으로서 올림픽경기를 부활하려는 계획을 역설하였다.

체조단체와 스포츠단체 사이의 의견차이가 원인이 되어 몇몇의 체조협회가 올림픽경기에 반대하였으나, 마침내 1896년 제 1 회 근대 올림픽경기를 그리스의 아테네에서 개최하였다. 당시 미국과 영국을 제외하면 육상경기는 일반적으로 성행하지 않았음에도 불구하고 쿠베르탱의 노력이 많은 사람들을 감격시켜 대회일자가 가까워짐에 따라 독일, 스웨덴, 헝가리, 덴마크, 프랑스, 호주, 영국 그리고 미국의 선수단이 아테네에 도착하여 성공적으로 개최할 수 있었다.

해가 거듭할수록 많은 나라와 선수들이 참가함으로써 올림픽경기의 규모는 확대되어갔다. 더불어 프로그램에 포함되는 종목수도 증가하였고 올림픽의 순수한 이상을 지키려는 노력도 지속되었다.

동계 올림픽경기는 1924년에 시작하여 별도의 주기로 행해졌고, 여성이 처음으로 근대 올림픽에 참가한 것은 1900년 테니스와 1904년 궁술경기부터였다. 시간이 경과함에 따라 고대 올림픽과 마찬가지로 건축, 문학, 연극, 음악 등 예술적인 행사도 다채롭게 펼쳐졌다.

## 6. 영국의 체육

영국은 지리적으로 대륙으로부터 유리된 환경을 가지면서 일찍이 유럽의 다른 지역과 다른 독특한 발전과정을 보여 주었다. 16세기에 끝난 백년전쟁(1337~1453)을 계기로 지방분권적 국가체제를 중앙집권적 통일국가로 만드는 데 진력하였다.

의회의 전통이 강했던 영국은 17세기의 명예혁명을 통해 근대사회로 가장 먼저 발을 들여 놓게 되었고, 면방직산업의 발달로 견실한 중산 시민계층이 형성되었다. 18세기에 영국은 가장 일찍 산업혁명을 완수하여 근대적인 경제체제를 이루면서 자본주의 체제를 안정시키고 해외 식민지 개척에 선발주자로 나설 수 있었다.

19세기 초 대외적으로는 승승장구하던 프랑스의 나폴레옹을 격퇴시켰고, 국내적으로는 자유주의에 기초한 개혁을 통해 계층적 불만을 잠재우고 국력을 결집함으로써 세계 최강국의 위세를 떨치게 되었다. 영국의 세계팽창은 제국주의 정책에서 앞선 결과였고, 20세기 초의 제 1차 세계대전은 제국주의 패권을 다툰 열강들의 대립으로 이해할 수 있는 것이다.

### (1) 교육

일찍이 자유주의의 전통을 확립한 영국은 개인주의와 자유방임에 기초한 교육이 행해졌다. 그리하여 영국에서는 교육의 권한에 대해 지방분권적 성향이 강하였으며, 1870년까지의 대부분의 학교는 사립학교였고 또한 자선적 · 종교적 성격을 띠었다. 학교교육을 받고자 하는 대부분의 일반 국민은 교구학교 혹은 자선학교를 다녔지만 생활고에 허덕였다. 그러나 부유한 상류계층은 가정교사를 두거나 우수한 상급학교 진학을 위한 예비학교나 그래머 스쿨에 수업료를 내고 다녔다.

정부는 1833년까지는 종교학교나 사립학교에 교육의 책임을 위임하였지만 점차 교육에 대한 적극적인 대책을 세우기 시작하였고, 1870년에 지역적으로 교육의회가 구성되고 자발적인 교육시설들이 완전하지는 않았지만 점차 증가하였다. 이후 의무교육을 바탕으로 사립학교와 공립학교가 영국 교육체제의 양 기둥을 형성하였다.

19세기 이래 영국 교육의 기본방침은 조정과 조화를 바탕으로 시대의 변화에 부단히 적응해 나가는 것이었다. 또한 학교에 대해 간섭이나 압력을 최대한 줄이려 하였고 관료주의적 행태도 찾아보기 어려웠다.

중등학교의 교육목표는 많은 학생들에게 폭넓은 교양을 가르치는 것으로서, 학문적 지식을 높이는 것뿐만 아니라 도덕적 · 기술적 · 미적 발달을 함께 도모하는 데 두었다. 또한 보편적인 시민의식의 함양에 우선적인 가치를 두었을 뿐, 어떠한 국가주의적 사상을 주입시키려 하지는 않았다.

### (2) 체육

19세기 대륙의 다른 나라들이 국가주의에 기초하여 애국심 함양과 군사적 능력을 강화하려는 목적으로 체육을 장려한 측면이 영국에서는 희박하였다. 영국은 이미 국가주의를 뛰어넘어 개인주의와 자유정신이 중요한 가치로 자리잡고 있었기 때문에 건전한 성격과 사회적 자질, 그리고 일반적인 체력의 형성을 위한 체육이 강조되고 있었다.

나폴레옹 전쟁의 영향으로 인해 클리아스(Clias)와 맥클라렌(McClaren)의 체육 프로그램은 어느 정도 군사적 성격을 띠고 있었고, 이들 개척자들은 체육의 실천을 병사뿐만 아니라 시민에게도 확대할 것을 주장하였다.

클리아스는 1822년 영국군의 체조훈련을 확립하기 위하여 스위스에서 초청된 사람이었다. 그는 육군 대위의 계급으로 왕립육 · 해군대학의 체육주임으로 활동하였다. 그는 체조훈련이 신체에 유능한 힘을 육성할 뿐만 아니라 원만한 성격형성을 위한 도덕적 자질과 사회적 기풍을 함양하는 수단이라고 확신하였다.

그는 군대생활과 마찬가지로 시민의 직업생활에 있어서도 체계적인 운동연습이 필요한 것이라고 말하였다. 또 훈련방식도 군대식으로 구성하고 병사에게 가장 중요한 근력, 기동성, 민첩성, 지구력 등의 신체적 요소를 확보할 것을 강조하였다. 클리아스가 1825년 사직하고 돌아간 이후 우수한 지도자가 나타나지는 못하였다.

19세기 중엽 펜싱학교를 경영하던 맥클라렌이 1858년 옥스퍼드에 사립체조학교를 건립함으로써 비로소 체조에 대한 관심이 부활하였다. 그로부터 2년 후 군대는 그에게 체육의 개선을 위한 계획을 의뢰하였다.

그는 군대에서 파견된 일단의 하사관들을 훈련시켰다. 훈련과정을 마친 이들은 알더쇼트(Aldershot)에 있는 군 체조장으로 귀대하여 육군의 체조교사를 양성하는 사범학교를 창설하였다. 맥클라렌은 체육이 교육과정의 정규과목이 되어야 한다고 강조하였다. 그러나 체육에 대한 그의 성실한 노력에도 불구하고 학교나 군대에서는 훗날 스웨덴의 링 체조로 전환하였다.

스웨덴의 링 체조는 1830년대 후반부터 인데베토우(Indebetou), 에렌호프(Ehrenhoff) 등이 소개하다가, 1850년 게오르기(Georgie)에 의해 본격적으로 영국에 소개되었다. 이들은 모두 스웨덴의 왕립중앙체조학교를 졸업하고 런던에 돌아와 사립학교를 설립한 사람들이었다.

1878년 런던학교위원회는 이 체조학교를 졸업한 뢰빙(Löving)을 초청하여 교사양성을 위한 체조과정을 개설하였다. 그녀의 후계자는 런던의 유아학교와 여자학교의 체육주임이 되었던 외스터베르크(Österberg) 부인이었다. 또한 하숨(Hassum) 대위는 남자를 위한 교사훈련을 시작하였다. 이들 개척자들은 스웨덴식 체조지도자를 양성하였기 때문에 영국 정부당국에 의해 정식으로 채용된 사람들이었다.

체육이 초등학교에서 필수과목으로 된 것은 1885년인데, 실질적으로 보급된 것은 20세기 들어서라고 볼 수 있다. 1899년에서 1902년까지의 보어전쟁은 국민체위의 저하라는 엄숙한 문제를 제기하는 계기가 되었다. 그 결과 여러 위원회가 구성되어 청년의 신체를 개선하고 체력증대 방안을 강구하였다. 왕립체육위원회와 여러 부서 합동의 체위저하 대책위원회는 보고서를 통해 운동장과 체육시설의 건설, 유능한 교사양성, 교육과정에의 체육 도입, 그리고 단체경기를 위한 플레이그라운드의 사용 등을 강조하였다.

이들 위원회의 건의에 따라 교육위원회는 1904년 제 1 회 체육요목(要目)을 공포하였다. 체육요목의 내용은 대부분 스웨덴 체조에 기초하였다. 이는 이후 여러 차례 개정되었는데 모두 체조에 대한 자유와 즐거움의 원칙들을 다루었다.

체육은 20세기 들어 영국의 교육과정에서 중요한 역할을 담당하게 되었는데, 공립초등학교에서는 매일 아침 수업 전에 체조를 실시하고 주 3회 동안 오후시간을 체육에 할당하도록 하였다. 학급 담임교사는 1933년에 개정된 체육요목에 의거하여 수업을 진행하게 되었다. 공립중등학교는 정규의 체육교사 혹은 일정한 특별훈련을 마친 교사가 체육을 담당하였다. 소년, 소녀를 위하여 주당 4시간의 체육이 행해졌고, 정규적인 운동경기를 위하여 주 1회의 시간이 할당되었다. 이러한 교육은 대학 예비학교인 그래머 스쿨보다는 보통교육을 실시하는 모던 스쿨에서 행해졌다. 이는 그래머 스쿨에서는 대학입시 준비 때문에 가능한 체육활동을 억제하려는 경향이 강했기 때문이다.

독립적인 퍼블릭 스쿨은 귀족적인 학교로서 부유층의 학생들만 입학시켰다. 정부의 간섭을 별로 받지 않았던 이들 학교에서의 계획은 각양각색이었는데, 대부분의 유명 학교에서는 팀 게임에 중점을 두었다. 퍼블릭 스쿨에서 행해지는 게임 프로그램은 간접적으로 국가주의 정신의 함양에 크게 기여하였다.

현재 영국의 교육과정에서 체육이 매우 중요한 역할을 담당하기까지에는 역사적 전통이 있는데, 특히 단체경기는 영국 공립학교의 오랜 전통이었다. 웰링턴 장군이 "워털루 전쟁의 승리는 영국의 이튼 학교의 운동장에서 이루어졌다"라고 말한 것은 단지 이 학교가 군사적 능력의 육성에 기여했다는 측면이 아니라 공립학교에서 행한 시합을 통해 리더십, 충성심, 협동심, 자아규율, 솔선력, 강인함 등이 체득되었음을 의미하는 것이다. 여기에는 어느 정도 국가주의적 색채가 엿보이기도 하지만 기본적으로는 스포츠를 통한 인격의 완성, 즉 스포츠맨십의 고양이 더 강조되었다고 보는 것이다.

1900년 이후에는 체육을 위한 시설이 점차 증가하였으며, 전국 플레잉 필드(Playing Field)협회가 1925년에 설립되어 운동시설 용구를 확보하는 데 눈부신 활약을 하였다. 청년들에게 경기용으로 다수의 그라운드가 제공되거나 대여되었지만 여전히 부족한 실정이었다. 그러나 토지

영국의 초기의 럭비와 축구

이용이 용이하였던 초기에 건립된 많은 사립학교는 국립학교보다 훌륭한 스포츠 그라운드를 많이 보유하고 있었다.

새로운 형태의 레크리에이션 센터가 제 2 차대전의 전운이 감돌면서 설립되기 시작하였고, 1939년의 캠프법(Camps Act)에 의하여 수많은 영구적 캠프가 농촌에 설치되었는데, 이것은 전시에 소개용(疏槪用) 학교로 이용하기 위한 것이었다.

오늘날에도 시 당국은 매년 아동과 학생들에게 이와 같은 캠프시설을 빌려 주어 짧은 전원생활을 경험하도록 하고 있다. 1944년의 교육법은 지방당국이 단순히 캠프뿐만 아니라 플레잉 필드, 플레이 센터, 휴일수업, 플레이그라운드, 체육관, 수영장 등도 함께 설치하도록 규정하였다.

영국에서 처음으로 체육교사를 양성하기 시작한 것은 1862년 군인을 대상으로 한 맥클라렌의 시도였는데, 10년 후 민간인을 위한 스웨덴 체조코스가 남자와 여자를 위하여 설치되어 스톡홀름의 왕립중앙체조학교 졸업생들에 의해 지도되었다. 20세기 초에도 많은 체육학교가 설립되었는데, 그 가운데 첼시 체육대학(1898)과 던퍼믈린 보건체육대학(1905) 등이 유명하였다. 그리고 크누드센(Knudsen), 융커(Junker), 한센(Hansen) 등 많은 스칸디나비아 출신 지도자들이 영국에 건너와서 교사를 양성하였다.

영국의 종합대학은 어디를 막론하고 체육학 학위를 주는 것을 주저하였으나 1946년 버밍엄 대학은 체육을 포함한 예체능과목에도 학위를 수여하였다.

국민보건과 관련하여 1907년부터 전 학생은 공립학교 입학시에 신체검사를 받도록 하였으며, 그 후 정기적으로 의학적 검사를 받지 않으면 안 되었다. 정부는 국민의 건강을 유지하는 가장 좋은 실제적인 방법이 신체검사의 실시라고 인식하여 법령을 제정하여 간호부 임명, 병원의 지원, 그리고 학교검진을 행하도록 규정하였다.

한편 영국은 서구의 어느 나라에 비해 스포츠가 다양하게 발달한 특징을 갖고 있다. 이는 대륙에 비해 더욱 자유로운 사회기풍이 귀족들과 시민 및 농민들의 다채로운 놀이, 게임, 스포츠 문화를 형성하게 하였고 이것이 근대사회로 넘어오면서 오늘날의 근대 스포츠로 정착된 것으로 판단된다. 그리하여 대중을 위한 레크리에이션 활동이 일찍 행해지면서 스포츠단체는 19세기에 결성되기 시작하였다. 먼저 사격(1860)을 필두로 축구(1863), 필드하키(1866), 요트(1875), 사이클(1878), 육상(1880) 등의 경기단체가 결성되었고 이후에도 많은 새로운 단체들이 결성되었다.

여러 스포츠 통제단체는 교육기관이나 레크리에이션 기관과 긴밀한 유대를 유지하면서 끊임없이 아동과 학생의 관심을 스포츠로 이끌려고 시도하였고 아마추어 선수권대회를 개최하였다. 1864년에 두 개의 대규모 경기가 개최되었는데 그 하나는 시민 스포츠대회였고, 다른 하나는 옥스퍼드 대학과 캠브리지 대학 사이의 경기였다.

초기에 대부분의 스포츠단체는 임금노동자, 기계공, 직공들에게 아마추어 자격을 부여하지 않았다. 그러나 1900년대 들어와서 많은 스포츠단체가 계급이나 직업의 귀천에 관계없이 모든 사람에게 개방되었으며, 1930년에는 영국연방 경기대회를 주최하였다.

전통적으로 영국의 스포츠는 대부분이 무보수 명예회원에 의하여 행해져 왔고 코치도 거의 아마추어에 의해서 행해졌다. 그러다가 1947년 교육부는 정식으로 임명된 국가대표단의 코치에 대해 그 보수의 80%를 지불하도록 결정하였다. 이와 같이 정부는 강력하게 스포츠단체의 활동을 지지하고 어느 정도 재정적 원조도 하였다.

학교를 졸업한 청소년의 레크리에이션 활동은 1935년 이후부터 중앙레크리에이션회의라는 단체가 특히 관심을 가지고 힘써 왔다. 이 회의는 체육에 관심을 갖고 있는 두 개의 단체에 의해서 설립되었는데 하나는 링 체조협회이고, 다른 하나는 전후 체조지도자협회였다. 얼마 후에 스포츠 · 유희 · 야외활동 등의 통제단체, 민간청소년단체 이사회가 중앙레크리에이션회의에 가맹하였다. 1945년에는 잉글랜드, 웨일즈 그리고 스코틀랜드에도 사업을 확장하였다.

중앙레크리에이션회의는 1937년부터 교육부의 스코틀랜드 교육청으로부터 약간의 보조금을 받아 전국 스포츠진흥기금을 마련하여 체육발전계획을 추진하였다.

1949년 여름에 유스호스텔협회는 290여 지역에 숙박소를 개설하였고, 지방 교육당국은 레크리에이션을 위하여 지역사회의 시설을 확장하여 왔으며, 많은 청소년단체의 체육 프로그램에 협력하였다.

오늘날 영국에서도 국민체력 배지 테스트를 실시하자는 주장이 있으나 아직 미흡한 실정이다.

## 7. 구소련의 체육

아시아와 유럽에 걸친 광대한 지역에 자리잡고 있던 구소련은 세계영토의 약 1/6을 차지하고 있었고, 그 안에서는 150개 이상의 언어가

사용되었으며, 169개 민족으로 구성된 2억 5천만의 인구가 15개의 소비에트 공화국의 연합을 이루고 있었다.

1917년의 10월혁명으로 사회주의 정부가 들어서기 전까지의 러시아는 자르(Zar) 체제라고 하는 강력한 군주통치체제가 슬라브족을 중심으로 오랜 기간 행해졌다. 그러나 서구 유럽과 달리 러시아는 근대적인 개혁에 실패하여 자본주의의 후진국으로 전락하였고, 20세기 들어 사회주의 사상의 유행으로 노동자, 농민의 불만이 극도록 표출되었다.

레닌의 지도로 혁명에 성공하며 권력을 장악한 공산당은 스탈린의 철권통치를 바탕으로 1당 영구독재의 길을 열어 나갔다. 스탈린 이후 후르시초프 시대에 동 · 서방 간의 냉전체제의 변화가 보이기도 하였지만, 쿠바의 미사일기지 사건과 베를린 장벽사태로 세계의 긴장은 지속되었다.

1980년대 공산당의 서기장이었던 고르바초프의 개혁(페레스트로이카) · 개방(글라스노스트)정책이 전개되면서 자유의 바람이 철의 장막을 걷어 내는 계기가 되었고, 연방에 소속된 공화국들의 독립에 자극을 주었다. 그리하여 1991년 소비에트 연맹은 해체되고 러시아를 중심으로 하는 독립국가연합(CIS)으로 재편되었다.

### (1) 교육

소련이 성립하기 이전의 러시아는 유럽의 국가들 중에서 근대국가를 향한 교육제도의 발달이 가장 뒤떨어진 나라였다. 근대 교육제도의 기초는 18세기부터 이룩되었으나 그 발전속도는 지지부진하였다. 제정 러시아의 학교는 계급적 성격이 강하였으며, 교육은 내용이나 시설 측면 모두 극도로 후진적인 상태였다. 그러나 공산주의 정권이 들어서자 교육제도의 개혁은 사회질시의 건설을 위한 가장 중요한 요소로 간주되었다.

공산정권의 교육에 대한 정책은 유물론적 변증법의 원리를 청소년에게 주입시키는 데 최우선을 두었다. 학교는 아동들을 협력적 집단작업에 맞도록 교육하고 공공재산을 존중하도록 가르쳤다. 또한 집단의 이익에 위배되는 어떠한 개인적 이익이 근절되도록 훈련하였고, 노동을 존중하며 인민대중의 복지를 위해 최고의 생산력을 올리도록 세뇌하는 것이 주목적이었다.

소련의 청소년들은 국가의 목적을 완수하기 위하여 끊임없이 힘껏 일하도록 훈련되었다. 사회주의의 목적을 위하여 최고의 준비를 하며 이에 기꺼이 몸을 바치는 것이 소련 애국심의 기본적 방침인 것이다.

모든 소련의 교육은 경제와 밀접한 관계를 가지고 있다. 레닌은 "생활이나 정치로부터 유리된 학교는 거짓이며 위선이다"라고 선언하였다. 따라서 체육의 목적은 국가의 사회적, 정치적 목표와 완전히 동일한 것이다. 강력한 스포츠 활동계획은 공산주의 교리를 가르치는 집단활동에 인민대중을 참가시키는 효과적인 방법으로서 장려되었다.

### (2) 체육

소련에서는 그 자체를 위해 체육이나 스포츠가 장려되거나 단순히 개인적 만족이나 즐거움을 가져다 주는 것, 혹은 신체적 우아함을 추구하려는 사고방식 등은 존재하지 않는다. 공산주의적 입장에서 볼 때 위와 같은 생각은 너무나 개인적인 사고방식이며, 이들의 목표에 있어서는 대중의 참가를 통해 국민 전체의 체력을 향상시키고 전 국민에게 공산주의적 가치관을 갖게 하는 것이 제일 중요하였다.

공산주의 사회에서는 뛰어난 건강과 기능적인 위생습관을 가진 인민을 육성하는 것이 국민의 지적 자질을 향상시키는 것과 같은 중요성을 갖는다. 따라서 체육은 국민의 의무이며, 그 밖에 모든 국민이 적당한 운동을 습관적으로 행함으로써 통일된 공중 및 개인적인 위생습관을 습득시키는 것이 요구되었다.

이와 같은 소련의 체육은 학생이나 경기자에게만 국한된 것이 아니고 연령, 재산, 국적, 출신지방 등에 구애받지 않고 전체국민을 대상으로 행해졌다. 체육은 노동대중의 작업능률을 개선하고 신체에 미치는 각종 유해한 영향을 제거하는 데 이용되었다. 그리하여 소련의 프롤레타리아 체육은 전체 프롤레타리아의 문화와 분리되어서는 결코 존재할 수 없는 것이다. 다시 말해, 근로대중의 건강증진을 목적으로 하고 신체적 고질(痼疾)이나 기계에 의해 신체가 영향을 받는 것을 극복하고 또한 노동의 생산능력을 높이려는 것이며 나아가 노동자에게 직업적 습성을 훈련시키기 위한 활동인 것이다. 체육은 결코 노동자, 농민으로 하여금 체육활동 그 자체에 목적이 있다고 생각되어서는 안 되는 것이며, 모든 소련 인민의 애국적 의무는 그 일상의 노동을 효과적으로 수행하는 데 적합한 신체를 유지 · 발달시키는 것에 있었다.

소련 청소년의 애국심을 강화하는 것은 체육에 있어서 또다른 중요한 목표가 되었다. 이는 구체적으로 군대생활을 충실히 하기 위한 준비로서의 지식 · 습관, 그리고 여러 장애를 극복하기 위한 인내력, 민첩성, 지구력 및 기타의 자질 등을 발달시키는 데 도움이 되는 간단한 군사적 경기를 장려하는 것이었다.

결국, 소련 국민은 단순히 군대생활을 위한 신체적 훈련뿐만 아니라 정치적으로나 정신적으로 병사의 역할을 수행해 나갈 수 있도록 육성되었다. 또한 국민에게 사회주의 국가의 경제체제를 지탱하기 위한, 노동에 필요한 제 기관에 활력을 넣기 위한 수단으로 체육을 주지시켰다. 그러므로 체육은 애국적 의무와 공산주의 목적에서 이탈되어 존재할 수는 없었다.

소련이 교육과 체육을 국가계획에 의하여 대규모로 장려하고 있다는 사실은 체육의 기능이 사회주의 건설의 요소로서 반드시 필요한 것이라는 사실을 암시하는 것이다. 1923년 전 소련 중앙집행위원회는 정부 각 부처간에 체육에 관한 일관성 있는 정책조성을 개시하였다.

이 당시에 설립된 체육최고회의는 국방, 공중위생, 내무, 노동 등 각 인민위원회의 당국자들과 공산당 중앙위원회, 청년공산연맹, 노동조합, 모스크바 시 평의회 등의 대표자로 구성되었다. 또한 같은 법령에 의해 각 지방, 군 및 지구평의회의 체육회의가 설치되어 학교의 체육교사와 의사, 노동단체와 지구평의원의 대표, 그리고 적군(赤軍)의 지구단위

대표자로 구성되었다.

소련에서 체육 프로그램의 급격한 발전에 따른 약간의 변화가 조직 전반에 걸쳐 나타났다. 1930년에는 전소련체육 · 스포츠평의회가 조직되었고, 이 평의회는 6년 후에 다시 전소련체육 · 스포츠위원회로 개칭되었다. 각 연방공화국은 이 회의에 대표자를 파견하였고 동시에 지방평의회를 운영하였다. 전소련체육 · 스포츠위원회는 정부와 최고 기관인 내각에 소속되어 있었던 점으로 보아 소련은 정부의 정규부처로서 체육에 독립된 행정력을 부여한 최초의 국가라고 볼 수 있다.

통제기관으로서 전소련체육 · 스포츠위원회는 독자적인 활동을 전개하여 노동조합, 전소련공산청년동맹, 민간스포츠통합단체, 그리고 연방공화국의 체육활동을 조정하였다. 그리고 체육관계 직원의 양성배치와 스포츠 경기장, 스포츠 클럽, 운동장, 수영장 등의 사용을 관리하고 스포츠 용구의 배급 및 전국적 경기의 대회규칙을 제정하였으며 모든 스포츠 관계사항의 조정활동과 스포츠 배치의 프로그램을 관리하였고 체육문헌을 발행하였다.

혁명 직후 소련에는 경험 있는 체육교사가 거의 없었기 때문에 교사양성을 위한 단기과정의 설치가 필요하였다. 일찍이 1924년에 전소련체육 · 스포츠위원회는 각종 학교의 시설관리자와 교사 그리고 스포츠 클럽, 서클, 노동조합 등에서의 지도자 양성의 필요성을 느꼈다. 1929년에는 그 자격을 높여 교육과 의학 등 고등교육기관의 교사는 4년의 과정을 이수하여야 하며, 중등학교와 직업학교의 교사는 3년 과정의 체육전문학교 졸업생이어야 한다고 규정하였다. 오늘날에는 39개의 체육중등전문학교, 그리고 3개의 특별연구기관을 갖추고 있다. 이러한 학교는 다른 학교의 체육전문부와 마찬가지로 전문지도자를 양성하는 기관이었다.

체육은 교육체제 중에서 중요한 위치를 점유하여 모든 학생들이 필수과목으로 이수해야 했으며, 매일 아침에 실시하는 유연체조와 시간표에 짜여진 체육도 모두 필수로 되어 있었다. 또한 건강상의 이유로 면제된 학생 이외의 모든 학생에게 매일 정규수업이 시작되기 전에 10분 내지 15분 동안 규칙적으로 아침체조를 실시하였다. 1942년의 전시체체에서는 법령으로 중등학교의 군사훈련과 신체훈련의 필수시간을 증가시켰다.

소련은 캠프, 문화공원, 사나토리움(Sanatorium), 휴게소, 정원, 여행숙박소, 수영장, 스키장, 도서관, 극장 등 일련의 레크리에이션 혹은 보건시설의 건설에 주력하였다. 대도시에는 체육관, 발레 · 댄스연습장, 공개 연주극장 등을 갖춘 공산소년단궁전(Pioneer Palaces)이 있어 체육, 스포츠 및 레크리에이션 활동을 전개하였다.

문화공원에는 아동용 혹은 청소년용의 시설을 갖추어 스포츠 지도, 경기대회, 정치교육 그리고 위생선전이 행해졌다. 집단농장에도 레크리에이션 시설이 갖추어져 있어 농민들에게까지 보급되고 있었으나 그 보급상황은 저조한 편이었다.

소질 있는 스포츠 선수를 위해 특수한 스포츠 학교가 전소련체육 · 스포츠위원회의 지도 아래 설립되었다. 이들 스포츠 학교는 여러 스포츠 종목의 트레이닝을 할 수 있도록 각 운동부를 가지고 있는 학교도 있으나 특정한 단일 스포츠 종목에 집중한 학교도 있었다.

모든 성인은 스포츠나 게임 혹은 체조에 경기클럽의 회원자격으로 참가하였다. 스포츠를 소련의 일반 대중에게 보급한 기구는 다음과 같은 4개의 사회단체들이다. 즉, 노동조합과 집단농장을 대표한 수많은 서클, 일반 공무원에게 개방되어 있는 디나모(Dynamo)나 산업협동조합원을 위한 스파르타크(Spartak)와 같이 전 소련에 지부를 두고 있는 민간단체, 군내의 클럽, 그리고 학생클럽 등이다.

전시중에 경기자를 포함한 스메나(Smena)와 젊은 세대 및 직업학교 학생을 통합하고 있는 노동예비군(Trudovye Roxervi) 등 새로운 두 개의 청년단체가 조직되었다. 전쟁 이후에는 국민의 군사훈련계획을 개정하여 전 소련 의용해군협회와 의용육군협회를 조직하였다. 이와 같은 조직에 가입하는 일반 시민은 국방 스포츠와 기본적인 군사훈련을 받았다.

소련의 스포츠 활동은 매년 하기(夏期)에 개최하는 전국 규모의 체육의 날 제전에서 극치를 이루어 경기자 행진, 마스게임 시범 그리고 열띤 경기시합을 통하여 숙달된 스포츠 기술과 산업생산, 전투에 필요한 체력의 기술을 과시하였다.

무용예술의 발전을 위한 조치는 체육진흥책과 마찬가지로 중요시되어 댄스, 발레, 오페라의 합동공연단이 전국을 순회하였다. 정부는 댄스를 재능 있는 예술가로 한정하지 않고 일반 대중에 널리 보급하여 대중들은 댄스를 자기표현의 수단으로써 즐겼다. 정부는 댄스 서클이나 공원클럽에서 행하는 포크 댄스를 장려하고, 대규모의 린스 댄스제를 주최하여 민속무용에 대한 애호심을 불러일으켰다.

지방과 전국 체육대회는 체육활동에 많은 사람들을 참가시키는 효과가 있었다. 현재 30종 이상의 선수권대회가 스포츠 진흥단체에 의해서 개최되고 있으며, 또한 모든 연령층의 국민에 대해서도 체육대회가 계획되었다. 지방이나 학교의 예선대회를 거쳐 각 종목의 경기대회가 개최되고 있다.

공산주의 국가가 세워진 초기의 소련팀은 부르주아 국가를 대표하는 상대 팀과 시합하는 것을 금지하였고, 단지 세계 각 지역의 노동자단체와 경기하는 것이 허용되었다. 그러나 제 1 차 세계대전 이후 소련은 유럽에서 개최되는 여러 경기에 참가하기 시작하였으며, 1952년에는 처음으로 올림픽경기에 참가하였다.

소련의 스포츠 행사의 목적은 일반 대중의 훈련에 있다고 공식화되었기 때문에 정식 경기대회에서도 일반 대중이라는 원칙에 입각하여 1개 단체가 소년조와 노년조를 포함한 4~7개 팀까지 출전시켰다. 18세 이하의 남녀는 성인시합에 참가하는 것이 금지되었다.

뛰어난 기술을 보유하고 있는 경기자는 누구나 직업을 가지고 있거나 스포츠를 지도하고 있었다. 그들이 경기대회에 참가할 때에는 식비, 여비, 숙박비가 노동조합이나 체육위원회로부터 지급되었다. 운동경기자를 고용하고 있는 공장에서는 최종연습과 경기출전기간에 근무를 면제해 주었으며, 모든 임금을 지불하였다. 스포츠 마스터의 명예가 주어진 사람은 많은 특전을 누렸는데, 때로는 현재의 국제 아마추어 규정에 의하여 아마추어 자격을 박탈당할 만큼의 대접을 받기도 하였다.

소련에서는 체육운동을 도입한 초부터 체육의 진보는 과학적 연구를 토대로 이루어져야 하며, 경험을 통하여 획득한 훌륭한 결과는 길이 보전되어야 한다고 주장하였다. 학자들은 운동연습을 교육, 치료, 방위 및 산업과 관련지어서 연구하였다. 그리하여 공장노동자의 운동은 생산량과 피로의 관점에서 분석하여 연구되었으며, 아동들의 성장발달이나 경기자의 효과적인 트레이닝 방법 등이 연구되었다.

그리고 다량의 체육서적, 논문, 잡지 등이 발행되어 체육분야의 지식을 축적해 나갔다. 전소련체육 · 스포츠위원회는 1930년부터 발행하고 있는《체육과 스포츠》, 1940년에 창간된《체육의 이론과 실제》, 전 소련 노동조합 중앙위원회와 공동으로 출판하는《소비에트 스포츠》등 대표적 잡지의 발행을 지속하고 있다.

특히, 소련의 헌법은 국민의 권리로서 의료혜택을 무료로 받을 수 있는 점을 명시하였으며, 국가는 출생 이전부터 아동들의 건강에 적극적인 관심을 기울였다. 이에 따라 의료관리는 체육활동을 지도하는 모든 기관에서 실시하며, 치료와 건강진단이 노동조합의 스포츠단체나 체육서클, 그리고 그 밖의 스포츠 클럽에서 실시되고 있다. 단체의 구성원으로 경기에 임하는 모든 사람은 연 2회의 신체검사를 받아야 했다.

체력장제도는 1931년에 시작하여 점차 보급되면서 그 내용도 충실해졌다. 18세 이상의 소년은 BGOT(소비에트 연방의 노동과 방위준비를 위한) 배지 테스트를 받았으며, 성인들에게는 포괄적이며 수준 높은 GTO(공산주의 목적달성을 위한) 배지 테스트가 실시되었다. 테스트는 성별과 연령별로 기준이 상이하며, 스포츠와 군사적인 활동능력을 검사하는 데 중점을 두었다. 테스트 종목으로는 구급처치, 위생, 기본지식, 체조와 그 지도능력, 높이뛰기, 등산, 150야드 장애물경주, 100야드 수영, 옷입고 하는 50야드 수영, 사격, 스키, 수류탄던지기 그리고 낙하산 등이 있었다.

모든 경기자의 최종목표가 되는 또다른 상징은 전소련체육 · 스포츠 위원회에서 뛰어난 성적을 올린 선수에게 수여하는 '스포츠 마스터'라는 명예로운 칭호를 획득하는 일인데, 이 칭호가 주어진 모든 경기자에게는 많은 특전이 주어졌다.

## 제 5 장

# 아메리카 대륙

### *시대개관*

북아메리카와 남아메리카 대륙을 포함한 신대륙을 총칭하여 아메리카라 부른다. 또한 유럽, 아시아, 아프리카 등의 구세계에 대하여 신세계라고도 한다. 아메리카 대륙의 가장 오랜 역사는 약 2만5천 년 전, 시베리아와 알래스카가 이어졌을 당시에 아시아 대륙에서 아메리칸 인디언들이 건너와 살기 시작한 사실에서 찾을 수 있다.

중간에 바이킹들이 아이슬란드와 그린란드로부터 건너온 일이 있지만 아메리카의 존재를 유럽에 널리 알린 인물은 1492년 바하마 제도에 도착한 콜럼버스였다. 이후 아메리고 베스푸치가 여러 차례의 항해를 하였고, 독일의 지리학자 발트제 뮐러가 1507년 쓴 《세계지지개설》이 소개되면서 본격적으로 관심의 대상이 되었다.

북아메리카에는 주로 영국의 청교도인들이 종교의 자유를 얻기 위해 이주하면서 유럽계 백인들이 다수를 차지하였고, 기존의 인디언들은 이들의 지배하에 놓이게 되었다.

라틴 아메리카에는 원래 페루의 잉카 문명과, 멕시코의 아스텍 문명 및 마야 문명 등 상당히 진보된 문화가 원주민들에 의해 꽃을 피우고 있었다. 그러나 에스파냐와 포르투갈의 침략과 지배로 기존 문명은 파괴되었고, 오랜 기간 스페인과 포르투갈의 군사적 · 문화적 통치를 받게 되었다. 중세 유럽의 강국이었던 스페인과 포르투갈의 식민지 지배를 오랫동안 받으면서 인종적인 변화까지 겪게 된 라틴 아메리카는 20세기가 되어서야 비로소 독립의 길에 들어서게 되었다.

오늘날에는 순수한 혈통을 가진 원주민보다 유럽인의 피가 섞인 혼혈인들이 더 많다. 독립을 쟁취한 라틴 아메리카인들은 이상적인 정치체제를 구상하였으나 대의민주주의의 정치적 안정을 이루는 데 실패하고 말았다. 그러나 오랜 식민지배의 영향으로 인해 정치, 경제, 사회, 문화적 모순을 가졌음에도 불구하고 라틴 아메리카는 이러한 모순을 극복하고 안정된 국가를 만들기 위해 많은 노력을 기울이고 있다. 또한 라틴 아메리카에서는 백인계와 혼혈인계, 그리고 원주민계 등의 주민이 혈통에 구애받지 않는 생활양식을 누리고 있다.

유럽계 백인들이 주도한 북아메리카에서는 유럽의 선진문물과 산업생산방식을 받아들여 일찍이 번영의 길에 접어들었지만, 중남미의 라틴 아메리카는 광활한 땅과 풍부한 천연자원에도 불구하고 잦은 정치적 격변과 낮은 교육여건으로 열악한 생활을 벗어나지 못하고 있다.

## 1. 미국의 체육

1620년 일단의 청교도들을 태우고 미국 동부의 플리머스(Plymouth)에 도착한 메이 플라워(May Flower) 호는 종교의 박해를 벗어나기 위해 제일 먼저 신대륙에 도착한 배로 기록되고 있다. 영국의 식민지 지위를 누린 초기의 이주민들은 점차 인구가 늘어나자 서부 개척에 나섰고 남부의 풍요한 땅에도 관심을 갖게 되었다. 그러나 18세기 후반, 식민지 본국인 영국의 중상주의 정책이 과세(課稅)정책으로 나타나자 식민지인들은 본격적으로 저항하기 시작하였는데, 1773년의 보스턴 차(茶)사건은 가장 대표적인 조세저항사건이었다.

1776년 7월 4일 식민지 13개 주의 대표자로 구성된 대륙회의가 독립

선언서를 채택함으로써 식민지의 독립과 시민정부의 수립을 알리게 되었다.

미국의 발전은 남북전쟁(1861~1865)이라는 최후의 시련을 통해 국가적 단합을 이루었고, 이후 산업혁명이 진행되면서 번영의 토대를 닦게 되었다.

20세기에 들어 양차 대전을 겪으며 미국은 세계 최강국의 길을 걷게 되었고, 제 2 차 대전 이후에는 소련과 함께 냉전체제의 주역으로 세계 질서를 주도하였다. 아울러 정치, 경제, 교육, 문화, 스포츠 등 모든 측면에서 커다란 영향력을 행사하고 있다.

### (1) 교육

식민지 시대의 초등교육은 교사나 교구가 잘 갖추어지지 않은 상태에서 읽기, 쓰기, 셈하기 및 작문을 가르치는 수준이었다. 따라서 놀이라든지 레크리에이션 등을 할 수 있는 장소도 없었을 뿐만 아니라 신체의 합리적 훈련도 생각할 수 없었다. 중등학교는 대도시에 산재하여 있었으나 라틴어, 그리스어, 헤브라이어 등의 고전어를 가르치는 대학에 입학하기 위한 준비과정이었을 뿐이었다. 또한 이 학교에서는 신학, 의학, 법학 등의 직업을 가지고 있는 사람의 자제만이 다닐 수 있었다.

문법학교(Grammar School)라고 불리는 이 중등학교는 학생이 사회생활의 실무에 직접 참여할 것을 목표로 하지 않았기 때문에 당시의 사회 실정과는 동떨어진 중세적인 성격을 띠었다.

국가주의가 싹트기 시작하면서 국민문학이 발달하기 시작하였고, 교과서도 만들어지는 동시에 모든 아동의 무상취학을 위한 공립학교 설립 여론이 고조되었다. 이 당시 교육의 주요 목적은 읽기, 쓰기, 셈하기의 3R's로 민주국가의 유지를 위한 교육에 힘썼다. 또한 정신교육이 초기의 교육자나 정치지도자에게 중요한 문제였다.

남북전쟁 이후 1865년부터 1900년까지 미국의 놀랄 만한 팽창은 국가주의 이념을 강화시켰으며, 나아가 식민지 획득을 통해 강대국으로 발전한 20세기에는 국제주의(Internationalism)가 싹트기 시작하였다.

국제주의 시기의 교육은 눈부신 성장을 가져왔는데, 특히 아동들에 대한 이해가 본격화되었다. 학습과정에서 '흥미 우선'과 '노력 우선'에 대한 논쟁이 벌어지거나 개인차의 견해가 채택된 것은 이러한 측면을 반영한 것이다.

듀이(Dewey, J., 1859~1952), 손다이크(Thorndike, E.L., 1874~1949) 등의 교육적 이상은 1930년부터 1950년까지 지속적으로 미국 교육에 지배적인 영향력을 행사했으나 제 2 차 대전 이후에는 비판을 받게 되었다. 즉, 훌륭한 시민을 육성하고 민주생활에 적응할 수 있도록 훈련을 시키는 한편, 산업상 필요한 새로운 직업과 행정 및 병역 등 전문적 분야를 가르치는 것이 요구되었다.

### (2) 체육

식민지 시대에 이주민들은 그들의 조건이 허락하는 한 출신국가에서 행하던 스포츠를 즐겼다. 경기가 행하여지지 않은 곳은 뉴잉글랜드의 청교도들이 자리잡은 지역뿐이었다. 그 밖의 지역에서는 남자들이 군사교육을 받는 날에 도보경주, 뜀뛰기, 복싱, 레슬링, 닭싸움, 경마 등이 성행하였다. 사냥은 신사들 사이에 많이 보급되었으며, 축구와 크리켓 그리고 테니스와 비슷한 파이브스(Fives) 및 야구와 비슷한 구기종목(Roundres) 등이 행해졌다.

이주민들은 점차 본국의 식민지배를 싫어하게 되었다. 이들은 본국으로부터의 독립을 추구하면서 점차 독립 공화국의 시민으로서의 건강과 체력발달을 강조하게 되었다.

독립의 기초를 닦은 프랭클린(Franklin, B., 1707~1790)은 건강과 체육의 문제를 처음으로 제창한 인물이었다. 그는 1749년 《펜실베니아의 청년교육에 관한 제안》에서 "대학은 청년에게 사회생활에 대한 준비를 시키는 것을 목표로 하지 않으면 안 된다. 학교는 놀이터, 과수원, 광장들을 가지고 학생이 게임, 달리기, 뛰기, 레슬링, 수영 등을 할 수 있게 준비하여야 한다"고 주장하였다.

또한 베크(Beck, C., 1798~1866)는 독일의 라운드 힐 학교에 근무하면서 얀의 체조저서를 번역한 글에서 "신체훈련은 개인뿐 아니라 국가의 안전과 복지에 매우 중요하다"라고 지적하였다. 얀의 제자가 되었던 폴렌(Follen, C., 1798~1840)은 보스턴 체육장의 설립을 지원하였다.

당시 대학의 유일한 체육수업은 아마스트 대학의 히치콕(Hitchcock, E., 1828~1911)에 의해서 행하여졌다. 그는 '미국의 구츠 무츠'라고 불릴 만큼 체육에 커다란 공헌을 했다. 미국은 1850년경에 운동에 관한 관심이 약간 촉진되었으나 남북전쟁으로 인하여 방해를 받았다.

국가주의 시대에는 학교에 스포츠를 도입하려는 의욕이 모든 학생단체에서 일어났다. 그 결과 운동장이 마련되어 학생들은 넓은 운동장에서 여가를 즐기면서 정신적 피로를 푸는 동시에 레크리에이션이나 캠프를 통해 사회적 경험을 얻기 위한 좋은 기회를 갖게 되었다. 이 시기에 미국의 체육은 유럽에서 전하여진 것과 미국에서 발전한 것이 함께 존재하였다.

하버드 대학에 근무하던 체육연구자 서전트(Sargent, D.)는 신체훈련의 목적을 위생적 목적, 교육적 목적, 휴양적 목적, 치료적 목적 등 네 가지로 분류하였다. 또한 그는 체육의 근본목적과 최고의 이상이 개인의 체력이나 기능을 향상시키는 데 있다고 말하였다.

YMCA에서는 독자적인 체육체계를 고안하였는데, 이 단체는 체육의 목적이 신체를 건강하고 균형 있게 발달 · 단련시켜 기독교 정신으로 훈련된 사람을 기르는 데 있다고 하였다. 따라서 YMCA는 청년의 신체적인 것, 지적인 것, 정신적인 것이 융합된 교육을 시도하였다.

대학에서 행하여진 교육은 신체적 결함의 교정에 치중하였다. 이러한 경향은 시진드가 발달시킨 스웨덴식 체조운동이나 기구에서 엿볼 수 있다. 특히 스웨덴 체조가들은 올바른 자세란 척추를 똑바로 하고 어깨를 펴는 것이라고 생각하였으며, 스웨덴 체조를 연구하여 이러한 목적을 날성할 수 있게 하였다.

1900년까지 경기와 체조는 상호 관련이 없는 것으로 생각하였다. 체조는 체육의 범주 속에 포함되었으나, 경기는 체육으로 생각하지 않았다. 따라서 체조는 건강의 유지 · 증진을 위하여 과학적으로 연구된 방법으로 인식되었다. 경기는 주로 대학과 기타 고등교육기관에서 행해졌으며, 성행했던 경기로는 야구, 테니스, 골프, 볼링, 농구, 레슬링, 복싱, 하키, 배구, 펜싱, 스케이트, 스키, 라크로스, 크리켓, 궁술, 축구 등이 있었다.

1789년 전국아마추어경기자연맹이 조직되었는데, 이 연맹이 결성된 목적은 스포츠의 직업화 경향을 막고 스포츠를 본래의 순수한 형태로 발전시켜 높은 품위와 질서 있고 공정한 태도를 지키려고 하는 데 있었다. 또 이 조직에서 아마추어경기연맹이 발전하였는데, 이 단체는 조직적인 체육운동과 교육을 장려하여 아마추어 스포츠의 개선 · 진흥을 목표로 하였다.

이 시대의 놀라운 현상은 여자가 스포츠나 게임에 관심을 갖기 시작하였다는 것이다. 크리켓, 하이킹, 자전거타기 등을 여자들이 처음으로 하였으며 이어서 테니스와 활쏘기가 부인들의 흥미를 끌었다. 따라서 서전트 학교의 여학생들은 1890년대에 농구나 육상경기와 같은 활발한 스포츠를 하였다. 스포츠에 대한 흥미는 무용에서도 나타났는데, 길버트는 서전트에서 암시받은 새로운 발레를 창안하였으며, 민속무용도 교육과정에 채택되어 행해지기도 하였다.

이와 같이 1865년에서 1900년까지는 보건체육과 레크리에이션의 형성기라 볼 수 있다. 이 시기에 미국의 체육은 급속한 성장기를 맞이하여 견고한 기초를 이루었다.

국제주의 시대의 체육은 각 분야에 걸쳐서 과학적인 방법이 시행되었다. 이때 마련된 계획에는 경기성취 테스트(Athletic Achievement Test)의 발달, 성취척도(Achievement Scale)의 작성, 자세측정(Measurement of Posture), 새로운 통계기술과 객관적 테스트의 사용, 순환기능연구(Cardiovascula Research), 운동에 포함되는 인자의 결정 등이 있었다. 그리고 이 때에 체육교사 양성을 위하여 4년제 대학과정이 있었으며, 우수한 학생을 위한 대학원과정이 개설되었다.

우드(Wood, G., 1892~1942)와 헤더링턴(Hetherington)에 의하여 발전된 신체육(New Physical Education)이 직접 체육에 응용되었다. 독일 체조나 스웨덴 체조에 의하여 지배되었던 체육에 대하여 불만이 나타났으며, 우드는 다음과 같은 세 가지 점에서 종래의 체육을 비판하였다. 첫째, 종래의 체육은 근육과 신체를 의식한 형식운동에 의하여 학급수업에서 충분히 얻을 수 있는 바른 자세라든가 교정 등의 효과를 구하고 있었다. 이와 같은 효과는 자연적이고 자발적인 즐거운 운동에서도 충분히 얻을 수 있는 것이다. 둘째, 종래의 체육은 신체에 지나치게 치중하여 심적 태도 및 성격과 인격에 미치는 영향을 충분히 고려하지 않고 있다. 셋째, 종래의 체육은 인간의 생활활동에 관계가 없는 여러 가지 형태의 능력을 발달시키는 데 시간과 노력을 소비하여 온 것이다.

또한 우드는 "신체의 건강을 직접적인 목적으로 하는 운동은 도리어 그 목적에 도달할 수 없을 것이다. 건강은 주목적이기보다는 활동의 부산물이 아니면 안 된다. 체육이 심리학적으로나 생리학적으로 보아서 옳고 교육학적으로 받아들일 수 있을 때, 전체로서의 교육 또는 타교과나 그 부문과 유기적으로 관련된다"라고 말하여 체육이 다른 여러 과학에 의존해야만 하는 필요성과 교육과의 관련성에 대하여 지적하였다.

헤더링턴은 이러한 체육의 새로운 개념을 신체육이라는 명칭으로 바꾸어 부르고, "교육에 중점을 두고 정신뿐만 아니라 인간 전체의 활동이 교육적이어야 한다는 의미에서 체육은 신체적이라는 이해 위에서 신체육이라 불러야 할 것이다. 왜냐하면 교육은 신체를 위한 것도 아니고 정신을 위한 것도 아니며, 교육활동에 의하여 발달되는 인간의 모든 능력을 위한 것이기 때문이다"라고 말하였다.

헤더링턴은 신체적 교육과정의 네 가지 면을 다음과 같이 지적하였다.

a. 생체(生體)의 교육: 생명력을 기르는 과정

b. 정신운동의 교육: 신경과 근육의 상관활동에 있어서 힘과 기술

을 발달시키는 과정

c. 성격교육: 도덕적 · 사회적 · 정신적인 여러 능력의 발달

d. 지적 교육: 아동은 행동하는 것으로, 특히 유희를 통하여 배움

신체육사상은 제 1 차 세계대전까지는 학교체육에 거의 영향을 미치지 못하였고 다른 방면에 작용하였다. 운동경기나 운동장의 진흥운동은 교육적 훈련의 형식주의에 반대하였고, 대중의 흥미를 잃기 시작한 구식 체조와 대립하였다. 레크리에이션이나 경기의 프로그램, 그리고 인기 있는 운동 등이 체육의 지위를 점하기 시작하여 운동장에서 성행하던 게임이 학교교정이나 체육관에서도 행해지기 시작하였다.

최초의 신체육교육과정에 있던 종목으로는 달리기, 높이뛰기, 기어오르기, 육상경기, 펜싱, 레슬링, 복싱 등 주로 개인경기였으나 얼마 후에 농구, 배구가 수업에 포함되었다. 1916년에 인기 있던 대학교내 경기는 농구, 야구, 테니스, 미식축구, 수영, 핸드볼, 스케이트 등이었고, 1920년대에는 레크리에이션적 종목을 채택한다는 의미에서 테니스, 수영, 골프를 체육교육과정에 포함하였다.

무용은 종래의 미적 무용에 대응하여 민속무용이 나타났고, 1920년대에 일어난 현대무용이 학교체육에서 중요한 위치를 차지한 것은 1930년 이후의 일이다.

이 시대에 슈나이더는 순환기능의 효율 테스트를 창안하였고, 터틀은 맥박비(比) 테스트(Pulse-Ratio Test)를, 멕클로이는 성취척도(Achievement Scale)를, 서전트는 서전트 점프(Sargent Jump) 테스트를, 브레이스는 운동능력(Motor Ability) 테스트를, 커즌스는 일반운동능력(General Athletic Ability) 테스트를, 로저스는 하버드 근력검사(Harvard Strength Test)를 각각 창안하여 체육연구의 선구자가 되었다.

1930년대에 체육은 새로운 변화를 맞이하였다. 우드와 헤더링턴에 의하여 발전한 체육의 이념이 점차 인정되고 있을 때, 이것을 적극적으로 지지하고 주장한 사람은 콜롬비아 대학의 윌리엄스(Williams)와 뉴욕대학의 내시(Nash)였다.

체육을 교육의 일부로 생각하는 우드가 체육을 '신체의 교육(Education of The Physical Body)'이라고 말한 것에 반해, 윌리엄스는 체육을 '신체를 통한 교육(Education through The Physical Body)'이라는 유명한 말로 표현하였다. 윌리엄스에 의하면 "체육은 신체적으로 건강하고, 정신적으로 생기 있고, 사회적으로 건전한 상태와 관련하여 개인이나 집단이 활용할 수 있는 기회를 주는 재치 있는 지도성과 적절한 시설을 공급하는 것을 목적으로 하여야 한다"라고 요약하였다.

내시는 체육을 통한 교육의 네 단계를 기술하였는데, 이는 헤더링턴의 개념을 약간 발전시킨 것이었다.

a. 내장기관의 발달: 아래 세 가지의 기초가 됨.

b. 신경근의 발달: 헤더링턴의 정신운동교육과 일치함.

c. 지적 · 해석적 · 대뇌피질적 발달: 헤더링턴의 지식교육에 해당됨.

d. 정신적 · 충동적 발달: 헤더링턴의 성격교육과 같음.

1930년대에는 체육의 새로운 목표를 '여가에 대한 대책'이라 표현하였다. 왜냐하면 수백만의 미국인을 실업에 빠뜨린 경제공황으로 인하여 여가문제가 급속히 대두되었기 때문이다.

중등학교의 교육과정에 대하여 분석한 결과, 체육의 목표로 장래 여가생활을 위한 게임이나 운동을 가르치는 것이 가장 많은 비율을 차지하였고, 이어서 보건의 실천 및 적절한 습관의 형성, 시민성 및 공정한 성격의 발달, 자세의 개선, 신체결함의 방지 및 교정, 정상적인 성장과 내장기관의 발달 촉진 등이 순서적으로 나타났다.

인간생활에서 유희의 개념과 역할도 사회심리학의 새로운 사고방식이 발전함에 따라 변화하였다. 유희보상설(Compensation Theory)과 자기표현설(Self Expression Theory) 등이 새로운 이론으로 제시되었다. 자기표현과 자유의 강조는 유희에 새로운 정신을 불어넣었다.

이 개념으로 볼 때 유희는 인간개성의 완전한 발전에 이바지하고, 유희가 생활을 풍부하게 하는 정도에 따라 그 가치가 판단되었다. 이러한 새로운 해석이 유희를 교육과정 속에 구체화시키는 데 많은 역할을 하였다.

또한 경기참가가 도덕적 자질의 향상을 위하여 장려되었다. 스포츠에서 개인의 가치는 그 기술이나 스포츠맨십에 의하여 측정되었다.

제 2 차 세계대전은 전국 고등학교의 체육수업시간의 증가, 체육에 참가하는 학생의 증가, 학교경영자의 체육에 대한 관심의 개선, 학과로서의 단위 인정 등 많은 변화를 주었다. 그리하여 모든 고등학교의 학생이 매주 5일간의 체육수업을 받도록 권장되었다.

그리고 전국에 산재되어 있는 체육장은 물론 YMCA에서도 시설과 직원을 군대 및 민간요원을 위하여 제공하였다. 병사들은 회원권 없이 YMCA의 체육장을 이용할 수 있었고 전시노동자, 10대의 소년, 사무원 등 징병 전의 청년을 대상으로 하는 수업을 실시하기도 했다.

또 전시동원에 의하여 파생된 교원부족을 해결하기 위하여 체육에 대한 전문교육을 받지 못한 사람들에게 28개 주에서 교육을 시켜 임시자격을 주었다. 이에 따라 많은 대학이 처음으로 체육전공과정을 개설하였고, 1950년까지는 400개 이상의 대학에 개설되어 1950년 6월경에는 약 1만 명 이상의 체육과 졸업생이 배출되었다.

1930년부터 1950년까지의 체육교육과정은 여러 가지 변화를 가져왔는데, 몇 가지의 전통적인 활동에 새로운 레크리에이션에 가까운 스포츠가 더해졌고 미용체조(Calisthenics), 리듬운동, 기계운동, 텀블링, 육상경기, 팀 게임, 수영 인명구조, 매스 게임, 댄스, 테니스, 골프, 핸드볼 등이 이 계획에 포함되었다.

전쟁중의 체육교육과정은 체력이라는 기본목표에 맞게 수정되어 수상경기, 체조, 릴레이, 미용체조, 텀블링, 복싱, 레슬링, 매스 게임, 팀 게임, 도로경주, 신체적 노동, 캠프 등이 강조되었다. 수상경기는 완전히 옷을 입은 채로 떠 있는 능력이나 장거리를 헤엄치는 것이 중요시되어 사이드 스트록, 백 스트록, 크롤 등이 지도되었는데 이 운동들은 태평양전쟁의 영향으로 중요하게 된 것이다.

여성의 체력도 상당히 존중되어 미국 역사상 처음으로 여성이 군대에 입대하는 것이 허락되었고, 또한 많은 여성들이 체육교육과정에 참가하는 것도 부수적으로 뒤따랐다. 여성의 운동에는 수상경기, 체조, 릴레이, 미용체조, 리듬운동, 팀 게임(하키, 농구, 축구, 스피드 볼 등), 개인경기(하이킹, 스케이팅, 자전거, 스키, 승마 등) 등이 있었다.

무용은 1947년 미국의 대학을 조사해 본 바에 의하면, 526개 대학 중 42%가 현대무용을 가르치고 있었고 기타 민속무용, 사교무용, 스퀘어댄스 등의 순서대로 나타났으며 발레는 거의 찾아보기 어려웠다.

이 시대에는 일반교육으로서 체육의 지위가 안정되어 체육교사는 '특별교사'라는 카테고리에서 벗어나 정식 교사로 인식되었다. 이러한 경향은 대학의 교육학부에 체육의 전문과정을 설치하려는 움직임과 학문적 자격을 가진 교육자로서 체육교사의 승인, 주(州) 교육국에 속해 있는 체육교사의 증원, 전문교육의 학사와 박사과정의 확대, 자격기준의 개선 등 비약적인 발전의 모습으로 이어졌다.

## 2. 캐나다의 체육

캐나다는 오늘날 미국의 영향을 가장 많이 받는 국가로 미국과 유사한 사회운영 시스템을 갖고 있다. 캐나다는 세계 2위의 넓은 영토를 갖고 있는데 약 3천 년 전부터 인디언과 에스키모인들이 거주하고 있었다. 이 광활하고 풍요로운 땅이 유럽에 알려진 것은 10세기 무렵으로 처음에는 바이킹들이 이 곳에 도착하기도 하였지만 본격적인 관심은 15세기부터였다. 그 뒤 프랑스인들이 본격적인 탐험에 착수하여 1593년 프랑스의 자크 카르티에가 세인트 로렌스 만에 도착하여 이 곳을 '캐나디'로 명명하였다. 많은 프랑스 이민이 급증하면서 영국 식민지와 충돌하기 시작하다가 당시 막강한 군사력을 보유한 영국에 패하면서 1763년에 파리조약으로 영국령이 되었다. 그 후 본국 정부와의 마찰이 점차 확대되었는데, 1931년에 와서야 영국연방으로부터 자치권을 얻을 수 있었다. 마침내 1951년에 헌법을 개정하여 캐나다 자치령에서 캐나다로 변경하였다.

현재 캐나다는 영국과 프랑스계 주민들이 복합적으로 영향력을 발휘하여 독특한 문화를 유지하면서 나름대로의 국가체제를 형성하고 있다.

### (1) 교육

경제적 · 인종적 · 종교적 배경이 상이한 캐나다의 독특한 사회상황으로 인해 캐나다의 국민들은 그 단합에 있어 뒤떨어지는 측면이 있다. 캐나다 국민의 약 44%는 영국계이고, 30%가 프랑스계이다. 또한 학제(學制)의 차이가 있어 서로 분리된 공립학교제도를 갖고 있다.

퀘벡(Quebec) 주에서는 프랑스어를 사용하는 카톨릭 학교와 영어를 사용하는 신교 학교가 동시에 있는 반면에, 뉴펀들랜드 주에서는 일곱 가지의 서로 다른 학제가 혼재하고 있다.

이상과 같은 상황으로 인해 캐나다 연방정부는 교육의 전담부서가 없고 교육에 관한 권한도 거의 없다. 대체로 지방이나 농촌의 학교가 캐나다 교육에서 커다란 역할을 하고 있다. 캐나다의 교육목표는 "다 같이 노는 가정은 함께 오래 계속되는 가정이다"라는 슬로건에 잘 드러나 있다.

### (2) 체육

캐나다에서 레크리에이션을 입법화한 것은 극히 최근의 일이다. 1940년에 캐나다 뉴펀들랜드 교육협회는 정부에 권고하여 가장 적절한 보건계획을 세우도록 노력하였고, 실업청년을 대상으로 하는 훈련계획도 세웠다. 그 결과 국민체력법이 1943년에 통과되어 캐나다의 체육과 레크리에이션 발전에 공헌하였다.

이 법률은 보건 · 후생부의 체력국(Physical Fitness Division)에 의하여 시행되었다. 체력국에서는 스포츠 경기와 레크리에이션 등에 관한 정보의 교환소 역할을 하고, 연구조사를 실시하거나 필름제작에 대하여 협력하기도 하였다. 또한 그 분야에 관한 국내 및 국제회의에 참가하는 한편, 지도자 훈련 · 교육과정에 관한 교재의 출판이나 후원을 하였다. 체력국은 원래 조정하고 독려하거나 자문에 응하는 기관으로서 직접 활동계획을 실행하지는 않는다. 체력에 관련된 여러 가지 문제의 실질적인 운영은 주(州) 혹은 지역사회의 책임으로 되어 있다.

국민체력법의 통과로 연방정부는 주와 협정이 된 경우에는 주에 계속적으로 교부금을 주었다. 이것은 1944년 이전에 체육 또는 레크리에이션 기관을 갖지 못한 여러 주로 하여금 체육계획을 수립토록 하는 계기가 되었다.

주의 체력을 담당하는 과장(課長)의 일반적인 활동에는 지도자 양성과정과 관련하여 인가된 지방계획에 대한 재정원조, 레크리에이션에 관한 정부기관과의 협력, 레크리에이션 분야에서 주 내부의 여러 기관들의 통합 · 조정, 여러 사업의 상담, 정보제공 프로그램이나 직원의 기준제정, 그리고 연구조사의 실시 등이 있다. 또한 각 주는 학교의 계획과 관련된 주 체력과장의 직무를 규정하고 있다.

체육계의 조직화가 이루어진 것은 비교적 최근의 일인데 1906년에 캐나다대학대항경기연맹이 조직되었다. 이 연맹에는 축구, 크리켓, 하키, 라크로스 등 많은 클럽이 속해 있었다. 1922년에는 토론토지방체육클럽이 생겼고, 1923년에는 퀘벡체육협회가 결성되었으며, 1933년에는 캐나다체육협회(CPEC)가 조직되었다.

캐나다의 학교체육의 교육과정은 미국과 비슷하다. 한때는 유연체조나 교련을 중요시하였으나 오늘날에는 많은 스포츠나 리듬운동 및 레크리에이션 활동을 포함하고 있다. 민속무용에 대한 관심이 높으며 참가자들이 스커트를 입고 피리에 맞추어서 춤추는 스코틀랜드 고전무용이 매우 인기가 있었다.

맥길 대학의 학생들은 하키를 보급 · 발전시켰다. 크리켓은 영국 군인들의 소개로 현재까지 행해지고 있으며 농구나 야구의 인기도 날로 높아지고 있다. 캐나다의 국기였던 라크로스는 옛날 인디언의 바게타웨이(Baggataway)에서 발전한 것으로 축제일 또는 종교의식에서 행해진 것이었다.

## 3. 멕시코의 체육

멕시코는 원래 다채로운 제례행사를 가진 평화로운 나라로 알려져 있고 아스텍과 마야 문명을 꽃피운 지역이었다. 1810년대에 독립을 위한 노력이 시작되어 1821년 독립을 이루었지만 억압적인 통치체제로 많은 국민들이 고통을 겪게 되었다. 1910년 하층민과 민족세력이 힘을 합쳐 기득권세력에 저항한 멕시코혁명을 거쳐 커다란 변화를 가져왔다. 이 계급적 성격의 혁명으로 친외국계 자본가 및 지주권력은 붕괴되고 자원의 국유화 및 재산의 분배 등이 이루어졌다. 그렇지만 이후에도 여러 세력간의 대립으로 혼란이 지속되었으며, 최근에서야 민주국가로서의 면목을 지니게 되었다.

오늘날 멕시코는 여행자들을 매혹시킬 수 있는 자연을 잘 이용하여 관광객들을 유치함으로써 외화를 벌어들여 경제에 도움을 주고 있다. 멕시코는 톱모양의 산과 건조한 황무지로 이루어져 있는데, 넓은 지역에 걸쳐서 소가 사육되고 있으며 풍부한 석유와 광물들이 개발되고 있다. 멕시코는 아직 농업의 비중이 크지만 점차 공업이 발전되어가고 있으며, 산업구조가 선진화의 길을 걷고 있다.

### (1) 교육

사회혼란이 지속되면서 교육에 있어서도 혼란이 나타나 교육계획이 여러 번 개정되었다. 따라서 멕시코의 교육을 쉽게 단정하기는 어렵다.

그러나 현재 멕시코의 교육조직은 계단식으로 민간이 경영하는 보육학교와 유치원이 있다. 초등학교는 6년 기간(7~12세)이고, 이 과정이 끝나면 상업학교나 6년제의 사범학교 또는 6년제의 중등학교에 들어갈 수 있다. 정부는 6세에서 15세까지의 의무무상교육을 실시하고 있다.

멕시코는 연방공화국으로 연방정부의 공공교육청이 주와 연방의 모든 학교에 관한 교육과정과 시험 등에 대하여 책임을 지고 있다.

### (2) 체육

체육은 다른 학과와 동등하게 인정된 교과이다. 게임, 스포츠, 위생 및 군사훈련에 충당하는 시간은 일관되어 있다. 초등학교에서 체육은 필수이며 고학년에서는 주당 2시간을 수업해야만 한다. 중등학교나 정규 사범학교의 교육과정에서는 체육을 각 학년마다 주당 2시간을 설정하였으며, 농업학교의 학습과정에서는 3년 동안에 주당 3시간의 체육을 하도록 배정하고 있다.

보건체육의 실시를 통해 멕시코 사람들은 건강한 시민과 보다 평등한 사회를 만들려고 하였다. 스포츠, 게임 및 댄스는 농촌의 고립화를 타파하고 농민의 생활에 충실한 경험을 가져오는 데 이바지하였다. 또한 건전한 레크리에이션은 청년의 에너지를 건전하게 발산시키는 방법이었으며 나태와 타락을 방지하는 수단이었다.

학교체육은 체력의 증강, 자세의 교정, 건전한 위생습관의 형성, 행동의 제한과 아름다움의 발달, 용기와 자기 자신의 함양, 리듬과 미에 대한 감각을 강화하기 위하여 미술이나 음악의 통합, 여가선용의 장려, 애국심과 국가에 대한 존경심, 유사시에는 시민 또는 군인으로서의 의무를 다할 수 있도록 준비하는 데 그 목표를 두었다. 병역은 의무제이고 체육과 스포츠는 모든 군인에게 부과되었다.

전국적인 스포츠 경기회나 지방 경기회는 공립학교의 학생들을 위하여 행해졌다. 대학대항 경기팀은 있으나 그렇게 성행하지 않고 있으며, 공장과 개인적인 클럽단위로 많은 팀이 조직되었다. 멕시코 시티나 몬테레이 등의 산업도시에서는 경기장, 수영 풀, 체육장, 음악실, 옥외극장들을 통하여 훌륭한 레크리에이션 계획을 수행하였다.

# 4. 브라질의 체육

브라질은 국토의 면적이 미국보다도 넓고 나머지 남미제국을 모두 합친 정도의 국토를 가진 나라이다. 브라질은 천연자원이 매우 풍부한 곳인데 커피, 솜, 카카오, 사탕수수, 야자열매, 삼림, 고무 등이 주된 농산물이고 수백만 마리의 가축을 방목하고 있다. 지하에는 석탄, 철, 석유 등이 풍부하고 또한 수력발전 개발의 가능성이 많은 나라이다.

## (1) 교육

브라질은 현재 초등교육을 무상으로 실시하고 있다. 초등학교와 사범학교는 주로 주정부에 의하여 유지되고 있고, 몇몇 교육기관은 사적인 단체에서 유지하고 있다. 그러나 모든 중등학교 기관은 연방정부가 직접 감독하고 있다.

## (2) 체육

최근까지 체육은 신체발달을 목적으로 하고 있었으나, 오늘날에는 근대적인 체육계획을 세워 신체의 조정강화와 아울러 사회적 교육이나 성격교육을 목표로 하고 있다.

1929년에 세워진 육군체육학교는 브라질 체육운동의 중심이 되었다. 그 후 민간인의 힘으로 상파울루에 체육학교가 설립되었고 또 국립체육 · 스포츠학교라 불리는 기관이 리우데자네이루에 세워져 브라질 대학의 한 학부가 되었다. 이 학교에서는 의사에게 체육 · 스포츠 박사학위를 주기 위하여 1년 학습코스를 만들었다.

체육은 모든 초등, 중등, 직업 및 사범학교에서 필수과목으로 되어 있다. 초등학교에서 체육은 20분 내지 30분씩 주 2회의 수업을 하고, 중등학교에서는 30분 내지 45분씩 주 2회에 실시하고 있다. 또한 모든 학생에게는 정기적으로 신체검사가 실시되고 있다.

초등학교의 체육 프로그램은 체조와 몇 가지의 게임으로 구성되어 있으며, 리듬체조나 포퓰러(Popular) 댄스도 실시되었다. 중등학교에서는 대부분의 체육시간에 체조가 중심이 되고 있다. 그 외에 옥외유희, 팀 또는 개인 스포츠, 수영장 수업 등이 있고, 상급생에게는 캠프가 주어졌다. 현재는 스포츠가 점차 장려되어 대부분의 학교에서는 농구, 축구, 테니스 등을 할 수 있는 시설을 가지고 있으며 수영장 시설을 가지고 있는 학교도 있다. 군사훈련은 대체로 16세 이상의 체력이 좋은 남자학생에게 행해졌다

단일종목 혹은 몇 개의 종목으로 되어 있는 민간스포츠단체가 있으나 축구, 수영, 테니스, 조정, 육상경기는 브라질스포츠연맹에 가맹되었다. 이 연맹은 스포츠에 관계된 정식 조정기관으로서 정부의 승인을 받고 있으며, 만일 새로운 연맹을 만들 경우에는 정부의 승인을 받아야 한다.

대도시에 있는 많은 스포츠 클럽은 체육관, 수영장, 골프장, 육상경기장, 폴로 경기장 및 캠프장 등을 가지고 있다. 전국의 스포츠단체는 교육부의 협의기관인 전국스포츠심의회를 통하여 정부의 감독을 받는다. 이 심의회는 교육부 장관의 추천으로 대통령이 임명한다.

브라질의 젊은이들은 스포츠를 즐기며 여자들은 그들의 사회적 지위가 높아짐에 따라 경기의 애호자가 되었다. 유명한 해수욕장에서는 많은 시민과 여행자들이 일광욕이나 파도타기를 하고 있다. 최근 브라질의 수영선수들의 기술은 세계 스포츠계에서 인정받고 있다.

브라질은 축구가 성행하여 프로축구경기가 시행되고 있으며 많은 축구선수를 가지고 있다. 리우데자네이루의 큰 경기장은 약 20만 4천 명을 수용할 수 있다. 부유층 사람들은 경마와 폴로를 많이 하고 있다. 악어사냥은 일반적인 스포츠가 되었는데 활, 창, 칼, 라이플 총 등을 사용하고 있다.

브라질 사람들은 사육제 시즌이 되면 열광적으로 춤을 춘다. 화려한 지역사회의 제례행사에는 축하연회나 노래 및 댄스를 하는 날이 정해져

있고, 카톨릭 교회의 행렬성가나 의식 또는 아프리카의 의식 등 여러 가지가 행해지고 있다. 전통적인 제례는 시대가 흐름에 따라 규모가 작아지고 종목도 감소되고 있지만 아직 몇 가지는 일반적인 양식으로 남아 있다.

# 제 3 편

# 동북아 체육사

제 1 장 한국
제 2 장 중국
제 3 장 일본

# 제 1 장
# 한 국

우리나라의 경우, 대부분의 체육대학이나 체육학과에서 체육사는 필수과목으로 지정하고 있으나 대체로 서양의 체육사를 가르칠 뿐 우리나라의 체육사에 대해서는 잘 가르치지 않고 있다. 한국인으로서 남의 나라 역사는 잘 알면서 자기 나라의 역사를 제대로 모른다면 무엇인가 문제가 있는 것이다.

한국 체육사는 스파르타와 아테네의 체육과 같은 의미의 체육적 사실이 없기 때문일까? 이는 우리나라에 체육사의 사료가 될 만한 사실이 없다는 점에 있는 것이 아니라 우리나라 체육사에 관한 중요한 자료가 대부분 한문으로 씌여 있어 연구에 커다란 제약요인이 되기 때문이다. 우리에게도 역사적으로 중요한 체육적 사실들이 있었다. 시간적으로 가까이 있었던 88 서울올림픽의 개최사실이나, 멀리는 고구려의 고분벽화에 나타나는 위대한 체육적 사건들이 모두 우리의 체육사에 포함되어야 할 것들이다.

나를 모르고 남을 이길 수는 없다. 우리를 모르고 남들과 경쟁하는 것은 패배를 시인하는 것과 마찬가지이다. 남들의 거창한 역사적 사실보다도 우리의 작고 보잘 것 없는 것이라도 우리의 것이 더욱 소중한 법이다. 지나온 우리 선조들의 체육에 대한 관심과 역사적 사실들에 대한 이해는 앞으로 새 역사를 창조해 갈 젊은이에게는 매우 중요한 밑거름이 될 것이다.

## 1. 원시 및 부족국가시대의 체육

### *시대개관*

톰슨(Thomsen, 1836)은 생산도구를 만드는 기술에 따라 석기시대, 청동기시대, 철기시대로 시대를 구분하고 있다. 석기시대는 다시 구석기, 신석기시대로 구분하는데 100만 년 내지 200만 년으로 추측되는 인류역사는 대부분은 석기시대였다.

한민족은 구석기시대부터 한반도에 거주하였었다. 그러나 3~2만 년 전에 한반도에 살았던 구석기인의 혈통이 오늘의 한민족의 조상인지는 불분명하다.

B.C. 5~4천 년경인 신석기시대 말기부터 현재의 중국 동해안 일대와 남만주, 발해만 일대 그리고 한반도 전역에 걸쳐서 거주하던 동이족들은 나름대로의 문화권을 형성하여 타문화권과 교류를 하기 시작하였다. 이들은 앞선 신석기시대 초기의 사람들과 구분이 되는데, 이들은 무늬가 없는 무문토기와 청동기를 함께 쓰고 있었다. 이들 동이족(東夷族)은 큰 활을 매우 잘 썼던 민족으로 역사에 기록되고 있다. 동이족에서의 夷란 弓과 大의 합자로 이루어진 글자이다.

중국의 은나라가 망하고 서쪽에서 진출하여 온 주나라가 일어남에 따라 그 침입에 의해 동이족이 한반도 주변으로 이동하면서 이들이 먼저 정착해 있던 선주민들과 결합하면서 최초의 고대국가인 고조선을 성립시키게 되었다.

고조선은 남만주와 한반도에 걸친 광대한 지역을 차지한 고대국가였다. 고조선은 철기문화를 이루고 있었는데 그 유물을 보면 농기구나 토목공구 이외에 무기류도 만들었으며 철로 만든 각종 칼, 창, 마구 등의 출토물이 나오고 있다. 이러한 철기류는 중국식보다 스키토 시베리아

**선사시대 주거지 모습**(서울 강동구 암사동)

(Scytho Siberian) 계통의 북방식이 주종을 이루고 있어 기마유목민족의 영향을 많이 받았음을 알 수 있다. 한반도에 철기문명이 전래된 것은 B.C. 3세기경이고 본격적인 수입은 한의 낙랑군 설치 이후였다. 철기문명이 일반화되면서 한민족의 사회는 새로운 변화를 맞이하게 되었다.

고조선이 한의 침략으로 변모하면서 한의 군현을 비롯하여 부여, 고구려, 동예, 옥저 등의 부족국가가 등장하였다. 한강 이남에서는 마한, 변한, 진한의 삼한이 진국이라는 이름으로 그 세력을 다투면서 자웅을 겨루어 나갔다.

## 1) 원시시대의 체육

원시시대의 인간의 생활을 이해하기 위해서는 고고학과 민속학 또는 문화인류학의 방법을 써야 한다. 고고학은 인류가 남긴 유물이나 유적을 자료로 하여 언제 이러한 것들이 쓰여졌는지를 알게 해준다. 그러나 이러한 시간적인 사실의 발견만으로는 정확한 당시의 모습을 재생하는 데는 도움을 주지 못한다. 따라서 유물이나 유적만으로 과거 인류의 생활을 다 알아낼 수 없으므로 인류생활의 바탕이 되는 사회의 조직과 기능에 관하여는 현재 아프리카나 태평양상의 섬에 살고 있는 미개민족을 연구하는 민속학이나 문화인류학의 방법으로 복원시키는 수밖에 없다.

원시사회인들의 생활 그 자체는 오늘날의 관점에서는 의도적인 활동은 아니었다. 그것은 생존을 위한 본능적인 활동이었던 것이다. 당시의 교육은 의식주를 해결하고 다른 인간이나 자연으로부터 자기를 지키는 기술을 습득하는 것이었다. 원시사회에서 개인의 전투능력으로서 달리기, 뛰기, 던지기, 격투, 무거운 물건 들기 등과 같은 기초적인 신체운동능력의 양성과 집단구성원의 단결력은 매우 중요한 내용이었을 것이다. 이는 개인과 종족의 생존을 보존하는 수단이기 때문이었다.

원시시대에 행해졌던 체육으로는 달리기, 던지기, 뜀뛰기, 기어오르기, 흉내내기 놀이, 수렵, 무용과 같은 활동이었다. 수렵은 이 시대의 중요한 식물획득의 수단이자 스포츠이기도 하였다. 활, 창, 돌도끼 등의 도구를 사용하는 방법은 하나의 기술로 인정되었으며, 이것은 먹을 것을 얻는 생산기술인 동시에 적으로부터 자신과 부족의 몸을 지키는 전투술이었다.

### 2) 부족국가시대의 체육

고조선, 고구려, 부여 등 강대했던 고대 부족국가사회에서는 집집마다 제각기 병기와 갑옷을 가지고 있었으며, 유사시에 모든 백성이 싸움에 나서야만 하였다. 이러한 국민개병제에 따라 백성들은 전투원의 역할을 할 수 있어야 했으니 이 때의 무사수련활동은 곧 체육의 일면이라고 할 수 있다.

부족국가사회에서의 체육의 모습은 제천행사, 성인식 등에서 엿볼 수 있다.

### (1) 제천행사

부족국가사회는 농경사회였다. 농사를 짓는 농경민족에게는 파종과 수확이 가장 큰 행사였다. 파종과 수확을 할 때는 모든 사람들이 하늘에 제사를 지내는 제천행사가 벌어진다. 고구려의 동맹, 부여의 영고, 예의 무천, 신라의 가배 등이 제천행사의 일종이었다. 우리 조상들이 5월 파종과 10월 추수 후에 하늘에 제사지내고 밤낮으로 술을 마시고 노래와 춤을 추며 놀았다는 제천행사는 하느님께 드리는 감사의 기도와 교제술이었다.

1930년대의 사학자 신채호는 이러한 제천행사에서 "선비를 '신수두' 단전의 경기회에서 뽑아 수박, 격검, 사예, 기마, 덕견이, 깨금질, 씰흠 등 각종 기예를 하며, 원근산천에 탐험하며 시가와 음악을 익히며 공동으로 일처에 숙식하며"라고 하여 각종 무예가 실시되었음을 밝히고 있다.

이러한 제천행사에서의 시범적인 경기회가 어떠한 모습이었는지는 가늠할 수 없으나 그것이 무예를 통한 유희적인 행사였을 것이라는 사실은 미루어 짐작할 수 있다. 한편 10월과 은정월에 제사지내는 제천행사는 농경행사라기보다는 수렵제의 의미가 있다고 볼 수 있다. 이는 '부여의 영고절에 군신이 동락하고 주몽과 대소태자가 수렵을 떠났다'는 사실에서 추측할 수 있다. 삼국사기 유리이사금조에는 신라에서 팔월 한가위에 6부를 반으로 나누어 길쌈겨루기를 하고 있는 가배에 관한 다음과 같은 기사가 나오고 있다.

> 왕이 이미 육부를 정한 후 이를 두 부분으로 나누어 왕녀 두 사람으로 하여금 각각 부내의 여자를 거느리어 편을 짜고 패를 나누어 추 7월 16일부터 날마다 대부의 마당에 모이어 길쌈을 시작하여 을야(10시경)에 파하게 하고 8월 15일에 이르러 그 공의 다소를 조사하여 지는 편은 주식을 장만하여 이긴 편에 사례하고 이에 가무와 온갖 유희가 일어나서 이를 가배라 한다.

이 행사는 여성들이 성년으로서 사회에 발을 들여놓는 성인식의 의미도 가진 것으로, 여성들이 1개월 이상의 철야 방적작업에 견디는 탁월성이 필요한 행사였다.

### (2) 성인식

부족국가시대의 체육으로 특별히 언급되어야 할 내용은 성인식에 관한 것이다. 정신적, 육체적인 고통을 참고 이겨야만 사회의 일원으로 인정하는 성인식은 부족국가사회에는 어디든지 있는 하나의 유형이었다. 중국의 사서인《삼국지》와《후한서》의 동이전에는 소년들이 신체적 고행을 하는 성인식의 행위가 묘사되고 있다. 성인식은 실생활에서 어떤 위기를 극복한 경험이 다른 일을 수행하는 데 커다란 도움이 된다는 실생활의 논리에서 나온 것이다. 이러한 경험을 예행연습하고 규정화하여 이를 통과한 자에게만 그 사회가 인정하는 일정한 사회구성원으로 인정해 주는 제도로 정착하게 된 것이라고 볼 수 있다. 이러한 경험 후에 이제까지의 생활을 잊고 청년단의 일원이 되었음을 선포하게 된다. 이러한 성인식을 하는 목적은 당시의 규범에 적합한 능력 있는 사람을 육성하고자 하는 취지에서 나온 것이다.

### (3) 궁술과 유희

고구려 건국신화에 나오는 동명성왕의 이름은 주몽이다. 주몽이란 이름은 부여말로 명궁수를 뜻하는 데서 연유되었다. 그는 나이 일곱살에 손수 활과 화살을 만들었고, 활을 쏠 때마다 명중했다고 한다.《삼국사기》에 따르면, 주몽이 부여에서 탈출하여 졸본천 부근에서 인근의 송양국 왕과 활쏘기 겨루기를 하게 되는데 주몽은 백보 밖에서 옥지환을 꿰뚫는 솜씨를 발휘하여 자신이 천제의 손자라는 사실을 밝히고 그 곳을 고구려의 터전으로 잡았다는 사실이 나온다. 뛰어난 활솜씨는 하늘에서 인정해 주지 않으면 이룰 수 없는 신기한 기술이기에 이러한 능력을 가진 주몽은 곧 천제의 손자라는 증표라고 주장을 한다. 이처럼 뛰어난 활솜씨는 한 나라를 이루는 기반이 되고 있다.

우리 민족의 전래오락 중 가장 오래된 놀이는 윷놀이다. 윷놀이는 정월 초하루에서 보름날까지만 실시했는데 이 민속놀이는 '도, 개, 걸, 윷, 모'라는 호칭을 붙여 실시하는 놀이로서 豚, 犬, 羊, 牛, 馬라는 짐승의 크기와 빠르기에 의해 판 위에서 말들이 나아가는 놀이이다. 이 놀이는 당시 부여의 사출도라는 관직의 이름에서부터 연유하였다.

## 2. 고대의 체육

### *시대개관*

한국의 고대란 삼국시대와 통일신라시대를 말한다. 삼국시대가 어느 시기를 말하는지는 학자마다 조금씩 차이가 있다. 실제로 백제의 경우 온조왕대는 마한의 일국인 백제국에 불과하였고, 신라의 박혁거세왕 때는 진한의 일국인 사로국에 불과하였을 뿐이었다. 또 북한학자들은 계급사관에 입각하여 국가발전의 개념을 원시사회, 고대의 노예제사회, 중세의 봉건사회라는 사회발전단계로 고대국가 형성시기를 잡으면서 고조선은 B.C. 8~7세기, 부여는 B.C. 5세기, 진국은 B.C. 4세기를 고대국가 형성시기로 잡고 있다. 중세 봉건국가의 형성시기는 고구려는 B.C. 1세기로, 백제는 A.D. 1세기 중엽으로, 신라는 A.D. 2세기 중엽으로 설정하고 있다. 대개 삼국시대란 고구려의 소수림왕, 백제의 근초고왕, 신라의 내물왕 때가 겹치는 370년경부터 신라에 의한 통일까지의 시기를 말한다.

고구려, 백제, 신라의 삼국은 안팎으로 공통점을 지니고 있었다. 즉, 안으로 친족공동체의 장이 우세한 경제적 지위로 일반 민중과 노예를 지배하면서 정치제도와 신분제도를 마련하고 중앙의 관리와 군대를 지방에 파견하여 지방에 대한 지배를 확고히 하였으며, 밖으로 고대국가였던 고조선이 한족의 침입으로 붕괴되자 한군현의 이이제이(以夷制

夷)정책으로 각 부족을 조종하여 통일세력을 방해하였음에도 불구하고 한족이 분열되면서 북방의 다른 민족들과 함께 그들의 지배력에서 벗어나 자체의 통일과 강한 결속을 토대로 고대국가를 이루었다는 점이다.

삼국은 각기 나름대로의 문화를 이루고 있었다. 불교문화와 중국문화를 종합하여 전 시대와는 다른 문화를 성립하면서 귀족예술을 발전시켰다. 특히 예술에서는 불교의 영향이 많이 나타난다.

고구려는 삼국문화의 방파제 역할을 하였고 문화에서도 불교문화와 중국의 한문화를 일차적으로 정리하여 백제와 신라에 전달하고 방향을 제시하는 입장이었다. 또 거란과 말갈 등의 나라와 밀접한 관계를 맺어서 반농 · 반목민들의 문화기반이 잔존되었고, 지배층과 기층사회와의 유리도가 커서 공통의 문화와 목표설정이 곤란한 점이 있었다. 백제는 고대상업을 중심으로 경제적 번영을 누리면서 자기 체질의 발전보다는 중국 귀족문화의 수입과 보급에 그 특성이 있었다. 특히 일본에 대한 문화의 전달자적 성격이 강했다. 신라는 고구려와 백제의 영향을 많이 받았으나 점차로 자기 체질의 개성표시가 뚜렷한 점이 그 특색이 되었다.

삼국은 4세기 중엽부터 고구려와 백제의 충돌로 항쟁을 본격화하였다. 또한 삼국시대는 고구려와 신라 그리고 전진의 북방블록과 백제, 송 그리고 왜의 남방블록이 대립하는 국제적인 대립의 양상을 띠기도 했다.

특히 신라가 한반도의 중앙지대로 진출을 시작하면서 고구려와 백제를 모두 적으로 하는 정책을 펴게 되는 상황이 전개된다. 중국은 남북조시대가 끝나고 수, 당의 통일로 우리에 대한 압력이 가중되기 시작하였다. 수나라의 113만 대군을 을지문덕이 살수대첩에서 무찌름으로써 수나라는 멸망하고 말았고, 당나라는 태종이 직접 2회에 걸쳐 침입하였으나 고구려의 완강한 대항으로 실패하고 말았다. 이러한 대규모의 전쟁으로 고구려의 세력이 축소되면서 신라와 당나라의 연합군이 나당 연합전선을 구축하여 신라는 660년에 백제를 먼저 쳐서 함락시키고, 668년에는 고구려를 쳐서 굴복시켰다. 그러나 당이 신라와의 협정을 깨고 한반도의 지역에 계속 머물자 신라는 당나라의 간섭을 배제하기 위하여 당과의 전면전쟁을 일으켜서 그들을 물리쳤다. 그렇지만 신라는 고구려의 땅을 모두 차지하지 못하고 대동강과 원산만 이남의 지역을 확보하는 불완전한 삼국통일을 이룩하고 말았다. 한편, 고구려 유민과 말갈족이 연합하여 세운 '발해'는 옛 고구려의 땅에 있었으나 우리와는 점점 거리가 먼 나라가 되어 버리고 말았다. 북한에서는 오히려 발해를 우리 민족의 정통성을 잇는 국가로 인정하고 있다.

삼국통일의 주역은 화랑들이었다. 이들은 6세기 전후로부터 10세기까지 존재한 청소년 수련단체로서 평시에는 심신을 단련하고 교양을 쌓으며 사회생활의 규범을 배우고, 국가비상시에는 전투원으로서 사회의 중심인물을 양성하는 집단이었다.

## 1) 삼국시대의 교육

삼국의 항쟁은 치열하였다. 《삼국사기》 열전에 수록된 인물 87명 중 60명이 무사였다는 점은 당시의 시대적 상황에서 필요로 하는 인재로서 국가의 지도자는 특히 무적(武的) 능력이 있는 사람이었음을 알 수 있다. 국가는 군사적인 편제를 토대로 우수한 무적 능력을 지닌 사람을 지휘관으로 하여 전 국민을 군사조직으로 체계화시키고 이를 위한 무사교육체계를 조직해 나갔다. 또한 인재등용은 무사수련의 성과에 따라 결정하였다.

이러한 체제를 운영하기 위해 귀족 지배층에 부과되는 무사수련은 보다 조직화되고 발전된 형태로 체육적인 교육과정으로 볼 수 있다. 고구려의 경당과 신라의 화랑도가 이러한 형태의 체제였다.

### (1) 화랑도

화랑도는 일명 국선도, 풍월도, 풍류도, 원화도라고도 불려졌다. 신채호는 "국선 화랑은 고구려의 선비제도를 닮은 것"이며, "신라의 선비

**임신 서기석**
**(화랑도의 충효사상이 담겨 있다)**
(경주 출토, 경주박물관 소장)

는 화장을 시키기 때문에 화랑"이라고 불렀다고 했다. 그리고 이에 덧붙여 정찬모는 화랑은 선랑이라고도 했는데 선랑의 선은 음이요 낭은 선인, 선인의 뜻인 '사람'을 취한 이두문으로 선배의 배와 같으며 화랑의 연원사를 선사라 함을 보아도 선랑, 화랑, 선배, 선인이 다 같은 청년무사단임을 알 수 있다고 주장한다.

화랑의 조직은 6세기 전후인 진흥왕대(540~575)에 체계화된 것으로 기록되어 있다. 그러나 이는 종래에 있어 온 제도를 범국가적으로 구체화시킨 연대로 봄이 타당할 것이다. 화랑의 구성은 귀족출신의 화랑과 양가의 미혼자제인 낭도로 되어 있었으며, 조정에는 화랑조직을 통괄하는 화주가 있었다.

화랑들의 훈련방법은 "도의로써 서로 닦고, 가락으로써 서로 기뻐하고, 혹은 산수에서 즐거이 놀되, 멀리 이르지 않는 곳이 없는" 단체생활을 통해 심신을 연마하는 것이었다.

화랑들이 행한 체육의 목적은 이러한 신체수련과 신체운동을 통하여 전인적 인간의 육성에 있었다. 또 그들의 놀이적 운동에는 가무, 편력, 축국, 수렵 등이 있었는데 이러한 놀이를 통하여 화랑도들은 보다 폭넓은 인간으로 형성되어갔다.

이진수는 화랑의 체육사적 의의를 두 가지로 대별하고 있다. 그 하나는 고대 한반도에 있어 그것이 체육으로서 확립되었다는 것이며, 다른 하나는 그 확립된 화랑의 체육이 현대에 있어서까지 계속되고 있다는 계승성에 있다는 것이다. 고대 한반도에서 확립된 화랑정신과 체육은 신라의 멸망과 더불어 소멸되었으나 그 후에도 고려왕조, 조선왕조, 일제시대, 6·25 등 국가위기의 시기에 불사조처럼 나타나 그 위기를 극복하는 기반이 되었던 것이다. 특히 주목되는 사실은 화랑정신이 체육과 결합하여 계승되어 현재의 체육 가운데 위치되고 있다는 것이다. 현재 화랑의 유습으로는 자연을 두루 돌아다니는 '반더포겔' 운동과 같은 '호국대행진'이 있으며, 한국 청소년대표 축구팀을 '화랑' 팀이라고 부르고 있다는 것이다.

(2) 경당

고구려의 경당에 대해서 《구당서》(199 열전)에 다음과 같은 기록이 나와 있어 그에 대한 약간의 이해를 더해 주고 있다.

> 풍속이 서적을 좋아하여 귀족의 집안이나 짐승기르는 집안이나 마찬가지이며, 거리에 큰 집을 짓고 경당이라 불러 결혼 전의 청년들이 여기에서 밤낮으로 독서하고 습사한다.

결혼 전의 청년들이 모여서 밤낮으로 독서하고 활쏘기를 연습하는 장소로서의 경당은 어떠한 조직과 체계로 이루어졌는지 자세히 알 수가 없다. 그러나 고구려의 청년들이 그들의 혈기를 독서와 활쏘기에 바쳤다면 신라의 화랑제도와 유사한 모습을 띠었을 것이라는 점은 충분히 추측할 수 있다. 이기백(1967)은 경당이 원시사회의 청소년집회소에서 발전한 것으로 화랑도와 마찬가지로 교육기관으로서의 구실을 나타내며, 그 곳에서 군사적 훈련으로 활쏘기를 배웠다는 점 역시 화랑도와 비슷한 성격을 지니고 있었던 것이라고 지적하고 있다.

백제의 경우도 신라의 화랑이나 고구려의 경당과 같은 제도가 있었을 것이다. 그러나 아직까지 어떠한 이름과 모습으로 존재하였는지는 알 수가 없다. 디만 비류왕(304~344)의 경우 320년에 궁의 서쪽에 사대를 만들고 매달 초하루와 보름에 활쏘기 연습을 하였다는 기록이 나와 있는 것을 보면, 백제에도 무사들을 위한 수련장소로서 활터를 만들고 그들을 교육시켰을 것이라는 사실을 넉넉히 짐작할 수 있다.

## 2) 삼국시대의 체육

삼국시대로부터 통일신라시대에 걸쳐 여러 가지의 유희와 오락이 나타나고 있다. 이러한 당시의 여러 가지 유희와 오락의 모습을 사실적으로 잘 나타내 주고 있는 것은 고구려 고분벽화이다. 그리고 구체적이지는 않으나 우리나라와 중국의 여러 사서에서는 이러한 유희와 오락들의 내용과 방법들에 대하여 그러한 것들이 얼마나 동 시대인들의 관심이 되었는지에 대하여 약간의 흔적을 기록하여 우리에게 알려 주고 있다.

### (1) 고구려 고분벽화에 보이는 체육의 모습

고구려 고분은 만주 길림성 집안시 통구(고구려의 서울) 일대와 평양 부근의 용강군, 대동군, 강서군 등지에 걸쳐 잔존하고 있는데 고고학, 미술학, 민속학, 인류학분야뿐 아니라 체육학에도 매우 의미 있는 정보를 제공해 주고 있다. 특히 1,500년 전에 있었던 체육의 모습을 생생하게 보여 주고, 그것이 오늘날까지 어떻게 변천되었는지를 구체적인 그림을 통해 제시하고 있다.

고분의 벽화에는 주인공이 살아생전에 활동했던 내용들이 그려졌다는 점에서 수렵이나 기마행렬, 씨름, 무용 등이 고위 지배층의 생활에서 중요한 일면이었음을 인식할 수 있다. 왜 벽화에는 그러한 생활상이 그려져 있었을까? 벽화의 주인공은 씨름이나 수박을 잘하는 사람이었을까? 그들은 수렵을 할 만큼 용맹스러웠던 인물이었고, 씨름이나 수박을 잘하는 사람이었으며, 노비를 두고 가무를 즐기며 집안살림을 여유있게 할 수 있었던 신분층이었음을 알 수 있다. 그러나 그것이 어떠한 중요도로 그들에게 인식되었는지를 분명하게 알 수는 없다.

① 수렵도와 기마도

고구려 고분벽화에는 어떤 벽화보다도 수렵도가 많이 그려져 있다. 이는 고구려에서 수렵의 의미가 차지하는 비중이 높았음을 의미한다.

약수리 고분, 덕흥리 고분, 안악 3호 고분 등에는 수렵도와 기마도가 나타나 있는데 아마도 고분의 주인공이 생전에 사냥하는 모습과 말을 타고 행차하는 웅장한 모습을 그리고 있는 것 같다. 이들 고분에서는 당시 사람들의 승마자세와 활, 칼, 창, 복장 등의 모습도 어느 정도 추측할 수 있다. 한편, 기마행렬도에는 기마행렬과 함께 광대들로 보이는 사람들에 의한 여러 가지 형태의 잡희와 곡예(농환, 죽마, 마상재)의 모습이 잘 나타나 있다.

② 각저도

각저총의 각저도(角抵圖)는 오늘날의 씨름과 거의 동일한 형태의 자세를 취하고 있고 심판까지 옆에 서 있는 모습을 그리고 있다. 각저는 두 사람이 서로 맞잡고 힘을 겨루는 경기로 각저, 각력, 각희, 상박, 쟁교 등으로 불린다. 이러한 경기는 몇몇 나라간에 어원의 유사성이 보이

씨름도(각저총)

고 있다. 한국은 씨름(SSilum), 몽고는 썰렘(SSulrem), 중국은 쎄기유(SSegiyu), 러시아는 삼보(Sambo), 일본은 스모(Sumo)라 부르고 있는데 이들간에 'S 또는 SS의 시옷' 발음으로 시작되고 있는 언어의 유사성이 인정된다. 그러나 그것이 어떻게 분화되고 어떻게 특성화되었는가는 더욱 연구해 보아야 할 문제이다. 한국의 씨름에는 왼씨름, 오른씨름, 띠씨름이 있고 입씨름, 팔씨름 등 이것과 관계된 용어도 많이 있다.

③ 수박도

무용총과 안악 3호 고분에는 수박도(手搏圖)가 그려져 있다. 이 벽화는 상대와 일정한 거리를 떨어져서 서로 겨루고 있는 자세를 그리고 있다. 이들의 자세를 보면 벽화에 보이는 세 손이 모두 주먹을 쥐지 않고 손을 편 상태로 동작을 취하고 있고 무릎을 상당히 구부리고서 한 걸음 이상의 거리를 띄우고 있는 것으로 보아 공격을 위한 가격이나 방어를 위한 꺾기 등의 기술을 함께 할 수 있는 맨손과 발을 이용한 격투기술이라고 보아야 할 것이다.

그 동안 우리 무예의 정통성을 주장하는 이들은 427~520년 사이로

**수박도**(만주 집안현 통구 출토)

추정되는 무용총 현실 벽화의 수박도와 18세기 말엽에 쓰여진《무예도보통지》의 그림을 비교하여 이들 그림의 유사성을 주장하고 있다. 그리고 이 벽화의 그림이 전설상의 인도의 달마대사가 중국에 무술을 전한 550년보다 앞서 있기 때문에 우리의 태권이 더욱 오래되고 정통성을 갖는다고 주장하기도 한다. 그러나 이 벽화에 나타나고 있는 모습이 오늘날 어떤 특정한 무예만의 뿌리라고 주장하는 것은 쉽지 않다. 벽화는 분명한 역사적 사실로서 그 당시의 무예의 모습을 나타낼 뿐 오늘날의 어떤 특정한 무예와 분명한 인과관계가 있다고 말하고 있지 않기 때문이다.

### (2) 삼국시대의 유희와 오락

삼국시대로부터 통일신라시대에 걸쳐 여러 가지의 유희와 오락이 나타나고 있다.《당서》동이전 고려(구려)조에 "그들의 풍속은 위기와 투호, 축국을 좋아한다",《수서》동이전 백제조에는 "투호, 위기, 저포, 악삭(목), 농주 등의 놀이도 있다"고 하여 삼국시대와 통일신라시대에 각종 유희와 오락이 있었음을 전하여 주고 있다.

#### ① 축국과 석전

축국(蹴鞠)은 가죽주머니로 공을 만들어 발로 차던 공차기이다. 흡사 오늘날의 축구와 제기차기 형태의 놀이라고 할 수 있다. 중국측 자료의 경우를 보면 축국은 군사들의 훈련을 위한 방편으로 만들어진 것으로서 1인이 할 수도 있고, 8인이 할 수도 있는 경기였다.

《삼국사기》문무왕조에 "유신이 춘추공과 더불어 축국을 하다가 옷끈을 밟아 떨어뜨렸다"라는 기록과《삼국유사》춘추공전에 "유신이 춘추공과 정월 오기일에 유신의 집 앞에서 축국을 하였다 하고 그 주에 신라인은 축국을 농주의 희라 부른다"라는 기록이 나온다. 이를 통해 우리는 축국이 어느 정도 격렬했으리라 짐작이 되고, 춘추공이 엎드리는 동작을 취할 때 유신이 옷고름을 밟을 정도로 두 사람이 상당히 가까이서 경기를 하였으며, 신라인들은 축국을 농주의 희라 불렀다는 사실을 알 수 있다.

《동국세시기》에는 축국의 크기가 대탄환만하고 그 위에 꿩털을 꽂아서 발로 차는 것이라 하였는데, 현재 육군사관학교에 보관되어 있는 것은 축구공만하다고 한다.

석전은 변전, 편전, 편쌈이라고도 한다. 변은 이변, 저변의 의미이고, 편은 이편, 저편하는 양편을 의미한다. 한 부락 혹은 한 지방이 동편과 서편으로 나뉘어 서로 돌팔매질을 하여 패하여 달아나는 편이 진다. 먼 곳에서부터 돌팔매질을 하여 놀이가 고조되면 서로 가까이서 돌을 던진다. 최초의 석전에 관한 기록이 《수서(隋書)》에 보인다. 고구려는 국가적 연중행사로서 실시하였다. 고구려는 해마다 정월 초순이면 패수위에 모여서 놀이를 하는데, 왕이 요거를 타고 우의를 갖추어 그것을 보았다. 일이 끝나고 왕이 옷을 물 속에 넣으면 사람들은 좌우 두 패로 나뉘어서 서로 물을 뿌리고 돌을 던지면서 고함쳐 쫓기를 두세 번 하고 그친다고 하였다. 신라 문무왕 때는 사당이라는 특수부대를 운용하였는데 이 중 석투당이라는 석전부대를 설치하기도 하였다. 석전희는 전쟁에 대비하는 전투적 유희라고 할 수 있다.

② 투호, 위기 등의 여러 가지 놀이

투호(投壺)란 일정한 거리에서 항아리를 놓고 화살과 같은 것을 던져 넣는 오락이다. 그러나 투호는 단순한 놀이라기보다는 궁술과 같이 사례의 일종으로서 자신의 수양 그리고 대인관계에서의 예의를 통한 군자의 태도를 배우는 방법으로 제시되고 있었던 듯하다. 위기(圍碁)는 바둑을 말한다.

그 이외에 여러 가지의 놀이가 있었다. 악삭(목)은 주사위를 던져서 하는 쌍륙이며, 저포란 윷놀이와 유사한 형태의 놀이를 말한다. 죽마라고 하는 아이들 놀이는 대나무를 가랑이에 넣고 말처럼 끌고 다니는 놀이다. 이외에도 농주라 하여 여러 개의 구슬을 공중에 던져서 그것을 기술적으로 받아서 놀리는 놀이가 있었다. 농주는 소위 '죽방울받기' 라고도 하는데 농환, 금환, 수환이라고도 불렸다.

연날리기는 동서양을 막론하고 매우 일찍 신분의 구별이 없이 오랫동안 즐겨 오던 놀이였다. 언제 어느 민족에게서 비롯되었는지는 확실하지 않다. 우리나라 연은 작고 장방형으로 방구멍이 있고 연실의 조정 여하에 따라 자유자재로 조정이 가능하다. 다른 나라 연보다 우수한 편이다. 《삼국사기》 김유신조에 연에 대하여

> 선덕여왕이 죽고(647년) 진덕왕이 즉위할 때 대신 비운과 염종은 여왕이 정사를 잘 할 수 없다 하고 반란을 일으켰다. 반란군이 왕군과 10여 일을 대치하고 있을 때 큰 별이 하늘에서 떨어졌는데 비운의 무리가 여왕의 패망징조라 소문을 내자 김유신은 허수아비를 만들어 연에 달고 바람에 띄워 별이 다시 하늘로 올라갔다고 소문을 내어 장병을 독려하여 적을 괴멸시켰다.

는 기록이 전해 온다.

## 3. 중세의 체육

### 1) 고려시대의 체육

#### *시대개관*

신라 말기에는 골품제도의 한계성으로 중앙귀족의 분열과 항쟁이 일어나고 이어 육두품세력과 지방호족이 대두하여 중앙귀족을 비판하거나 항거하기 시작한다. 이때 궁예는 후고구려를, 견훤은 후백제를 표방하고 궐기하였다. 궁예의 뒤를 이은 왕건은 기층민과 융합하고 해상세력과 연합하여 수취제도를 개혁하고 새로운 사회관계를 제시하여 고대에서 중세로의 발전적 연결을 마련한다. 왕건은 935년에 신라를 합병하

고 936년에 후백제를 멸하여 중세국가 고려를 세웠다.

고려라는 이름은 고구려의 정통성을 잇는다는 취지하에서 나온 것이다. 고려 태조 왕건은 고구려와 같은 강한 민족과 주체성을 확립하고자 하였다. 고려는 송, 요, 원, 금, 여진, 왜구 등과 자주 대립하였고 그들의 침입을 받기도 하였다.

고려는 밖으로 중국과는 다른 성격의 전통과 사회기반 위에서 문화밀도가 크게 높아지고 개성 있는 문화를 성립시켜 문화의 독창성을 이루었다. 그리하여 고대문화의 모순을 자체적으로 극복하였다는 역사적 경험에서 오는 자신감이 새로운 문화의식을 토대로 한 강력한 민족의식을 성립시켰다. 고려는 유교정치이념을 표방하였으나 문화적으로는 불교문화였다. 토지는 국유제도였고, 신분은 왕족과 귀족의 최상류층, 일반관리와 군인의 중류층, 평민의 하류층, 천민과 노예의 최하류층으로 이루어졌다.

### (1) 고려시대의 교육

#### ① 무학기관의 설립

고려에는 국자감이라 불리는 귀족학교와 평민자제가 다니는 향학이 있었다. 이 중 국자감에는 칠재를 두어 7개의 전문분야를 공부하게 하였는데, 무학을 공부하는 곳을 강예재라 하였다. 예종 4년(1109)부터 인종 11년(1133)까지 24년간 국자감에 강예재를 설치하여 무학에 관한 학습을 실시하였다. 이는 전통무예의 체계확립이란 차원에서 무예교육의 중요성을 인식하였기 때문이다. 또한 무예는 단순한 신체와 무술단련의 단계를 초월하여 정치의 순화와 인간의 교화라는 기본적인 측면과 문무겸전의 인재양성이라는 차원으로 이해되어야 할 것이다.

무학을 설치할 당시에는 입학생이 적었다. 그러나 국자감에서 3년 이상 수학한 자에게 과거에 응시할 수 있도록 특혜를 베푸는 등 일련의 국자감 진흥책을 강구하자 무학생의 수가 늘어나고 무학에 대한 관심이 고조되었다. 이 곳에서 학습한 내용이 순수한 이론교육이었느냐 아니면 실기교육을 병행하였느냐는 확인할 길이 없다. 다만 유학에서 강조하는 대사례, 향사례 같은 예를 행하면서 활쏘기를 하는 의식이 강조되었음은 분명한 사실일 것이다.

② 인재등용과 무예

고대사회에서는 무예로서 인재를 선발하는 것이 일반적이었다. 그러나 삼국통일 이후 유학에 바탕을 둔 문치주의 통치방식이 정착되면서 무예보다는 문예에 의한 인재등용방식이 선호되었다. 고려의 인재등용은 문과의 과거만 있었을 뿐 무과의 과거시험이 없었기에 무관이 되기 위한 특별채용형식으로 음 또는 선군의 방법이 있었다.

인재선발의 중요한 무예종목은 수박희였다. 무인집권기에 당시 최고 권력사인 최충헌은 손님을 초칭하여 연회를 베풀고 중방의 힘센 자들로 하여금 수박희를 시켜 이긴 사람에게 즉석에서 교위나 대정의 직을 상으로 주기도 하였다. 이는 수박희가 군인으로서의 보직 또는 계급의 승진과 직접 관계되는 무재로서 그 기능을 인정받고 있음을 말해 주는 것이다.

《고려사》 열전 이의민전에는 이의민이 수박희를 잘하여 의종은 그를 대정에서 별장으로 진급을 시켜 주었다는 기록이 나온다. 특히 변안열전에는 변안열이 임견미, 염흥방 등과 더불어 재상들의 연회석에서 수박희로 승부를 다투어 그 결과로 밀직부사에서 지밀직사사로 승진하였다는 내용이 나온다. 지밀직사사는 종 2품의 고관인데, 고관을 발탁함에 있어 수박희의 승부가 참고가 되었음을 알 수 있다.

③ 무신정권과 무예

고려조에 무신정권이 들어서는 계기는 수박희와 관련된 오문사건에서 그 연유가 시작되었다. 의종 때에 문신들은 국왕의 은총을 받고 고귀한 지위를 독차지하였고, 무신은 모욕과 멸시뿐 아니라 왕을 호종하는 자들까지도 제대로 대접을 받지 못하고 있던 형편이었다. 이에 의종은 무신의 불민을 알고 후의로서 이들을 위로하고자 하던 차에 보현원으로 가던 중 오문전에 이르러 그 곳에서 무신들로 하여금 오병수박희를 하게 하였다. 이때 무관이며 나이가 많은 대장군 이소응이 한 사람과 더불어 수박을 함에 이기지 못하고 도망가자, 한뢰가 급히 나아가 이소응의 뺨을 쳐 계단 밑으로 떨어지게 하였다. 왕과 군신이 손뼉을 치고 크게 웃었고 무신들은 크게 불만을 가졌다. 이전부터 무관이 문관들로부터 심한 박대를 당하던 터라 이 사건과 함께 문신이 무신의 수염을 태우는 모욕적인 사건을 계기로 젊은 무관들이 문신들을 대량 학살하고 정권을 잡기에 이르러 이후 60여 년간 무신정권이 이루어지게 된다.

여기서 오병수박희란 한 편이 5명인 단체경기를 말하는 듯하다. 정찬모는 이 때의 오병수박희를 단체경기라고 말하면서 이소응 외에도 9명의 수박희 선수가 있어야 하며 그들의 관도 삼품 또는 그와 비슷한 정도의 고관이 있었을 것이라고 하였고, 왕 앞에서 실시했기 때문에 수박희의 경기와 시범체제는 잘 갖추어져 있었을 것이라고 추정하였다.

### (2) 고려시대의 체육

#### ① 귀족사회와 체육

고려사회는 문치주의를 표방하면서 새로운 성격의 지배층이 형성되었다. 이로써 고려의 체육은 제반 문화와 더불어 커다란 변화를 보이기 시작하였다. 문반귀족들은 각종 무예와 경기에 유희적인 요소를 가미시켜 관상의 즐거움으로 전락시켰다. 무예는 유희, 오락의 대상으로 경기적인 요소가 가미되었다. 기마술은 격구경기로, 궁사는 내기경기로, 수박은 관람용으로 변질되었다. 이러한 변화는 기술적인 면에서 일단의 진보를 의미하는 것이기도 하며, 또 경기적인 요소의 가미는 체육적인 면에서의 발전적 측면이라는 점도 간과해서는 안 된다. 귀족들의 체육활동으로는 격구와 방응이 대표적인 것이었다.

##### a. 격구

격구는 고려 귀족들이 가장 좋아했던 유희적 행사였다. 격구는 원래 페르시아의 폴로(polo)경기에서 발원되어 중국의 한나라 때에 전해졌고, 당나라 때에 당태종이 그 운동방식을 체계화하여 축국과 더불어 무예를 익히기 위한 방법의 하나로 장려하였는데 그것이 우리나라에 전해졌다. 《고려사》에 보면 고려 성립 당시에 이미 격구가 시행되고 있음을 알게 한다.

격구는 원래 기창, 기검, 기사를 잘하기 위한 놀이로서 행해졌다. 그 방법은 말타고 하는 법과 도보로 하는 방법이 있다. 실시장소는 약 200보(250m)가 되는 넓은 구정으로, 《고려사》에 보이는 구정의 규모를 보면 승 3만 명이 식사를 할 수 있던 곳, 동서로 수백 보로 된 바둑판 같은 곳, 4백 보 정도의 규모에 둘레가 수리에 달하던 곳이었다. 당시는 부녀자들이 격구를 할 정도로 대중화 양상이 나타났다. 그러나 당시 격구자의 말안장 값이 중인 십가의 재산에 해당한다고 할 정도로 사치의 정도가 극에 달하였다.

고려시대의 격구의 기능은 크게 두 가지로서 첫째는 무사들의 연무수단으로 행해진 것이고, 다른 하나는 왕과 조신들의 유희오락의 수단으로 행해진 것이다.

b. 방응

고려시대의 방응

방응은 기록상으로는 신라에서 1세기경에 시작된 것으로 나와 있지만 고려시대에 특히 성행하였다. 충렬왕은 즉위년(1274)에 응방을 설치하고, 9년(1283)에는 응방도감을 설치하여 전국의 응방을 관리하게 하였다. 충렬왕은 세자 때에 몽고에 가 있었던 관계로 원나라의 영향을 많이 받아 그 나라에 있던 응방의 제도를 도입하였다. 충렬왕은 직접 방응에 많은 시간과 노력을 경주하였다. 매사냥을 통한 무예수련은 귀족들에게 대단히 인기가 있는 스포츠였다. 매를 길들이는 방법은 좋은 매를 잡아 오랫동안 잠을 자지 못하게 하거나 굶주리게 하였다가 끈으로 매어 줄을 늘려 멀리 날려 보낸 다음 다시 고기로 부르는 방법이다. 고려 매의 대표적인 것으로는 해동청 보라매가 있다.

② 서민의 유희와 오락

서민들의 유희와 오락은 팔관회와 같은 불교행사나 단오절 같은 명절날에 주로 많이 시행되었다. 이 때의 유희와 오락은 씨름, 그네, 연, 축국, 석전 등이었다.

a. 씨름

씨름은 각저, 각력, 상박, 각지, 각희 등으로 불렸다. 《고려사》 충혜왕조에 "왕이 기무를 총신에게 맡기고 날마다 내시와 더불어 각력희를 하니 상하의 예가 없다", "충혜왕이 용사를 거느리고 각력희를 관람하였다", "왕이 고용보와 더불어 시가에 거동하여 격구와 각력희를 관람할새 용사에게 하사한 포가 헤아릴 수 없었다"고 하여 특히 충혜왕은 씨름을 좋아했다. 고려의 씨름에 대하여 《경도잡지》는 "씨름은 고려 때부터 민속으로 내려왔기 때문에 중국인들이 고려기 또는 요교(족교)라 부른다"고 하여 우리의 씨름이 중국과는 다른 독특한 형태의 무예로 발전하였음을 알 수 있다. 《고려사》 전기에는 씨름에 대한 기록이 거의 보이지 않고 있다. 그러나 여말 충혜왕에 이르러서는 상당히 활성화된 듯하다. 이는 여말에 이르러 군사제도의 정비와 총포사용으로 씨름의 기능이 다소 변질된 것이 아닌가 추측해 본다.

b. 그네(추천)

그네는 한자어로 추천이라고 한다. 단오절 행사에 남성의 씨름과 함께 여성의 놀이로서 가장 유행된 놀이인 그네뛰기는 전통사회에서 여성들의 정신적 긴장을 풀어 줄 수 있는 계기를 마련하여 활력을 불어넣어 주었다. 그네는 줄을 붙잡고 온몸을 흔들고 굴러서 그 탄력을 이용해 자기를 마음껏 날려보내는 운동이다. 팔과 다리의 힘뿐만 아니라 현기에도 견딜 수 있는 담력이 필요한 운동이다. 그네뛰기에 관한 최초의 기록은《고려사》열전 최충헌조에 보인다. "단오일에 권신 최충헌이 백정동궁에서 그네뛰기를 베풀고 문관 4품 이상의 선비를 초청하여 3일 동안 놀았다"하였고, 동사 최이전에는 "종실과 관원들을 초청하여 연회할 때 채붕을 매어 산같이 만들고 수를 놓은 장막과 집 휘장을 둘러치고 그 가운데는 그네를 매어 무늬 놓은 비단과 채색꽃으로 꾸몄다"고 기록하고 있다. 이는 그네뛰기가 단순한 여성들만의 놀이로서 행해졌던 것이 아니라 공식적인 연회에서 내빈들을 즐겁게 하기 위한 여흥의 하나로서도 대회적 성격을 띠고 관람을 할 수 있도록 화려하게 꾸며진 놀이라는 것을 알 수 있다.

## 2) 조선시대의 체육

### *시대개관*

원 · 명 교체기에 대외관계는 긴장되고 원, 홍건적, 왜구의 침입과 명의 압력으로 고려는 정치적으로 혼란에 빠졌다. 이때 천원적 태도를 보이고 대농장을 보유하였으며 부재지주였던 권문세가에 반대하는 토착적 기반을 가진 향리출신의 신흥사족이 등장하여 새로운 세력을 형성한다. 이들은 성리학의 학문적 실력을 바탕으로 과거를 통해 중앙 정치무대로 진출하여 권문세력과 경제적, 정치적으로 대립하였다. 한편, 왜구의 출몰로 고려경제가 악화되었을 때 왜구토벌로 공을 세운 사람이 최영과 이성계였다. 이들 무장들은 지방의 중소지주층의 적극적인 지지를 받아 독자적인 군벌을 형성하게 된다. 위화도회군을 계기로 이성계는 두 왕과 최영을 축출하고 정권을 잡았다. 그는 정도전, 조준 등의 신흥사족과 연결하여 전제개혁을 하고 정권, 군권, 경제권을 장악하여 1392년에 왕위에 올라 새로운 왕조 조선을 세웠다.

사림의 성장으로 조선조는 성리학의 발전을 가져왔으나 한 편으로는 소모적인 당쟁을 겪으면서 사회적으로 많은 모순을 낳게 되었다. 이러한 모순 속에 두 차례의 왜란(임진, 정유)과 두 차례의 호란(정묘, 병자)으로 한반도는 침략과 파괴를 당했다. 이에 국가는 재정적으로 파탄이 되었고, 백성은 도탄에 빠졌다. 이러한 파탄을 헤쳐 나가기 위해 병제와 세제의 개혁을 마련하였으나 백성들은 끊임없이 어려움을 겪게 되었다. 밀려오는 외세를 막지 못하고 청, 노, 일 등의 세력 속에 표류하면서 근대사회로 나아가는 데 한 발 늦게 되고 말았다.

조선사회는 유교적 관료국가였다. 고려가 불교를 숭상했었던 데 비해 조선은 불교를 배척하고 유교를 철저한 국가이념으로 받들어 세웠다. 조선사회는 정치, 경제, 사회, 문화, 교육 등 모든 분야에 있어서 유교를 근간으로 하는 체제를 구축하였다. 주자가례는 국민생활의 기본적인 규범의식이 되었고, 삼강오륜은 지고한 도덕률이 되었으며, 신분제도는 사농공상이라는 엄격한 틀로 분화되어 이루어졌다.

조선조 국방정책의 기저는 병농일치제였다. 군사비용과 징병의 걱정을 하지 않으면서도 쉽게 나라를 방위할 수 있는 농병일치제도에 따라 국민 모두는 군역의 의무를 지고, 양인 이상의 국민은 16세 이상 60세에 이르기까지 누구나 군역의 의무를 가졌다. 양인은 대부분 농민들로 평상시 농업에 종사하다가 일단 징발이 되면 서울이나 지방에서 근무하였다. 모든 국민은 각종 무예를 익히지 않을 수 없었다. 그리고 국민들은 평상시에도 무예를 습득하도록 강요되고 있었고, 병장기 휴대를 국민의 의무로 정하고 있었다.

조선조의 무예활동을 이해하기 위해서는 당시의 국방정책과 군역편제 그리고 무사들의 복무형태를 먼저 이해해야 한다. 조선 전기의 병력은 중앙군과 지방군으로 구분된다. 중앙군은 5위라고 하는 조직으로 편성되어 국왕의 호위와 도시의 경비를 위하여 서울에 상주하던 병력이고, 지방군은 진관체제라고 하는 육군과 수군으로 구성된 지방주둔 병력이다.

중앙군인 5위의 병력은 양반의 자제나 재력이 있는 양인 중에서 무예시험을 거쳐 선발된 정예무사와 양인이나 천인 중에서 체력이 우수한 자로 선발된 병종으로 이들은 항시 상주하여 근무하지 않는다. 이들은 2개월에서 6개월 정도를 근무하고 2~3년 뒤에 다시 근무하는 형태를 취하였다. 이들은 평시에는 주로 생업에 종사하지만 근무시와 평시에 항상 무예를 수련하도록 되어 있었다. 지방군은 각도에 1~2곳의 육군 주진(병영)과 1~2곳의 수군 주진(수영)을 두고, 그 예하의 현과 진을 수개의 진관으로 구획하여 거진에서 관할하는 진관체제에 따라 주둔하는 병력으로 육군은 1개월씩 4교대, 수군은 2교대 근무를 하였다.

조선 후기 중앙군의 편제는 수도방위군, 수도외곽방어군, 왕실친위군으로 나누어진다. 수도방위군은 훈련도감, 어영청, 금위영 등 3군영이었고, 외곽방위군은 총융청과 수어청이었으며, 왕실친위군으로 용호군이 있었다. 이들의 각각의 총 병력수는 적게는 수백에서 많게는 이만여 명이었으나 실제로 근무하는 병력은 그 1/10씩에 지나지 않았다.

이러한 조선 후기의 군역제도도 국방상의 목적보다 국가재정의 확보라는 차원에서 양역이라는 명목으로 군역세를 징수하여 중앙과 지방의 소요경비로 충당하는 것이 일반화되면서 와해되기 시작한다. 18세기 후반의 군역은 이미 실역이 아니라 양인이 부담하는 조세로 바뀌었고, 대부분의 병력은 단지 장부상의 기록으로 과세대상이었을 뿐이며, 이러한 경향이 지방은 물론 중앙에도 마찬가지가 되었다. 순조 이후 조선의 중앙군사력은 훈련도감 병력 5,000여와 금, 어양영의 상비병력 500여가 있을 뿐이었다.

조선 전기의 중앙군과 지방군은 입직숙위, 순찰, 성문파수, 시위, 군사훈련, 잡역 등의 임무를 수행하였다. 이들은 평상시에도 무예훈련을 열심히 할 수밖에 없었다. 당시 무사들은 특별 근무일수를 더 받거나 진급을 위해, 아니면 파직당하지 않기 위해 무예훈련을 게을리 할 수가 없게 되어 있었다. 조선 후기에도 전기와 마찬가지로 무예훈련을 열심히 할 수밖에 없었다. 특히 후기는 전문무사들이었기 때문에 더욱 그러하였다.

16세기에 들어와서 조선의 국방은 급속도로 악화되었다. 그러나 태평

성대에 젖은 사림들은 국방을 지나치게 소홀히 생각하였다. 16세기 말에 국방과 군역제도가 크게 허물어지자 이이(李珥) 같은 이는 십만양병설를 내세웠으나 대부분의 사림들은 국방문제를 당쟁으로 이용하였다.

이 무렵 일본은 백여 년간의 전국시대의 혼란을 수습하고 풍신수길에 의해 국내를 통일하였고, 그 여세를 몰아 대륙과 조선을 정복하려는 야욕을 품게 되었다. 임진년(1592)에 조선을 침입한 일본은 전쟁 초기에는 파죽지세로 승리하였다. 그러나 이순신이 이끈 수군의 승리와 사방에서 일어난 의병의 항쟁 그리고 명나라의 원군의 도움으로 전쟁은 소강상태에 빠지게 되었다. 일시 휴전상태에서 일본은 정유년(1597)에 재차 침입하였다. 그 사이 조선측도 전투준비를 새로이 갖추어 훈련도감을 설치하고 군대의 편제와 훈련방법을 바꾸어 병사를 살수(창검), 사수(활), 포수(총과 포)의 삼수로 나누어 훈련시켜 일본의 침략을 무찌를 수 있었다.

임진왜란으로 명나라와 조선이 전란에 시달린 틈을 타서 만주의 여진족은 세력을 키워 나가 국호를 청이라 고치고 정묘년(1636)에 조선에 대하여 강압적인 자세로 군신관계를 요구하며 조선을 침략하였다. 이를 정묘호란이라 한다. 그 후 청은 명나라를 멸망시키고 중원의 새로운 지배자로 등장하였다. 이에 조선에서는 만주지방을 정벌하자는 북벌론이 대두하였고, 국방을 강화하는 부국강병의 여러 가지 계획을 세웠으나 실천에 이르지 못하고 점점 쇠퇴의 길을 걷게 되었다.

**활쏘기 지도와 제작법**
**(김홍도의 그림)**

임진왜란이 한창이던 기간 중에 충무공 이순신이 7년 동안의 일을 담은 《난중일기》에는 충무공 자신과 동료 및 부하들과의 무예훈련과 여흥으로 실시한 각종 체육적 사실들이 나온다. 《난중일기》에는 모두 1,604일간의 일기내용이 나오고 있는데 활쏘기의 기록은 모두 259회나 나오고 있다. 활쏘기는 무사들의 필수적인 무적 기능으로서 또는 유희 · 오락적인 것으로서 그 역할과 기능이 다른 어떤 체육활동보다도 많았으며, 조선조 무사들의 대표적인 체육활동이라고 해도 지나치지 않을 것이다. 그 외에 말타기나 씨름과 같은 격렬한 신체운동을 수반하는 것과 바둑, 장기, 종정도 같이 두뇌를 많이 쓰는 오락적인 신체활동에 대한 기록도 많이 나온다.

조선은 무예를 통한 국란극복의 경험을 여러 번 겪었다. 무예가 쇠퇴하였다고는 하나 평소에 국방체육으로서의 무예수련이 있었기에 이러한 국란을 슬기롭게 헤쳐 나갈 수 있었다.

### (1) 조선시대의 교육

조선조에는 초기부터 유교주의 국가이념을 바탕으로 한 교육기관이 증설되어 이에 따른 교육이 실시되었다. 교육기관으로는 중앙에 고등교육기관인 성균관을 두고, 중등교육을 위해서는 서울에 4부 학당을 설치하였으며, 지방에 향교를 설치하였다.

교육을 이수하고 관리가 되기 위해서는 과거에 합격해야 했는데 과거에는 문과와 무과가 있었다.

조선조의 교육형태는 크게 유학교육, 무학교육, 기술교육으로 나누고 있다. 조선조는 문치주의 경향으로 무학을 비롯한 기타 교육이 열등한 위치에 놓였다. 유학교육을 시험하는 문과의 경우는 과거에 응시하기 위해서 시험준비기간이 적어도 25~30년이 걸렸다. 무반이 문반에 비해 상대적으로 열등하다 하더라도 조선사회는 양반사회로서 무반에 대한 사회적 위치와 대우는 결코 낮지 않았다. 결국 무사들이 관리가 되고자 하는 기대감은 컸을 것이고, 관리가 되기 위해 노력하는 과정은 쉽지 않았으며, 그들이 무학교육에 바친 준비과정은 결코 짧았다고 볼 수 없다.

① 무사교육의 방법과 내용

당시의 사람들에게 있어서 활쏘기나 말타고 활쏘기 같은 것은 성품을 강하게 하는 것으로 인식되어 있었다. 당시의 무사교육은 궁마나 병서를 익히기 쉬운 환경에 있던 사람들에 의한 부자지간의 전수로 이루어진 것이며, 체계적이라기보다는 즉흥적 내지는 시험을 앞두고 이루어지는 비체계적인 것이었다.

과거제도와 관련하여 문과는 성균관과 향교라는 학교제도와 연계되어 있었으나 무과는 그러하지 못했다. 무학교육기관으로 인정할 만한 훈련원이 있기는 하였으나 이는 학교로서의 역할을 수행하지 못했다. 관학으로서의 훈련원이 성균관과 같은 역할을 하지 못함으로써 무사들은 과거준비 교육기관이 필요했을 것이다. 자료의 빈곤으로 교육기관의 유무를 정확히 알 수 없으나 활쏘기를 하는 사정(射亭)이 그 역할을 수행했으리라 짐작은 할 수 있다.

원래 무과는 문무를 겸비한 인재의 선발을 목적으로 시행되었기 때문에 무과의 고시과목에 무예와 병서를 시험보았다.

② 무사체육을 위한 이론서: 《무예도보통지》

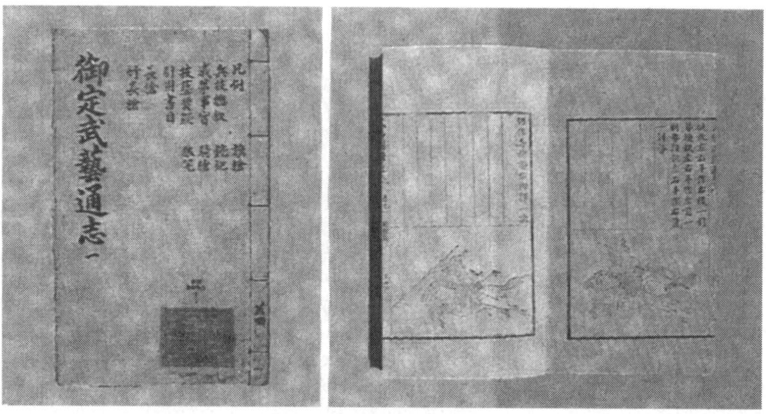


《무예도보통지》

당시의 무사계급들이 활쏘기와 같은 무예를 어떻게 교습하고 있었으며 그들의 이론적 배경은 어디에서 나왔을까?

조선조의 무예서로 첫째로 꼽히는 것은《무예도보통지(武藝圖譜通志)》이다. 이 책의 편집의도는 우리나라에서는 오직 궁시(弓矢) 하나만을 장기로 삼아서 이것만을 중요시하였기 때문에 왜적과의 싸움에서 칼과 창의 기예가 전혀 연습이 이루어지지 않아 왜적에게 당했던 전철을 밟지 않기 위한 방편이었다. 이에 중국의 장사들이 우리나라에 주둔함으로 해서 비로소 조총과 패, 선, 창, 파를 보았고 그 사용법을 익혔으며,《기효신서》를 구하여 그림을 살피고 바로 고증한 후에 총을 쏘고 패와 선 등의 격타하는 법과 무예제세로 적을 죽이는 법을 연구하였다고 밝히고 있다.《무예도보통지》는 24가지의 무예에 대하여 설명하고 있다.

## (2) 조선시대의 체육

### ① 시험제도와 무예

#### a. 각종 시험제도

조선조에는 기예를 위주로 보는 시험을 시취 또는 취재라고 하였다. 시취에는 무과를 보기 위한 예비적인 시험, 무과에 급제된 자를 관직에 임명하기 위하여 행하는 시험, 이미 해임된 자를 재차 관직에 임명하기 위한 시험, 봉록 없는 군관에게 봉록을 주기 위한 시험 등이 있다. 가장 대표적인 시험은 과거라고 불리는 문과와 무과시험이다.

과거제도는 공개경쟁이란 시험절차를 어느 정도의 신분 이상에게 개방한 제도로서 당시 사람에게 있어서는 신분상승의 절대절명의 기회였다. 과거시험은 3년에 1회씩 정기적으로 실시되는 것과 부정기적으로 실시되는 여러 가지의 형태가 있었다.

#### b. 법전에 나타난 시험내용

《경국대전》은 조선조 500년을 통한 기본법의 구실을 하였다. 이《경국대전》은 그 후 몇 차례 수정, 보완이 되었으나 기본골격은 큰 변화 없이

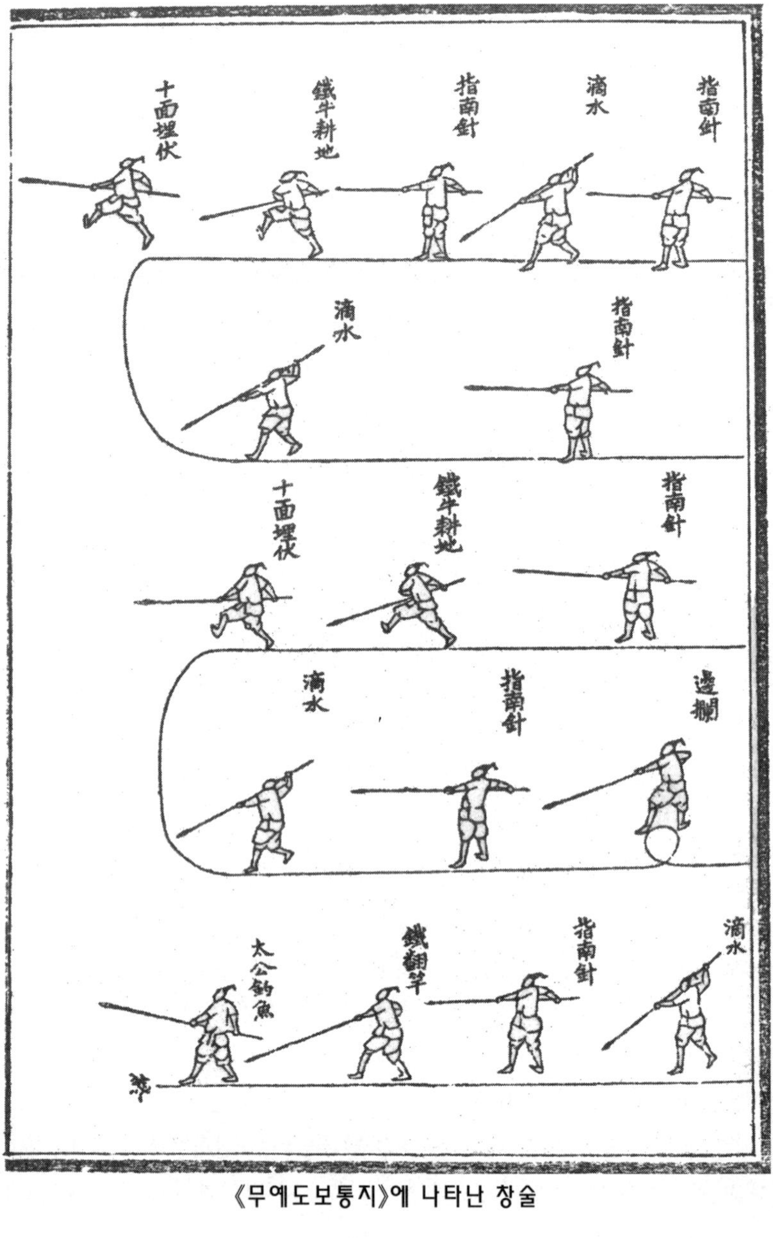


《무예도보통지》에 나타난 창술

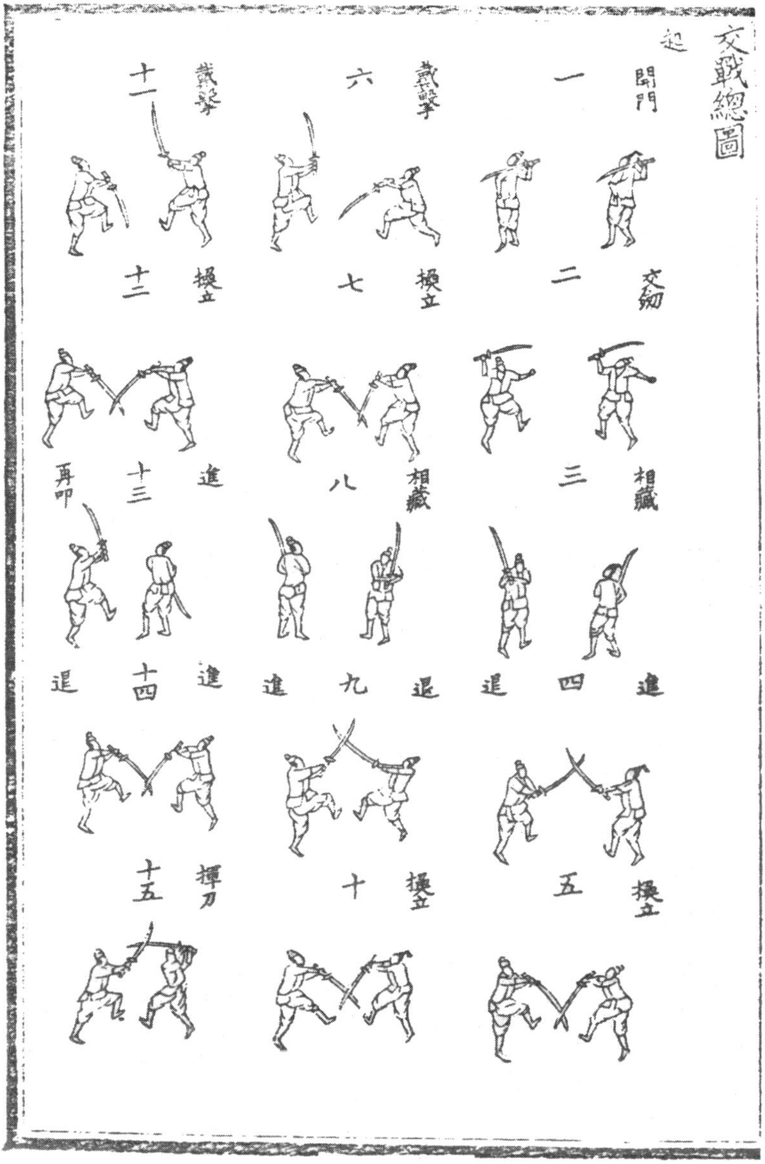


《무예도보통지》에 나타난 검술

갑오경장 때까지 지속되었다. 흔히 과거라고 불리는 시험인 무과는 초시, 복시, 전시의 3종류로 나뉘고, 시취내용은 무예와 논문형태인 강서로 구분된다. 이 중 무예시험은 목전, 철전, 편전과 같은 활쏘기와 기사, 기창이 있고, 최종시험인 전시에는 왕 앞에서 시험보는 격구가 있다.

활쏘기는 화살과 거리의 종류에 따라 차이가 있다. 기사는 5개의 표적을 각각 35보의 거리로 세워 놓고 말을 달리면서 활을 쏘아 맞추는 것이고, 기창은 3개의 허수아비를 각각 25보 거리로 세워 놓고 말을 달리면서 창으로 찔러 맞추는 경기이다.

격구는 세종 7년(1425) 4월 무예훈련의 기초가 된다고 하여 무과와 전시의 고시과목으로 채택되었다. 격구는 말을 달리면서 숟가락 모양의 지팡이로 50보 거리에 놓여 있는 구를 쳐서 200보 전방에 있는 넓이 5보의 구문에 넣는 시험이다.

한편 무과시험보다 한 단계 아래인 일반 무사들에게는 활쏘기와 주(走), 력(力) 등의 시험이 있다. 주와 력은 현재의 체력장제도와 유사한 종목으로서, 오늘날의 방법과 비교할 때 측정방법이 비교적 과학적이었다.

주는 일정한 시간 동안 멀리 달리는 능력을 시험하는 과목이다. 휴대용 물시계인 동호를 사용하여 물이 흘러나와 없어질 때까지 뛰어서 뛴 거리가 270보이면 1주, 260보이면 2주, 250보면 3주라 한다. 력은 무거운 물건을 들고 멀리 달리는 능력을 시험하는 과목이다. 양손에 각각 50근씩 들고 160보를 가면 1력, 130보를 가면 2력, 100보를 가면 3력이라 한다.

조선 중기 이후에 적용된 《대전통편》(1785)의 '권무재초시'의 시험과목에는 여러 가지 무예들이 모두 포괄되어 있다. 여기에 나타난 시험으로는 기창교전, 편추, 마상언월도(이상은 장교와 기병), 조총, 용검, 쌍검, 제독검, 언월도, 왜검, 교전, 본국검, 예도, 목마창, 당파, 낭선, 등패, 권법, 보편추, 협도, 봉, 죽장창(이상은 보병) 등 《무예도보통지》의 무예들이 모두 선보인다. 이들 무예들의 모습은 《무예도보통지》에 자세히 나와 있다.

② 편사

활쏘기는 조선의 장기로서 무인뿐만 아니라 문인 그리고 일반 백성들도 익히고 즐겨한 무예이며, 스포츠였다. 일반에게는 활쏘기는 사정(射亭)을 중심으로 이루어졌다. 여기에서 실시된 경기적인 궁술대회를 편사(便射)라 한다. 편사는 5인 이상으로 조직된 여러 개의 단체나 각지의 궁수가 자기 사정을 대표하여 서로 승부를 겨루는 경기로, 양편이 각기 일정한 수의 선수를 선정하고 각 선수가 쏘아 맞힌 화살의 총수로 승부를 겨루는 경기이다. 편사의 종류에는 사정 사이의 경기인 터편사, 구역간 경기인 골편사, 한량들만 참가하는 한량편사, 아동으로만 구성하는 아동편사 등이 있다. 편사는 상무정신의 함양에도 의미가 있지만 여가활용을 위한 활동과 조직의 결성, 그리고 경기와 규칙 등으로 미루어 보아 사회체육의 하나인 클럽활동으로도 볼 수 있다.

③ 이황의《활인심방》

조선조의 대유학자인 퇴계 이황은 도가류의 의서인《활인심방(活人

이황의《활인심방》

心方)》을 구하여 도인(導引)을 실시하였다. 도인은 정신통일, 목돌리기, 마찰, 침삼키기, 다리의 굴신 동작으로 구성된 것으로서 치료보다는 예방을 위한 보건체조의 기능을 한 인위적 운동이다.

중국의 주권(1378～1448)이 저술한 《활인심방》이 언제 도입되었는지는 정확하지 않으나 이진수는 퇴계 선생이 건강을 해쳤을 때인 장년기 때에 당시의 한학자나 그의 제자인 의생으로부터 이 책을 입수하여 직접 그 책을 모사하여 후세에 전하였을 것으로 추정하고, 당시의 영남과 호남의 문인과 학자들 사이에 널리 활용되었을 것이라고 추정하고 있다.

④ 상류층의 유희와 오락

조선시대에는 이전의 유희와 오락활동이 더 한층 발전된 모습을 보였다. 상류층의 양반들은 기사를 통해 활쏘기를 즐기고, 사정이라는 체육클럽을 만들어 클럽대항경기를 개최하는 등 무예를 무예로서 뿐만 아니라 그것의 우열을 가리는 스포츠의 단계로까지 발전시켰다. 또 일부 학자들에 의해 체육보건사상의 성립 등이 이루어져 근대적 체육발전의 기저를 제공하였다.

기타 체육활동은 말타기와 씨름과 같은 격렬한 신체운동을 수반하는 것과 바둑, 장기, 종정도 같이 두뇌를 많이 쓰는 오락적인 신체활동으로 구분되는데, 이들은 오늘날 고급 레크리에이션으로 손색이 없는 것이다.

⑤ 서민의 유희와 오락

서민들은 평시에 한가로이 유희와 오락을 즐길 처지가 되지 못하였다. 따라서 서민들은 명절에 축제의 형식으로 줄다리기나 줄넘기, 널뛰기 등을 하였고, 단결력을 강조하는 형태의 놀이인 줄다리기, 석전 등을 하였다. 그러나 어린아이들은 명절만이 아니라 항상 즐거운 놀이를 할 수 있었다. 아이들은 제기차기, 팽이(氷毬), 썰매(雪馬) 등의 놀이를 하였다.

# 4. 근대 및 현대의 체육

근대라는 개념은 단순한 도식으로만 규정할 수 없으나 일반적으로 개항 이후 유럽사조의 유입으로 비롯된 유럽문화의 수입과 모방에 의한 유럽화라고 할 수 있다.

중국을 다녀온 북학파 학자들과 실생활에 필요한 실사구시의 학문을 주장하는 실학파 학자들 그리고 천주교도들에 의해 새로운 문명세계에 대한 개방론이 대두되면서 쇄국 조선왕조는 1876년에 내외적으로 문호를 개방하기 시작하였다.

## 1) 개화기의 체육

### *시대개관*

1876년의 개항 이후로부터 1910년의 한말까지를 근대문명의 개화기라 한다. 이 시기는 세계무대에 한국이 등장하는 시기이기도 하다.

이 시기의 우리 민족의 역사는 근대적 지향성이 강렬했던 개화사상과, 자주수호의 의식이 강했던 위정척사사상, 그리고 반침략 · 반봉건의 동학사상을 배경으로 전개되었다. 개화사상은 후에 갑오경장을 이루는 추진력으로 나타난다. 위정척사사상은 바른 것을 지키고 그릇된 것을 내친다는 사상으로 근대화에 역행하는 역기능을 하기도 하였고, 한 편으로는 일제침략에 대응하는 의병투쟁을 하는 순기능의 역할을 하였다. 동학사상은 '사람이 곧 하늘이다'라는 인내천사상으로서 1874년과 1894년의 대규모 민중혁명을 일으켰고, 아래로부터의 혁명인 동학혁명은 갑오경장과 청일전쟁을 불러일으키는 계기가 되고 말았다. 그러나 이상의 모든 사상은 일정한 한계를 가지고 실패하고 만다.

청일전쟁을 계기로 청으로부터 조선의 종주권을 부인하게 만든 일본은 강압적으로 조선의 정치, 경제, 사회에 걸친 전반적인 개혁을 강요하는데, 정부내의 개혁세력은 일본의 외적 작용을 개혁의 계기로 삼고 과감하게 근대적인 갑오경장(1894)의 개혁운동을 펼친다. 그 내용은 신분계급제도의 타파와 악습의 타파, 청의 종주권 부인, 과거제도의 폐지, 각종 제도개혁 등이다.

개화사상의 흐름을 받으면서 근대화의 정치의식을 자각한 인사들이 독립협회를 이루어 민중의 정치적 계몽을 꾀한다. 민의의 사회적 발동과 민권의 근대국가 건설을 목표로 과감한 자주, 민권활동을 전개한다. 독립협회 등의 근대적 자각과 민족의식세력 그리고 보수적 유교사상인 위정척사세력은 가치관과 역사관에서 합일하지 못하였으나 1905년 을사조약 이후 혼연일치가 되어 국권회복운동을 전개하게 된다. 그러나 끝내 1910년 경술국치를 당하며 조선왕조는 역사의 무대에서 사라지게 되었다.

### (1) 개화기의 교육

구한말 개화기의 사회상황은 극심한 문화적 갈등과 혼란이 존재하였다. 당시의 지식인들은 서구의 교육사조의 유입과 전통적 교육사상과의 갈등을 조정하고 가장 합리적인 방안을 모색하려는 시도를 하였다. 이런 취지하에 근대 최초의 학교인 원산학사가 설립되었다. 한편 1895년에 고종이 전 국민에게 내린 교육조서는 교육의 실제가 덕육, 체육, 지육에 있다고 설명하였다. 교육조서는 교육기회를 만인에게 인정하였다는 점과 전인교육으로서의 지, 덕, 체의 균등한 발전을 위한 근대적 교육사상이 표명되었다는 점이 획기적이었다. 그러나 을사조약(1905) 이후 일본의 학제를 그대로 실시하였다.

### (2) 개화기의 체육

#### ① 근대체육의 도입과 정립

1876년에 개항과 더불어 본격적인 서구문화가 유입되면서 전통체육도 예외 없이 근대적 체육의 형태인 체조, 유희, 스포츠 등으로 탈바꿈

하게 되었다. 한국에 있어 근대적 체육의 출발은 1894년의 갑오경장부터라고 하겠다. 갑오경장으로 근대학교가 전국 곳곳에 설립되고 이어서 서구적 근대체육이 도입, 정착되면서 근대학교에서는 체육을 정식 교과목으로 채택하고 각종 운동회를 수시로 개최하였다.

근대체육의 도입은 특수층만의 유희나 무예적 체육에서 모든 학생들이 교과로서 참여하는 서민 본위의 체육으로 변천하는 과정이기도 했다. 그러나 구한말은 서구문물을 받아들이기에는 사회심리적 풍토와 물질적 조건이 충분하지 못했기 때문에 당시 사람들에게는 많은 혼돈과 충격을 주었다. 이같이 변환기의 체육은 갓 쓰고 축구를 하는 식의 동양의 유교적 요소와 서양의 민주적 요소가 융합된 모습이 불가피하였다.

을사보호조약 이후 식민지화의 일환으로 일본정부에 의하여 재조직된 관립학교나 기존의 기독교계 사립학교 및 사립학교령에 의하여 새로 설립된 일반 사립학교 모두에 유희, 병식체조, 학교체조과목이 필수교육과정으로 포함됨으로써 체육이 학교제도에 정착된 때이다.

1885년 2월에 고종이 내린 '교육조서'에 교육의 실제는 덕육, 체육, 지육에 있다 하여 근대적 교육의 3대강령을 지적하고 있다. 1895년의 소학교령에 체육의 목표를 아동건강의 유지증진과 발육발달로 보고, 이를 위해 체조를 부가하도록 하였다. 또 외국어학교에서는 체조과목을 정식 교과로 매일 제 1 교시에 30분씩 행하였다. 그 후 1906년에 보통학교, 1908년에 성균관관제에서 체조를 필수과목으로 하여 각 학년마다 매주 3시간씩 부과하도록 제도적으로 규정하였다. 그러나 당시의 체육교사는 외국인 교사와 군부의 군인들인데다가 그나마 수적으로 부족하였고, 시설 및 장비가 제대로 갖추어지지 못하여 원활한 체육활동이 이루어질 수 없었다.

군인출신의 체육교사로 인해 체육시간은 병식체조위주로 실시될 수밖에 없었지만 학교 밖으로 나가 운동회를 개최할 때에는 300보 경주, 600보 경주, 공던지기, 포환던지기, 멀리뛰기 이인삼각, 동아줄끌기 등의 운동경기를 열고 우수자를 포상하는 등 다채로운 활동이 펼쳐졌다.

또한 축구, 농구, 야구 등의 근대 스포츠도 이때 소개되었다. 그러나 당시에는 선수들은 고사하고 심판원 자신들도 스포츠맨십이 결핍되어 있었고, 경기규칙을 잘 몰라 오심으로 인한 분쟁과 시비가 자주 일어날 수밖에 없는 등 스포츠 활동의 초보적 단계이다.

② 국권회복운동과 체육

갑오경장의 개혁으로 의욕적으로 전개되었던 사회의 대개혁과 개화의 포부는 을사보호조약(1905) 이후 민족의 주권상실로 인하여 민족주의의 강렬한 감정으로 표출되었다. 우리 민족은 근대 스포츠의 실천을 통해 가장 비정치적인 행동이면서 민족주의적 감정을 잘 표출할 수 있는 기회로 삼고, 학교체육을 강화하고 연합운동회를 개최하여 자주독립을 위한 기회로 삼자, 일본은 과열되어가는 한국민의 민족주의적 근대 스포츠 경기활동을 제지하고자 하였다.

이 시기에는 한국의 식민지화를 추구하는 일본정부의 관립학교 체육교육과정을 병식체조중심으로 하는 학교체조중심으로 전환하려는 노력과 국권상실의 위기를 맞아 교육구국의 입장에서 일반 사립학교의 체육교육과정에 병식체조를 유지하고 과외 체육활동 및 연합운동회 등의 활성화를 통하여 애국심을 고취하려는 민족주의적 노력이 나타났다.

③ 스포츠의 소개와 체육단체의 결성

한국 최초의 근대식 스포츠 경기대회는 1895년 외국어학교 화류회행사의 일부로 삼선평에서 실시된 근대식 운동회이다. 이를 계기로 근대식 스포츠 경기대회는 학교간의 연합운동회로 발전되었으며, 이러한 연합운동회는 규모가 점차 커지고 행사도 정규적으로 개최되면서 국왕까지도 친히 참관하는 중요한 사회행사가 되기도 하였다.

연합운동회의 주요 경기종목은 초기에는 육상종목이 주를 이루었다. 그러나 점차 다양한 근대 스포츠가 파급되면서 연합운동회의 경기종목도 다양해졌으며, 정규적으로 실시된 연합운동회는 현재의 선수권대회 성격을 지니게 되었다. 다음 표는 근대적 스포츠의 도입현황이다.

**근대적 스포츠의 도입현황**

| 경 기 | 도입일시 | 최초경기 |
|---|---|---|
| 체 조 | 1895. 4. 16. | 한성사범학교 설치령에 체조교과가 정식으로 채택 |
| 육 상 | 1896. 5. 2. | 영어학교 교사 허치슨의 지도에 의한 화류회에서 경기 가짐. |
| 검 도 | 1896 | 경무청에서 검도를 경찰교습과목으로 채택 |
| 수 영 | 1898. 5. 14. | 무관학교 학생들에게 휴가시 수영연습을 명함. |
| 씨 름 | 1899. 4. 30. | 학부주최 관 · 사립학교 운동회에서 경기종목으로 채택 |
| 사 격 | 1904. 9. 24. | 육군연성학교에서 사격을 교과목으로 채택 |
| 야 구 | 1905 | 미국인 선교사 질레트가 황성기독교청년회원들에게 지도 |
| 축 구 | 1905 | 외국어학교의 외국인 교사들의 지도로 학생들이 축구를 함. |
| 사이클 | 1906. 4. 22. | 육군참위 권원식과 일본인 요시카와가 훈련원에서 경기 개최 |
| 유 도 | 1906 | 일본인 내전양평에 의해 전래 |
| 농 구 | 1907. 봄 | 황성기독교청년회 초대총무 질레트가 회원들에게 보급시킴. |
| 빙 상 | 1908. 2. 1. | 평양 대동강에서 일본인들이 빙상운동회 개최 |
| 정 구 | 1908. 4. 18. | 탁지부(현 재무부) 일반관리의 운동회 때 정구경기종목 채택 |
| 승 마 | 1909. 6. 13. | 근위기병대 군사들이 훈련원에서 기병경마회를 거행 |

자료: 《대한체육회사》, 대한체육회, 1965.

학교간 연합운동회의 개최가 정기화되고 다양해지면서 스포츠인 사이의 동호인 체육단체의 결성도 추진되어 체육단체간 또는 체육단체내에서의 스포츠 경기대회도 개최되었다. 제일 먼저 결성된 체육단체로는 1903년의 황성기독청년회가 있었고, 1906년에는 대한체육구락부, 1907년에는 대한민국체육회, 그리고 1909년에는 동경유학생들이 주축이 되이 결성한 대한홍학회 등이 활발한 스포츠 경기를 실천하였으며 근대 스포츠의 보급에 앞장섰다.

## 2) 민족시련기의 체육

### *시대개관*

민족시련기는 민족의 주권국가활동이 단절된 비극의 시대이다. 한국인은 이 시기를 투쟁의 시대로 이해하여야 한다. 일제 35년은 외세를 자주적으로 수용하지 못하여 국권을 탈취당한 우리 민족의 암흑기였다. 일제는 총독부를 설치하여 무단정치를 실시하였고, 3차에 걸친 조선교육령을 통해 우리 민족을 자기들의 '충량한 국민'으로 만들기 위한 교육을 시켰다. 이에 맞서 우리 민족은 애국애족의 항일투쟁으로 대항하였지만 그 고통과 수난은 민족의 애환으로 얼룩졌다.

일제의 식민지 통치는 경제적 지배와 수탈에 그 목적이 있었다. 그리고 한민족 말살의 가해적 문화정책이 강행되었다. 일제의 식민지 통치는 흔히 3단계로 나뉜다.

1910년에서 1919년 3 · 1 운동이 일어나기까지를 무단정치기라고 하는데, 일제는 조선총독부에 의한 무단정치의 실시, 헌병경찰에 의해 언론, 집회, 결사의 자유 박탈과 민족교육을 강압적으로 봉쇄하였다. 1911년 조선교육령을 공표하여 일본과 조선을 하나로 만들려는 동화정책을 실시하였으며, 3,000개의 사학과 24,000여 개의 서당을 봉쇄시켰다.

3 · 1 운동 이후 만주사변(1931)이 일어나기까지를 문화정치기라고 한다. 일제는 외형적으로는 문화정치를 실시하였으나 내면적으로는 변함없이 식민지 경제수탈을 강화하고 대륙침략을 강행하였다.

1931년 이후 광복이 되기 전까지 일제는 한반도의 자원, 노동력을 전쟁수행에 동원하는 병참기지정책과 민족성 말살운동(황국식민화 정책)을 강행하는 식민정책을 썼다.

### (1) 민족시련기의 교육

한일합방 이후 일제는 1911년 조선교육령을 공포하여 한국인을 충량한 일본의 신민으로 육성하기 위한 교육정책을 시행하였다. 이에 따라 보통교육 4년, 실업교육 2년, 전문교육 3년의 3대 지주에 의한 식민지 교육체계를 정비하였다. 일제의 교육은 식민정책을 담당하는 총독부가 주도하면서 민족적 성격을 말살하는 내용으로 진행되었다.

### (2) 민족시련기의 체육

일제의 식민지 체육정책의 기본성격은 학교체육의 자주성 박탈(교원자격 제한 같은)과 민족주의적 운동경기의 탄압으로 그 면모를 알 수 있다. 일제의 운동경기의 주도권 장악기도가 노골적으로 이루어지자 민족주의적 체육이 YMCA를 통한 순수체육을 지향하는 움직임과 궁술과 씨름 등의 민족전통경기의 부활로 대응되었다.

① 일제주도의 식민지 체육

우리 민족에 대한 일제의 교육은 한마디로 일본의 식민지인으로서의 충량한 국민양성을 목적으로 한 것이다. 그리하여 체육도 이러한 범주에 속할 수밖에 없었다.

1911년 각급 학교교육령규칙에서 체육과의 요지를 "자세를 단정히 하고 … 절제를 상하는 습관을 양함을 요지로 함"이라고 제시하여 일제에 순종하는 국민을 양성하도록 하는 데에 체육의 목표를 두었다.

일제는 각급 학교교육령규칙을 1870년대 이후의 근대 일본의 군국주의 정책을 배경으로 총독부령으로 제정하였다. 일제는 1926년부터 육군현역장교를 학교에 배정시켜 군사교련을 본격화하였으며, 1931년 소위 만주사변을 일으킨 다음 1937년에는 대륙을 침범하기 위해 중일전쟁을 일으키더니 교련을 일반 대학에까지 확대시켰다. 이와 함께 제 2 차 학교체조 교수요목을 개성하게 되었는데, 이 개정 교수요목의 특색은 검도 및 유도, 궁도를 교수요목으로 정해 무도를 학교교육 속에 포함시켜 군국주의 색채를 더욱 띠게 한 것이었다. 1941년 태평양전쟁 이후 군국주의 체육은 인적 자원 확보를 위한 국민의 체력관리라는 측면에서 체력장 검정을 거국적으로 실시하였는데, 검정종목에 수류탄던지기가 포함되어 있음을 보아 체력장제도 역사가 군사상의 요구에서 비롯되었음을 알 수 있다.

② 민족주의적 체육의 전개

3 · 1 운동으로 인하여 일제는 무단정치에서 문화정치로의 수정이 불가피하게 되었다. 그 이듬해 체육을 통한 민족정신의 고취와 민족문화의 창달 그리고 우리 국민의 체육진흥을 위해 현 대한체육회의 전신인 조선체육회가 조직되었고, 각종 경기단체들이 우후죽순처럼 일어나 각종 경기대회가 성행하게 되었다.

그 당시 체육내용은 체조, 교련, 유희 그리고 검술 및 유술로 세분화되었으며, 종래의 병식체조는 교련이라 개칭되었다. 구한말부터 선교사들을 통해 각종 스포츠가 소개되면서 3 · 1 독립운동에 즈음하여 권투, 수영, 배구, 럭비, 탁구, 역도, 핸드볼 등이 보급되기 시작하였다.

**우리나라 최초의 농구연습 광경**

a. YMCA를 통한 체육활동

일제의 무단통치기에 비교적 활발히 체육활동을 전개할 수 있었던 단체는 기독교청년회(YMCA)가 유일하였다. YMCA의 체육활동은 구한말에서부터 활발하였고, 일제치하에서도 계속해서 활발히 전개해 나갔다. YMCA에 1916년 한국 최초로 실내체육관이 건립됨에 따라 많은 사람들이 체육활동에 참여하는 계기가 되었다. YMCA는 처음부터 순수한 체육을 장려하고 보급하려는 목적을 가지고 있었다. YMCA의 체육활동은 야구, 축구, 배구, 농구 등의 구기뿐만 아니라 육상, 체조, 권투, 유도, 씨름 등 다양하였다.

b. 청년회중심의 체육활동

민족시련기의 청년운동은 민족운동으로서의 의미가 있었다. 3·1 운동 이후 청년운동은 전국적으로 확산되기 시작하였다. 청년회는 각 지방에서 교육열을 높이고 신사상을 보급하기 위해 강연회, 토론회, 야학, 회지발간, 체육활동 등 다양한 영역의 활동을 하였다.

전국적으로 조직된 청년회에서는 대부분 체육부를 두어 체육활동을 장려하였다.

동경유학생과 경성학생군의 농구전

이들의 체육활동은 청년들의 능력배양과 함께 일제에 대한 저항의 표현으로 인식되어 문화운동의 한 부분으로 전개되었다.

c. 민족전통경기의 계승

조선의 민족전통경기 중에서 활쏘기와 씨름은 가장 대표적인 운동이다. 이들 경기에 대한 관심은 한일합방 이후에 더욱 거세게 나타나기 시작하였다. 당시에 궁술은 심신의 단련뿐만 아니라 위생상에도 도움이 되며 오락으로도 즐길 수 있는 운동이라는 점과 국민이 고유한 정신을 함양하고 국민성을 고양하는 국민운동으로서 적극적으로 그 의미가 평가되기도 하였다. 이로써 1916년에 조선궁술연합대회가 열리기도 하였다.

한편, 씨름은 민중적인 요구에 의해 개최되었다. 대부분의 근대적 운동이 일본인 주도로 행해졌으나 씨름은 일제와 상관 없이 순수한 민족적 요구에 의해 개최되었다.

③ 체육단체의 결성과 수난

a. 조선체육회의 결성과 해체

현재의 대한체육회의 전신은 조선체육회이다. 한국의 올림픽운동과 체육의 발전을 주도하였던 조선체육회는 1920년 7월 13일에 동경에 유학했던 이중국과 야구선수들이 잘 모였던 광화문의 광신양화점 주인 이원용이 동아일보의 창간활동을 하던 박현봉의 도움을 받아 일본인이 한국에 조직한 조선체육협회와 대응되는 한국인 체육단체를 만들고자 하는 일념으로 각계 유지들의 공감을 얻어 결성되었다.

1920년에 창립된 조선체육회는 바로 그 해에 전국규모의 체육대회를 개최함으로써 국내 최대규모이며, 현재 71회의 전통을 세우고 있는 전국체전의 막을 열었다. 1934년에는 5개 종목에서, 1935년에는 9개 종목으로, 그리고 1936년에는 12개 종목이 포함되었다.

이러한 조선체육회의 의욕적인 활동은 일본의 강한 통제에 부닥쳐 1938년에 해체되는 불운을 맞았다. 체육의 탄압이 노골화되면서 일장기를 게양하지 않은 이유로 일제는 진남포 체육회를 탄압하고 급기야 조

손기정의 테이프를 끊는 순간과 일장기를 단 시상식 장면

선체육회를 해체시켰다.

b. 일장기 말살사건

1936년 베를린올림픽대회에서 1위로 들어오는 손기정 선수의 마라톤 골인장면을 동아일보는 호외와 신문 본지에 실으면서 일장기를 없애고 실었다. 이를 일장기를 말살한 사건이라 하는데, 이 사건은 한민족의 비운이며 동시에 일제에 항거하는 우리 민족의 투쟁정신이 배출된 사건이다. 이 사건으로 동아일보사는 무기정간을 당하고, 이길용 등 관련기자들은 징역을 받았다. 그 후 1년 후인 1928년에는 조선체육회를 일인단체인 조선체육협회에 통합시키고 말았다.

## 3) 광복 이후의 체육

### *시대개관*

8 · 15 광복으로 우리나라는 일제의 압제에서 벗어나게 되었으나 곧 이어 미군정, 6 · 25로 자주적인 근대화가 늦어지게 되었다. 제 1, 2공화국이 들어서면서 국가체제가 새로이 정비되어 근대국가로서의 면목을

갖추게 되었다.

1960년대에 들어서면서 우리나라는 경제개발정책을 과감히 추진함으로써 1970년대에는 괄목할 만한 고도의 경제성장을 통해 조국 근대화에 의한 민족중흥을 꾀하고자 하였다. 또한 이 시기는 교육규모의 양적인 성장이 이루어지고, 세계 각국과의 교류가 활발히 진행되었다. 1980년대의 지속적인 성장에 힘입어 사회가 안정되고 국민경제가 향상되어 88 서울올림픽을 무난히 치러 내는 등 한국은 개발도상국가라는 이름이 점차 어울리지 않게 되었다. 1990년대에 들어서면서 한국은 선진국에 가장 가까이 다가선 무한한 잠재력을 가진 나라로 인식되게 되었다.

경제발전에 따른 국력신장과 그 동안 구축되어진 체육진흥의 내실화로 88 올림픽을 서울에서 개최하게 되었다. 이러한 세계 대제전을 우리나라에서 개최한다는 역사적 사실은 대내적으로는 우리 국민들에게 자부심을 심어 주었고, 대외적으로는 국제사회에 우리의 지위를 부상시켰다.

### (1) 체육의 성장과 발전

① 학교체육의 성장

건국 이후 홍익인간의 이념을 교육이념으로 하는 새로운 교육이 시작되면서 체육의 목적도 바뀌었다. 체육은 "원만한 환경 밑에 신체활동을 통하여 신체 각부를 고르게, 튼튼히 발달시키고 굳세고 아름다운 정신과 건전한 사회적 성격을 기르며 위생생활을 습관화하여 민주적 사회생활에 자기의 최선을 다 발휘할 수 있는 능력을 가지게 한다"고 하여 신체적, 사회적, 지적, 정서적 목표와 함께 안전, 레크리에이션 교육의 지도를 배양하는 가일층 구체적인 목표를 지향하였다. 이에 따라 우리의 체육은 일제하의 식민지 체육에서 새로운 민주체육으로 전개하여 나가게 되었다.

그리하여 일제치하에서의 체조과가 체육과와 보건과로 명칭이 개칭되었다. 1954년 문교부에서는 학생들의 체력을 강화시키기 위한 목적으로 미군정하에서 중 · 고등학교 체육시간이 1주일에 1, 2시간이었던 것을 3시간으로 늘렸다. 대학교에서도 체육을 필수교양과목으로 이수하도록 하는 등 학교체육을 새롭게 정비하였다. 또한 1955년에는 학생들의 신체검사규정을, 1958년에는 체력검사규정을, 그리고 각급 학교설치기준령을 정비하는 등 학교체육 진흥을 위한 기초작업을 실시하였다.

그러나 실제의 내용은 일제하의 군국주의 방식의 영향을 크게 벗어나지 못한 구태의연한 것이었다. 각급 학교에서의 체육수업은 유희와 스포츠 중심이었고 더불어 레크리에이션, 안전교육이 실시되었으며 6 · 25로 국민건강생활이 피폐된 상태에서 특히 보건교육이 강조되었다.

한편 체육의 학문적 연구를 위하여 1953년 한국체육학회가 발족되었고, 각급 대학에는 체육과나 체육대학이 설치되어 지도자 양성을 위한 기반을 다지는 등 체육을 과학적으로 연구하는 분위기가 형성되었다. 그리고 1973년에 대학입학 예비고사에 체력장제도가 도입되어 체육의 중요성이 한층 강화되었다.

② 생활체육의 성장

생활체육이 지향하는 목표는 유아나 노인, 여성, 가진 자와 못 가진 자 그리고 심신장애자까지 모든 계층의 사람들이 삶의 전 과정 속에서 각각의 능력에 따라 체육활동에 참여함으로써 질적으로 향상된 삶을 향유할 수 있도록 하는 데 있다.

이에 반해 엘리트 체육이 지향하는 목표는 개인, 학교, 지역, 국가를 대표하는 우수한 운동선수들이 각자의 기량을 최대로 발휘하여 자신이나 또는 그들이 소속된 집단의 명예를 높이게 하는 데 역점을 두고 있다.

그 동안 우리나라의 체육정책은 대중체육보다는 엘리트 체육에 치중하여 왔음을 부인할 수 없다. 그리하여 아직까지도 체육은 학생이나 선수 또는 특수한 계층의 사람들만이 하는 것으로 인식되어져 선수는 운동만, 일반 대중은 관람만 하게 되는 양극화 현상이 두드러지게 되었다. 엘리트 체육에의 집중적인 투자는 그 기저가 되는 전 국민의 체육활동 참여를 간과하게 만들었다. 학교체육의 경우 대외경기의 과열회로

소수 운동선수 양성에만 중점을 두어 상대적으로 일반 학생들의 체육활동 참여기회를 박탈하였고, 생활체육은 그나마 적은 체육시설을 소수 운동선수만이 전용으로 이용하거나 폐쇄적으로 운영하여 생활체육 부재현상을 초래케 하였다.

그러나 국가경제가 활성화되고 국민생활이 점차 윤택해지면서 특히 올림픽 개최 이후에는 국가에서도 엘리트 체육보다는 생활체육 쪽으로 정책의 전환이 이루어지고 있다.

이는 1980년 이후 올림픽 유치확정으로 대중매체에서 체육의 비중이 커진 때문이기도 하다. 또 많은 국민들의 기대 속에 프로야구와 프로축구 그리고 프로씨름 등의 출범으로 경기력 향상은 물론, 일반 국민들의 생활체육 참여에 관심을 고조시킨 점도 있다.

각 일간신문의 체육기사는 그 전까지 고작 3~4단 정도 실리던 것이 1면 전체를 차지하고도 모자랄 정도까지 되었고, TV의 스포츠관계 방송도 전체 방영시간의 20% 이상을 차지할 정도로 많아지게 되었다. 각급 학교에서는 학생들에게 정과 체육활동으로 각종 스포츠 경기와 체조, 무용, 레크리에이션, 보건위생, 체육이론을 가르치고, 과외 체육활동으로 대내경기, 대외경기 등을 실시하여 학교생활뿐만 아니라 학교를 떠나서도 평생토록 체육활동에 힘쓰도록 교육을 시키고 있다. 또한 일반 국민들도 직장에서나 지역사회에서 체육을 생활화하기를 원하게 되자, 대중매체기관이나 YMCA, YWCA 그리고 각종 민간단체 등에서 국민체육활동 참여를 적극적으로 권장하고 그 여건을 제공하게 되었다. 일반 국민들간에 체육활동의 중요성이 널리 인식됨에 따라 그 동안 체육활동에서 소외되었던 여성이나 노인 그리고 장애자까지도 체육활동에 참여하기를 원하게 되었다.

③ 대한체육회와 전국체육대회의 성장과 발전

한국의 올림픽운동과 체육의 발전을 주도하였던 조선체육회는 1920년 7월 13일에 동경에 유학했던 이중국과 야구선수들이 잘 모였던 광화문의 광신양화점 주인 이원용이 동아일보의 창간활동을 하던 박현봉의 도움을 받아 일본인이 한국에 조직한 조선체육협회와 대응되는 한국인 체육단체를 만들고자 하는 일념으로 각계 유지들의 공감을 얻어 결성되었다. 당시 70명의 발기인 중 한 사람이었던 백낙준은 조선체육회의 결성배경에 대하여 1919년 3·1 독립만세운동이 좌절되자 뜻 있는 선각자들이 민족의 저력을 배양하기 위해서는 체력을 배양해야 되지 않겠느냐는 민족적 애국심에 크게 힘입었다고 강조하고 있다. 이러한 사실들은 일본통치시기에 선각자들이 가졌던 민족주의적 애국심이 스포츠 활동으로 표출되었으며, 이렇듯 처절한 선각자들의 애국주의적 스포츠 활동을 기반으로 한국의 스포츠 발전이 가속되었음을 보여 준다.

1920년에 창립된 조선체육회는 바로 그 해에 전국규모의 체육대회를 개최함으로써 국내 최대규모인 전국체전의 막을 열었다. 이로써 시작된 전국체전은 그 후 지속적으로 시행되면서 한국의 엘리트 체육과 학교체육 및 사회체육의 방향제시는 물론 그 기틀을 마련하는 산파역할을 해왔으며, 한국의 올림픽운동을 이끌어 왔다. 조선체육회가 실시했던 전국규모 대회였던 '전조선체육대회'는 해를 거듭하면서 많은 변화를 보였다. 1920년부터 1929년까지는 종목별로 단일종목 체육대회를 개최하였으며, 1930년부터 1933년까지의 4개 대회는 종합대회의 성격을 띠었지만 단일종목 대회의 연합이었고, 1934년에 이르러서야 현재의 전국체전과 같이 종합체육대회로서 개최되었다. 1934년부터 실시된 종합체육대회에 포함되었던 경기종목도 해를 거듭할수록 급격히 증가하였다. 1934년에는 5개 종목에서, 1935년에는 9개 종목으로, 그리고 1936년에는 12개 종목이 포함되었다.

대한체육회가 1920년 전신인 조선체육회의 창립에서부터 일본에 의하여 해체되고 다시 재건되어 1954년 사단법인체로 전환하기까지에는 임의단체의 성격을 벗어나지 못했다. 임의단체로서의 대한체육회는 사회적 지위에 있어서나 체육발전을 위한 사업을 수행하는 데 있어서 힘이 약했으며, 재정문제에 있어서도 취약하였다. 이러한 문제를 해결하기 위하여 대한체육회는 1954년 3월 16일 사단법인체로 전환하였으며, 한국의 체육발전을 위하여 획기적인 노력을 경주하기에 이르렀다.

그 후 1950년대 중반에 들어 6 · 25의 전화를 극복하고 대한체육회가 임의단체에서 사단법인체로 전환을 하면서 의욕적인 체육사업을 벌이고, 대한학교체육회 및 군인체육회가 정식으로 설립되면서 다양한 체육발전의 여건이 성숙되어갔지만, 정부의 정책적인 차원에서는 체육발전의 의지가 미약하였다. 학교체육은 문교부내에 하나의 과단위행정에 그쳤으며, 사회체육의 정책 역시 국민의 오락과 레크리에이션 차원에서 문교부의 문화국 산하에 오락과 정도의 행정에 머물렀다. 이러한 정부의 체육정책은 1961년 군사혁명정부가 들어서면서 크게 변하기 시작하였다.

1961년 군사혁명에 의하여 정권을 획득한 혁명정부는 체력은 국력이라는 구호 아래 체육발전을 위한 획기적인 행정을 펴나갔다. 정부는 국제 스포츠 경기의 경쟁력을 강화하기 위해서는 대한체육회의 체육발전 사업으로 1961년부터 국고에서 재정지원을 하기 시작하였다. 또한 1962년에는 한국 체육발전의 기틀을 다지게 했던 국민체육진흥법이 제정 · 공포되었다. 이 법은 정부차원에서의 강력한 시행을 위하여 1966년에 시행령이 제정 · 공포됨으로써 체육의 날과 체육주간이 실시되는 등 현재까지도 체육의 발전정책의 기본이 되고 있다.

독립적으로 운영되어 오던 대한체육회, 대한올림픽위원회 및 대한학교체육회는 1968년에 통합이 이루어짐으로써 대한올림픽위원회는 대한체육회내에 독립적인 기구로서, 그리고 대한학교체육회는 특별위원회로서 활동케 되고 사업과 행정은 일원화되었다.

통합 사단법인체에서 1983년에 특수법인체로 바뀐 대한체육회는 "체육운동을 범국민화하여 학교체육 및 사회체육의 진흥으로 국민의 체력향상과 건전하고 명랑한 기풍을 진작함과 아울러 아마추어 경기단체를 통괄지도하고 우수한 경기자를 양성하여 국위선양을 도모함으로써 민족문화 발전에 이바지하고 나아가 스포츠를 통한 국제친선과 세계평화

**각종 대회 기념배지 및 우표**

에 기여함을 목적"으로 하고 있다.

전국체전과 소년체전을 통해 엘리트 체육을 선도하는 대한체육회는 가맹경기단체를 지도하고 감독하며, 올림픽 등 국제적 종합경기에 관한 사업과 선수 및 경기지도자 양성, 국민체육진흥사업을 주로 하고 있다.

현재 대한체육회는 1처 1촌 2본부 9부에 정원 323명의 조직과 인력을 갖추고 산하에 각 시 · 도 및 시 · 군 · 구 체육회를 가지고 있다.

#### (2) 세계 속의 한국 스포츠

1948년 제14회 런던올림픽대회부터 태극기를 앞세워 세계체육의 대열에 끼게 됨으로써 명실상부한 체육의 국제적 우호증진을 기할 수 있게 되었다.

그리하여 국내적으로는 전국체육대회, 전국소년체육대회 그리고 각종 경기대회가 꾸준히 개최되었고, 국제경기교류가 활성화되어감에 따라 1973년 모스크바 유니버시아드 대회에 참가하게 됨으로써 공산국가와의 교류가 시작되기도 하였다. 그러나 남 · 북한 간의 스포츠 경쟁은 단순한 스포츠 경쟁 이상의 의미를 지닌 국력평가의 기준이 되어 남북한 모두 스포츠 경쟁에 총력을 기울이게 되었다. 아시안게임이나 올림픽경기는 우호증진의 차원을 넘어서서 자국의 국력을 과시하는 경향이 나타나게 되고, 세계 각국은 메달경쟁에서 우위를 지키기 위해 스포츠 과학화를 통한 경기력 향상을 부르짖게 되었다. 이들 경기는 국력과시의 각축장이 되기도 하고, 한 편으로는 국가이익을 위해 이들 경기를 유치하기 위한 노력이 활발해지게 되었다.

### 4) 88 서울올림픽의 유치와 체육부의 발족

#### (1) 88 서울올림픽의 유치와 성과

한국의 급속한 경제발전은 1988년 서울올림픽 및 1986년 서울아시안게임 그리고 1988년 장애자올림픽의 유치와 성공적 개최로 연결되어갔다.

한국이 올림픽대회를 유치하게 된 동기는 1978년 제42회 서울 세계사격선수권대회를 처음 유치하여 한국의 대규모 경기대회 개최능력을 인정받음에 기인하였다. 이를 계기로 스포츠 외교의 기반을 튼튼히 하면서 자신감을 얻은 정부는 1979년 「88 서울올림픽대회 유치계획의 사회

제14회 런던올림픽대회에 출전한 한국대표단

**역대 올림픽 참가현황과 성과**

| 회 | 연도 | 개최지 | 출전인원(종목) | 획득메달 | 순위 | 비고 |
|---|---|---|---|---|---|---|
| 10 | 1932 | LA | 3 (2) | 0 0 0 | — | 일본선수로 출전 |
| 11 | 1936 | 베를린 | 7 (3) | 1 0 1 | — | 일본선수로 출전 |
| 14 | 1948 | 런던 | 67 (7) | 0 0 2 | 24 | |
| 15 | 1952 | 헬싱키 | 43 (6) | 0 0 2 | 33 | 소련 참가 |
| 16 | 1956 | 멜버른 | 57 (6) | 0 1 1 | 23 | |
| 17 | 1960 | 로마 | 75 (8) | 0 0 0 | 34 | |
| 18 | 1964 | 동경 | 224(15) | 0 2 1 | 27 | |
| 19 | 1968 | 멕시코시티 | 74(10) | 0 1 1 | 32 | |
| 20 | 1972 | 뮌헨 | 68 (8) | 0 1 0 | 33 | 북한 첫 출전 |
| 21 | 1976 | 몬트리올 | 72 (5) | 1 1 4 | 19 | 양정모 첫 금메달 |
| 22 | 1980 | 모스크바 | | | | 불참 |
| 23 | 1984 | LA | 284(19) | 6 6 7 | 10 | |
| 24 | 1988 | 서울 | 644(23) | 12 10 11 | 4 | 최대출진 최고성적 |
| 25 | 1992 | 바르셀로나 | 350(24) | 12 5 12 | 7 | |

경제적 실현가능성」이라는 보고서를 국민체육심의위원회에 상정하고 1979년 9월 21일에 올림픽 유치를 확정하였다. 그러나 10 · 26 사태로 박정희 대통령과 박종규 회장이 저격당하고 전두환 장군이 제 9 대 대통령으로 취임함에 따라 올림픽의 유치계획은 원점으로 돌아갔다. 그러다가 새 정부는 1980년 12월 24일에 유치후보국 등록을 하고, 올림픽 유치 경쟁을 벌이기 시작하였다.

1981년 서독의 바덴바덴 IOC 총회에 한국은 106명의 외교, 경제, 체육 및 기타 지원관계자들을 파견하여 적극적인 활동을 벌인 결과 경쟁도시인 일본의 나고야시를 52 대 27이라는 압도적인 차이로 누르고 서울시가 올림픽을 개최하는 영광을 획득하였다.

1981년 9월 30일 올림픽 개최의 유치에 성공하고 난 후 동년 11월 26일에는 아시아경기대회의 유치가 추가되는 비용을 극소화하면서도 올림픽대회 개최의 경험을 축적할 수 있다는 취지에서 제10회 아시아경기대회의 유치를 확정하였다.

서울올림픽대회의 5대 특징은 화합의 올림픽, 문화의 올림픽, 복지의 올림픽, 희망의 올림픽 및 번영의 올림픽이다. 이외에도 서울올림픽대회는 올림픽대회사상 최대 참가규모와 경기력의 획기적인 향상 등의 성과를 이룬 것도 커다란 의의가 있다.

한국이 주최한 1988년 서울올림픽대회는 한국이 올림픽대회사상 다시 이루기 힘든 믿기 어려운 성과를 거두었다. 참가규모에 있어서도 477명의 최대규모 선수단이 참가하여 23개의 전체 경기종목에 모두 출전하였으며, 성적에 있어서도 예상을 뒤엎은 금메달 12개, 은메달 10개, 동메달 11개를 획득하여 160개의 참가국 중 4위라는 획기적인 기록을 남겼다.

서울올림픽은 정치, 경제, 사회, 문화, 체육 등 모든 부문에 획기적인 전환을 가져다 주는 계기가 되었다. 그러나 무엇보다도 체육부문은 그 진흥을 위한 도약기를 맞이하였다.

① 체육행정기구의 탄생

광복 이후에는 체육행정기구가 없었다. 미군정하에서는 미미하나마 문교부내의 학무과 학교교육계와 청년수련과의 일반체육계 그리고 사회사업과의 오락계에서 업무를 관장하였다. 그 후 1948년에는 문교부의 문화국 체육과에서, 1963년에는 체육국에서 체육업무를 수행하였다. 1981년에 정부의 독립된 행정부서로서 체육부가 탄생하기까지 문교부의 일개 부서에서 담당하던 체육행정은 구태의연한 수준에 머물 수밖에 없었다.

서울시와 정부는 올림픽대회와 아시안게임의 준비를 위해서 책임 있는 정부의 부서가 필요함을 절감하고 1982년 3월 20일 정부조직법을 개편하여 체육부를 창설함으로써 본격적인 올림픽대회 개최준비에 들어갔다. 당시 올림픽대회를 위하여 한시적으로 발족된 체육부는 서울 아시아경기대회와 서울올림픽대회를 성공적으로 준비하여 개최하고, 서울올림픽대회가 끝난 후에도 체육청소년부로 존속하게 됨으로써 우수선수의 발굴 및 양성업무를 지속적으로 수행하고, 올림픽대회 이후에 분출되는 생활체육에 대한 국민의 욕구를 충족시키고 청소년 및 국민을 위한 복지국가 구현에 중요한 역할을 하는 중심체가 되었다.

1982년 발족 당시 체육부는 문교부 국제체육국의 직원과 국무총리실의 올림픽 유치지원업무 담당직원 및 올림픽 유치를 지원하는 업무를 관장하였던 제 2 정무장관실의 직원을 주축으로 하여 장 · 차관을 비롯한 1실 3국 10과 6담당관의 182명 규모로 출발하였다.

현재 체육 및 청소년 업무를 수행하기 위해 체육청소년부는 기존의 대한체육회 외에 한국생활체육협의회, 국민체육진흥공단, 한국체육과학연구원, 한국청소년연구원 등의 기관을 지휘 내지 감독하는 위치에서 헌법과 대통령령 등 각종 법률에 따라 각급 체육조직을 이끈 부서로 그 역할을 다하고 있다.

② 국민체육진흥계획의 마련

정부는 국민체육 진흥을 위한 기본시책으로 국민체력의 향상은 곧 국가발전의 저력이란 측면에서 체육을 국민체력 향상을 위한 건민정책으로서의 체육과 우리의 국제적 지위와 권위를 높이는 국위선양을 위한 체육으로 보고 많은 지원을 아끼지 않았다.

1962년 9월 국민체위 향상과 체육진흥을 위한 제도적 뒷받침으로 국민체육진흥법이 제정되었다. 그 내용은 진흥기구, 체육진흥기금, 체육행사, 직장체육, 학교체육 등 체육에 관한 기구, 재정, 시설, 지도자, 과학화를 골자로 하였고 몇 차례 개정 · 보완되기도 하였다. 이러한 제도적 장치도 국민체육 진흥을 위한 획기적인 대책은 아니었다.

그러다가 88 서울올림픽을 계기로 거국적인 체육진흥정책의 필요성이 대두되면서, 정부는 1982년에 서울올림픽 준비 종합계획과 1986년에 국민체육진흥장기계획을 마련하였다. 체육을 진흥시키기 위하여 체육인력, 체육활동, 체육시설, 체육지원의 분야를 대상으로 한 이 계획은 이후 정부의 체육정책의 기틀이 되었다. 그리고 1989년에 국민생활체육진흥 3개년 계획(호돌이 계획)을 추진하고, 이어 1993년에는 국민체육진흥 5개년 계획을 마련하여 실시하고 있다.

## 5) 한국 체육의 전망

### (1) 체육환경의 변화와 전망

① 생활환경의 변화: 경제 · 사회적 전망

기술혁신과 정보화의 영향으로 현대사회는 생활양식이 급격히 변화되고 있다. 앞으로 중간계층이 상대적으로 많아지면서 계층간의 분화로 말미암아 사회의 다원화가 촉진될 것이다. 근로시간이 줄어들고 자유시간이 늘며 일의 개인화가 진행될 것이다. 또 소비성향이 강해지고 소비취향이 매우 다양하게 바뀔 것이다.

우리나라의 경제사회적 전망은 대체로 밝은 편이다. 이에 따라 국민의 소득과 여가시간이 증가되어 국민의 건강에 대한 관심이 높아지고 건전한 여가활동은 물론 건강증진을 위한 방안이 더욱 활성화될 전망이다. 또 인구의 고학력화와 도시집중현상이 가속화되면서 건강과 체력에 관한 관심이 높아지고, 활동공간의 부족과 교통난, 환경오염 등의 심각한 사회문제가 유발될 예정이다.

② 체육환경의 변화

1980년대 이후 우리 사회가 겪어 온 급격한 산업화 과정과 고도의 경제성장은 한국사회의 제 분야를 크게 바꾸어 놓았다. 특히 교육의 양적 확대와 대중매체의 놀라운 발전, 그리고 산업사회의 고용구조 및 '여가' 개념의 발전은 체육활동 전반에 대한 우리 사회 일반의 의식을 크게 변화시켰다. 이에 따라 체육환경도 크게 바뀌었다.

첫째 국민들의 건강과 체력에 대한 관심이 고조되면서 체육활동 자체에 대한 요구가 급격히 증가되었고, 둘째 삶의 질을 향상시키는 데 기여할 수 있는 체육을 추구하는 경향이 나타나게 되었으며, 셋째 전문화 · 다양화의 경향을 나타내고, 넷째 엘리트 체육의 여건이 악화되고 있다. 점차로 국민들의 체육의식은 상당히 높은 수준에 이르고 있고 체육에 대한 요구가 사회 · 문화적으로 증대되고 전문화 · 다양화 · 국제화를 지향하는 활성적 면모를 추구할 것이지만, 엘리트 체육의 경우 다소 여건이 나빠지고 있는 추세에 있다.

③ 통일한국의 탄생

오늘날의 국제정세는 냉전이 종식되고 남북이 유엔에 함께 가입하여 통일의 분위기가 성숙되고 있다. 북한 핵문제로 한동안 남북상황이 어려워지긴 했으나 이러한 문제는 함께 노력함으로써 극복될 수 있는 문제이다. 그러나 아직까지도 통일의 앞날은 험난하기만 하다.

한민족은 하나로 통일되어야만 한다. 그 동안 7,000만 겨레는 분단의 고통을 느끼며 반세기를 살아 왔다. 이제는 통일이 멀리 있지 않다. 앞으로의 한국은 통일된 한국으로서의 이미지를 갖도록 노력해야 한다.

조국의 평화통일에 앞장시기 위해 상호 신뢰가 가장 중요한데, 체육이 이러한 역할을 선도할 수 있을 것이다. 이를 위해 통일한국이 탄생했을 때를 가정하여 여러 분야에서 만반의 준비를 해야만 할 것이다.

### (2) 남북 체육교류와 통일 후의 전망

① 북한의 체육

북한에서는 체육이 "신체를 다방면으로 발달시키어 집단주의 정신과 혁명적 동지애, 굳센 의지, 규율준수에 대한 자각성과 책임성 등 고상한 사상과 도덕적 품성을 배양함으로써 국방력을 강화하고 사회주의 건설을 성과적으로 수행하는 데 이바지하는 수단"으로 정의되고 있다. 북한의 체육은 한마디로 전체인민을 위한 체육이라고 말할 수 있다.

북한에서는 체육정책의 기조를 국방체육의 대중화, 생산노동과 체육활동의 결합, 체육을 통한 김일성 우상화, 체육의 당 통제와 획일화, 스포츠 외교활동의 적극화에 두고 있다.

② 남북 체육교류

남 · 북한 간의 경기교류는 1945년 12월 경 · 평 아이스하키전을 필두로 이루어졌다. 그 후 남 · 북한 간에는 농구와 축구경기가 6회에 걸쳐 이루어졌으며 한동안 남북대결이 그쳤으나 1963년 동경올림픽 배구예선전에서 다시 남북 체육교류가 이루어지기 시작하였다.

남 · 북한 간의 단일팀 구성문제는 수십 차례의 회담이 열렸으나 대부분 실패하였다. 그러나 남한과 북한정부는 1991년 2월 12일 제41회 세계탁구선수권대회와 제 6 회 세계청소년축구선수권대회에 남북 단일팀 구성 · 참가합의서에 서명함으로써 역사적인 남북한 단일팀을 구성하게 되었다. 이때 합의된 주요 내용으로는 선수단의 호칭을 우리말로는 '코리아', 영어로는 'KOREA'로 하고, 선수단 단기는 '흰색 바탕에 하늘색 한반도 지도'로, 선수단 단가는 '1920년대의 아리랑'으로 결정하였다.

③ 통일한국의 체육

통일한국을 대비하여 우선적으로 체육분야에서 관심 있게 다루어야 할 내용은 용어의 정리이다. 북한에서는 축구의 코너킥을 모퉁이차기, 럭비를 투구라고 부르는 등 남·북한 간에는 언어의 장벽이 가로놓여 있다. 남한의 경우는 대부분의 용어가 국제화된 용어를 사용하는 데 비해, 북한의 경우는 거의 모든 용어를 주체의식에 바탕을 둔 순수 한글로 바꾸었다. 일면 장점도 있으나 국제화 시대에 부적합한 면도 상당히 있다.

언어라는 것은 서로 공유하는 것이 중요하기 때문에 남한에서 쓰던 것만을 고집하거나 북한에서 쓰던 것만을 고집하다가는 용어통일부터 되지 않을 것이다. 체육용어, 체육시설, 체육장비 그리고 체육에 관한 많은 부분들에 대한 깊은 논의가 필요하다.

### (3) 생활체육의 확산과 체육과학의 진흥

① 여가시간의 확대와 국민건강의식의 증대

국민소득이 연평균 13.6%씩 증가함에 따라 생활양식이 급격히 바뀌고 있다. 또 노동시간도 단축됨에 따라 여가시간이 그만큼 늘어나고 있다. 한국개발연구원의 '2000년을 향한 국가장기발전구상'에 따르면 노동자 주간생활시간 중 1980년도의 44.7시간이던 여가시간이 1990년도에는 49.2시간, 그리고 2000년에는 52.0시간으로 연평균 0.8%씩 늘어날 것으로 전망하고 있다.

국민들의 건강과 체력에 대한 관심이 고조되면서 체육활동 자체에 대한 요구가 급격히 증가되었다. 개인은 개인대로 단체나 기업은 그들대로 체육활동에 대한 요구와 필요성을 확장해 오고 있다. 이러한 체육활동의 개인적·사회적 요구증대는 다소의 부작용은 있으나 대체로 한국 체육의 양과 질을 확충하는 데 가장 중요한 밑받침이 되고 있다.

또한 삶의 질을 향상시키는 데 기여할 수 있는 체육을 추구하는 경향이 나타나게 되었다. 즉, 생활 속에서 쉽게 운동할 수 있는 여건과 국민의 직접적인 혜택이 이루어지는 자신의 '삶의 질'에 대한 문제가 중요시되었다. 특히 '여가'의 개념이 새로운 가치를 띠고 대두되고, 이와 관련해서 체육의 가치가 새롭게 인식되어 종래의 '단순한 운동' 중심의 체육에서 삶의 질을 향상시킬 수 있는 체육으로서의 인식이 강화되었다. '인간을 위한 체육'에 대한 인식이 강화됨으로써 체육의 사회 · 문화적 기능과 영역이 한층 확장되는 모습을 보이고 있다.

② 생활체육의 정착

생활체육은 국민의 건강증진과 여가선용, 나아가 삶의 질적 향상을 위한 국민복지차원에서 세계 모든 나라가 중시하고 있는 분야이다.

1991년에 35%인 생활체육 참여율은 예전에 비하여 많이 늘어났으나 아직까지 미국(67%), 독일(69%), 일본(60%)에 비해 상대적으로 낮은 실정이다. 미래의 생활체육 정책방향에 대한 조사에 의하면, 1989년에는 생활체육 진흥에 우선을 두어야 한다는 의견이 83%에서 1991년에는 92.8%로 늘어나 국민의 생활체육에 대한 관심과 참여의욕이 매우 높은 실정이다.

생활체육이 정착되기 위해서는 체육공간과 시설, 전문지도자 배치, 동호인 조직 그리고 각종 프로그램이 다양하게 마련되어야 할 것이다.

③ 체육과학의 진흥

현대는 과학의 시대이다. 체육도 이제는 과학화되어야 한다. 운동선수의 선발과 훈련, 국민의 건강과 체력의 증진은 체육과학의 진흥 위에 이루어질 수 있는 문제이다.

정보화된 시대에 사는 체육지도자들은 최첨단의 과학적인 관련정보를 통해 엘리트 체육이나 생활체육부문 모두에 필요한 지식을 습득하여 명실상부한 체육전문가가 되어야 한다.

### (4) 한국 체육의 반성과 성찰

역사는 어느 정도 반복되게 마련이다. 한 개인에게나 국가의 경우에도 마찬가지이다. 그러기에 역사는 우리에게 교훈을 준다. 그런 의미에서 역사가 우리에게 가르치는 교훈을 깊이 인식하고 깨닫는 것이 역사를 배우는 참뜻이다.

그 동안 한국의 체육은 전통사회에서는 무사위주의 체육과 서민위주의 체육으로 확연히 구분되어 왔다. 또 개화기와 일제시대에는 체육을 근대화의 방편으로 삼아 국권회복을 위한 수단으로 이용하기도 하였으나 실패하였던 경험을 가지고 있다. 우리는 광복 이후 최근까지도 우리의 체육활동이 비과학적인 요소가 상당히 많았고, 체육진흥을 주도적으로 추진해 온 주체가 민간주도보다는 정부가 주체가 되어 왔으며, 국가의 체육정책이 대중체육보다는 엘리트 체육에 치중하여 왔음을 알고 있다. 우리는 한국 체육사를 통해 우리의 체육사실들이 찬란하기도 했고 또 불행하기도 했었다는 것도 잘 알게 되었다.

앞으로 체육활동을 보다 과학적으로 수행하고, 대중체육을 기반으로 하여 엘리트 체육을 추구하도록 하는 체육진흥정책 전환이 이루어지기 위해서는 지나온 한국 체육의 긍정적인 면을 살리고, 잘못된 점은 반성하여 앞으로의 체육을 창조적으로 발전시키기 위한 체육인들의 노력과 자세가 필요하다. 이는 체육지도자들의 많은 땀과 노력이 있을 때에만 가능하다.

## 제 2 장

# 중 국

인류문화 발생지의 한 곳인 중국은 세계 고대문명국가의 하나로 아시아 동쪽의 광대한 지역에 자리잡은 나라이다. 수천 년 동안 중국은 고정된 사회패턴을 유지할 수 있었는데 이는 중국의 가족제도와 조상숭배에 크게 기인하고 있다. 가족은 견고하게 밀착된 사회단위로 여기엔 손자, 자식, 조부와 조상이 포함된 개념이다. 반드시 윗사람에게 순종해야 하며, 가계의 지도자뿐만 아니라 조상의 영혼도 경건하게 대해야 했다. 가족숭배는 큰 가족집단의 발달을 이끌었고, 남자아이에게 사회적으로 큰 비중을 두었다. 이를 바탕으로 근대 이전에 중국은 막강한 왕조중심의 국가를 이루었으나, 근대 이후에 서방 열강의 제국주의 침략으로 나라가 피폐되었다. 1911년 신해혁명으로 오랜 왕조정치가 막을 내리고, 근대국가로서 중화민국이 성립되었다. 그러나 근대적 민주주의 정치를 바로 실현하지 못하고 외세의 침략과 대내적 분쟁이 계속되는 가운데 제 2 차 세계대전이 끝나자 중국공산당은 중국대륙에서 실권을 잡고, 국민정부는 대만으로 옮겨가게 되었다. 그 후 본토에서는 공산정권이 수립되었고, 대만에서는 민주국가를 수립하였다.

이후 본토의 중국과 대만은 아직까지도 상호 대립의 관계를 유지하고 있으나, 국제적으로는 본토의 중국이 명실상부한 국가로 인정받고 있다. 1960년대의 문화혁명과 소련과의 국경 · 이념분쟁으로 오랫동안 고립화를 달리던 중국은 1970년대 들어오면서 새롭게 변모하기 시작했다. 유엔에 가입하였고 유엔 안전보장이사회의 상임이사국으로서 세계 정세의 다극화 시대에 대처하여 국제무대에서 커다란 영향력을 행사하고 있다.

## 1. 중국 원시 및 고대의 체육(원시사회~211년)

### *시대개관*

고대 중국인은 원시단계에서 문명단계로 넘어선 최초의 인류 중의 하나였다. 고대 중국의 문화는 동양문화의 기원으로 인접한 각 나라에 영향을 미쳤을 뿐만 아니라 인류문화 발전에 커다란 공헌을 하였으며 체육발전에도 중요한 역할을 하였다. 인류역사상 체육 혹은 신체활동과 관련된 문화는 여러 곳에서 유적으로 남아 있으나 그 분류의 편의상 크게 두 가지로 분류할 수 있을 것이다. 하나는 서양문화의 원류인 고대 그리스, 고대 로마를 대표로 하는 서양체육사, 또 하나는 고대 중국과 인도를 대표로 하는 동양체육사이다. 이러한 관점으로 볼 때, 중국 고대 체육사는 인류문화를 이해하는 데 있어 중요한 부분이라 하겠다. 고대 중국사에서 고대 그리스와 같은 형태의 체조(Gymnastics)나 경기(Athletics)나 올림픽대회처럼 조직된 경기대회는 없다고는 하나, 이것이 체육활동이 없었다는 것을 의미하는 것은 아니다. 고대 중국에서도 악용(樂舞), 무용(武舞), 사례(射禮), 수박(手搏)과 같은 체육의 형태가 있었고 이러한 신체활동은 군사, 제례, 의술, 예술과 깊은 관련을 갖고 있었다. 중국의 고대체육의 목적 역시도 고대 그리스와 같이 신체를 발달시키고 건강을 유지하는 데 있었으며 군사성, 오락성을 내포하고 있었다. 중국의 고대체육의 특징은 심신일체(身心一體), 심신결합(身心結合)을 주장하며 도덕, 예술을 경쟁적인 경기보다 중요시 여겼다. 서양 고대체육과 현저하게 구별되는 점은 시회적인 윤리, 도덕관념이 체육활동에 지대한 영향을 미쳤다는 것이다.

### 1) 원시 및 고대의 교육

고대 중국에 있어 교육의 목적은 개인을 용기 있는 지식인으로 육성하여 다른 사람을 감화시킬 수 있는 능력과 성격을 가진 지도자를 길러 사회의 지배자로 일할 수 있도록 하는 데 있었다. 즉, 고대의 생각을 영속시키기 위해 정부는 철저하게 고대 의례, 의식과 가르침을 연마한 학생을 정부 고위직에 선발하기 위한 일련의 시험들을 만들었던 것이다. 따라서 정부는 고대의 습관이나 예의를 철저하게 갈고 닦은 사람을 선발하여 최고의 통치력을 갖추도록 하였다. 오랫동안 유교사회의 틀을 유지한 중국의 교육은 가장중심의 가족제도와 조상숭배의 격식에 맞추어 이루어졌다. 따라서 개성을 강조하는 교육이 이루어지기 힘든 체제였다. 이런 교육들은 교육이 지향하는 방향이 진보된 사회보다도 오히려 정체된 사회에 그 기반을 두었기 때문에 변화를 기대할 수 없었다. 고대에 있어 변화란 고대인의 교훈과 지시에 정당화된 경우에만 인정되었기 때문이다.

주(周) 이전의 시대는 전설의 시대로 교육이 존재하지 않았다고 생각되고, 주대에 이르러 문화가 형태를 갖추었다. 주대의 교육은 수기치인(修己治人)의 도를 부여함을 그 이상으로 삼았다. 그러므로 소학, 대학을 통하여 가장 중요한 학과는 육례(禮, 樂, 射, 御, 書, 數)이다. 그 중 예와 악은 덕육(德育)에 속하고, 사와 어는 체육(體育)에 속하고, 서와 수는 지육(智育)에 속하고 있다. 주왕조시대의 문화부흥기 초기에 중국의 교육은 지적 · 도덕적 · 예술적 훈련뿐만 아니라 육체적 훈련도 포함되었다. 학자계급으로부터 가장 유능하고 덕망 있는 남자들이 국가지도자로 뽑혔다. 내부 분쟁(대략 기원전 8세기부터 시작한)은 중앙통치의 붕괴를 가져왔고, 국가는 서로 적대하는 주들로 분리되었다. 뒤따른 교육의 퇴조기에 학교는 하찮게 생각되었고, 공공기관은 도움을 주기보다는 오히려 방해가 되었다. 공자는 고대 도덕가르침을 모으고, 지도자들에게 이러한 가치 있는 삶의 원칙에 돌아오도록 설교함으로써 사회를 구하려고 했다. 고대의 작품은 존재하는 것에 있어서 인간과의 관계와 예절에 대한 상세한 가르침을 제시하고 있지만 모든 행동을 규제하고 억제시켰다. 공자는 도덕과 윤리훈련을 강조하고 있다. 그러나 그는 체육과 관련된 행동에 대해 언급하고 있지 않다. 공자의 제자들은 교육을 과거에 의존한 지식교육에만 초점을 맞추고 현재나 미래에 관해서는 언급하고 있지 않다. 그리고 인간의 체육행동의 필요성을 무시하고 있다. 문학작품의 내용, 의식의 끊임없는 반복, 과거시험체계는 체육훈련, 체격발달에 대한 어떠한 요구도 하고 있지 않다.

## 2) 원시 및 고대의 체육

### (1) 원시시대의 체육

기원전 21세기부터 중국은 계층사회를 이루면서 영토를 확장하기 위한 전쟁이 시작되었으며, 원시문자와 종교의 형성을 가져오기 시작하였다. 고대 민간전설의 기록과 고대문물의 증거에 의하면 중국은 하조 이전부터 민간에서 유희활동과 무용이 시작되었고 낚시, 사냥 등 생산노동과 관련된 활동과 활쏘기, 돌던지기와 같은 군사훈련 등이 있었다.

### (2) 고대의 체육

하, 상, 서주시기는 악무(樂舞), 무무(武舞), 사례(射禮), 수박(手搏), 달리기, 점프 등 경기운동종목이 나타났고 활쏘기와 차 모는 것(駕車)를 주요 종목으로 하는 학교체육이 생겼으며 독특한 양생체육 실천과 간단한 양생사상이 나타났다. 중국은 진, 한의 변천과정을 거치면서 봉건제도의 기초를 가져왔으며 이는 중국의 문화, 경제, 정치적인 변화를 가져왔다. 봉건주의는 빈번한 전쟁을 초래하였으며, 이에 군사훈련의 성격을 띤 체육의 발달을 가져오게 되었다. 상류계급에게만 국한되었던 무예의 습득은 점차로 대중화되었고, 전쟁의 전술과 전략의 급진적인 발달을 가져오게 되었다. 군사훈련은 점차로 경기형식을 띠게 되었으며, 고도의 기술을 대중 앞에서 선보이는 관중 스포츠의 형태로의 발전을 가져오게 되었다. 또한 이 시기에는 동양적인 심신단련의 방법인 양생학의 발달을 가져오게 되었는데 이는 인간의 장수를 기원하는 데부터 비롯되었으며, 양생학의 발달은 고대 중국의 체육의 이론적인 기초가 되었다고 볼 수 있다.

고대 중국사회의 지식인들은 유교의 가르침을 생활습관의 바탕으로 삼았고 이를 위하여 고전적인 교육을 받았다. 지식인들이 최고의 도덕 이상으로 생각하였던 "수신제가치국평천하(修身齊家治國平天下)"라는 글귀를 보면 자신의 몸을 수행하는 것을 제일 기본으로 삼았으며, 이는 신체수련이 인격형성에 있어서 중요한 요소이며 바탕이 됨을 인식하였기 때문이었다.

사실상 고대 중국에서 체육(體育)이란 용어는 사용되지 않았다. 고대 중국 체육은 독립적으로 존재하는 여러 가지 인체발달의 실천과 이론이라고 여겼고 그것을 하나의 통일적인 총체로 보지 않았다. 다만 체육이란 단어(Physical Education)가 서양에서 중국으로 전해진 후에야 그것들을 통합해서 체육이라 하였다. 체육이라는 용어는 없었으나 풍부한 신체훈련이나 체육의 내용은 계속 존재하였으며, 그 내용에 따라 고대의 체육을 크게 세 가지로 분류할 수 있다.

① 각종 무술을 포함한 다종 군사체육훈련

이는 군사를 훈련시키는 목적으로 한 각종의 신체훈련이다. 가장 동양적이며 대표적인 것은 다음과 같다.

a. 우슈(武術): 우슈는 원래가 군인들의 신체를 단련시킬 목적으로 시작되었다. 우슈는 초기에 무무(武舞) 또는 무지(武技)라고도 하였다.

b. 활쏘기(射): 활쏘기는 육예의 한 과목으로 학교에서는 사와 어를 15세부터 가르쳤다. 주시대에 활은 전쟁의 무기와 수렵의 도구로 사

용되었으며, 사례(謝禮)와 제사를 위해서 더욱 중시되었다. 주시대에 활쏘기는 덕의 유무를 판단하는 방법의 하나가 되기도 하였다.

c. 각저(角抵): 옛날 중국 유희의 하나로, 두 사람이 맞붙어서 힘을 겨루거나 또는 활쏘기, 말타기 등을 각저라고 하였다. 오늘날의 씨름. 《사기주(史記注)》에 "각(角)이란 재(材)요, 저(抵)는 서로 닥친다는 뜻이다"라고 하였으며, 《한서주(漢書注)》에는 "두 사람이 서로 맞서서 힘을 겨루고 기예(技藝)와 활쏘기, 말달리기를 겨루므로 이름을 각저라 한다"고 하였다. 《문선서경부주(文選西京賦注)》에는 "둘씩 서로 맞서서 씨름, 기예, 활쏘기, 말달리기를 하므로 이름을 각저(角抵)라고 한다"고 했다. 이는 모두 달려들어 힘을 겨룬다는 뜻을 나타내는 말이다. 이 씨름의 법식에 대하여는 《고금사물원시(古今事物原始)》에 "양손을 땅에 대고 머리로써 부딪치는 것"이라 하였다.

d. 축국(蹴鞠): 동양식 옛 축구경기. 중국 고대의 황제(黃帝)가 군사훈련을 위해 처음으로 시작하였다고 전해지며, 중국 왕운정(汪雲程)의 《축국도보(蹴鞠圖譜)》에 따르면 구장(球場)에서 하는 것, 구장 없이 하는 것, 양쪽에 골문을 설치한 것으로 나뉜다. 먼저 구장 없이 어디서든 할 수 있는 축국에는 혼자 차는 1인장, 2명이 마주서서 차는 2인장 등 9인장까지 있어 공을 땅에 먼저 떨어뜨리는 사람이 지게 되어 있었다. 이는 오늘날의 제기차기와 비슷하지만 1677년(숙종 3) 《박통사언해(朴通事諺解)》에 "한겨울 제기차기하고, … 제기 자(字)로 되어 있다"는 기록으로 보아 제기차기는 척건이라 하여 따로 있었음을 알 수 있다. 중국에서는 한(漢)나라 때 가장 성행하였는데, 4면을 담장으로 둘러치고 구장 양쪽 끝에 각각 파놓은 6개의 구멍에 공을 차 넣으면 이기는 것으로 일정한 구장이 있었다. 당나라 때는 대나무에 그물을 친 2개의 골문을 세워 상대편 골문에 공을 차 넣으면 이기는 경기형태였으며, 인원제한 없이 상대방과 숫자만 같으면 되었다. 이 때에 비로소 바람넣은 공을 사용하였다. 한편, 이우(李尤)의 시(詩) 《국역명(鞠域銘)》에 심판은 편파적이지 않은 공정한 심판을 하라는 내용이 있는 것으로 미

루어 축국의 경기방식은 오늘날의 축구와 비슷하였음을 알 수 있다.

e. 격국(擊鞠): 격구와 같은 뜻으로 말을 타거나 걸어다니면서 공채로 공을 치던 무예로 폴로와 비슷한 운동이다.

f. 기사(騎射): 말을 타고 달리면서 활을 쏘는 무예의 하나

위의 체육들은 모두가 군사적인 목적을 두고 한 훈련과정으로서 춘추전국시대(기원전 475~221) 이후로 더욱 발달되었다.

기타 신체훈련에는 투석(投石), 무거운 것 들기(擧重物), 뛰기, 점프, 창술, 도술 등이 있다.

② 양생중의 체육

질병의 예방, 건강의 증진과 장수를 목적으로 한 신체운동은 고대 중국에서 대표적인 체육의 형태로 발달하였다. 대표적인 운동으로는 기공과 양생(養生)이 있다.

a. 기공: 호흡을 조정하는 운동으로 전통적으로 질병을 치료하고 장수의 방법으로 사용되었다.

b. 양생: 철저한 동양철학이론을 바탕으로 한 하나의 전문적인 이론과 실천이다. 그의 대부분의 내용은 도인(導引), 행기(行氣), 산보

**도인도**(導引圖)

(散步) 등이다.

반상유희(盤上遊戲)

③ 각종 오락종목, 민간의 명절 활동 종목

유희나 게임의 형태의 체육은 사회적 지위를 막론하고 고대 중국에서 유행하였다. 대표적인 것으로는 다음의 것들이 있다.

a. 백희(百嬉): 주로 오락으로 민간에서 행해지던 산악(散樂)의 총칭. 잡기(줄타기, 검(劍)과 옥(玉)의 공기놀이, 불바퀴 속을 빠져 나가기, 재주넘기, 접시돌리기 재주), 무술, 요술(칼삼키기, 칼날 위 건너기), 씨름, 익살맞은 장난, 가무 등을 이른다. 한(漢)나라 무제(武帝) 때부터 성행하기 시작하였고, 수(隋)나라 이전에는 백희라 하였으나 후에는 궁정과 종묘의 의식 때 상연되는 아악(雅樂)에 대해서 산악(散樂)이라 하였다.

b. 격양(擊壤): 흙으로 만든 양(壤)이라고 하는 악기를 두드리는 것. 일설에는 땅을 치는 것이라 했는데, 나막신 비슷한 2개의 나뭇조각 중 하나를 땅에 놓고 30~40보(步) 떨어져서 다른 1개를 던져서 맞히는 놀이, 즉 나막신던지기를 뜻한다. 또한 요(堯)나라 때 천하가 태평하였으므로 노인이 이 놀이를 하면서 요임금의 덕(德)을 노래했다는 고사에서 유래되어 태평무사(太平無事)를 형용하는 말로도 쓰인다. → 격양가

c. 그네(鞦韆): 여자들이 할 수 있었던 유일한 체육으로 한무제 때부터 후궁의 여자들간에 추천이 성행하였다. 장대한 기둥을 세우거나 큰 사얼목을 이용하여 그 가지에 2줄의 동아줄을 매고 아래에 발판을 놓아 그 위에 몸을 실어 다리로 발판을 밀면서 그 힘으로 몸을 앞뒤로 높게 왔다갔다 하도록 만든 것이다. 원래는 북쪽 오랑캐들이 한식(寒食) 때 봄놀림의 날쌤을 단련하던 운동이다. 춘추시대에 제(齊)의 환공

이 B.C. 666년 북벌을 할 때 중국으로 들어와 궁중행사가 되었다.

d. 투호(投壺): 중국에서 아주 먼 옛날부터 행해졌던 놀이로 화살을 일정한 거리에 놓인 병 속에 넣어서 승부를 가리는 놀이. 두 사람이 서로 마주서서 10걸음 정도 떨어져 있는 병 속에 푸른 살과 붉은 살을 던져 넣은 뒤 병 속의 화살수로써 승부를 결정한다. 원래 중국 당(唐)나라 때 성행하던 놀이로 《북사(北史)》 백제전과 《신당서(新唐書)》 고구려전에 그 기록이 있어 한국에도 일찍 들어왔던 것으로 보인다. 조선시대에는 주로 궁중에서 성행하였고, 《용재총화》에 의하면 조정에서 정월 첫 사일(巳日)과 중양절(重陽節)에 노인들을 예우하는 기로연(耆老宴)을 베풀고 이 놀이를 하였다고 한다.

e. 줄당기기: 중국 한(漢)나라 때는 발하(拔河)라는 강을 사이에 두고 줄다리기를 하였고 《수서(隋書)》, 《전당서(全唐書)》에는 풍년을 기원하기 위해 줄다리기를 하였다는 기록이 있다.

이들은 오랜 기간 동안 중국에서 즐겨진 유희활동으로 이들 유희활동은 한국, 일본, 베트남과 같은 인접국가에도 유입되어 활발히 즐겨져 왔다.

중국 고대체육은 다른 나라의 고대체육과 같이 신체를 발달시키고 건강을 유지하고 증진시키는 데 목적이 있으며, 신체연습을 수단으로 군사성, 교육성, 오락성을 다 같이 내포하고 각자 사회의 정치, 경제, 문화발전에 영향을 받았으며 계급존재의 영향도 받았다.

고대 중국에 있어서 체육은 그 전통적, 사회적인 요인으로 인해 경쟁력을 위주로 하는 경기성은 서양과 비교했을 때 약한 편이었다. 중국의 전반적인 체육활동은 고대 그리스의 올림픽과 같은 경기제전이나 로마의 대규모 관중 스포츠와 같은 종합적인 대형 경기대회가 나타나지 않았고(씨름은 있었지만 아주 짧은 시간이었으며 경기제도의 규정이 미흡하여 서양 고대 올림픽과 같이 논할 수 없다) 경기의 규정 역시 통일적이 아니었다. 문을 중시하고 무를 가볍게 여기는 중문경무(重文輕武)의 사상과 문무분도(文武分途) 교육제도의 영향 그리고 비교적 외세의 침입이 적었던 이유로 중국 고대체육의 경기종목은 점차 감소되었고 어떤 종목들은 성질이 변하였고 심지어는 사라지기도 하였다. 중국 고대체육은 각각 독립으로 존재하는 여러 가지 인체발달의 실전과 이론이라 고대 중국사람들은 그것을 하나의 통일적인 총체로 보지 않았다. 다만 체육이란 단어가 서양에서 일본을 거쳐 중국에 전인된 후에야 그것들을 통합하여 체육이라 하였다.

이상에서 보면 중국 고대체육의 특징은 크게 네 가지로 볼 수 있다. 첫째, 신심일체와 신심결합을 주장하였다. 둘째, 행기(行氣)의 실천과 이론이 포함되었다. 셋째, 궁정체육, 사회체육을 중시하고 학교체육을 경시하였다. 넷째, 도덕, 예술을 중요시하고 경기를 경시하였다. 즉, 이것은 서양 고대체육과 현저하게 구별되는 또 하나의 특수한 표지인데 윤리, 도덕관념과 시종 긴밀한 연계를 유지시키는 것이다.

## 2. 중세의 체육

### *시대개관*

삼국시대(220~280)부터 남북조시대, 수(581~619), 당(618~907)시대에 이르기까지를 중세라고 한다.

삼국은 위의 건국부터 진에 의한 천하통일까지의 시대를 말한다. 위, 촉, 오 삼국은 이후 60여 년간 상호 연합과 이탈을 반복하는 대립항쟁의 시대였다. 그러나 후세에 영향을 준 많은 개혁과 쇄신이 있었다. 그리고 무엇보다도 삼국의 대립과 항쟁은 중국의 대외팽창과 발전을 가져오는 계기가 되었다. 결국 이는 당시 중국인들에게는 미지의 세계였던 주변 지역에 중국민의 이주를 촉진시키고 중국 문화의 전파를 촉발시켜 이후 중국이 남북으로 확대 팽창될 수 있는 교두보를 형성했다고 볼 수 있다.

삼국 중에서는 위가 가장 강하였다. 위의 사마(司馬) 씨가 득세하기 시작하면서 촉의 제갈공명이 죽고 유비의 뒤를 이은 후주(後主) 신관에게 빠져 국정이 문란해진 틈을 타 촉한을 멸망시켰다. 촉한이 멸망 후 사마염(司馬炎)은 위의 원제(元帝)를 폐하고 스스로 제위에 올랐다. 이가 진의 무제(武帝)이다. 또한 이 시기에 손권(孫權)이 죽은 뒤 문란해진 오(吳)를 멸망시켰다. 삼국의 멸망 후 이를 통일한 진(晋)은 서진(265~316)과 동진(317~420)으로 나누어졌는데, 서진은 오를 멸망시킨 사마염이 세운 나라로 군국제도를 도입하고 점전법을 시행하였다. 그러나 8왕의 난으로 국력이 쇠퇴하여 316년에 4대 52년만에 망하였다. 서진이 멸망하고 1년 뒤인 317년 사마가 남경에 동진을 건국하였다. 따라서 중국 문화의 중심은 강남으로 옮겨지게 되었다.

5호16국시대는 서진 말에 일어난 8왕의 난을 계기로 혼란한 중국을 침입하여 온 변방민족으로 흉노, 선비, 말갈, 강(羌)의 5족과 이들이 약 130년에 걸쳐 화북에 16개의 왕조를 세운 것을 말한다. 전쟁으로 피폐하게 되어 사회경제가 혼란 속에 빠져 439년에 북위가 화북을 통일하여 5호16국의 시대도 막을 내렸다.

남북조시대는 남과 북의 대립시대를 말한다. 북조는 북위(北魏: 398~533), 동위(東魏: 534~549), 서위(西魏: 535~556), 북제(北齊: 550~577), 북주(北周)의 5왕조를 말하고 남조는 송(宋: 420~478), 제(齊: 479~501), 양(梁: 502~556), 진(陳: 557~589)의 4왕조의 교체를 걸친 남북의 대립상황은 수가 중국을 통일한 6세기 말까지 150여 년간 계속되었으므로 이를 남북조시대라고 한다. 이 시대는 문벌귀족사회였으며, 따라서 이들을 중심으로 한 특유의 귀족문화가 발달하였다. 또한 혼란한 사회에 민심을 수습하기 위하여 불교와 도교를 육성하였다.

위 · 진 남북조시대 370여 년간의 분열과 혼란을 종식시키고 다시 중국을 통일한 것이 수(隋: 581~619)의 문제(文帝)다. 문제는 내치에 힘써 개국의 기틀을 다듬고 중앙집권제를 구축하여 민생을 안정시켰다. 그러나 601년 그의 아들 양제(煬帝)에게 시해되었고, 뒤를 이은 양제는 무리한 토목공사와 외국정벌에만 전념하여 백성들의 원성과 불만이 가득하여 각지에서 반란이 일어나 멸망하였다.

당(唐: 618~907)의 이연(李淵)은 수의 공제(恭帝)로터 제위를 이어받아 당을 세웠다. 당은 안으로는 중앙집권제를 확립하였고, 밖으로는 영토를 확장시켜 기초를 확실히 하였다. 이후 정치, 사회가 문란해지고 피폐해지면서 이민족의 침략이 증가하자 현종은 개혁에 착수하였다. 그러나 당은 경종 이래 안으로는 환관이 정권을 장악하여 황제의 폐립을 마음대로 행하고, 밖으로는 신하들이 당쟁에 휘말려 상호 암투와 적대 불화가 계속되었다. 이것을 원인으로 여기저기서 반란이 일어났다. 그 중의 결정적인 것이 875년 황소(黃巢)의 난이었는데, 전국으로 전파되어 한때는 수도 장안이 점거되기도 했다. 이 난은 884년에 평정되었으니 진압 후 절도사간의 싸움이 치열해졌으며, 이 와중에 주진충이 정권을 장악하여 환관을 모조리 주살하고 제위를 선양하여 당은 20대 290년 만에 멸망하였다. 당시대는 문화면에서 중국 고유의 문화와 외래의 문화를 받아들여 국제적인 문화를 조성하였다.

## 1) 중세의 교육

### (1) 삼국, 진, 5호16국, 남북조

이 시대는 정치 · 사회적으로 혼란스러운 시대였기 때문에 교육에 많은 중점을 두지는 못했다. 위(魏)의 문제는 한의 부흥을 목표로 낙양에 태학을 건립하였고, 진(晋)도 태학을 설립하였다. 남조는 문학, 예술을 발전시켰고 교육기관으로는 유학(儒學), 문학(文學), 사학(史學), 현학(玄學)의 4학을 설립했지만 크게 발전하지는 못하였다.

### (2) 수

수는 행정관리 양성을 위해 국자학, 태학, 사문학을, 기술관리의 양성을 위해 율학(律學), 서학(書學), 산학(算學)을 설립하였으나 601년에 태학을 제외한 나머지를 폐지하고 과거제를 실시하였다.

### (3) 당

당은 당 왕조의 흥망과 관련하여 여러 종류의 전문학교와 훌륭한 교육제도를 갖고 있다. 당 고조는 618년에 중앙에 국자학, 태학, 사문학을 세우고, 지방에 군학(郡學), 현학(縣學) 등을 설립하였다. 당의 학교는 과거를 위한 준비기관이었다. 당시대에 학교교육이 발달한 이유는 학교를 졸업한 자와 주, 현의 추천을 받은 자만이 과거를 볼 수 있었기 때문이다. 중앙의 국학 이외에도 지방에는 서민 자제를 대상으로 하는 이학, 향학 등이 있고 숙(塾)이라는 사학이 있었다. 당시대의 학교는 유교중심의 과거를 위한 학교였으므로 학교에서는 체육을 실시하지 않았던 것으로 보인다.

## 2) 중세의 체육

### (1) 삼국, 진, 5호16국, 남북조

이 시대에는 잦은 전쟁으로 말미암아 각국은 부국강병을 위해 용감하고 씩씩한 병사를 얻기 위한 수단으로 궁, 검술 등 전쟁에서의 필요를 위해서 신체활동이 실시되었다. 북방민족에 대항하기 위해서 승마도 성행하였다. 5호16국과 북조 등 이민족 왕조에서는 중국의 문화를 존중하는 노력이 보였으므로 주, 한시대의 체육활동들이 실시되었을 것으로 보인다.

동진은 군인을 선발하는 방법으로 무게들기의 방법을 택했다. 진시대에는 힘을 겨루어 상대를 넘어뜨리는 것으로 추정되는 상박이 있었다. 남조는 문화예술이 발달한 관계로 무용이 성행하였으나 현재로는 인무만이 전해진다. 그리고 이 시대에는 투호가 실시되었다. 진시대에는 투호를 12대의 화살을 갖고 실시하였다. 그리고 화살을 던지는 법에 따라 점수를 달리하였다.

또한 이 시대에는 심신의 단련에 무술과 의료체조가 있었다. 이 중에

**화타의 오금희**(五禽戱)

달마가 만든 십팔나한수가 소림권법의 시초이며, 현대에는 무술이나 태극권이라 하여 무술보다도 일종의 의료체조로 많이 하고 있다. 의료운동으로는 삼국시대 위의 의사 화타가 호랑이, 사슴, 곰, 원숭이, 새의 동작을 근본으로 하는 신체운동을 만들어 병을 치료하였다고 한다.

### (2) 수, 당

수에서 당의 중기까지는 징병제를 실시하였는데, 징병제에서 병사의 훈련은 당연한 것이며 이를 위한 체육활동이 활발하였다. 중국 체육은 제도화된 봉건사회체제와 정치, 경제의 발전 속에서 활력적으로 자리잡게 되었다. 당대에 와서 중국의 체육은 급속도로 발전하면서 기본윤곽이 형성되었다. 신체훈련 테스트가 시험에 포함되었으나 문(文)적인 연구가 점점 증가하였다. 당 왕조 동안에 승마의 형태가 나타나기 시작하고, 궁술시험과 공개 시합들이 자주 개최되었다. 그들의 일부는 식이 진행되는 동안 음악이 연주되고, 음악이 흐르는 동안 화살을 던져 병에 넣는 사회적 오락의 형태로 점차 발전된다. 특히 당대부터는 칼이 발달되어 다양한 형태의 검술이 발달되었다. 레슬링과 같은 상박도 궁술과 군대에서 승마를 하는 사람만큼 중요히 여겨져 삼국시대부터 당대까지 두 개의 공개 시합이 매년 있어 왔다. 당시대에 축국은 두 개의 골대를

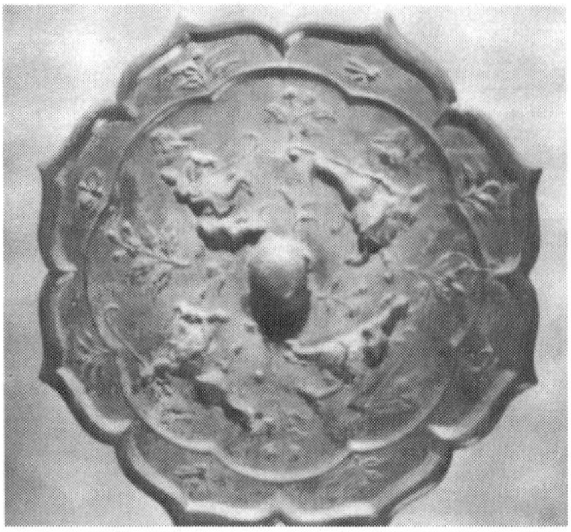

마구(馬球)장면이 새겨진 구리거울

사용하는 것으로 발달되었고, 후에 한 개의 골대로 경기를 행한 게임도 인기가 있었다. 개선문과 같은 골대는 30~40피트 높이의 대나무 장대로 만들어졌으며, 5가지 색의 천 조각으로 장식을 했다. 골대는 지름에 한 걸음 이상의 통로를 갖고 있으며, 경기자는 이 구멍을 통하여 명백하게 교대로 공을 찼다. 중국 축구의 한 게임당 할 수 있는 공차기의 종류는 70가지 이상이었다. 그리고 몇 가지 반칙의 형태와 이기고 진 팀에 대한 상벌의 규칙이 있었음도 알 수 있다.

또 당대에는 페르시아와 터키, 티벳을 거쳐 유입된 폴로와 비슷한 마구라는 운동이 귀족들 사이에서 행해졌다. 이 시대에는 무용도 행해졌는데 수시대까지는 주, 한의 무용이 그대로 행해졌으나 당대에는 제사를 지낼 때 추는 무용과 조정의 연회시에 추던 무용의 두 가지로 나누어져 있었으며, 음악의 반주에 따라 춤을 추었다고 한다.

## 3. 근세의 체육

### *시대개관*

5대10국(五代十國: 907~979), 송(宋; 북송: 960~1127, 남송: 1127~1279), 원(元: 1271~1368), 명(明: 1368~1664), 청(淸: 1643~1840)까지를 근세라고 구분지으며, 청의 말기는 아편전쟁을 계기로 근대로 구분하였다.

당이 주전충에게 망하고(907) 송이 건국되어 재통일될 때까지의(960) 54년간 후량(後粱), 후당(後唐), 후진(後晋), 후한(後漢), 후주(後周) 등 5개 왕조와 전촉(前蜀), 오(吳), 오월(吳越), 민(閩), 초(楚), 동한(東漢), 남평(南平), 후촉(後蜀), 남당(南唐), 북한(北漢)의 10개 왕조를 5대10국이라 하는데, 대개 당의 절도사와 황소의 난의 무리에서 분리되어 나온 세력들로 이루어졌다. 이 시대에 대부분의 나라들은 국가체제를 갖추지 못한 무력집단이 중심이 되었기 때문에 전란이 계속되고 정치적 특권계급은 몰락하였다.

5대10국 말기에 후주의 세종은 나라를 세우고 통일을 꾀하였으나 도중에 병사하고 뒤를 이어 부장 조광윤(趙匡胤)이 대를 이어 송을 건립하였다. 송 태조는 당대 이래 무인들의 횡포 등으로 인해 야기된 환란을 목격하였기 때문에 문치주의를 지향하였다. 따라서 절도사체제를 해체하고 중앙집권제에 힘을 다하였다. 송 초기에는 국력이 신장되어 번영을 이룩하였으나 이후 외적의 침입, 재정의 궁핍, 계속되는 전쟁 등으로 인하여 국력이 쇠퇴한 틈을 탄 금이 송의 수도 개봉(開封)을 점령하고 황제를 폐하자 송의 국맥이 일시 끊어졌는데, 여기까지 9대 168년간을 북송이라 한다.

이같이 개봉이 불시에 함락되고 왕이 모두 북으로 압송되자 고종이 남으로 도피하여 제신의 도움으로 임안(臨安)을 도읍으로 하고 남송을 건립하였다. 남송은 초기에는 실비회복을 위해 분전하였으나 이후 평화정책으로 금과 평화를 유지하고 강남의 개발에 힘썼다. 그러나 말기에는 당쟁으로 인하여 국력이 기울었고, 이에 신흥세력인 몽고족의 원이 남하함에 따라 7대 150년의 막을 내리게 되었다. 송대에는 귀족을 대신한 관료가 정치의 책임자가 되고 무역이 발달하였으며, 문화적으로 중국의 고유문화가 발달하고 유교의 학문적 체제가 확립되는 등 학술과 사상계에 계몽적이고 문예부흥적 계기를 마련하였다.

몽골족의 부족장 테무친은 주변의 여러 부족을 평정하고 1206년 쿠릴타이(대집회)에서 대(大)칸의 지위에 천거되어 칭기즈 칸이 되었다. 이

것이 금(金)과 남송(南宋)을 멸망시키고 이민족으로서는 처음으로 중국 전역을 지배한 정복왕조 원이다.

원대에는 아시아와 유럽에 걸친 대제국이 건설되었고, 역참(驛站)이 전국에 설치되어 교통의 안전이 보증되었으므로 동서의 육상교통은 빈번해졌고 멀리 떨어진 지역간에도 교역이 두드러지게 발전했다.

원 왕조의 전성기는 세조(世祖) 쿠빌라이칸의 치세 35년간이었다. 그 뒤에는 왕위계승을 둘러싼 궁궐내의 내분으로 쇠퇴의 길을 걸었다. 더욱이 역대 황제는 라마교를 광신하여 낭비가 거듭되고 재정적자가 누적되어, 그것을 보완하기 위해서 지폐를 남발해 경제적 혼란을 초래했다. 또한 천재(天災)가 거듭되어 많은 유민(流民)이 생겼고, 몽골지상주의에 대한 민족적 반감도 급격히 고조되어 각처에서 반란이 속출했다. 그 중심세력을 형성한 것은 '미륵불하생(彌勒佛下生)' 을 설파하는 백련교도(白蓮教徒)들이었다. 그들은 머리에 붉은 두건을 썼기 때문에 '홍건적(紅巾賊)' 이라고 불렸다. 이리하여 화중(華中)지역에 군웅(群雄)이 봉기하는 큰 혼란이 일어났는데, 그 가운데 주원장(朱元璋)이 두각을 나타내어 군웅을 차례로 쓰러뜨리고 명조(明朝)를 세우고 북벌하여 1368년 마침내 원을 멸망시켰다.

몽골의 지배는 중국의 전통문화에 큰 영향을 미쳤다. 동서의 교통이 빈번해진 결과 서방문화가 중국에 들어왔으며, 한편 유생과 사대부의 지위가 낮아짐으로써 고상한 사대부문화의 그늘에 가려서 표면에 나타나지 못했던 하층문화가 대두하였다. 동서교통이 활발해진 결과 많은 이슬람 상인과 그리스도교 선교사들이 중국을 찾아와 서방의 천문학과 역학(曆學), 지리학, 의학 등을 전했으며 마르코폴로 등은 동방사정을 유럽에 전했는데, 그것이 지리상의 발견의 계기가 되었다.

14세기 중엽 원(元)나라의 정치적 압력에 대항하여 각지에서 반란이 일어났는데, 빈농출신인 주원장(朱元璋)은 홍건적에 가담하여 점차 두각을 나타내어 원을 정벌하고 국호를 명(明), 연호를 홍무(洪武)라 칭했다. 그가 명나라 태조(太祖)이며, 연호를 붙여 홍무제(洪武帝)라고도 부른다.

명은 중국 강남을 근거지로 하였는데 한(漢)민족의 민족의식을 이용하여 전국을 통일한 태조는 이민족(異民族)의 제도를 고치고, 고대의 이상(理想)으로 돌아가기 위해 황제 독재제의 강화에 힘썼다. 당, 송의 문화를 추구함과 동시에 가르치는 것을 존중하여 학문을 전문화하고 학교를 설립하였으며 과거를 부활시켰다. 중기 문란해진 정치를 바로잡고자 신종(神宗: 萬曆帝)은 장거정(張居正)을 기용하고 정치 · 재정의 재건을 시도하였다. 그러나 장거정이 죽은 후 순식간에 기강이 문란해지고 환관의 횡포가 심해져 정치는 혼란에 빠졌다. 끊임없는 정쟁(政爭)으로 정치는 문란해지고, 사회모순의 심화에 따른 계급대립의 격화로 각지에서 소작인의 항조(抗租)와 민변(民變: 도시에서 일하는 공인을 비롯한 도시민중의 항쟁)과 노번(奴變: 노비신분으로 전락한 노비들의 항쟁) 등이 일어났다. 마지막 황제 의종(毅宗: 崇禎帝)은 위충현 등을 처단하고 기강의 숙정(肅正)을 도모하였으나, 때는 이미 늦어 이자성(李自成)과 장헌충(張獻忠)의 난(亂)이 일어났다. 1644년 이자성의 군대가 베이징에 입성하자 의종은 궁전 뒷산에서 자살하였는데 17대 277년만에 명나라의 역사는 완전히 막을 내리게 되었다.

청은 중국 둥베이 지방에서 일어나 명(明)나라에 이어 중국을 지배한 만주족(滿洲族)의 왕조(1616~1912). 한족(漢族)이 아닌 이민족으로서 중원(中原)을 통일하여 통치한 2번째 국가이며, 중국 역사상 최후의 왕조이다.

조선의 임진왜란을 전후하여 만주에 대한 명나라의 통제력이 풀어진 틈을 타서 건주 여진의 수장(首長) 누르하치(奴兒哈赤)는 부족을 통합하여 1616년 칸(汗)의 자리에 올라 국호를 금(金: 後金)이라 하였다. 그 뒤 남만주로 진출하여 1636년에 황제자리에 올라 국호를 청(淸)이라 하였다. 이즈음 명나라는 민란 · 민중운동이 일어나고 당쟁이 이어졌으므로 청나라에 투항해 오는 사대부들이 늘어나 이들의 도움으로 중국식 행정조직이 갖추어졌다. 1644년 명의 내란을 틈타 주국으로 진출하여 북경으로 천도, 명나라의 뒤를 이어 중국의 왕조가 되었다. 성조에서 고종 중반까지의 약 130년 동안이 청나라의 전성기로서 성조, 세종, 고종은 모두 유능한 전제군주로서 중국 문화와 전통을 존중하고 한족 관리들을 중용하였으며 조세감면과 황하강(黃河) 치수 그리고 관리의 기강 숙정을 단행하여 민심을 수습, 사회안정에 기여하였다. 그러나 고종 말년에 관리들의 부패가 두드러지고 정치가 문란해졌다.

열강의 침략 18세기 말에 이미 산업혁명단계에 들어선 영국은 상품의 판로확장을 위해 고종 때부터 교섭에 힘을 기울였으나 뜻을 이루지 못하였다. 그러나 1840년 아편전쟁이 일어났고, 이를 계기로 서양의 문물이 영입되기 시작했다.

### 1) 근세의 교육

당의 멸망 후 5대10국시대는 혼란의 시대였으므로 교육정책이 제대로 자리잡지 못하였다. 송대에 이르러서는 국가의 공교육보다는 사학이 발전하였다.

원은 문화수준이 낮은 몽고족이었기에 몽고족의 교양수준의 향상과 한민족을 지배하기 위한 방법에 교육의 목적을 두었다. 원대의 학교로는 중앙에 국자감, 국자학, 몽고국자감, 몽고국자학, 회회국자감, 회회국자학이 있었고, 지방에는 노학(路學), 부학(府學), 주학(州學), 현학(縣學), 소학(小學), 제로의학(諸路醫學), 제로음양학(諸路陰陽學)이 있었다.

명은 한민족의 제도를 모두 따랐는데, 태조는 주자학을 유교의 정통으로 공식화하였다. 명 중기의 왕수인(王守仁: 陽明)은 주자학과 다른 파(派)를 일으킨 송(宋)나라 육구연(陸九淵: 象山)의 설을 발전시켜 지(知: 인식)와 행(行: 실천)의 일치를 강조하는 양명학(陽明學)을 성립시켰다. 이 설은 실천을 중시하면서 명료·솔직하였으므로 명대 후기 사상계의 주류가 되었다. 명 말에는 마테오 리치, 아담 샬 등의 예수회

선교사에 의해 유럽의 사상과 역학, 천문, 지리, 수학, 포졸 등의 신지식이 소개되었다. 그들은 포교의 수단으로 서양의 지식과 기술을 전수하였으나 포교성과는 크지 않았다. 그러나 명 말에는 새로운 서양문화의 자극도 증가하여 경세치용 방면의 기술서가 활발히 간행되었다.

청은 만주족이 세운 나라로 교육정책은 한민족을 통일하는 데 초점을 맞추었다. 만주족은 무관을, 한족은 행정실무를 담당하는 관리양성의 교육을 시행하고, 학교도 만주족과 한족의 것을 따로 설치하였다. 청조의 사립학교로는 서원, 의학, 가숙(家塾)이 있었으나 정부의 통제를 받았다. 고증학(考證學)이 대표적인 학문이었는데, 이것은 이민족 지배를 유지하기 위하여 취한 사상통제의 산물이었다. 처음 성조는 반만(反滿)사상을 억압하고 민심수습을 위하여 명나라에 이어 주자학을 정통적인 관학으로 삼아 한민족 문화에 친숙해졌다.

## 2) 근세의 체육(송, 원, 명, 청)

**송대귀족들의 축국모습**
(『중국체육사』 제 1 집, 71항, 인민체육운동기술위원회 편)

중국 근세의 역사는 체육의 발전에 중요한 영향을 미쳤다. 5대10국 시대에는 유명한 레슬러가 많이 배출되었으며, 송나라 시대에는 북의 이민족으로부터 침략의 위협을 받아 왔기 때문에 군대를 훈련시키는 데 많은 노력을 기울였다. 따라서 유능한 군인을 양성하기 위해서 무학을 설치하고 활쏘기와 무거운 것 들기 등의 훈련을 시켰다. 또 매년 궁정에서 축국이 행해졌는데 축국은 오늘날의 축구와 유사한 것으로, 이때 쓰여진 축구그림책에는 특별한 규칙에 의해 경기자들이 자기의 위치를 가지며 복잡한 형태로 서로 공을 차는 또다른 축구게임을 묘사하기도 하였다. 아마도 이것은 군인을 훈련시키는 과정에서 즐거움을 주기 위한 방법의 하나로 이용되었을 가능성도 있다.

송에서는 당에서 행해졌던 마구를 승마훈련을 겸해 계속 실시하였다. 남·북송 모두 기마술이 뛰어난 북방민족과 당면하였으므로 특히 승마가 성행하였다.

마구는 국장이라는 수척 길이의 초승달과 같은 끝모양을 하고 있는 막대를 갖고 실시하였다. 남송의 어떤 황제는 비가 와도 게임을 할 수 있도록 방수천과 모래로 덮은 운동장을 갖고 있었으며, 밤에도 할 수 있도록 촛불로 불을 밝히기도 하였다. 추환은 전국시대부터 행해진 놀이로 오늘날의 골프와 비슷한 놀이이다. 이 시대에 중국인들은 긴 막대와 단단한 나무공, 공을 놓는 자리, 구멍을 표시하는 색기를 갖추고 실시하였다. 이 당시에는 게임을 하는 방법이 실린 특별한 책이 발간되기도 하였다.

투호는 특히 북송에서 유행하였는데 투호를 즐기는 사람이 많아짐에 따라 경기를 흥미롭게 하기 위해 경기법과 득점법이 이전보다 복잡해졌다. 상박은 오늘날의 씨름, 레슬링과 비슷한 것으로 중세에도 존재했었다. 상박은 주로 군인 가운데 힘이 강한 자가 하였으며, 그 외에도 각 도시에서 힘이 강한 자를 모아 상박을 하고 우승자는 장교로 발탁되기도 하였다. 송대에는 여자들도 상박을 하였다.

이 시대에는 권법도 많은 발전을 거듭했는데 독특한 기술로 단련한 맨손과 주먹을 써서 상대방을 공격하거나 방어하는 격투기술로서의 권법기술은 일부 국한된 사람끼리 연구·연마하여 비기로 전해졌기 때문에 그 기원이나 연혁이 기록으로 남아 있지 않다. 송(宋)나라 때 소림사권법은 이에 정통한 장삼봉(張三峰)에 의하여 방어를 위주로 한 유권(柔拳)으로서의 내가권법(內家拳法)으로 파생되었으며, 소림사계통은 공격에 치중한 강권(剛拳)으로서의 외가권법(外家拳法)으로 이어져 2

**송대의 의료체조**

갈래로 갈라졌다. 이 시대에는 평상시 건강을 위해 행하는 의료체조도 실시됐다. 송 말기에서 원시대에는 승려들이 권법의 대표적 상징이 되었다.

명(明)나라 때에는 권법이 무술로 발달하여 군사훈련에 중시되어서 병서인 척계광(戚繼光)의 《기효신서(紀效新書)》에는 권법 22자세가 수록되었고, 모원의(茅元儀)의 《무비지(武備志)》에는 32자세를 설명해 놓았다.

매년 명나라 때에는 고전적인 문학연구가 깊이 뿌리박혀 있었으나 시간이 지나갈수록 무사를 위한 대학을 설립하려고 하였다. 명 태조는 고전적 교육제도에 군사훈련을 추가하였으나 이는 문적인 연구로 바뀌었으며, 시험은 신체적인 테스트보다 궁술과 기마술에 관한 글을 쓰는 것이었다. 특히 청나라 때에는 만주족의 활력적인 생활전통과 함께 전통적인 놀이와 체육활동이 중국 전역에 유입됨으로써 유교의 영향으로 침체해 있던 신체교육이 다시금 활발하게 되는 계기가 되었다.

# 4. 근대 및 현대의 체육

## 1) 개항 이후의 체육

### *시대개관*

아편전쟁 이후, 외세의 침입은 중국의 전통사회를 해체시키고 중국을 그들의 식민지로 전락시켰다. 민족모순, 계급투쟁, 문화차원의 동·서양의 두 가지 사상의 투쟁이 아주 치열하였던 중국의 근대사는 중국의 체육에 반영되었고 각 계급, 각종 세력들은 체육활동을 군사훈련의 도구로 이용하여 투쟁하는 특정 환경에서 많은 곡절과 복잡한 역경을 거쳐 발전하였다.

중국 근대체육사가 고대체육사와 선명히 구분되는 특징은 서양체육이 중국에 전입되면서 새로운 양상으로 그 뿌리를 내리게 되었다는 것이다. 따라서 서양의 근대체육사상, 체육종목과 경기 등은 도시에서 유행하기 시작하였고 통치계급의 지도사상, 관료층에서 관할하는 군대와 학교체육 및 대도시의 일부 체육경기에서 점차 주도적인 역할을 하게 되었다.

반면 전통체육종목들은 농어촌과 소수민족지역 및 도시민 간 중·하층 사회에서 민족전통 체육종목들, 즉 전통 군사무예, 무술, 도인양생술, 기공 등이 지속적으로 행해졌다.

#### (1) 개항 이후의 교육

청조의 멸망 후 국민정부에 의해 1921년 중국은 6·3·3 학제가 성립되었다. 1928년에는 직수입한 6·3·3학제를 중국에 맞게 수정하여 무진학제(戊辰學制)를 공포하였다. 이러한 학제들은 모두 중국의 식민지화를 막기 위한 것으로 군사교육을 중시하였다. 따라서 체육이 중요한 교과목으로 자리잡게 되었다.

### (2) 개항 이후의 체육

1860년대부터 이 시기에 일본, 미국 또는 유럽에서 유학하고 돌아온 '양무파(洋務派)'들에 의해 여러 나라의 체육이 도입되었다. 이들은 신군대를 훈련시키고 군사학당을 꾸리는 계기로 서양체육종목의 병식체조와 부분적 일반체조들을 포함시켰다. 그 후 교회, 학교학생과 청년회 유관인사(有關人士)들의 많은 영향을 받아 점차 운동경기내용을 유희성 체조에서 육상, 구기유형으로 변화시키게 하였다. 그리고 1903년 군국민 교육시대에 들어서면서 여러 체육제도들이 중앙정부로부터 만들어져 시행되면서 근대체육사의 중요한 의의를 가지게 되었다.

1912년에 쑨원에 의해 중화민국이 성립되고 1927년에는 청조를 무너뜨리고 중국의 통치계급이 되면서 청조 말기의 서양체육을 계속 이어받는 단계로 주를 이루었는데, 이 시기는 또한 교육에 민주화 운동이 일어난 시기이기도 하였다. 학교체육의 발전은 군국민 교육사조를 계승하다가 5·4 신문화운동의 역사배경으로 근대운동종목과 경기를 제창하였다. 1915년에는 쌍궤제(雙軌制)의 학교체육제도가 1922년의 임술(壬戌)학제로 변화되면서 독일, 일본식의 교육형태를 배우고, 영국과 미국을 따라 배우면서 새로운 역사시기로 들어서게 되었다. 그에 따라 근대운동경기체제를 확립하고 학교내·학교간의 경기·교류가 많아지면서 각 성

산서지방의 줄다리기

(省), 시(市), 지역, 전국 운동대회가 정규적으로 발전되었다. 이에 따라 원동(遠東)운동회와 정식 국제시합에도 참가하기 시작하였다. 대회 조직, 관리권도 외국인 손에서 빼앗아 중국인 자체로 실시하게 되었다.

1925년을 전후로 제국주의를 반대하고 애국고조가 일어나면서 급진파 민족주의자들과 모택동, 후대영, 주은래 등의 사람들이 비교적 과학적이고 진보적인 사상을 연구하면서 새로운 체육을 제창하게 되었다. 그러므로 1920~1930년대에는 신속한 발전과 규범화를 추구하는 세력을 나타내면서 조직구조, 법정화의 발전, 성숙으로 변화시키게 되었다.

일제시대(1931~1945)에 침범당한 지역은 식민지 특성을 가진 체육을 할 수밖에 없었으며, 일본의 통제하에 일본 체육의 모형을 따라 침략전쟁과 식민정책을 위해 복무하게 되었다. 이로 인하여 민족의식이 민멸(泯滅)되고, 체육의 특성이란 의미가 없어지고 비참한 단계를 거쳤다. 괴뢰정권도 체육을 실행하는 데 실질적인 내용이 없었고, 다만 통치자를 위하여 체육대회를 치를 수밖에 없었다.

1927~1949년의 20여 년 혁명근거지 시기에는 중국공산당과 혁명정부의 지도하에 경제 · 문화 건설과 동시에 혁명근거지에서의 체육활동은 계속 지속되었다. 조직건설, 법칙규정 그리고 조건에 따라 각종 체육활동을 실시하였는데 그것은 혁명전쟁과 임무를 완성하기 위한 특수시기의 특수 체육활동들이다.

중국에서 체육이 법으로 공포된 것은 1929년 국민체육법이 처음이며, 1941년에 교육부에 의하여 개정되었다. 그 결과 전국체육위원회는 개편되어 학교체육, 사회체육 및 조사연구의 세 분야로 나누어졌다. 1942년에 교육부는 성이나 시에 체육위원회를 만들 것을 지시하였다.

학교체육은 초등학교, 중등학교, 고등학교, 대학의 네 단계로 구분되었으며, 초등학교의 표준적 체육 프로그램에는 교련, 행진, 도수체조, 리듬체조, 운동경기 등이 포함되어 있었다. 3, 4학년에는 약간의 운동경기를 하였으며, 텀블링은 전 학년이 실시하였다. 5, 6학년이 되면 남녀를 분리하여 수업을 하였다. 구기도 교육과정에 포함되어 농구, 배구, 소프트 볼, 축구 등이 널리 행하여졌다. 그리고 매일 아침 15분간의 강제적 체조훈련 프로그램이 포함되어 있었다.

중등학교의 표준적인 체육 프로그램은 1940년 12월 교육부에 의해 작성되었다. 이 시간배당을 보면 필수 프로그램에는 2시간, 아침체조 또는 전 학급의 교련에는 15~20분 주 3시간의 과외활동이 배정되었다.

고등학교의 표준적 체육 프로그램도 1940년 12월 교육부에 의해 작성되었는데 시간배당이나 교재의 배분은 중등학교와 비슷하나 남자는 구기, 여자는 리듬운동시간을 약간 늘려서 할당하였다. 때문에 체조시간이 감소되었다.

대학의 체육은 주 2시간인데, 이 시간 안에는 15분간의 아침훈련과 최소한 50분간 주 2회의 과외 스포츠에 참가해야 했다. 이것은 건전한 신체의 발달을 도모하고, 시민성을 길러 일상생활이나 국방에 관련된 일반적인 기술을 발달시키고, 레크리에이션의 습관을 기르는 데 있었다. 대학의 프로그램을 위하여 권장한 것은 농구, 축구, 소프트 볼, 테니스, 핸드볼, 육상경기, 수영, 기계체조, 궁술, 텀블링, 유연체조, 리듬활동, 소풍 등이다.

체육교사를 양성하기 위한 학교로는 남경고등사범학교가 최초로 1916년에 설립되었으며, 두 번째로 1917년에 국립북경사범대학에 체육교사 양성과정이 설립되었다.

1920~1930년에 걸쳐 몇 개의 사립교원양성기관이 설립되었으나, 1927년의 국민정부 수립 후 모든 교원양성기관은 중앙정부의 통제를 받았다. 그 후 교원부족 때문에 몇 개의 성이나 도시에서 체육교사 양성기관을 세웠으며, 1948년에는 19개의 학교에서 체육교사를 양성하였다. 가장 완전한 교원양성 프로그램으로는 5년간의 교육과정을 이수하는 프로그램이었다. 이 계획에 의해 고등학교나 대학 정도의 교원양성을 목표로 학생을 4년간 대학에서 교육시키고, 1년의 실습을 마친 후 학사증과 면허증을 주었다.

초등학교의 학급담임교사와 학과담임교사는 중등학교를 졸업하고 3

년간의 코스로 되어 있는 사범학교에서 양성되었다. 초등학교의 체육교사 양성에는 2년간 어느 정도 전문화된 체육코스를 수료해야 한다.

지역사회의 체육 프로그램은 대부분 스포츠가 주가 되어 있었고, 민간스포츠협회나 지역사회가 주최하였다. 1년 중 가장 중요한 행사는 교육부가 정한 9월의 체육제였다.

청나라 말기 중국에는 프로스포츠가 없었기 때문에 모든 스포츠는 전중국아마추어경기연맹의 통할하에 있었다. 그 이전에는 지방에 5호(五虎)클럽(Five tigers club), 상해 정무체육클럽, 북경 3대 클럽, 중국국술과 등 무술성격을 가진 민간단체가 있었다. 그러나 이들 단체의 영향은 경기회 이외에는 미치지 못하였다.

전중국아마추어경기연맹은 극동선수권대회에 선수단을 파견하고, 또 경기규칙을 개정하여 전국경기대회를 운영하였다. 이 연맹은 국제올림픽위원회의 일원으로 1932년, 1936년, 1948년 3회에 걸쳐 올림픽경기에 중국대표를 보냈다. 이 연맹에 가장 적극적으로 참가한 것은 상해, 천진, 중경, 북경 등 도시의 경기단체였다. 중국에서 가장 유명한 스포츠단체의 하나는 중국국술회이다. 국술(國術, kuoshu)은 호신적 목적을 기진 무술이다.

대학 경기단체로는 강소성의 7대 대학경기연맹, 상해 대학경기연맹, 북경 5대학경기연맹 등이 있었다.

제 1 회 전국경기대회는 1911년 남경에서 개최되었고, 1948년까지는 7회에 걸쳐서 전국적인 대회로 행하여졌다. 그리고 1915년에는 상해에 제 2 회 극동선수권대회를 유치하기에 이르렀다.

경기에 대한 열의가 높아짐에 따라 여성의 참가도 많아졌다. 민주화운동이 고조됨에 따라 중국 여성은 교육이나 체육에 참가할 기회가 많아져 학교교육과정에서 여성체육 프로그램을 발전시켰다. 이 결과 제 6 회 전국경기대회에는 8가지 여자운동종목이 채택되었다.

한때 체육의 여성지도자를 양성하던 유명한 여자학교로 상해의 양양(兩亮)여자전문학교와 금릉(金陵)여자문리학원이 있었는데 전자는 경기에 치중하였고, 후자는 무용을 위주로 한 학교체육수업으로 유명하였으며 많은 졸업생을 미국에 유학시켰다. 북경여자문리학원의 체육과가 여성지도자의 양성기관으로 활약하였으나, 1931년 이후 북경사범대학과 합쳐 처음으로 체육의 남녀공학이 시작되었다.

중국 근대체육에서 어떤 체육을 주로 다루었는지를 보면 크게 3가지로 나누어 볼 수 있는데 첫째는 소림무술과 기공, 양생공, 태극권 등 무술을 다루는 분야이며, 둘째는 병식체조, 현대의 일부 종목(펜싱, 복싱, 육상, 기계체조, 등산, 축구, 농구, 배구, 탁구, 수영, 사이클 등)이다. 셋째로는 놀이에 가까운 장기, 바둑, 석구, 석단, 줄다리기, 유희운동 등이다.

## 5. 현대체육사(1949~현재)

### *시대개관*

한동안 문화혁명과 국내문제로 고립화를 달리던 중국의 역사는 지난 100년 동안 경이적인 변화를 경험했다. 2천 년 동안 인간주의적인 이데올로기에 입각하여 문화적 보수주의를 주도하던 황제체제가 붕괴되고 공화주의라는 이국적인 이데올로기를 표방하는 사회주의 국가가 새로이 설립되었다. 최명(1982)은 "중국은 혁명의 나라로 등장하게 되었다"라고 상황을 설명하고 있는데, 이처럼 중국의 등장은 제 2 차 대전 이후 이데올로기의 첨예한 대립이 시작된 동시체제에 세력균형의 변화를 예고하였던 것이다. 이와 같은 이데올로기의 첨예한 대립을 당당하게 대처하고 국권을 수호하는 사업의 일환으로 체육의 도입과 양성은 필수적이었던 것으로 사료된다.

### 1) 중국 현대의 체육

1949년 건국 초기 스포츠의 목적은 마르크스 레닌주의와 모택동 사상에 근거한 스포츠의 경기방식과 규칙을 전달받는 것이며, 또한 중국 유학생이 해외에서 돌아와 보급한 것이다. 그리고 구중국정부의 신교육제도 채택에 의하여 학교체육교육에 의한 경로 등 세 가지로 나눌 수 있다. 중화 소비에트, 즉 공산당이 이끄는 해방구의 스포츠 활동은 대장정 중에도 체육활동을 전개할 만큼 체육활동에 관심이 많았다. 해방구의 지도자인 모택동, 주덕, 주은래 등은 "체육운동은 체력과 혁명적 정치교육에 도움이 된다"는 생각을 중시하였다. 이것은 바로 혁명기부터 신중국의 경기체육정책이 시작된 것을 알 수 있다. 그들은 '군사와 체육'을 일치시켜 체육, 강병, 부국을 동일하게 생각하였다. 또한 소련의 영향이 신중국 체육발전을 촉진하였다는 점이다. 소련에서 중점적으로 도입한 체육을 요약하면 세 가지로 나눌 수 있다. 첫째, 국가에서 체육을 관리하는 체제를 도입하여 보다 효과적으로 관리체제를 정비하였다. 둘째, 우수선수들의 계획적인 훈련방법을 도입, 국제경기에 대비하여 선수를 양성하였다. 셋째, 공장직제의 체육협회 조직운영방법의 도입으로 사회체육 발전을 꾀하였다. 그러나 일방적인 소련 체육의 도입은 중국 고유의 독특성과 다양성의 점에서 결점을 보이기도 했다.

중국 체육발전에 있어서 그 중추적인 역할은 학교체육과 체육단체가 담당하였다. 학교체육은 필수적으로 체육교육을 실시하여 군중체육을 육성하였다. 1949년에 설립된 중화전국총회는 중국을 대표하는 전국적인 스포츠 조직이다. 전국의 체육사업단체를 단결시키고 체육사업을 독려한다. 따라서 중화인민체육총회는 중국을 대표하는 체육통화단체로서 체육에 대한 초청, 파견, 심의권한과 조정기능을 가진 중국 체육의 현대화를 위하여 부단히 노력하고 있는 단체이다.

국가체육운동위원회는 1952년 11월 15일에 설립된 중앙인민정부의 최고 기관인 국무원 산하 위원회로, 위원장은 내각의 국무위원으로 장관이 맡는다. 역할은 광범위한 국가체육문화사업을 조정 · 지도 · 감독하고 중화체육총회사업과 중국 올림픽위원회의 사업을 지원 · 감독하는 임무를 가진다. 위원회의 조직은 10개의 사(司)와 각 1개씩의 청(廳), 국(局), 실(室)로 구성되어 있으며 14개의 부속단체가 구성되어 있다. 중앙위원회는 각 성(城), 시, 자치구의 지방위원회와 긴밀한 협조와 명령체제로 연결되어 있다.

중국 올림픽위원회는 중국의 스포츠 발전과 올림픽운동 증진을 목적으로 조직된 국가기구이다. 위원회는 올림픽운동의 목표의 증진과 선전을 하며, 국제올림픽위원회와의 관계와 각국의 올림픽위원회와의 관계를 높인다. 동 · 하계 올림픽대회와 여러 국제경기대회의 출전과 대표선수의 훈련을 관할하고 있다.

민간단체로서 체육을 일반 시민에게 선전하고 이에 대한 운영을 담당하고 있는 기구는 전국체육총회로서 대한체육회와 같은 조직체이다. 중앙총회의 밑으로 각 성, 시, 자치구는 물론 공장, 기업, 학교, 농어촌공사 등 사회 기초단위에 조직을 두고 있다. 주요 사업으로는 전국운동회의 개최와 모든 사항을 관할하며, 사회체육에 관한 정책과 관리, 운영에 관한 주업무를 한다.

현대 중국의 체육사업이 크게 발전한 근거로는 사회주의 국가건설사업의 한 분야로 국가체육사업으로 추진된 특색 있는 체육정책에서 나온 결과라고 본다. 그 점은 자력갱생, 견고한 창업, 분발정신을 갖고 지속적으로 추진하였기 때문이다. 또한 체육규칙과 특성에 따라 계획대로 체육사업의 시대적 사명과 과제를 실천한 결과로 사료된다.

1949년 중화인민공화국이 성립되어 사회주의의 새로운 정치체제로 들어서면시 체육의 성질과 지위는 근본적인 변화를 이루게 되었다. 즉, 현대 발전시기에 이르렀으며 대략적으로 4단계로 나눌 수 있다.

### (1) 제 1 단계(1949~1957년)

해방 초기 전국의 형세와 경제조건들이 극히 어려운 시기였지만, 정부의 중시와 1949년 '국민체육제고'라는 명확한 제시에 중화전국체육총회 예비회의를 거쳐 전국의 체육발전에 대한 새로운 방침을 토론, 구상, 실험하기 시작하였다.

1950년 모택동이 《신체육》 잡지에 친필 축사와 표지글을 썼으며, 소련 청년대표팀이 중국을 방문시 소련 체육발전상황을 보고하고, 1951년 중화체육총회에서 대표단을 구성하여 인도의 제 1 회 아시안게임에 참가했으며, 소련방문을 통하여 더욱 전반적인 소련 체육발전 경험을 하게 되었다. 그 해 소련과의 14차례 좌담과 82번의 국제경기를 가지면서 많은 것을 배우게 되었다.

1952년 전국 제 2 차 체육총회에서 모택동은 "체육운동을 발전시켜 인민의 체질을 증강시키자"라고 제시하고, 인민의 건강을 개선시키고 인민의 체질을 증강시키는 것을 당의 중요한 정치적 임무라고 규정하였다. 그 중 주덕, 주은래 등 많은 국가영도자들이 체육의 발전을 위해 많은 관심을 기울였다. 그 결과 '국가체육위원회'를 성립하여 각 성, 시, 자치주, 지, 현의 체육조직단체를 성립하고 교육부, 청년단, 총공회, 군사위원회 총정치부 등 유관부분에 체육관련 조직을 구성하였으며 21개 산업계층과 각 체육단족종목협회를 구성하였고 '노동준비와 위국체육제도', '선수등급제도', '심판등급제도' 등을 통하여 체육보급과 운동수준을 세계적인 수준으로 발전하는 계기를 만들었다. 또한 1952년 40명이 핀란드 헬싱키올림픽대회에 참가하였다.

1953년 엘리트 스포츠의 발전을 위하여 중앙체육대학을 설립하였고, 소련 전문가들이 자주 중국에 와서 체육이론과 실천방면의 풍부한 경험을 전수하였다.

1954년 IOC 제49회 총회에서 IOC는 중국의 올림픽위원회를 합법적인 단체로 승인하고, 하룡(賀龍) 체육위원장이 소련을 방문하면서 양국의 교류를 강화시켰다.

중국은 조직단체, 규장제도, 체육교육, 운동훈련방면에 많은 것을 배웠고(다른 사회주의 나라의 체육경험도 포함), 이런 것들은 신중국의 성립 초기 극히 필요하였으므로 많은 도움을 받았다. 중국은 농촌인구가 70%를 차지하는 본국의 실정에서 출발하여 각 계층, 각 분야별로 각각 상이한 제도와 방침을 제출하여 인민의 체질이 약한 구체적인 상황에 맞게 체육운동의 중점을 생활체육활동의 보급으로 두었다.

1956년 북경체육대학에서 제 1 회 체육과학세미나를 개최하였다. 그러나 중국 올림픽위원회는 IOC의 두 개의 중국정책에 불만을 갖고 1956년 제16회 올림픽대회에 불참하였다.

1957년까지 선후로 6개 체육대학을 개설하고(북경, 상해, 심양, 서안, 무한, 성도), 11개 체육학교 및 중등전문학교, 38개 사범대학 체육과를 회복시키고, 77개 소년아동업여(業余)체육학교를 세웠으며, 1951년부터 성(省)급 이상으로 한 군인엘리트 체육선수단을 구성하여 중국체육운동 기술수준을 제고시키는 데 최초의 힘이 되었다. 따라서 시설개발, 체육신문, 잡지, '전국라지오체조', '체육단련표준', 체육대회 등의 개설과 노력으로 커다란 변화를 이루었다.

1947~1957년 사이 517명이 1,775차례의 전국기록을 세웠고 16회 국제대회에서 16개 우승, 30개 2위, 21개 3위를 하였으며 육상, 역도, 수영, 사격, 탁구 등 13개 종목 14인차 세계 16강에 올라 비교적 큰 성과를 거두었다.

### (2) 제 2 단계(1958~1966년)

이 단계는 중국이 전반적으로 대규모 사회주의 건설의 새로운 도로를 탐색하던 중 엄중한 정책실수로 인해 발전에 곡절을 겪게 되는 시기이다. 1958~1962년 전국적으로 반우파투쟁 확대화와 '반우경(反右傾)' 운동을 잘못 실행하고, '대약진' 운동으로 체육발전에 소극적인 영향을 미쳤다. 또 1960~1962년 3년 동안은 자연재해에 따른 곤란을

공장의 노동자체조

겪으면서 전 국민이 커다란 희생을 하게 되었다. 이 시기에 체육의 발전은 국민경제의 발전추세와 같이 '파도형'의 형태를 나타내었다.

1958년 대약진의 그릇된 구호의 영향에〔체육 10년 발전계획 중 전국의 2억 인구가 노위제(勞衛制) 등 고지표(高指標)를 통과해야 함〕체육운동은 표면적인 과도열기를 나타내었다. 따라서 생활체육인구가 급속도로 증가되었다. 그 당시 너무 표면적인 것이 증가하고 경제기초를 벗어나서 경제발전에 제공할 능력을 무시하는 맹목성을 보였다. 그 중 허풍적인 경향의 영향을 받아 모든 일에 표준을 높게 잡아 실제와 맞지 않는 표준과 지표를 정하고 성적을 과대하게 하여, 심지어 너무 믿지 못할 정도로 확대하여 대약진의 형세와 지시를 위해 형식주의를 너무 심하게 강조하는 경향을 보였다. 그러므로 이러한 잘못된 방향으로의 잘못된 추세가 이루어지면서 체육발전은 한동안 헛걸음을 하게 되었다.

1958년 중국 올림픽위원회는 IOC의 두 개의 중국정책에 불만을 갖고 IOC와 모든 관계를 끊고 8개 국제종목연맹에서 탈퇴하였다.

1959년 제 1 회 전국체육대회가 열리면서 건국 10년 이래 체육성과를 검열하였는데 381명이 856차례 135개 종목에서 전국기록을 세웠고, 1965년 제 2 회 전국체전에서는 24명이 10차례 9개 종목의 세계기록을 내었으며, 331명이 469차례 130종목의 전국기록을 세웠다. 탁구인구만 해도 9천만 명에 달하고, 52만 명이 노위제 체육단련표준을 통과하였으

**제 1 회 전운회(全運會) 입장식**

며, 청소년아동업여체육학교가 455개로 늘어났다.

1964년에 제 1 회 전국체육과학 학술대회를 열면서 과학연구의 의식과 국가 및 각 성시의 과학연구소를 구성하기 시작하였으며, 10년간 50여 개국과 교류를 하면서 신흥역량운동회와 세계유니버스대회 등 국제대회에 참가하면서 교류범위를 넓히게 되었다.

### (3) 제 3 단계(1966~1976년)

1966년 5월부터 10년간의 '문화대혁명'은 중국인민에게 극대한 재난을 가져다 주었으며 사회주의 체육발전에 엄중한 영향을 주었다. 중앙에서부터 지방까지의 체육분야의 대부분의 지도자들은 공산당에서 축출당하고 전체 체육분야는 미비상태에 빠지게 되었다. 1968년 5월 12일 중앙정부의 지시에 따라 전국의 체육계통은 군사적 통제하에 놓이게 되었다. 체육계의 많은 지도자와 선수들은 심한 박해로 세상을 떠났으며, "자본주의 길을 걷는 당권파", "반혁명 수정주의 분자", "배신자" 등의 호칭으로 불리었고, 여러 방면으로 심한 박해를 받고 농어촌으로 추방당하거나 직업을 바꾸게 되었다. 거의 모든 체육위원회, 체육과학연구기관이 철수당했고 체육대학도 학생모집을 정지시켰다. 체육 신문 · 잡지도 발행정지되었으며 체육시설의 활용은 대폭 감소되었고 시설 자체가 관리부족으로 대부분 파괴되었다. 각 지방에 있던 선수단은 거의 해체되었고, 이에 재능이 있는 선수들은 훈련조차도 할 수 없었다. 문화혁명은 모든 분야에서 퇴보를 가져왔으며 국민들의 불만의 소리가 높아져 갔다.

그러나 1970년대에 들어서면서 모택동, 주은래 등의 중앙지도부는 문화대혁명 전 17년간의 체육성과를 재조명하기 시작하였고, 이는 체육을 긍정적으로 재평가하는 계기가 되었다. 이에 1971년엔 탁구선수단을 제31회 세계탁구선수권대회에 파견하여 체육인들에게 희망을 주었다. 이를 기점으로 점차적으로 체육사업이 회복되었다. 미국과의 핑퐁(Ping Pong) 외교로 시작된 중국의 체육외교정책은 그 이후 급진적인 발전을 거듭하였다. 1972년에는 전국 구기 5개 종목대회를 치르고, 1973년에는 제 1 회 세계 중 · 소학교 체육대회를 열었으며, 아시아, 아프리카, 남미 탁구대회를 북경에서 치렀으며, 1974년 테헤란아시안게임에 참가하여 33개의 금메달을 획득하였다.

문화혁명시기에는 체육을 육성하는 데 어려움이 많았으나 많은 체육인들의 부단한 노력으로 세계기록을 22회나 세웠고 900회나 전국기록을 세웠으며 아시안게임에서 33개의 금메달을 획득하였으며 세계중학생운동회에서 16개의 금메달을 거두기도 하였다.

### (4) 제 4 단계(1976~현재)

1976년 10월 문화혁명의 주체세력인 '4인방'과 그들과 연루된 세력을 숙청함으로써 10년간의 중국의 암흑기는 그 종지부를 맞게 되었으며, 사회주의 현대화 건설이라는 새로운 역사의 시기에 들어서게 되었다. 2년 동안의 시간에 걸쳐 잘못된 것을 다시 바로잡고 1978년 전국체육자회의에서 8가지 중요한 방침을 제시하였다. 주요 내용은 다음과 같다.

① 당이 체육의 주요 정책을 세우며 이끌어 가야 한다.

② 청소년의 덕(德), 지(智), 체(體)가 골고루 발전하도록 지도한다.

③ 체육운동경기대회를 활발히 전개해야 한다.

④ 빠른 시간내 세계적인 스포츠 강국이 되도록 이끈다.

⑤ 보급과 제고(提高)가 상호 결합하는 것을 견지해야 한다.

⑥ 국제체육교류를 전개해야 한다.

⑦ 합리적인 규장제도를 견지해야 한다.

⑧ 정직한 전문가들의 체육대오를 건립시켜야 한다.

이러한 정책과 전략방침 아래서 전체체육인들은 새로운 각오와 책임감으로 체육중흥의 길이 트이기 시작하였다.

1979년 일본에서 열린 IOC 대회에서 중국 올림픽위원회는 IOC의 회원으로서 합법적인 권리를 회복하였고, 각 경기연맹에도 다시 가입하여 국제 스포츠계에 등장하기 시작하였다. 현재까지 국제대회에서 중국은 상당한 성과를 거두게 되었는데 대표적으로 1978년 제 8 회 아시안게임부터 1998년 제13회 대회까지 종합우승을 거두었으며, 1984년 제23회 올림픽대회에 처음 출전하기 시작하여 1996년 제26회 애틀란타 대회까지 세계 스포츠계를 놀라게 하는 성적으로 결실을 거두었다. 그 외에 매 종목별의 국제 · 국내대회, 학교체육, 민족체육, 군사체육, 과학연구, 체육교육 등 체육이 모든 방면에서 중요한 역할을 하고 있다. 1994년 전국체육위원회에서 제기한 '체육법'이 전국인민대표대회에서 통과되었으며, 이는 엘리트 스포츠와 전민건신계획(全民健身計劃)의 국민의 체력향상을 목적으로 하는 체육의 총방침으로 새로운 시기에 사회와 스포츠를 동시에 발전시킬 수 있는 체계를 만들었다고 볼 수 있다.

## 2) 현대 중국의 스포츠와 체육의 역사연구의 전망

21세기를 맞이하는 이 때에 보다 강도 높은 중국 체육사의 연구는 세계체육사의 질적 향상을 위하여 선행되어야 할 것이다. 이러한 중요성을 인식한 중국 사회과학기금조성위원회에서도 1997년 중국 체육사의 발전과 연구를 위하여 특별기금이 조성되었다.

지식과 경제의 다변화적인 발전을 꾀하는 세계적인 조류에 편승하여 중국 체육사의 발전의 방향을 다음과 같이 정하고 있다.

향후 10~15년간은 중국 체육사는 체육과 운동의 산업화에 적합한 기본적인 이론의 확립에 그 틀을 맞출 것이며, 동시에 다른 분야의 사회과학연구와 적극적인 교류를 꾀할 것이다. 연구방법은 고고학, 인류학, 사회학 방법, 통계, 인터넷을 이용하여 경제, 문화와의 다양한 접촉을 통한 폭넓은 체육사 연구에 힘쓸 것이다. 또한 지속적으로 세계체육사 연구에도 박차를 가할 것이다.

중국 체육사학의 연구의 발전은 다음과 같은 요구를 충족시킬 수 있도록 다방면의 연구가 추진중이다.

첫째, 체육사의 연구가 스포츠 마케팅과 같이 직접적인 경제발전에 영향을 주지 못하지만 이를 위한 스포츠의 가치와 전망을 제공할 것이다. 체육이 문화의 일부분으로서 사회적으로 그 필요성이 더해지고 있으며, 대중은 스포츠에 직접적인 참여와 참관을 통하여 보다 적극적으로 체육의 본질 및 가치에 대한 의문은 더욱 많아질 것이다. 이러한 대중의 의문에 합리적이고 타당한 답을 보다 과학적으로 대변하는 데 체육사 연구의 의의가 있겠다.

둘째, 사회주의 경제발전을 위한 체제적 혁명은 체육발전의 목표에 커다란 영향을 주었으며, 세계적인 조류 역시도 체육의 모습과 목적이 조정되고 있다. 중국과 세계 각국의 체육발전에 대한 체육사적 연구는 새로운 체제에 맞는 정책의 기본적인 지식과 이해를 제공할 것이다.

셋째, 경제적인 측면을 배려한 체육사적 연구가 진행되어야 할 것이며, 이를 위하여 학문적인 주제의 변환을 가져와야 한다. 예를 들어 세계 각국의 스포츠 시장에 미시 · 거시적인 투자과정사에 관한 연구와 같은 것이다.

넷째, 미래지향적인 관점으로 이론적이고 기본적인 체육사 연구가 계속되어야 한다. 체육문물연구, 체육사상사, 학교체육사, 군대 신체훈련사와 같은 연구는 자력적으로는 연구가 불가능하므로 적극적인 후원이 계속되어야 한다. 또한 이러한 연구는 경제적, 산업적인 측면을 포함하는 수정이 필요할 것이다. 예를 들어 과학기술과 스포츠의 관계사, 체육과학기술과 체육운동 간의 관계, 체육기술의 전환의 역사적 연구, 체육기술의 투자와 결과에 관한 연구, 체육산업과 법률 등의 연구들은 보다 활발한 스포츠 시장을 위하여 선행되어야 할 좋은 연구주제들이다.

이상이 현 중국에서 바라는 체육사 연구의 방향이며 목표인 것이다. 중요한 사실은 체육사의 연구가 이미 상당한 수준에 와 있다는 것이다. 사회주의적 현대화를 목표로 두고 있는 중국에 있어서 체육은 중요한 사회활동이며, 체육사 연구는 말할 나위 없이 중국의 체육발달과 산업화에 있어서 중요한 위치를 점하고 있다.

# 제 3 장

# 일 본

일본은 우리나라 동쪽의 태평양에 위치한 섬나라로 본주, 구주, 사국, 북해도 등 4개의 큰 섬과 3,000여 개의 작은 섬으로 이루어진 나라이다. 고대와 중세시대에는 우리나라와 중국의 영향을 많이 받았다.

1854년 문호를 개방하면서 당시의 선진문명인 서구문화를 적극적으로 받아들였고, 1868년 명치유신 이후 관제의 정비, 제도의 개혁, 학제의 반포, 국군의 건설, 자본주의의 보호 · 육성 등 정치, 경제, 군사에 걸친 광범위하고도 급속한 근대화가 이루어졌다.

20세기에는 동양의 여러 나라를 침략하여 식민지배를 하기도 하였다. 이를 바탕으로 막대한 부와 강병을 이룩하고, 급기야 미국을 침공하여 태평양전쟁을 일으키면서 2차 세계대전을 확대시켰다. 연합국에 패하여 패전국이 되었으나, 국내적으로는 군국주의와 국가주의가 패퇴하고 민주주의가 촉진되었다. 국외적으로는 자유 · 공산진영의 대립과정에서 경제우선정책으로 변화시켜 전쟁복구를 빠른 시간내에 달성하고 국제적 지위를 급상승시켰다. 점차 경제적 부를 쌓아 나가 전쟁 전을 능가하는 경제력을 획득하여 이제는 세계의 강대국 대열에 서게 되었다. 그러나 아직도 천황제를 고수하는 모순된 모습을 보여 주고 있는 나라이다.

# 1. 원시 및 고대의 체육

## 1) 원시시대의 체육

### *시대개관*

여기서 말하는 원시시대란 죠오몬(繩文) 시대, 야요이(彌生) 시대와 그 이전의 구석기시대를 포함한다. 오랫동안 일본에서는 죠오몬 시대 이전의 일본열도가 무인의 원야인 줄로 생각되고 있었으나 1949년에 발굴된 유적을 통해 죠오몬 시대 이전에도 사람이 살고 있었음이 밝혀졌다. 당시 사람들은 수렵, 채집생활을 하고 있었던 것으로 생각된다. 당시 유적에서 동물의 뼈가 한 곳에 많이 발굴된 곳이 있는 것으로 보아 당시 사람들은 동물을 잡아먹었던 것으로 추측된다. 그들이 어떤 문화를 가지고 생활하고 있었는지는 밝혀지지 않았으나 각종 석기의 종류나 제작법으로 보아 대륙과 유사한 요소를 볼 수 있어, 이 시기 일본열도는 동북아시아 구석기 문화권에 속해 있었던 것으로 사료된다.

구석기시대 후 야요이 시대까지의 석기시대를 죠오몬 시대라고 한다. 죠오몬(繩文)이란 이름은 당시 사용되었던 대표적인 유물의 이름에서 온 것이다. 이 시대는 홍적세 종말 직후, 충적세 초기 정도로 생각되어 방사성탄소를 이용한 측정에 의하면 지금부터 약 9,500~10,000년 전 정도라고 생각되고 있다. 야요이 시대가 지금부터 약 2,300년 전에 시작되었다고 생각되고 있기 때문에 죠오몬 시대는 약 7,000~8,000년 정도 계속되었다고 할 수 있다. 이 시대 토기와 유사한 것이 일본의 곳곳에서 고루고루 출토되고 있기 때문에 현재 일본열도 전체가 죠오몬 문화권에 속해 있었다고 할 수 있을 것이다.

원래 이 시대 사람들은 무인도였던 일본열도에 배를 타고 도달해서 살게 되었던 것으로 생각되었었으나 그 이전에도 사람이 살고 있었다는 사실이 밝혀짐에 따라 선주민이 새로운 기술을 개발해서 죠오몬 시대기

되었는지, 아니면 외부에서 사람이 들어와서 죠오몬 시대가 되었는지는 아직 밝혀지지 않았다.

당시 사람들의 식량은 그들의 음식쓰레기장이었던 카이즈카(貝塚)에 버려졌던 음식물 쓰레기를 보면 알 수 있다. 포유류로는 사슴, 멧돼지, 여우, 너구리, 토끼, 곰, 고양이 등이 있고 또한 물개, 바다표범, 거북이라든가 참치, 다랑어, 도미, 상어, 정어리, 연어, 잉어 등의 생선, 백조, 오리, 기러기, 신천옹, 황새 등도 발견되었다. 이러한 식량을 확보하는 방법으로서는 활, 돌로 만든 도끼 등을 사용하였다. 멧돼지나 사슴뼈에 박힌 화살이나 도끼 등도 발견되었다. 그리고 인간의 묘지에서는 개도 함께 매장되었던 것으로 보아 개가 그들의 수렵을 많이 도왔던 것으로 사료된다.

한편 채집생활로부터 식량생산의 중요성이 나타나기 시작하였는데, B.C. 300~200년경에 시작되어 A.D. 300년경까지로 인식되고 있다. 이 시대의 특징은 무엇보다 벼농사가 시작되어 쌀을 중심으로 한 식량생산이 본격화된 점을 들 수 있다. 이 시대를 야요이(彌生) 시대라고 말한다. 이 시대는 철기, 청동기가 이용된 시대로, 초기에는 대륙에서 가지고 온 것을 그대로 사용하다가 후기에는 국내에서도 제작되었다. 식량생산으로 인한 빈부격차의 발생에 의한 지배 · 피지배의 관계가 생기고, 또한 지역마다 정치적으로 결집되어간 시대이기도 하였다. 그리고 조선이나 중국과의 왕래도 시작되었다. 이 시대의 문화는 동북지방에서 규슈 지방까지로 북해도나 오키나와에서는 채집생활이 계속되었었다. 북해도는 기후적으로 쌀농사에 적합하지 않아 죠오몬식 생활이 계속된 것으로 보인다.

일본 서부에서 발굴된 이 시대 인골에 대한 연구에 의하면, 이 시대 대륙의 문화는 한반도 남부에서 도래한 키가 큰 사람들로 죠오몬 사람들과 혼혈해서 야요이 시대 사람들이 나타나게 되었다고 생각되고 있다. 그리고 어떤 지역에서는 혼혈하지 않고 죠오몬 시대 사람들이 그대로 야요이 문화를 흡수한 흔적도 찾아볼 수 있다.

식량생산은 쌀농사가 중심이 되었다고는 하지만 수렵이나 나무열매 등을 수집하는 생활도 계속되었고 어업활동도 활발했었다. 제염도 이 시대부터 시작되었다. 농업이 시작됨에 따라 땅이나 물의 소유권을 둘러싼 싸움이 빈번해지고 집단 내부의 단결, 집단끼리의 투쟁, 집단의 정치적 통합이 이루어지기 시작하였다.

### (1) 원시시대의 체육

위에서 설명한 바와 같이 원시시대 사람들의 생활은 수렵이나 채집을 중심으로 한 것이었기 때문에 그들의 체육활동은 생활에 밀착된 것이었음을 알 수 있다. 즉 운동의 기본이 되는 달리기, 뛰기, 던지기, 헤엄치기 등은 그들의 생존의 수단으로서 산이나 들을 돌아다니고 짐승을 포식하고 바다나 호수, 강에서 생선 등을 잡는 것이 그들의 생활의 주된 내용이었다. 이런 활동 속에서 원시시대 체육을 볼 수 있으며, 또한 원시시대 후기에는 활쏘기라든가 각종 무기를 이용해서 싸웠기 때문에 이런 측면에서도 원시적인 체육을 볼 수 있을 것이다. 그들이 생활을 영위하고 살아 남기 위해서는 몸이 건강하고 신체능력이 뛰어나지 않으면 안 되었다. 그렇지 않으면 살아 남을 수가 없었던 것은 당연한 것이었다.

## 2) 고대의 체육

*시대개관*

일본 역사에서 일반적으로 고대란 야마토(大和) 시대, 나라(奈良) 시대, 헤이안(平安) 시대를 지칭한다. 이 중에서 야마토 시대를 초기는 고분시대, 후기는 아스카(飛鳥) 시대 등으로 구분하기도 한다.

고분시대란 고대 호족들이 사후의 생활을 위해 거대한 묘를 만든 시대를 말하고, 아스카 시대란 중앙정부가 있었던 장소를 중심으로 구분한 시대이나. 나라 시대란 시기 710년 원명천황(元明天皇)에 의해 평성경(平城京: 현재 나라현 나라시)으로 수도가 옮겨진 이후 794년 환무천황(桓武天皇)에 의해 평안경(平安京)으로 수도가 옮겨질 때까지의 시대를 말한다.

### (1) 고분시대의 체육

3세기경부터 만들어지기 시작한 거대한 고분은 현재 오사카, 나라 등을 중심으로 전국적으로 분포되고 있는데, 가장 큰 것으로는 오사카에 있는 길이가 475m에 달하는 인덕천황(仁德天皇)의 고분으로 전해지고 있는 것과 체적이 1,433,960$m^3$이나 되는 응신천황(應神天皇)의 고분으로 전해지고 있는 것 등이 있다. 이러한 고분들은 규모도 거대할 뿐 아니라 토목기술의 정밀함에 있어서도 놀라운 것으로 당시의 기술로 이러한 것들을 만들려면 몇 천, 몇 만이나 되는 인부를 동원해도 몇 십 년이나 걸렸을 것으로 사료된다. 그런데 이러한 고분에 매장된 것 중에는 흙으로 만든 사람이나 말, 마구 등이 발견되었다. 때문에 이 시대에는 이미 승마기술이 어느 정도 발달되었음을 알 수 있다. 말 자체는 죠오몬 시대부터 일본에 있었으나 승마는 고대 일본이 고구려와 싸웠을 때 알게 된 것으로 생각되고 있다. 그 후 승마는 활쏘기와 연결되어 여러 가지 활쏘기 기술이 나타나게 되는 것이다.

고분에 매장된 하니와(토기인형)에는 스모를 하는 모습의 인형도 있고, 또 《고사기(古事記)》와 《일본서기(日本書紀)》에도 스모에 관한 기록이 있어 이 시대에 이미 스모가 행해졌던 것 같다. 《일본서기》에는 그 외에도 매사냥에 관한 기록이 있어 귀족들은 수렵을 레크리에이션으로 즐기고 있었음을 알 수 있다.

### (2) 아스카 시대의 체육

아스카 시대는 현재 나라현의 아스카 지방을 중심으로 한 지역에 정치의 중심지가 있었던 시대를 지칭하고 서기 500년대 후반 이후를 말하며, 나라 시대는 역시 나라현의 평성경에 수도가 있었던 시대를 말하고

710년부터 794년까지를 말한다.

이 시대에는 천황을 중심으로 한 중앙집권적인 정치체제의 정비가 진행되어 국가로서의 모습이 확립된 시대이다. 6세기에는 호족들의 대두와 한반도의 정세에 대한 대응 등으로 조정이 시련을 겪은 시기이기도 하다. 그러나 645년 대화개신(大化改新) 이후 천황을 중심으로 한 친정체제가 확립되어 당나라나 신라의 체제에 따라 인민과 땅을 국가에 귀속시키는 등의 정책이 진행되었다. 이와 같이 이 시대에는 다른 시대에 비해 대륙이나 한반도의 영향이 큰 시대였다. 그러나 서민은 그런 일과 관계없이 열악한 생활을 하고 있었던 것으로 추측된다. 이 시대의 체육에는 이러한 외부에서의 영향에 따라 각종 유희 또한 전해졌다. 축국, 투호 등이 그것이다.

축국(蹴鞠)은 일본말로는 슈우키구, 케마리 등 몇 가지 이름이 있다. 《일본서기》에는 대화개신을 주도한 중대형황자(中大兄皇子)와 중신겸자(中臣鎌子)가 644년에 법흥사에서 행한 것이 기록되어 있다. 축국은 가죽주머니로 공을 만들어 발로 차던 공차기로서 중국 한나라 때부터 행해졌다고 한다. 나라 시대에는 기록이 별로 없으나 평안시대에는 귀족들이 많이 행하였기 때문에 나라 시대에도 계속해서 행해진 것으로 사료된다.

투호(投壺)는 일본말로 토우코, 츠보우치, 츠보나게 등으로 불린다. 일정한 거리에 있는 항아리에 화살을 던져 넣는 오락이다. 투호는 정창원(正倉院)에도 있었고 당시 널리 행해졌던 것으로 사료된다.

이 외에도 타구(打毬)라는 오락도 행해졌다. 일본말로는 마리우치 또는 다큐우라고 불린다. 《만엽집(万葉集)》에는 727년에 귀족들이 모여 행하였다는 기록이 있다. 정창원에는 타구를 하는 그림이 있어 이에 의하면 중앙아시아의 것과 흡사하다고 한다. 타구 자체에 관한 기록은 이후에도 많이 찾아볼 수 있고, 특히 강호시대에는 장군이 무사들에게 장려하였다는 기록도 있다. 그러나 나라 시대에 행해진 타구가 어떻게 행해졌는지는 확실하지 않다.

조정에서 연중행사로 행해진 행사로서는 스모, 사례(射禮), 주마(走馬) 등이 있다.

사례는 일본말로 자라이라고 하는데, 《일본서기》에 의하면 5세기 중반에 행해졌다는 기록이 가장 오래된 것이고 이후에도 몇 가지 기록이 있다. 궁중에서 일정한 신분 이상의 귀족과 천황의 가족들이 모여 실시하였다. 의식이 실시되는 며칠 전부터 사수를 귀족들 중에서 선발하였다. 당일에는 천황이 보는 앞에서 황족이나 선발된 자들이 활을 쏘았다. 우수한 자에게는 상을 주었다. 평안시대에도 계속해서 실시되어 카마쿠라 시대 이후에는 실시되지 않았다.

주마는 일본말로 소우메, 하시리우마 등으로 불린다. 풍작을 기원하기 위해 6세기부터 시작되었다가 667년에는 조정의 연중행사로 제정되었다. 평안시대 이후에는 성대하게 행해졌다고 한다. 4월에 방울을 단 말을 타고 다니는 행사이다.

스모(相撲)는 이 시대부터 궁중의식으로 실시되어 스모세치에(相撲節會)라고 불렀다. 매년 7월 7일에 칙명에 따라 전국에서 모인 역사들이 좌우로 조를 나누고 황족이나 귀족들 앞에서 실시하였다. 734년에 행사로서 처음으로 실시되었다고 하는데, 793년 이후에는 매년 실시하

**스모세치에**(일본체육대학 도서관 소장)

게 되어 1174년에 끝났다. 역사로 선발되는 것은 명예이기는 하나 그 출신지에서는 노동력을 빼앗기는 결과가 되기 때문에 평안(平安)시대 말기 조정의 세력이 약해짐에 따라 점점 실시가 어려워진 것 같다. 이러한 행사가 행해진 이유는 명확하지 않지만 역시 풍작을 기원하는 의미가 있었던 것으로 사료된다.

수렵도 그 이전 시대에 이어 이 시대에도 귀족들 사이에서 널리 행해졌다. 평안시대와는 달리 이 시대 귀족들은 보다 씩씩하고 소박하였기 때문에 산야를 돌아다니는 수렵을 즐긴 것으로 보인다.

### (3) 헤이안 시대의 체육

794년 환무천황이 수도를 현재의 경도, 즉 평안경으로 옮긴 이후 1190년을 전후한 시기까지의 약 400년간을 말한다. 일반적으로 전기, 중기, 후기 3시대로 구분되는데, 전기 100년간은 그 이전인 나라 시대에 이어 천황의 권력이 강하고 또 당나라의 영향도 컸던 시대였다. 중기는 그 후 약 200년간을 지칭하고 섭관정치(攝關政治)라고 불리는 귀족정치체제가 지배적이었던 시대였다. 이 시기에는 당나라의 영향이 약해지고 일본적인 문화가 발달한 시대였다. 후기는 귀족보다 원정(院政), 즉 후대에게 천황위를 양위한 상황이 권력을 가진 시대로 이 시기에는 무사계급도 대두한 시대였다.

평안시대라고 하면 보통 중기인 귀족정치시대가 중심이다. 이 시대 귀족문화는 우아하고 섬세함을 중심으로 한 것이었고, 그들은 높은 지위에 올라 정치권력을 장악하고 화려한 생활을 영위하는 것을 이상으로 삼았다. 따라서 시가, 관현을 중심으로 한 유희가 오락의 중심이었고 신체운동을 수반하는 활동은 거의 실시되지 않았다.

평안시대에는 축국이 귀족들 사이에 정착하였다. 서궁기에 의하면 서기 905년에 8명의 귀족이 축국을 하고 206번 계속 찼기 때문에 상을 받았다는 기록이 있다. 그 이후에도 대규모 행사가 거행되어 많은 달인이 배출되있다고 한다.

코유미(小弓)는 궁사(弓射)를 유희로 만든 것이다. 일반적인 활보다 짧은 것을 사용해서 화살을 쏘고 승부를 가리는데, 의복 등의 내기를 하면서 실시되었다고 한다. 궁중이나 귀족의 사택에서 순수한 놀이로 축국과 함께 널리 행해지고 있었다.

타구(打毬) 또한 헤이안 시대에 계속해서 실시되었다. 서기 822년 발해의 사신이 왔을 때에 궁중에서 행해졌다는 기록을 비롯해 몇 가지가 있으나 986년 이후에는 기록이 없다. 타구는 말에 타면서 행해지기 때문에 당시 귀족들에게 받아들여지지 않았던 것 같다.

궁중의 연중행사로서는 이미 설명한 스모세치에(相撲節會), 사례(射禮) 외에 기사(騎射), 도궁(賭弓), 주마(走馬) 등이 행해졌다.

도궁은 도보로 행하는 활쏘기이다. 매년 1월 18일에 실시되어 귀족들 중에서 사수가 선발되어 천황이 관람한다. 좌우로 조를 나누어 대항전을 하고 이긴 쪽에는 상금이나 상품이 주어졌다. 이 행사는 860년에 처음으로 실시되었다.

기사와 주마는 단오 때 실시되는 행사로서 천황 앞에서 사수가 과녁에 활을 쏜 다음에 말을 타고 경주를 하는 의식이다. 나라 시대 748년에는 이미 기록이 있고, 헤이안 시대에 정식적인 행사가 되었다. 주마는 헤이안 시대 중기 이후 궁중 연중행사와는 별도로 신사나 사찰, 그리고 귀족의 자택에서 실시되었다.

헤이안 시대 중반 이후부터는 무사계급이 나타났다. 헤이안 시대 중기 귀족들이 정치권력을 장악하였을 때, 정치가 문란해져 특히 지방의 질서가 붕괴되었다. 이때 토착적인 호족이나 중앙에서의 권력다툼에서 패배하고 지방에 내려간 귀족들이 주로 혈연관계를 중심으로 무장하고 집단화한 것이 그 시작이라고 한다. 그들은 주인에 대한 절대적인 충성심을 가지고 항상 무예훈련에 임하였다. 헤이안 시대에 나타난 초기의 무사들은 농사에 임하고 산야를 돌아다니고 있었기 때문에 거칠고 씩씩하였다. 그들은 헤이안 시대에는 조정이나 귀족을 모시고 경도의 치안유지나 귀족들끼리의 전쟁에 참가하기도 하였다. 이와 같이 항상 투쟁의 와중에 놓이게 된 무사들은 승마, 활쏘기, 칼, 창 등의 뛰어난 기능을 지니고 있을 필요가 있었던 것이다. 결국 그들은 헤이안 시대 말기부터는 완전히 정치적인 권력을 장악하고, 카마쿠라 시대부터는 정치의 주역이 되기도 하였던 것이다.

## 2. 중세의 체육

### 1) 전국시대 이전의 체육

#### *시대개관*

전국시대 이전은 카마쿠라(鎌倉) 시대, 무로마치(室町) 시대, 전국시대까지를 말한다. 카마쿠라 시대는 무사들의 중심이었던 미나모토 요리토모(源賴朝)가 카마쿠라(현재 카나가와현내)에 막부를 두었을 때부터 1333년에 막부가 멸망할 때까지의 약 140년간을 말한다. 카마쿠라 시대는 그 때까지 조정이나 귀족의 종의 입장에 불과하였던 무사가 정치권력을 잡게 되었다는 점에서 커다란 변화라고 할 수 있다. 때문에 카마쿠라 시대 이후에는 무사들의 지위가 향상되고, 또한 막부는 전국에 각 지방을 통치하기 위한 수호와 세금을 거두는 지두(地頭)라는 직책을 두었다. 이들은 나중에 대명(大名)이 되어 그 지방의 봉건영주와 같은 존재가 되기도 하였다. 막부의 통치는 조상 때부터 요리토모를 모신 어가인(御家人)이라는 무사들의 충절을 기초로 유지되었다고 할 수 있다. 때문에 막부는 어가인을 정치적, 경제적으로 보호하고 공로가 있는 어가인에게는 큰 보상을 하기도 하였다. 그러나 어가인의 분할상속에 따른 경제적 기반의 축소와, 원니라의 침략에 대해 빼앗은 영토가 없기 때문에 보상을 해주지 못함으로 인한 어가인의 불만 등으로 인해 막부의 기초가 흔들리기 시작하여 결국 1333년에 멸망하였다.

그 후 3년간 후제호천황(後醍醐天皇)에 의한 친정체제가 실시되었다가 결국 아시카가 타카우지(足利尊氏)에 의해 경도에 새로운 막부가 만들어진 후 1573년 아시카가 장군이 오다 노부나가(織田信長)에 의해 경도에서 쫓겨날 때까지를 무로마치(室町) 시대라고 한다. 아시카가 타카우지는 막부의 기반을 확고하게 만들기 전에 죽었다. 때문에 무로마치 막부는 매우 불안정하였고 각지의 유력 대명의 연합체와 같은 체제였던 것이다. 때문에 1467년에서 10년간 계속한 응인지대란(応仁之大亂)과 같은 대명끼리의 전쟁을 억제할 수 없었고, 그 이후는 막부나 장군의 권위는 완전히 상실되고 말았던 것이다.

응인지대란 이후 막부의 권위가 완전히 없어지고 지방의 다이묘(大名: 봉건영주)들끼리 영토 등의 세력싸움이 끊임없이 일어났다. 이 시대를 전국시대라고 하는데, 전국시대는 크게 보면 무로마치 시대의 일부이지만 막부는 실질적·정치적인 권력이 없었기 때문에 전국시대를 따로 구분하기도 한다. 전국시대에는 실력이나 능력이 있는 자가 주인을 죽이고 자신이 다이묘가 되는 경우가 적지 않았다. 이를 하극상(下剋上)이라고 하는데, 이는 충절을 중심으로 한 무사의 기본적인 도덕이 붕괴된 시기라고 할 수 있겠다.

응인지대란 이후의 약 100년간의 난세를 전국시대라고 하는데, 1560년대쯤부터는 오다 노부나가가 세력을 확장하여 전국을 통일하는 기초를 만들고, 1573년에는 아시카가 장군을 경도에서 쫓아내어 이때 무로마치 시대가 완전히 끝났다.

### (1) 카마쿠라 무로마치 시대의 체육

카마쿠라 시대 이후의 체육활동의 중심은 귀족보다 무사들에 옮겨진다. 무사들은 귀족과 다른 가치관, 윤리의식을 가지고 있었다. 이것은 에도 시대 이후에는 무사도라고 불리게 되었다. 무사도는 주인에 대한 충절이 가장 중요한 도덕이었다. 주인은 신하에게 토지나 직책을 주고 신하는 목숨을 걸고 주인에게 충절을 다하는 주종관계가 확립되었다. 여기서 주인은 미나모토노 요리토모와 역대 중군을 중심으로 한 막부가

활쏘기 연습장면

되고, 신하는 어가인이 되는 것이다. 어가인은 주인의 어은(御恩)에 보답하기 위해 항상 무예훈련에 임하였다. 그들이 행한 무예는 활쏘기, 승마를 중심으로 한 수렵, 야부사메(流鏑馬), 카사가케(笠懸), 이누오우모노(犬追物), 스모(相撲) 등이 훈련의 수단으로 이용되거나 장군 앞에서 행사나 경기형식으로 실시되기도 하였다. 특히 카마쿠라 막부를 만든 요리토모는 이와 같은 무예를 장려하고 또 기능이 뛰어난 자에게는 많은 상을 주기도 하였기 때문에 이 시대 무예활동은 크게 활발해졌다.

무로마치 시대는 역시 막부가 불안정한 것이었기 때문에 지방의 대명들도 항상 전쟁에 대비하지 않을 수 없었다. 때문에 무로마치 시대에도 무사들은 무예단련을 하였고 또 이 시대에는 말을 타면서 활을 쏘는 야부사메, 카사가케, 이누오우모노의 세 가지 무예는 하나의 형식으로 고정되기 시작하였다. 이러한 기사나 궁술, 마술, 검술 등에 유파가 생기게 되었다.

카마쿠라 시대와 무로마치 시대에 주로 행해진 무예는 다음과 같다.

① 수렵(狩獵)

원핑성쇠기(源平盛衰記)를 보면 무시들은 그리 높은 신분이 아니라도 산 넘어 멀리까지 수렵에 나가는 경우가 있었다. 이것은 무사의 훈련의 하나의 부분을 차지하고 있었던 것 같다. 장군이 수렵에 나가는 경우에는 많은 사람들을 데리고 장기간 대규모 수렵을 하였다. 일본 각지에는 지위가 높은 사람들이 즐겨 수렵을 하는 수렵장이 곳곳에 마련되어 있었다.

② 야부사메(流鏑馬)

야부사메는 전투훈련으로서 무사들 사이에 널리 행해지고 있었다. 일정한 범위 안에서 말을 타면서 활을 쏘는 경기이다. 과녁은 세 곳에 설치하고 순차적으로 쏜다.

야부사메는 카마쿠라 시대에는 가장 널리 행해졌으나 그 이후에는 서서히 실시되지 않게 되었다가 에도 시대에 장군 요시무네(吉宗)에 의해 장려되었다.

③ 카사가케(笠懸)

카사가케도 헤이안 시대 말기부터 행해졌다. 립(笠)을 달고 과녁으로 하였기 때문에 이러한 이름이 지어진 것으로 보인다. 야부사메와 비슷한 넓이의 장소에서 말을 타면서 활을 쏘는 무예이다.

④ 이누오우모노(犬追物)

개에다가 활을 쏘는 무예이고, 멧돼지나 사슴에 쏘는 경우도 있었다. 카마쿠라 시대 초기에 시작되었다. 원형의 경기장 안에서 36명의 경기자가 3조 12인씩 조를 만들고 150마리의 개를 쏘는데, 1조에 50마리의 개를 쏘는 셈이다. 카마쿠라, 무로마치 시대에는 널리 행해졌다.

⑤ 스모(相撲)

스모 또한 이 시대 무사들에게 널리 실시되어 장군 앞에서 야부사메, 카사가케, 이누오우모노 등과 같이 실시되기도 하였다. 특히 무로마치 시대 이후에는 스모를 직업으로 하고 전국을 순회하며 다니는 간진스모(勸進相撲)가 흥행되기도 하였다.

이누오우모노

스모 상년

이 외에도 무예는 아니지만 귀족들의 영향으로 무사들도 축국을 하게 되었다. 카마쿠라 시대 초기에는 축국의 사범가문이 정해져 그것이에도 시대 말기까지 계속되었다. 카마쿠라, 무로마치 양 시대에 정월 연중행사로서도 실시되었고, 능숙한 귀족을 막부로 초대해서 지도를 받기도 하였다.

서민의 유희로서는 줄다리기, 죽마, 술레잡기, 팽이치기, 석전 등이 생겼다.

## 2) 에도 시대의 체육

### *시대개관*

전국시대가 끝나고 아즈치모모야마(安土桃山) 시대와 에도(江戶) 시대를 또 하나의 시대로 볼 수 있는데, 아즈치모모야마 시대란 1573년 오다 노부나가에 의해 아시카가 장군이 경도에서 쫓겨나서 무로마치 시대가 완전히 끝났을 때부터 1603년 도쿠가와 이에야스(德川家康)가 조정에서 장군직에 임명되어 에도 막부를 창설하여 에도 시대가 시작되었을 때까지를 말하고, 에도 시대는 1867년 명치유신이 일어나 명치시대가 시작될 때까지를 말한다.

아즈치모모야마 시대는 직풍시대(織豊時代)라고도 불리는 것처럼, 오다 노부나가(織田信長)와 그 뒤를 이은 도요토미 히데요시(豊臣秀吉)에 의해 전국의 정치적인 통일이 진행되었다. 이와 병행하여 겐치(檢知)로 세금을 확보하고, 카타나가리(刀狩)로 농민으로부터 무기를 몰수하고, 무사와 그 외 계급의 신분구분이 분명해지면서 봉건제도가 에도 시대에 완전히 확립되는 기초를 마련하게 되었다. 에도 시대에는 사농공상의 신분제도가 명확해지고 각 신분마다 직분이 정해지게 된 것이다.

에도 시대는 전쟁이 없어진 평화의 시대가 되었다. 무사는 원래 주인을 위해 전쟁 때 싸우는 전투요원이다. 그러나 평화의 시대인 에도 시대에는 전쟁이 없어졌고 무사는 그 원래 임무를 할 필요가 없어졌다. 에도 시대 무사는 전 인구의 7%에 불과하였는데, 다른 계층 위에 군림

하는 특별한 계급이기도 하였다. 무사들은 장군을 정점으로 각 지방의 대명, 가신이라는 계층적인 주종관계가 조직화되어 장군의 지배력은 대단히 강했다. 에도 시대에는 무사들의 윤리 · 도덕체계를 무사도라고 부르게 되었는데, 무사도는 카마쿠라 시대처럼 주인에 대한 충절이 가장 중요한 덕목이었다.

농민은 총인구의 84%를 차지하였고 또 신분적으로는 무사 바로 밑에 위치하고 있었으나 사실은 극심하게 착취되어 생활은 비참한 것이었다. 장군이나 다이묘(大名)는 가신을 자신이 거주하는 도시에 모았기 때문에 도시의 규모가 커지고 상인이나 공인계급이 형성되었다. 상인은 신분적으로는 가장 밑에 위치하고 있었으나 경제감각이 없는 무사들을 상대로 장사를 하였기 때문에 부를 축적하여 에도(현재 도쿄), 오사카 등 대도시에서는 대명을 능가하는 경제력을 가진 자도 나타났다. 따라서 에도 시대 후기에는 상인들의 경제력이 무사들을 완전히 압도하게 되었다.

에도 시대 중기에 나타난 소비생활의 팽창은 농민에 대한 착취의 심화와 기근, 사회불안 등으로 정치체제가 붕괴되기 시작하여 각종 개혁도 이를 바로잡을 수가 없었다.

### (1) 에도 시대의 교육

에도 막부는 유학, 특히 주자학을 관학으로 정하였다. 중국이나 한국처럼 과거제도는 없었으나 주인에 대한 충과 부모에 대한 충, 그리고 현세의 질서를 중요시하는 주자학이 막부의 정책과 맞아떨어진 것이었다. 때문에 막부는 주자학을 장려하고 학문소를 만들었기 때문에 주자학은 널리 퍼졌다. 무사의 교육을 위해서는 막부나 각 지방의 번(藩)에 학교(學問所)를 마련하고 자제를 교육하였는데 에도 시대에는 그 수가 220개 이상 있었다. 그 내용은 유교교육과 무예교육이었다.

유교교육의 내용은 다음과 같다. 평화의 시대에 무사들은 어떻게 생활해야 하는가 하는 문제를 많은 사상가들이 생각하였는데, 주자학을 기초로 한 것이 많았다. 교양이 있는 무사들은 주자학의 소양이 있었다.

재야 유학자들은 제자들을 모아 학문을 가르쳤는데, 그들은 모두가 주자학자는 아니었고 양명학, 절충학 등 여러 가지가 있었으나 유학은 기본적으로 가르쳤다.

서민들은 데라코야(寺小屋)라고 불리는 데서 읽기, 쓰기, 계산 등을 배웠다. 그들의 교재는 공자, 맹자 등의 유학서였다.

### (2) 에도 시대의 체육

① 무사교육에서의 무예

에도 시대는 평화의 시대였으나 무사는 무예의 소양이 있어야 되었기 때문에 무예훈련도 많이 행해졌다. 무예에는 전쟁을 수행하기 위한 병학, 궁술(弓術), 마술(馬術), 검술(劍術), 창술(槍術), 유술(柔術), 포술(砲術), 수술(水術: 수영) 등을 중심으로 치도(薙刀), 카라데, 코다치(小太刀), 슈리켕(手裏劍), 봉, 이아이(居合), 쿠사리가마(鎖鎌), 인술(忍術) 등 매우 다양한 것이었다. 이 종목 하나하나에 유파가 있었다. 원래 이러한 무예들은 당연히 전쟁에 이기고 사람을 죽이는 기술이었으나, 에도 시대에는 전쟁이 없어졌기 때문에 이러한 무예들은 실용적인 측면보다 인격도야, 인간형성을 위한 것으로 변화되어 정신적인 측면이 강조되기도 하였다. 그러한 가운데 무예는 일정한 도구나 규칙이 정해지고 스포츠가 되는 경향이 강해졌다. 검도나 창술이 그 전형적

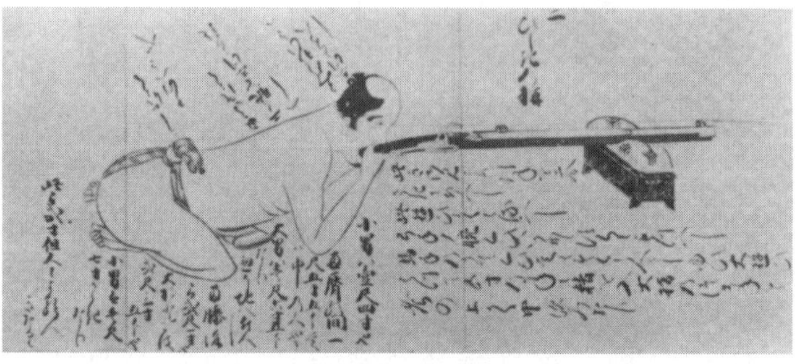

포술에 관한 도서

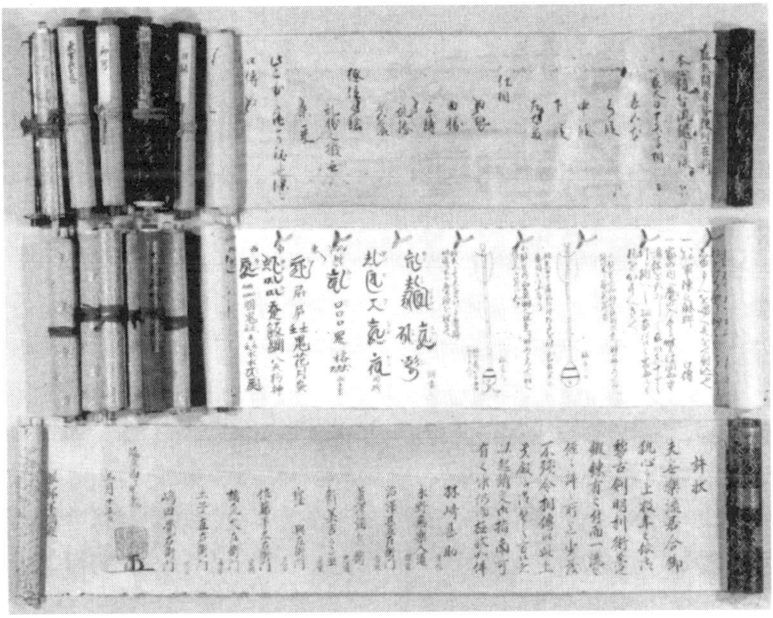

**창술에 관한 책**(일본체육대학 도서관 소장)

인 사례가 되었다.

② 기타 무사의 체육

수렵, 특히 매사냥은 전투훈련을 겸한 오락으로서 장군을 비롯해 신분이 높은 무사들 사이에서 널리 행해졌는데 오다 노부나가, 도요토미 히데요시도 많이 행하였다고 한다. 특히 8대 장군 도쿠가와 요시무네는 무예를 진흥시켜 대규모 매사냥도 자주 행하였다고 한다.

축국도 무예 중의 하나로 생각되었었다. 막부는 경도의 귀족 중에서 사범을 초대하고 축국행사를 하였다. 무사들 중에도 귀족들의 제자가 되는 자도 있었다고 한다. 그러나 축국은 무예라는 측면도 있었으나 시가나 다도와 같은 교양의 하나라고 생각되기도 했었다.

마리우치(打毬)도 요시무네에 의해 부활되었다. 현재 남아 있는 마리우치는 에도 시대에 정해진 것이라고 한다.

③ 서민의 유희와 오락

농민은 많은 세금을 내기 위해 날마다 생산활동을 하므로 몸을 혹사할 수밖에 없는 입장에 있었다. 막부도 농민에게는 아침 일찍부터 밤에 잠잘 때까지 쌀을 먹지 말고 잡곡만을 먹고, 놀지도 말고 열심히 일만 하도록 지도하였다. 단 마을단위로 행하는 축제나 정월 때만이 그들의 유일한 오락이었다. 거기서는 스모나 연극 등을 행하였었다.

이에 비해 상인은 일상생활에서 농민만큼 속박되지 않아 열심히 일만 하면 신분상승은 되지 않아도 거액의 부를 가질 수 있는 기회가 있었다. 거액을 벌어 놓은 상인들은 방탕한 생활을 하기도 하였기 때문에 많은 유희나 오락이 발달하였다. 금(琴), 바둑, 서예, 그림, 다도, 축국 등이 그것이었다. 체육활동으로서 축국은 귀족의 영향으로 널리 행해지기도 하였다. 스모는 농촌뿐만 아니라 도시에서도 하층농민들이 즐기고 있었고 또 연날리기, 등산, 줄다리기 등은 민속적인 행사의 종교적인 의식으로서도 실시된 것으로 생각된다.

④ 간진스모(勸進相撲)

현재 일본에서는 직업적인 스모(相撲)가 활발하게 행해지고 있으나 스모는 원래 일본에서도 가장 오래된 스포츠 중의 하나이기도 하다. 궁중에서의 스모세치에(相撲節會)를 비롯해 중세에는 직업적인 스모가 시작되었고, 에도 시대에는 직업적인 스모가 제도로서 확립되어 보는 오락으로서 정기적인 간진스모 흥행이 시작되었다. 그래서 에도 시대 중기 이후 연극과 더불어 도시사람들의 오락으로 정착하여 이것이 현재 일본의 스모의 전신이 되었던 것이다. 초기에는 막부의 허락을 받고 한시적으로 흥행을 하고 있었으나 18세기 말경에서는 대단한 인기를 누려 때로는 장군 앞에서 흥행할 정도가 되었다. 당시 스모 선수들은 각지의 다이묘가 키운 것으로 일단은 무사로서의 신분이 주어지고 있었다. 또한 간진스모의 흥행을 알선하는 사람들이 모여 이것이 현재 스모협회가 되었다.

(3) 개국과 근대체육의 기초

에도 막부는 쇄국정책을 취하여 조선, 청, 화란을 제외한 외국과의 교류를 금지시키고 있었다. 그러나 에도 시대 말기 막부의 정치체제가 한계에 부닥치자 막부에 반발하는 지방의 유력한 다이묘들은 막부를 타도하기 위해 서구의 진보된 군사기술이나 군사훈련을 도입하게 되었다. 막부도 서구의 군사기술을 도입하게 되었다. 이와 같은 군사훈련은 명치시대 이후 학교에서 양식 체조로 발전되어 근대체육의 중심이 되어간다.

## 3. 근대 및 현대의 체육

### 1) 메이지 유신 이후의 체육

***시대개관***

메이지(明治) 시대(1868~1912)와 다이쇼오(大正) 시대(1912~1926), 쇼오와(昭和) 시대(1926~1989)의 일부, 즉 1867년 말 명치유신에서 1945년 2차 세계대전이 끝날 때까지를 근대라고 말한다. 메이지, 다이쇼오, 쇼오와라는 시대구분은 천황의 재위기간을 나타내는 것이고, 이는 메이지 시대 이후 지금까지 계속되고 있다. 근대 초기, 즉 명치시대는 부국강병(富國强兵)이라는 말이 하나의 국가적인 슬로건이었고 서구 열강과 대등한 국력을 갖기 위해 열심히 노력했던 시기였다. 그것이 노일전쟁의 승리(1905)를 계기로 일단락됨과 동시에 이후의 적극적인 대륙진출은 열강들의 경계의 대상이 되기도 하였다. 1차 세계대전 때는 동양, 특히 중국에서의 독일의 영토나 군사시설을 공격하고 어부지리식으로 중국에서의 이권을 확대하였다. 그 후 계속되는 대륙진출과 이에 반발하는 중국과의 대립 가운데 드디어 1937년에는 중일전쟁이 시작되어 계속해서 중국의 각지를 점령하다가 현재의 미얀마까지 진출하였다. 이에 반발한 미국은 일본에 대해 석유수출을 금지시켜 결국 1941년 일본은 미국, 영국과의 전면전쟁, 즉 태평양전쟁이 일어나게 되었다. 초기에는 일본군이 도처에서 승리를 거듭하였으나 1942년 미드웨이에서의 전투에서 항공모함 네 척을 한꺼번에 잃은 후 미국이 유리하게 되어 1945년 히로시마와 나가사키에 원자폭탄이 투하되었고 8월 15일 무조건 항복을 받아들이게 되었다.

에도 시대가 끝나고 메이지 시대가 된 것을 일본 역사상 메이지 유신(明治維新)이라고 부르고 있다. 즉, 그 때까지의 봉건시대는 완전히 끝나고 천황을 중심으로 한 중앙집권적인 근대국가를 건설하게 된 것이다.

이 시대 정부는 서구의 정치, 사회제도, 문물을 적극적으로 도입하였다. 실제로 명치시대 전반기, 즉 1905년 노일전쟁이 끝날 때쯤의 시기까지는 일본이 근대국가로서의 모습을 갖추어 가는 시기였고 또 실제로 많은 성과가 있었다고 할 수 있다. 그러나 그만큼 일반 민중에게 많은 부담을 가중시켜 그 근대화는 국민의 희생의 터 위에 이루어졌다는 측면도 간과해서는 안 된다. 즉 봉건시대를 갓 벗어난 일본이 아무런 산업기반도 없는 상황에서 서구식의 기술이나 설비를 도입해야 하는데, 그것은 국민에게 무겁게 부과된 엄청난 세금으로 충당시킬 수밖에 없었던 것이다. 이와 같이 일본의 초기 자본주의의 자본축적은 다른 나라와 마찬가지로 국민에 대한 엄청난 착취에 의해 이루어진 것이었다. 또한 제국주의가 판을 치고 열강들의 식민지 쟁탈전이 극에 달했던 당시는 군사력 또한 근대국가를 이루기 위해서 꼭 필요한 것이었다. 군사력이 없는 외교라는 것은 있을 수 없었기 때문에 일본도 빈약한 산업기반, 좁은 국토, 또한 열악한 국민의 체격과 체력 등의 악조건 속에서 강력한 군대를 갖기 위해 노력하였다. 청일전쟁(1894~1895)과 노일전쟁(1904~1905)의 승리로 열강의 하나로 국제적인 지위가 인정된 이후에도 러시아의 보복과 미국과의 긴장조성 등으로 다시 군사력 확대의 필요가 생겨 국민의 부담은 전혀 줄어들지 않았다.

메이지 시대와 다이쇼오(大正) 시대의 구별은 형식적으로는 천황이 교대됨으로써 이루어진 것에 불과하지만 시대상황은 분명히 상이한 모습을 보였다. 가장 큰 차이는 민중의 정치의식과 참여도이다. 메이지 유신을 일으킨 일부 특권계층(번벌: 藩閥)의 정치적 독재를 막고 헌법과 의회의 권위를 지키려는 운동이 고조되었다. 다이쇼오 시대 초기에는 번벌과 호헌(護憲)세력 사이에서 정권이 교체되다가 결국은 번벌이 쇠퇴하고 호헌세력이 주도권을 잡아 정당정치가 자리를 잡게 되었다. 또한 이 시대에는 보통선거법 실시, 여성해방운동, 각종 민중운동이 활발한 시대였고 또 학문, 특히 정치학, 경제학, 법학, 철학, 문학 등에서 뛰어난 인재가 많이 배출되었다. 이러한 자유로운 분위기에서 이 시대상황을 다이쇼오 데모크라시(democracy)라고 부르기도 한다.

쇼오와(昭和) 시대는 쇼오와 천황(히로히토)의 사후 1989년까지를 말하지만, 1945년에는 2차 세계대전이 끝나고 일본이 패전국이 되어 그 이전과 이후는 완전히 상황이 달라졌다. 때문에 여기서는 일단 1945년까지를 논하고 그 이후는 현대로 구분하여 나중에 다시 논하기로 한다. 쇼오와 시대 전기는 바로 전쟁의 시대라고 할 수 있을 만큼 중일전쟁, 태평양전쟁으로 국민들은 많은 고통을 당할 수밖에 없는 시대였다. 쇼오와 시대 초기는 1923년에 일어난 관동대지진으로 부흥이 늦어진 데에 따른 불경기에다가 1930년대의 세계적인 대공황으로 나라 전체가 동요되고 파시즘이 대두되었다. 파시즘으로 인한 군부의 대두는 일본이 전쟁으로 치닫게 되는 계기를 만들게 되었는데, 국민이 총동원되고 전체주의가 판을 쳤으나 1945년에는 결국 패전을 맞이하게 되었다.

### (1) 메이지 시대, 다이쇼오 시대, 쇼오와 시대 초기의 교육

#### ① 초 · 중등교육

메이지 시대 정부는 국가가 처해 있었던 상황을 극복하고 부국강병의 목적을 달성하기 위해 교육에 관심을 보였고, 1872년 학제를 제정하여 법석으로도 정비가 진행되었다. 그러나 실제로는 그 이전부터 각지에 소학교가 세워졌었는데, 그 목적은 근대교육을 위한 것보다 국가와 시대의 상황을 알고 충효의 도덕을 다하도록 교육하는 것이 그 목적이었다. 그러나 그 한 편으로는 도덕성을 함양하고 윤리적인 인간을 교육함으로써 상법이 바로 서고 국가경제에 도움이 될 것이라는 측면도 있었다.

학제를 근거로 이루어진 일본의 교육을 제도적인 측면에서 보면 이는 프랑스의 제도를 따른 것으로, 전국을 8대 학구로 구분하고 한 학구에 32개의 중학구를 설치하였다. 중학구마다 하나의 중학교와 210개의 소학구를 설치하고 한 소학구는 인구 600명을 단위로 하였다. 이와 같은 학구제는 동시에 행정적인 단위와 구분을 나타내는 것으로도 되고, 문부성이 대학을 관장하고 대학이 지방관과 협력하여 중학교, 소학교를 관장하였다. 그러나 이러한 제도는 재정적으로 상당한 무리가 있어서 실제로 실행할 수는 없었다. 다만 이러한 제도를 정한 목적은 소학교 의무교육 확립에 있었다. 학제에 의하면 학교건설 · 유지, 교사의 인건비 등은 그 지역 주민이 부담해야 하고, 학생 한 명당 약간의 수업료를 징수할 수 있었으나 한 집안에 두 명 이상 학생이 있었을 경우에는 감면조치도 있었다. 1878년 근로자의 월 평균소득은 1엔 75전이라는 기록이 남아 있는데, 그 중에서 소학교 한 학생이 한 달에 50전의 수업료를 내야 하는 것이었다. 그러나 초기에는 어린이라고 해도 집안의 중요한 노동력이었고 그것을 학교에 빼앗기는 결과가 되며 또 수업료 부담도 컸기 때문에 학제를 반대하는 주민봉기가 일어나기도 하였다.

1881년에 문부성에 의해 발표된 '소학교교원심득(小學校敎員心得)'에 의하면 "교육의 목적은 존왕애국(尊王愛國)의 지기를 환기시키는 데에 있으며 교원은 학생으로 하여금 황실에 대해 충을 다하고 국가를 사랑하고 부모에 효를 다하고 윗사람을 공경하고 친구와 신뢰를 쌓고 아랫사람을 사랑하고 자신을 아끼는 등 인륜의 대도(大道)에 통하는 것으로 해야 한다"고 하였다. 정부는 아동들을 강제로 학교로 보내도록 정책을 취하였기 때문에 1883년에는 소학교 취학률이 50%를 넘었다.

② 고등교육

에도 막부의 학문소는 유학과 국학을 가르치는 곳과 양학을 가르치는 곳, 그리고 의학을 가르치는 곳의 세 곳이 있었는데, 메이지 정부는 이 세 곳을 총칭해서 대학이라고 하였다. 이것이 1877년에 법학부, 이학부, 문학부, 의학부의 네 개 학부로 동경대학이 되었고, 나중에 공부대학교를 공학부로 해서 동경대학에 흡수시켰다. 초기에는 외국에서 많은 학자를 초빙하여 점차 내용도 향상되었다. 사립으로서는 후쿠자와유키지(福澤諭吉)가 케이오기쥬(慶應義塾) 대학을 설립하여 인문 · 사회과학분야에서 크게 발전하였고, 또 경도에서는 니이지마죠(新島襄)가 기독교주의를 기초로 도시샤(同志社) 대학을 설립하였다. 이 두 사립은 동경대학에 뒤지지 않는 훌륭한 교육내용을 갖추었으나 정부는 일관해서 무시하거나 압박을 가하였다.

### (2) 메이지 시대, 다이쇼오 시대, 쇼오와 시대 초기의 체육

메이지 시대 교육은 주로 초등교육과 고등교육의 두 가지 분야에서 출발하였기 때문에 체육 또한 두 가지 계통으로 발전한다.

① 초 · 중등학교에서의 체육

소학교의 체육은 학제에서 '본술(體術)', '양생법(養生法)' 등의 교과서가 규정되었고, '체조도' 등에 의한 '체조'를 매일 교과 외에 1~2시간 가르치도록 하였다. 그러나 학교설치, 취학, 교과내용, 교원 등이 무에서 출발한 상황에서는 체육이 잘 실행될 리 없었다. 이와 같이 충분하지 못한 실정을 반성한 문부성은 1878년 체육교사 양성기관으로서 체조전습소를 설립하여 미국에서 리랜드(Leland, 1850~1924)를 초빙하여 학교체육은 본격적으로 정비되기 시작하였다. 리랜드가 지도한 체조는 경체조(輕體操)라고 불리고, 1881년에는 매일 20분 정도 실시하도록 규정되었으며, 이듬해에는 전습소에서 《신찬체조서(新撰體操書)》, 《신제제조법(新制體操法)》이 지도서로서 발간되었다. 1881년에서 1886년까지 졸업생도 160명에 이르러 그들이 각 지방 사범학교에서 경체조를 가르쳐 보급되기 시작하였다.

1873년에는 징병제가 시행되어 1883년에 개정되었는데, 중학교 졸업 이상의 학력소지자는 병역 외에도 국가에 도움이 된다고 해서 징병기간의 단축이 이루어졌다. 그 조건으로서는 품행이 방정한 자 또는 소학교를 제외한 관립학교에서 보병조련과 졸업증서가 필요했었다. 이 제도를 실행하기에 앞서 문부성은 체조전습소에 대해 소학교에서의 보병조련 실시여부에 대한 조사를 시켰는데, 그 보고는 이를 인정하였다. 그 후 1885년에는 보병조련을 병식체조로 부르게 되었는데, 이는 보통체조로 개칭된 경체조와 함께 실시되었다. 따라서 1885년 이후 체조전습소도 경체조의 교원양성에서 병식체조의 교원양성으로 전환되어 현역 군인 중에서 인원을 모집하게 되었다.

1884년 일본에 테니스를 소개한 체조전습소 주임교원 츠보이겐도(坪井玄道)는 옥외활동도 학교체육의 하나로서 정착시켰다. 그는 1885년 《호외유희법(戶外遊戲法)》 일명 '호외운동법(戶外運動法)'이라는 책을 발간하여 경체조와 외유희 병용에 의한 체육의 발전을 기도하였다. 이 영향으로 1882년에 경체조 보급을 위해 동경에서 개최된 '체조회'는 체조와 유희를 포함한 학교연합 '운동회'가 되어 전국으로 보급되었던 것이다.

보통체조

체조전습소는 1885년 동경사범학교 부속이 되어 1886년에는 폐지되어 동경고등사범 체조전수과가 되었다가 1887년에 폐지되었다. 이에 체육의 연구와 지도자 양성기관이 소멸되어 학교체육의 정체가 시작된다.

학교체조운동

아무튼 이상과 같이 학교에서는 보통체조, 병식체조, 유희가 병행되었다.

1890년에는 신소학교령이 제정되어 체조를 소학교의 현실에 맞게 제외하는 것이 허용된 반면에, 정규수업 외에 옥외유희를 장려하고 학교에는 체조장을 설치하여 공휴일 중에 한 날을 정하여 '유희체조', 즉 운동회가 장려되었다.

그러나 지도자 양성이라는 측면에서는 1887년에 체조지도자 양성기관이 폐지된 이후 시험검정제도만이 체조교원이 되는 유일한 방법이 되었다. 즉 정규교육을 받지 않아도 사설교육기관에서 약간의 연습을 하면 체조교사가 될 수 있게 된 것이며, 또한 병식체조 지도자가 되는 것은 전역 군인에게 당연히 유리해졌다. 더구나 병식체조는 중학교와 사범학교 학생의 병역단축의 채용이라는 제도와도 맞물려 군인 또는 군인출신자에 의한 군사예비교육이라는 성격이 강해졌으나, 보통체조는 교원보충조차 곤란해져 지도자 부족으로 인해 극히 형식적인 것으로 전락하고 말았다.

이와 같은 흐름 속에서 스웨덴 체조의 소개, 유희 · 무술의 대두 등은 학교체육을 더욱 혼란하게 만들어, 문부성은 1904년에 체조유희취조위원을 임명하여 실정과 바람직한 방향성을 조사하였다. 1905년에는 보고시가 발표되었으니 특별한 결론을 내리지 못하였다.

스웨덴 체조는 1901년 미국에서 귀국한 의사 가와세겐쿠로(河瀨元九郎)와 역시 미국유학에서 1903년에 돌아온 여교사 이구치아쿠리(井口アクリ)에 의해 소개되었다. 그들은 본격적으로 스웨덴 체조를 배운 것은 아니었고 또 가와세는 생리해부학 이론을 기초로 한 과학적 측면을, 이구치는 여자에게도 알맞는 체조라는 측면을 강조하여 소개하였던 것처럼 일관성이 결여되고 있었다. 그러나 스웨덴 체조 자체가 지니는 신선함과 과학성은 현장지도자들의 관심을 끌었고, 한편 보통체조의 권위는 저하되어 혼란이 일어났다. 이것이 상술한 바와 같이 문부성이 1904년에 체조유희취조위원을 임명한 큰 요인이 된 것이다. 결과적으로는 스웨덴 체조는 실질적으로 인정된 것이나 마찬가지 결과가 되어 그 후 학교체조의 중심은 스웨덴 체조가 된 것이다.

보통체조중심으로 형식화된 학교체조는 스웨덴 체조의 대두뿐 아니라 유희의 대두도 촉진시켰다. 1904년의 체조유희취조 보고에서는 체조와 유희의 비유를 2대 1로 명시하고 또 장려되는 유희, 금지되는 유희 등을 구분하였다.

1887년 이후 중지되었던 체조교사 양성은 제도적으로는 없어졌으나 이 시기 중등학교가 증가되어 사범학교와 중등학교의 남녀 체조교원 양성이 급하게 되자 체조양성기관이 몇 군데 생겼다. 1899년 문부성은 일본체육회에 보조금을 주고 체조연습소에서 체조교원을 양성하게 하였고, 또 동경고사(東京高師) 체조전수과를 부활시켜 일본체육회의 교원양성기관은 1900년에는 문부성이 직접 감독하게 되었다.

여학교에서도 1902년에는 동경체조음악학교, 여교사국어체조전수과, 일본체육회체조학교여자부 등의 기관이 발족하였다.

상술한 바와 같이 1904년의 체조유희취조 보고는 형식적인 것에 지나지 않았으나 1905년 문부성은 나가이도오메이(永井道明)를 구미로 유학보내고 서구 체육의 실정을 조사하게 하였다. 또한 노일전쟁 이후 군은 학교에서 병식체조에 의한 인간형성이 아닌 직접적인 군사훈련을 요구하게 되었다. 때문에 문부성과 육군은 학교체육의 방향성에 관해 대립하였다. 그 결론은 나가이가 귀국한 후에 내리기로 하였는데, 나가이는 1909년에 귀국 후 그 때까지의 보통체조와 병식체조의 병행을 폐지하여 스웨덴 체조중심의 '학교체조정리통일안' 을 내놓았으므로 일단 이것으로 문부성과 육군의 의견이 일치되었다(1911). 이것은 학교체조를 스웨덴 체조를 골자로 하는 체육목적의 '체조' 와 보병조전(步兵操典)을 골자로 하는 군사교육목적의 '교련' 의 두 가지를 기본으로 한 것이다. 그런데 이것이 1912년에 학교체조통일안으로 수정되어, 1913년 1월에 '학교체조교수요목' 으로 발전되었다. 이것은 각 학교마다 규정된 교과에서 체조과만을 분리하고 일관된 내용의 통일이 이루어진 것이었다. 상술한 바와 같이 스웨덴 체조중심의 '체조' 와 보병조전에 의한 '교련' 을 중심으로 학교교육에 알맞는 유희 스포츠를 '유희' 라는 이름으로 필수로 하였고, 중학교와 사범학교 남자에게 격검(擊劍), 유술(柔術)의 채용을 용인한 것이었다. 이와 같이 체육의 중심은 체조가 아니라 여러 분야의 운동을 망라한 내용이 되었기 때문에, 고사에서도 체조전수과에서 체육과로 명칭이 바뀌었다.

이와 같이 교수요목에서 유희가 명시된 것은 경기 스포츠의 가치가 인정되었음을 알 수 있다. 또한 교련에 관해서도 예산이 삭감된 군부가 유사시에 즉시 많은 병력을 동원하기 위해서는 군이 아닌 학교에서 평상시부터 군사교육과 비슷한 내용을 교육할 필요가 있었던 것이다. 중일전쟁이 본격화된 1939년 이후에는 대학생에 대한 군사교련도 필수가 되었다.

1936년에는 학교체조교수요목이 개정되었다. 여기서는 율동적인 덴마크 체조의 채용과 동시에 유희 및 경기가 한층 더 중요시되었다. 그리고 검도와 유도는 필수가 되었다. 즉, 일본 고유의 무도이자 건강한 국민정신을 함양하고 심신을 단련하는 데 적절하다는 이유였다. 여학생에게는 활쏘기와 치도(薙刀)가 필수가 되고, 또 외래어를 한자로 표현하는 외래어 배척이 이루어졌다. 이 때의 개정은 전시체육으로의 전환이 아니라 유희, 경기의 역할증대와 격검, 유도의 용인에서 필수화로

이어지는 발전과정의 최종단계였다.

1937년 중일전쟁이 발발한 이후 사회가 전시체제화되어 '황국민' 이라는 이상이 학교교육에 등장하게 된다. 1938년에는 문부성의 기구가 개편되어 체육교사의 대량양성과 학교체육 개혁에 착수하였다. 1941년에는 소학교가 국민학교가 되어 이를 계기로 '체조과' 는 '체련과' 가 되었으며, 전시체제하에서의 중요한 교과목이 되었다. 즉 국민학교 체련과는 심신단련과 더불어 '헌신봉공', '황국민' 의 육성이라는 측면이 기대되어 교재도 체조, 유희, 경기, 위생을 교재로 하는 '체조' 와 검도, 유도로 구성되는 '무도' 로 대별되어 두 가지 모두 필수가 되었다. 또한 수영의 필수화, 평상시 군사훈련과 공격적 무도가 중요시되어 단련주의와 황국사상과 직결한 전시체육의 특징을 찾을 수 있다. 중등학교에서도 국방능력의 향상을 위해 실전적인 측면을 강조한 교련과 훈련의 개정, 중학교 입시에서는 체력시험도 추가되었다. 교재는 '교련', '체조', '무도' 의 세 가지 분야로 구분되어 남학생은 징병 후에 즉시 전투에 임할 수 있는 능력을 키우고, 여학생은 국방능력과 군사지식의 습득이 명시되었다. 특히 무도에서는 남학생의 총검도와 여학생의 치도가 필수가 되었다. 체조에서도 체력장 검정과 전쟁터에서의 운동과 관련이 있는 교재가 많이 채택되었다.

그러나 이와 같은 체련과를 설치한 국민학교의 교수요항 제정은 1942년 9월로 늦어지고 또 사범학교는 1943년, 중등학교는 1944년, 전문학교는 1945년이 되어 결국 탁상행정을 벗어날 수 없었으므로 태평양전쟁에서 패색이 짙어지자 1943년 '전시학도체육훈련실시요강' 으로 대체될 수밖에 없었다. 게다가 중학교 이상의 경우 근로동원(1944)에 의한 학교교육의 공백, 전시교육령(1945)에 따른 국민학교를 제외한 모든 학교교육의 정지 등 체련과가 충분한 성과를 거둘 수는 없었다.

② 경기 스포츠의 보급

메이시 시대 초기에는 각 대학에 초빙된 외국인 교사들에 의해 수많은 서구식 스포츠가 전해졌다. 예를 들어서 야구는 개척사가학교의 교사 베츠, 동경대학의 전신인 개성(開成)학교의 교사 윌슨 등에 의해 1873년에 처음으로 소개되었다. 그 후에도 개성학교의 마젯 등도 야구를 열심히 학생들에게 가르쳤다. 1877년 미국에서 귀국한 히라오카도 보스톤에서 철도기술을 배우는 한편 야구도 배워, 귀국 후 철도국에 야구팀을 결성하여 당시 야구계의 중심적인 역할을 하였다. 이런 식으로 메이지 시대에는 많은 스포츠가 전해져 어떤 것은 일본 국내에서 정착되지 않았으나 야구, 축구, 육상경기, 럭비, 배구, 수구, 탁구, 정구, 골프, 하키, 조정, 수구, 스키 등은 일본에서도 완전히 정착하여 오늘날에도 많이 행해지고 있다.

이런 식으로 일본으로 전해진 수많은 스포츠는 초기에는 학교를 중심으로 보급되었다. 예를 들어서 고등사범학교에서는 정구, 풋볼, 야구 등 8가지 운동부를 설치하고 학생들은 적어도 하나의 운동부에 소속되어 일정한 시간 운동해야 하는 것으로 되었다. 이런 식으로 전국의 학교에서 클럽조직을 만들어 학교대항 경기 등도 많이 행해지게 되었다. 일본의 경기 스포츠는 이와 같이 학교를 중심으로 발전한 점이 특징이라고 할 수 있다. 그런데 야구나 축구와 같은 경기는 넓은 공간이 필요

제1회 스케이트 경기

한데, 이때 마침 중학교에서 병식체조가 학교에 도입되었다. 병식체조는 넓은 공간이 필요했기 때문에 학생들은 학교에서 쉽게 경기 스포츠를 위한 공간을 확보할 수 있게 되었다.

특히 1930년대 이후 학생을 중심으로 한 경기조직이 창설되어 학교대항 경기는 더욱 활발하게 이루어졌다. 와세다 대학 구장에서는 1933년에 야구와 럭비에서 처음으로 야간경기가 실시되었다. 특히 야구는 흥행적으로도 성공을 거두어 1934년에는 동경야구클럽이 프로팀으로 설립되었다. 이 팀은 미국의 프로야구 팀의 도일(渡日)을 계기로 창설되었는데, 1935년에는 미국에 원정도 하였다. 1936년에는 직업야구연맹의 결성과 프로야구 전문구장의 완성으로 프로야구가 완전히 자리를 잡게 되었다.

③ 올림픽 참가

1909년 동경고등사범학교 교장이었던 가노지고로오(嘉納治五郎)는 당시 프랑스 대사에 의해 IOC 위원으로 추천되어 일본인으로 처음으로 위원이 되었다. 그 후 1912년 스톡홀름 대회참가를 목표로 1911년에 대일본체육협회가 설립되었다. 이듬해 단거리와 마라톤에 한 명씩 선수를 보냈다. 입상은 할 수 없었으나 처음으로 참가하였다는 데에 큰 의미가 있었다. 그 후 1920년 안토와프 대회에는 19명, 제8회 파리 대회에는 26명, 제9회 암스테르담 대회에는 63명, 제10회 로스앤젤레스 대회에는 122명, 제11회 베를린 대회에는 294명이 참가하여 우승자도 9회에 2명, 10회 7명, 11회에는 마라톤의 손기정을 포함하여 6명이 나왔다.

제12회 대회는 동경에서 개최될 것이 1936년에 결정되어 1937년 이후 정부에 의한 거액의 보조 등 거국적으로 준비가 진행되었으나 1937년에 발발한 중일전쟁으로 1938년 7월에 중지가 결정되었다. 처음에는 정부의 중일전쟁 불확대방침으로 올림픽 개최에는 문제가 없는 것으로 생각되었으나 국가총동원법의 발동 등 전시체제가 시작된 결과 중지가 결정된 것이다.

④ 극동선수권경기대회

1913년 필리핀 거주 미국인 브라운이 제창하여 극동선수권경기대회가 마닐라에서 개최되었다. 올림픽에 대한 준비와 국제친선을 도모하기 위한 것이 목적이었다. 일본은 제 1 회 대회에는 올림픽 준비를 위해 참가하지 않았다. 그러나 제 3 회 대회는 동경에서 개최되어 이 대회부터 일본도 참가하게 되었다. 이 대회에서는 일본이 우승하고 그 이후 6, 8, 9, 10회 대회에서도 우승하였다. 그러나 1931년 이후 일본이 세운 만주국의 참가문제로 중국과 대립하여 결국 대회 자체가 없어졌다.

⑤ 이 시대의 무도

에도 시대 막부체제가 붕괴되어 무사들은 생활의 수단을 상실하였다. 때문에 일부 무사들은 무술로 생활의 수단을 찾으려고 하였다. 1873년에는 격검회라는 칼싸움으로 승패를 가리는 흥행을 하였다. 명치시대 초기에는 검술도 근대적인 전쟁에 유용하다는 주장이 있었으나 학교체육에서는 무술이 채용되지 않았다. 그러나 경찰청에서는 검술대회가 열리고 명맥은 유지되고 있었다.

유술은 에도 시대까지는 그렇게 많이 행해지지 않았으나 1876년 칼을 휴대하는 것이 금지되자 무기 없이 싸우는 유술은 카라테만큼 지위가 향상되었다. 유술은 카노지고로오(嘉納治五郎)에 의해 유도로 발전한다. 그는 1885년의 경찰청 유도대회에서 유명해졌다. 그 후 교사생활을 하면서 1882년 사설의 유술교습소를 열고 '정력선용자타공영(精力善用自他共榮)'이라는 슬로건을 내걸고 제자들을 지도하였다. 그 후 1889년에는 코오도오칸(講道館)을 열고 신체육성과 수심을 목적으로 하는 '유도'를 고안하였다. 그리고 승부의 결과도 중요시하고 유도의 경기화도 추진, 근대화의 첫걸음이 되었다. 유술은 이와 같이 유도가 되어 스포츠로서의 측면과 교육의 수단으로서의 측면도 갖추게 되었다. 그 후 각종 무술은 무도가 되었는데, 유도가 선구적인 역할을 하였던 것이다.

청일전쟁(1894~1895) 이후는 각종 재래무술을 학교교육에 포함시키

**코오도오칸의 연습장면**

려는 주장이 강해졌다. 이 때에는 이미 중학교와 사범학교에서 과외활동으로 무술이 널리 행해지고 있었다. 이를 정규과목으로 하려는 것이었다. 1898년 문부성은 격검과 유술의 과외활동을 장려하는 통첩을 내었다. 그 후에도 격검과 유술을 학교교육으로 정식 채용해 달라는 청원, 건의가 끊이지 않았다. 그러나 문부성은 정규채용에는 반대하였다. 이 시기의 학교체육은 체조와 유희중심이었고, 무도의 체조화나 유희화 등의 주장도 받아들여지지 않았다.

그러나 노일전쟁은 보병에 의한 백병전(白兵戰)이 중심이었기 때문에 학교체육의 무술채용을 촉진하는 역할을 하였다. 1906년에 의회는 격검과 유술을 체조과에서 채용하는 안을 가결하였다. 이에 반대하던 문부성도 1911년에는 중학교, 1912년에는 사범학교에서 격검과 유술을 채용하기로 하였다.

⑥ 체육단체

체조전습소가 설립된 이후 일시적으로 이를 모방하여 체육교원 양성을 목적으로 하는 체육단체가 각지에서 설립되었다. 그러나 이들은 전습소가 문을 닫자 없어졌다.

1891년에는 일본체육회가 설립되었다. 이 단체는 전역 하사관에 의해

사적인 단체로서 설립되었으나 당시 적극적인 체육정책을 제시하지 못했던 정부를 대신해서 동경과 오사카를 중심으로 국민에게 체육을 보급하는 역할을 하였다. 초기의 주된 활동으로서는 교원지망자를 위한 체조연습소 설립(1893), 일반인을 위한 체육시설 설치, 강습, 군사예비교육 등이었다.

청일전쟁 이후 체육은 학교에서뿐만 아니라 널리 일반 국민들에게 사회체육의 시책이 필요하게 되었으나, 정부는 이를 일본체육회에 위임하는 정책을 취하였다. 1899년 이후 5년간, 정부는 일본체육회에게 예산을 주고 체조교원 양성과 각지에 체육시설을 설치하는 것을 명하였다. 그 결과 지위가 향상되어 1900년 파리에서 개최된 체육회의에는 일본대표로서 참가하였다. 1901년에는 사단법인이 되어 체조교원 양성과 체육시설 경영과 지도 등 사회체육에도 큰 역할을 하였다. 그러나 1904년 이후 정부의 재정난 때문에 예산지급이 중지되어 활동이 급격히 위축되었다가 1914년에는 활동을 멈추고 정부의 체육시책 또한 전무한 상태가 되고 말았다.

1895년에는 청일전쟁을 계기로 국수적인 분위기가 고조된 가운데 수도에 대일본무덕회가 설립되었다. 이것은 재래무술의 체육적 측면보다 국수적인 측면을 강조하여 재래무술의 보호에 힘썼다. 더구나 상술한 바와 같이 노일전쟁에서 백병전이 전개되자 총알이나 무기의 부족은 육탄전으로 대체할 수밖에 없었기 때문에 재래무술은 확고한 지위를 확립하게 되었다.

1912년 올림픽 스톡홀름 대회 참가를 목표로 1911년에 설립된 대일본체육협회는 원래 각종 경기단체가 모여서 설립된 것이 아니기 때문에, 경기회를 주최할 경우에는 경기규칙이나 운영방식 등의 면에서 경기자들과 마찰을 일으키곤 하였다. 또한 1919년의 극동대회 탈퇴는 임원들이 단독으로 결정하였기 때문에 선수들의 반발을 사기도 하였다. 이 시기 협회와는 무관한 입장에서 각 경기마다 협회를 설립하여 올림픽 참가선수 결정권을 가진 협회와의 조정이 필요하게 되었다. 때문에 1925

년 각 경기단체의 전면적인 권한을 인정하면서 올림픽 등의 국제경기에 관해서는 협회가 대표권을 가지는 것으로 타협이 이루어졌다. 그 후 올림픽 참가를 목표로 하는 단체는 체협으로 가입하게 되었다. 그러나 야구, 스모, 코오도오칸 등은 협회설립 이전부터 독자적으로 발전했었기 때문에 협회에 가입할 필요는 없었다.

그 이후 전쟁의 시대로 돌입하자 체육단체에도 정부의 통제가 가해진다. 1941년에 문부성은 대일본학도체육진흥회를 설립하여 종목마다 구분되어 있던 학생경기계를 통괄하려고 하였으나 완전히 통합되지는 않았다. 대일본무덕회도 1942년에 정부의 통괄하에 들어가 전통무술의 보존보다 전투를 중요시하는 무도를 장려하였다. 1942년에는 대일본체육회가 설립되어 대일본체육협회를 해산시켜 재편성되었다. 총리대신을 회장으로 하고 경기보다 국민의 체력양성을 목적으로 하는 조직이 되었다. 그러나 정부의 의도와는 달리 전쟁에서 패색이 짙어지자 특별한 활동이나 성과를 거두기 전에 패전을 맞이하게 된 것이다.

## 2) 전후 일본의 체육

### *시대개관*

여기서 현대란 1945년 2차 세계대전, 즉 태평양전쟁이 끝난 이후를 말한다. 현대 일본 체육은 학습지도요령을 중심으로 초(소) · 중등학교 체육의 내용에 대해 살펴보고, 또 현대 일본의 체육제도와 스포츠에 관해 논하겠다.

1945년 8월 15일 일본의 항복에 의해 전쟁이 종결되었다. 이에 따라 전시체제하에 체육도 전환되지 않을 수 없었다. 문부성 시책의 기본은 군사교련, 전시체련, 방공관계의 훈령을 폐지하고 평상수업으로의 복귀, 체육국의 부활 등을 실시하였다. 9월에 문부성은 '신일본건설의 교육방침'을 공표하였는데 체육에 관해서는 전시중의 근로동원 등에 의해 피로한 학생들이 많아 위생양호에 의한 체위의 회복 · 향상과 식량증

산, 전재복구 등의 근로와 교육조정에 중점을 두기로 하고, 또 패전하에서 명랑한 정신을 함양하기 위해 스포츠화로의 지향을 명확히 하였다. 체육계에서도 앞으로의 체육은 흥미가 중요한 문제가 될 것이라고 전망하고 있었다.

### (1) 전후 일본의 교육

① 전후 일본의 소 · 중학교 학습지도요령 변천과정 개설

전후 오늘에 이르기까지 일본의 학습지도요령은 《학습지도요강》(1947)을 포함해서 7회 발행되었다. 전후 직후의 혼란기를 제외하면 약 10년마다 개정되었다. 각 시대의 학습지도요령의 특징은 '신체육(생활체육)', '문화주의의 체육', '체력주의의 체육', '즐거운 체육(평생 스포츠에 연결되는 체육)'으로 크게 네 가지로 구분할 수 있다. 각 시대별 체육교육과정의 특징을 보다 구체적으로 논의하면 다음과 같다.

a. 신체육(생활체육) 시대

전후 일본의 체육 커리큘럼은 미국 점령군(GHQ)의 지도 아래서 개혁되었다. 그 기본방침은 일본의 군국주의적 교육체제를 타파하고 민주적 교육체제를 수립하는 데 있었다. 이는 미국의 경험주의 교육사상이 기초가 되었다.

- 중앙집권적 체제 타파: 중앙집권적 교육체제를 지방분권화와 교육과정의 정기적 개편으로 장려하였다. 이를 위한 참고자료로서 《학습지도요령》이 발간되었다.
- 체육에 대한 기본적 사상의 변화: 체육에 대한 기본적 사상은 '신체의 교육'에서 '운동을 통한 교육'으로 전환되었다.
- 목표의 확대: 체육교과의 목표가 다양화되었다. 특히 사회적 목표(민주적 생활태도)나 생활적 목표(레크리에이션)가 강조되었다. 이와 반대로 신체적 목표의 중요성이 약화되는 경향이 있었다.
- 체조중심에서 스포츠 중심으로: 체육의 내용면에서는 체조중심의 체육에서 다양한 스포츠나 놀이중심 프로그램으로 전환되었다.

- '학습내용' 개념 도입: 체육지도는 자칫하면 운동기능의 목표에만 초점을 두기 쉬우나, 체육과에서 설정하는 여러 목표를 성공적으로 달성하기 위하여 목표를 어린이의 입장에서 구체화한 '학습내용'의 개념이 도입되었다. 그 결과 목표-학습내용-교재(운동종목)-지도법이라는 체육과의 지도체계가 확립되었다.
- 교사중심 체육에서 아동중심의 체육으로의 전환: 그 이전까지의 교사중심 지도법이 비판을 받아 어린이의 주체적인 학습을 존중한 '문제해결학습', '그룹학습'이 강조되었다.

b. 문화주의 체육시대(1958년도 지도요령)

6 · 25를 계기로 일본의 경제부흥이 큰 진척을 보이자 스포츠분야에서도 국제무대에 복귀하게 되었다. 또한 1954년에는 동경올림픽 유치가 결정되었다. 한편 교육계에서는 기초학력 저하가 문제가 되어 미국의 경험주의 교육에 대한 비판이 일었다. 이러한 가운데 과학의 체계성을 중시한 새로운 계통주의적 교육이 지지를 받게 되었다. 이를 반영해서 1958년에 학습지도요령이 개정되었는데 그 기본적인 특성은 다음과 같다.

- 지도요령의 국정기준화: 전쟁이 끝난 이후 각 학교에 의한 학습내용의 자율적 편성이 추진되었는데, 학습지도요령은 모든 학교나 교사가 따라야 할 기본적 목표와 내용을 제시한 것으로 인식되었었다. 이에 앞서 지역의 교육위원 임명제, 정부의 교과서 검정제 등도 제도화되어 이들 교육정책들은 '교육의 중앙집권화'를 가져왔다는 비판을 받고 있다.
- 기초운동능력(체력)의 강조: 교육계의 기초학력 논쟁과 헬싱키올림픽(1952)에서의 참패는 국민의 체력과 정신력 저하에 기인하였다는 인식이 보급되어 '신체육'이 수정되었다. 즉, 그 때까지 강조되었던 민주적인 생활태도 함양의 목표를 바꾸어 운동기능과 기초운동능력(체력) 증진으로 목표가 전환된 것이다.
- 운동문화(스포츠, 체조, 무용)의 체계성 중요시: '운동을 통한 교육'이라는 개념도입과 관련하여 인간형성에 대한 운동문화의

수단적 가치가 인정되었다. 특히 소학교 단계에서는 비조직화된 놀이형태의 유용성이 주목을 받았다. 학습내용의 구성방법에도 변화가 시도되었다. 1953년의 학습지도요령에서는 목표-학습내용-운동종목-지도법이라는 절차였던 데 대해, 1958년의 지도요령에서는 목표-운동종목-학습내용-지도법이라는 절차로 전환되면서 각 운동종목의 기능적 내용면이 보다 중시되어 학습현장에 반영되게 되었다.

이 지도요령에 앞서 전후 금지되어 왔던 유도, 검도 등의 교재가 1951, 1952년에는 지도요령에 포함되게 되어 스포츠로서의 형태를 갖추어 중 · 고등학교의 교재가 되었다.

- 교재중심의 단원구성: 학습지도요령이 교과지도의 내용, 행사의 내용 등을 명확하게 제시하고 있기 때문에 그 이전의 '행사단원' 등의 자유로운 단원구성이 불가능하게 되어 운동종목을 중심으로 한 교재단원이 중심이 되었다.
- 계통적 지도: 신체육에서는 문제해결학습과 같은 학생의 주체성을 중요시한 학습지도가 중요시되었었는데, 이 때의 지도요령에서는 운동문화의 체계성이나 그 계통적 지도가 중요시되어 교사의 지도력이 보다 강조되었다.

c. 체력주의 체육의 시대(1967년의 지도요령)

1960년대는 고도성장시대라고 불린다. 경제발전은 국민의 생활을 변화시켰는데, 어른들은 물론 청소년의 체력저하가 문제가 되었다. 한편, 동경올림픽을 계기로 경기력 향상을 위한 체육과학의 발전성과는 학교체육의 이념이나 방법론에도 영향을 미쳤다. 이러한 상황에서 개정된 1967년의 학습지도요령의 특징은 다음과 같다.

- 총칙체육이 차지하는 위치부여: 각과 교과목이 있기에 앞서 학교교육이 전체적으로 따라야 할 기본적 방침이나 과제가 학습지도요령에 '총칙'으로서 제시되었다. 총칙의 세 번째에 체육에 관한 항목이 포함되어, 교과지도에 한정되지 않고 특별활동(행

사, 운동부 활동) 등을 통하여 체력육성이 강조되었다.

- 체력목표 강조: 문화주의 체육의 학습지도요령에서는 '기초운동 능력 육성'이 강조되었는데, 그 후 이 용어에 관한 논란이 있어 결국 체력과 동일한 의미를 지니는 것으로 확인되었다. 따라서 이 학습지도요령부터 체력이 체육과의 목표가 되었다.
- 체조영역의 확대: 소학교에서는 체조영역의 내용이 확대되었다. 또한 전교 체조, 수업간 체조 등이 폭넓게 보급되었으며, 트레이닝적 체조도 널리 실시되었다.

그러나 어린이들은 이러한 체력위주 체육에 싫증을 갖게 되었고, 현장에서도 비판이 많았다.

d. 즐거운 체육의 시대(1978년의 학습지도요령)

1970년대 후반이 되면 '산업사회에서 탈산업사회', '물질적 풍요함에서 생활의 질적 풍요함', '맹렬함에서 풍요함'으로의 전환이 일반 사회의 지표가 되었다. 여가사회의 실현이나 평생학습의 중요성이 인식되었던 것이다. 체육계에서도 'Sports for All' 운동이 확대되어 사회체육의 발전이 도모되었다. 이러한 상황에서 개정된 학습지도요령은 다음과 같은 특징을 지니고 있다.

- 평생 스포츠와 학교체육의 연계: 체육교육과 평생 스포츠의 연계를 위해 각 운동의 특성에 대한 이해가 강조되었다. 체육의 목표에서는 무엇보다 운동을 즐기는 등의 애호적 태도를 양성하는 것이 강조되었다.
- 즐기는 방법으로서의 운동영역론: 체육이 다루는 운동은 플레이론(스포츠에의 참가동기: 즐거움의 원천)을 바탕으로 분류되었다. 운동은 필요충족의 운동(체조)과 욕구충족의 운동(스포츠, 무용)의 두 가지로 구분되어 후자는 경쟁형, 극복형, 기록달성형, 폼(form) 달성형, 모방, 변신형 등으로 분류되었다. 그리고 이러한 운동특성에 대한 이해를 바탕으로 각 운동의 즐거움을 느끼는 지도가 중요시되었다.

- 학습내용의 구성: 이러한 운동영역론과 관련하여 소 · 중학교의 운동구성이 개정되었다. 특히 소학교의 저 · 중학년은 발달단계에 있으므로 운동(체조, 스포츠, 무용)의 특성을 충분히 이해시키는 것은 혼란을 야기할 가능성이 있기 때문에 '기본운동'과 '게임'의 두 가지 영역으로 구성하게 되었다. 기본운동이란 승패가 없는 개인적인 운동놀이이며, 게임이란 승패를 결정하는 집단적인 운동놀이라고 할 수 있다.

② 1989년 개정 현행 학습지도요령

a. 개정의 기본방침

21세기를 향한 학교교육과정이 1989년에 개정되었다. 이 개정에 앞서 교육과정심의회가 개정의 기본방침으로서 강조한 것은 다음의 네 가지였다.

- 풍부한 마음을 가지고 씩씩하게 살아가는 인간의 육성
- 스스로 배우려고 하는 의욕과 사회의 변화에 주체적으로 대응할 수 있는 능력의 육성
- 국민으로서 필요로 하는 기초적이며 기본적인 내용을 중요시하여 개성을 살리는 교육의 충실
- 국제이해를 깊게 하여 일본의 문화와 전통을 존중하는 태도의 육성

또 이러한 방침에 대응한 '체육과 개선의 기본방침'은 다음과 같다.

- 평생체육 · 스포츠의 관점을 중시하고 스스로가 운동에 익숙할 수 있는 능력과 태도를 갖게 함.
- 체력을 향상시키는 관점에서 스스로 심신을 단련할 수 있게 함.
- 자기 및 타인의 생명을 존중하여 건강과 안전에 관한 기초적이며 기본적인 사항을 이해하고 스스로 건강한 생활을 실천할 수 있는 능력과 체력을 키울 수 있게 함.

이들은 1978년도 개정 학습지도요령에서도 포함되고 있었는데, 평생

스포츠를 보다 더 강조하고자 하는 것이다. 따라서 체육과의 기본적인 방향은 운동의 내재적인 가치를 존중하는 '스포츠의 교육(education in sport)'의 입장으로 더 접근하는 것과 동시에, '스스로 배울 수 있는 의욕과 개성을 살리는 교육'이라는 개정의 기본방침에 따라 운동의 즐거움과 기쁨을 누리기 위하여 학생이 자신의 흥미나 능력에 따른 과제를 선정하여 자발적으로 그 과제를 해결해 나갈 수 있는 능력을 육성하는 데 초점을 두게 되었다.

b. 체육과의 목표

소학교 체육과(소학교에서는 보건과 체육을 통합해서 체육이라고 한다)의 목표는 '적당한 운동경험과 일상생활에 있어서의 건강, 안전에 관한 이해를 통하여 운동에 익숙해지는 것과 동시에 건강의 증진과 체력을 향상시키고 즐겁고 밝게 생활하는 태도를 키움'이라고 진술하고 있다. '즐겁고 밝게 생활하는 태도'가 궁극적 목표이며, '운동에 익숙하게 함'과 '건강의 증진과 체력의 향상'이 궁극적 목표를 달성하기 위한 구체적 목표이고, '적절한 운동의 경험'(운동학습)과 '일상생활에 있어서의 건강, 안전에 관한 이해'(보건학습)가 구체적 목표를 달성하기 위한 수단이 된다.

c. 운동영역

소학교 체육과의 내용은 운동과 보건영역으로 구성되고 있으며, 운동영역이 대부분을 차지한다. 저학년에서는 기본운동과 게임의 두 가지 영역, 고학년에서는 체조, 기계운동, 육상운동, 수영, 구기, 표현운동의 5개 영역으로 구성되고 있다.

중학교의 운동영역은 소학교 운동영역 구성과의 관계를 고려하고 각 운동의 특성을 살려 학습지도의 효율성을 높이기 위하여 5개 영역(체조, 개인적 스포츠, 집단적 스포츠, 무도, 무용)에서 7개 영역으로 확대하였다. 또한 평생 스포츠에 도움을 주고 개인차를 고려하여 능력과 적성에 따라 운동영역이나 운동종목을 선택할 수 있는 '선택제'가 제안되었다. 이것은 중학교의 2학년 단계에서 선택제가 도입되어 고등학교 단계에서 선택의 범위가 한층 확대되었다.

d. 학습내용

학습내용은 각 운동영역에 관해서 주로 '기능'과 '태도 및 행동의 방법'의 두 가지 측면으로 구분하고 있다.

e. 체육이론

소학교에는 체육이론영역이 없다. 이론학습은 5, 6학년의 '보건'으로 한정되어 있다. 따라서 소학교에는 체육교과서가 없고 보건교과서가 있다. 중학교와 고등학교에서는 보건의 이론적 내용은 물론, 체육이론의 내용은 2차 대전 이후 일관되게 계속해서 포함시키고 있다.

중학교의 '체육에 관한 지식'은 운동과 심신의 기능, 체력의 측정과 운동연습의 두 가지 영역으로 되어 있으며, 운동학습에 직접 관계되는 내용이 포함되고 있다.

③ 2002년 시행 새 학습지도요령

2002년부터 시행될 새로운 소 · 중학교 학습지도요령 개정의 전체적인 요점은 다음과 같다.

- 풍부한 인간성이나 사회성, 국제사회에서 살아가는 일본인으로서의 자각을 육성한다.
  - 유치원이나 소학교 저학년에서는 기본적인 생활습관이나 선악판단 등의 지도를 철저히 한다. 또한 자원봉사활동을 중요시한다.
  - 소학교에서는 인문 · 문화유산중심의 역사학습을 철저히 한다. 중학교에서는 역사의 큰 흐름을 파악하는 것을 중요시하는 역사학습으로 개선한다. 일본의 국토나 역사에 대한 이해와 애정, 국제협조정신 등 국제사회에서 사는 일본인으로서의 자질을 육성
- 스스로 배우고 스스로 생각하는 능력을 기른다.
  - 각 교과에서 체험학습, 문제해결학습에 중점을 둔다.

- 각 교과에서 지적인 호기심이나 탐구심, 논리적인 사고력이나 표현력 육성을 중요시한다.

• 여유 있는 교육활동을 전개하는 가운데서 기초 · 기본의 확실한 정착을 도모하고 개성을 살리는 교육을 중요시한다.
- 연간 수업시간은 현행보다 삭감한다.
- 교육내용을 엄선하고 여유가 있는 가운데서 기초를 확실하게 다진다.
- 중학교에서의 선택학습의 폭을 한층 더 넓힌다.

• 각 학교가 창의적으로 특색이 있는 교육과 학교를 만들어 나간다.
- '총합학습시간'을 창설하고 각 학교가 창의적인 교육활동을 전개한다.
- 각 학교마다 시간편성을 자유화한다.
- 교과특성에 따라 목표나 내용을 몇 년에 걸쳐 제정한다.

a. 소학교 체육

이상과 같은 전체적인 기준 아래서 소학교 체육과의 목표는 다음과 같다. 몸과 마음을 하나로 인식하고 적절한 운동경험과 건강, 안전에 대한 이해를 통해 운동과 친숙해지는 자질과 능력을 키우는 것과 동시에 건강의 유지와 증진, 체력향상을 도모하고 즐겁고 밝은 생활을 영위하는 태도를 키운다.

〈1, 2학년의 목표와 내용〉

• 기본적인 운동 및 게임을 간단한 규칙이나 활동을 창조해서 즐길 수 있도록 함과 동시에 체력을 키운다.
• 누구하고도 사이 좋게 지내고 건강과 안전에 유의해서 운동하는 태도를 키운다.

1, 2학년 체육의 내용은 달리기, 뛰기 등의 기본운동과 공놀이 등의 게임이 중심이 되어 1, 2학년에 걸쳐 학습하도록 한다.

〈3, 4학년의 목표와 내용〉

• 각종 운동에 관한 과제를 가지고 활동을 궁리해서 운동을 즐길

수 있게 함과 동시에 그 특성에 맞는 기능을 습득하고 체력을 키운다.

- 협력, 공정함 등의 태도를 키움과 동시에 건강, 안전에 유의해서 끝까지 노력하는 태도를 키운다.
- 건강한 생활 및 신체의 발육, 발달에 대해 이해하도록 하고 일상생활에서 건강하고 안전한 생활을 영위할 수 있는 자질과 능력을 키운다.

내용은 달리기, 뛰기, 수영, 도구를 사용하는 운동 등의 기본운동을 습득하고 질서와 규칙을 지키고 사이 좋게 운동하거나 안전에 유의하는 태도를 키운다. 또한 농구형, 축구형, 야구형 등의 놀이에 관해 규칙을 지키고 창의적으로 임하는 태도를 키우도록 한다. 수영은 자유형과 평영 등으로 어느 정도의 거리를 헤엄칠 수 있게 한다. 댄스에서는 일상생활에서 소재를 찾아 표현할 수 있도록 한다. 보건은 건강의 소중함을 인식하고 신체발육에 대해 이해하고 사춘기에는 이성에 대한 관심이나 신체적인 변화가 일어난다는 것을 이해한다.

〈5, 6학년의 목표 및 내용〉

- 각종 운동의 과제를 인식하고 활동을 궁리하고 계획적으로 실시함으로써 그 운동의 즐거움이나 기쁨을 느낄 수 있게 함과 동시에 각 운동의 특성에 따른 기능을 습득하고 체력을 키운다.
- 협조, 공정함 등의 태도를 키우고 건강, 안전에 유의하고 최선을 다하여 운동을 하는 태도를 키운다.
- 부상을 예방하고 정신건강과 질병의 예방에 대해 이해하도록 하고 건강하고 안전한 생활을 영위할 수 있는 자질과 능력을 키운다.

내용은 몸을 풀거나 체력을 향상시키는 운동, 그리고 철봉 등의 기구를 이용한 운동, 육상, 수영 등을 서로 협력하고 또 자신의 능력에 맞게 실천할 수 있도록 한다. 공놀이에 있어서는 팀에 적절한 과제를 가지고 농구, 축구, 소프트볼 등의 게임을 실천하고, 서로 협력하고 역할분담을 하여 팀 특성에 맞는 작전을 세우거나 규칙을 창의적으로 만들 수 있게 한다. 댄스 등에서는 일상생활에서 소재를 선택하고 표현하거나 각 지역과 세계의 댄스를 습득하고 즐길 수 있도록 한다. 또한 서로의 장점을 인정하고 협조하여 연습이나 발표를 할 수 있도록 한다. 보건에서는 부상방지와 간단한 치료를 할 수 있게 한다. 그리고 정신적인 발달이나 불안, 고민에 대한 대처에 대해 이해하도록 한다.

b. 중학교 보건체육

〈목표〉

- 각종 운동의 합리적인 실천을 통하여 과제를 해결하는 등에 의해 운동의 즐거움이나 기쁨을 느끼는 것과 동시에 운동기능을 높일 수 있도록 하고 생활을 밝고 건전하게 하는 태도를 키운다.
- 각종 운동을 적절하게 실천함으로써 자신의 신체적인 변화를 깨닫고 신체의 컨디션을 유지함과 동시에 체력을 육성하고 튼튼한 심신을 키운다.
- 운동에서의 경쟁이나 협동의 경험을 통하여 공정한 태도나, 스스로 규칙을 지키고 서로 협력하고 책임을 완수하는 등의 태도를 키운다. 또한 건강, 안전에 유의하고 운동을 할 수 있는 태도를 키운다.

〈내용〉

- 신체육성운동: 자신의 몸에 관심을 가지고 스스로의 체력과 생활에 따른 과제를 가지고 몸을 풀거나 체력을 향상시킬 수 있도록 한다.
- 기계운동: 철봉, 평균대 등을 자신의 능력에 맞게 실천하고 서로 협력하고 연습방법을 궁리할 수 있도록 한다.
- 육상경기: 자신의 능력에 맞게 단거리, 장거리, 멀리뛰기, 높이뛰기 등을 할 수 있도록 하고 서로 협력하여 연습이나 경기를 할 수 있도록 하며 연습이나 경기방법을 창의적으로 만들어 낼 수 있도록 한다.
- 수영: 자신의 능력에 맞게 자유형, 평영, 배영 등을 실시하고 멀

리 또는 빨리 헤엄칠 수 있도록 하며, 자신의 능력에 맞게 연습하고 사고방지 등도 할 수 있도록 하여, 자신의 능력에 맞게 과제선정이나 연습방법을 만들 수 있도록 한다.

- 구기: 팀의 과제나 능력에 맞는 과제를 가지고 농구, 핸드볼, 축구, 배구, 정구, 탁구, 소프트볼 등을 할 수 있도록 한다. 팀내에서 자신의 역할을 자각하고 책임을 다하고 협력해서 연습을 하고 결과에 대해 공정한 태도를 취할 수 있도록 한다. 팀의 과제나 자신의 능력에 맞는 과제해결을 위해 룰, 연습방법 등을 창조할 수 있도록 한다.
- 무도: 자신의 능력에 맞는 과제를 가지고 유도, 검도, 스모 등의 경기를 실시하고 기능을 습득하고 상대의 움직임에 대응하고 경기나 연습을 할 수 있도록 하고 전통에 따라 연습이나 경기를 할 수 있도록 하며 능력에 맞는 기능을 습득하기 위한 연습이나 경기방법을 창조할 수 있도록 한다.
- 댄스: 자신의 능력에 맞는 과제를 가지고 창작댄스, 리듬댄스 등을 실시한다. 서로의 장점을 인정하고 협력해서 연습이나 발표를 할 수 있도록 한다.
- 체육에 관한 지식: 각종 운동의 특성과 운동의 의의나 효과 등을 이해한다.

### (2) 전후 일본의 체육

① 전쟁 직후 스포츠의 부활

1945년 9월 23일에는 경도대학 운동장에서 관서클럽과 제삼고등학교 사이의 럭비경기가 실시되었다. 이것이 2차 대전 이후 처음으로 실시된 스포츠 경기라고 한다. 그 후 전국 각지에서 스포츠 경기가 개최되어 서서히 스포츠의 부활이 진행되었다. 일찍이 1946년에는 동경육대학 야구대회, 갑자원 고교야구, 프로야구 등 그 이전의 모습을 회복하였다. 1950년에는 공인도박인 경마, 1951년에는 경정이 시작되었다.

② 스포츠의 국제복귀

패전 직후 일본에서는 어떤 형태로든지 국제사회로의 복귀를 전 국민적으로 소망하고 있었는데, 그 수단으로 스포츠가 주목되었다. 그런 가운데서 후루하시(古橋) 선수가 수영 세계기록을 계속해서 수립하며 스포츠의 국제복귀를 이끌었다. 이어 1951년에는 보스톤 마라톤에서 다나카 선수가 우승하는 등 화려하게 부활한 듯했으나 제15회 헬싱키올림픽에서는 금메달을 레슬링에서 한 개만 획득한 데에 그쳐 새로운 대책의 필요성이 부각되었다. 일본은 패전 이전의 스포츠로 회복하기 위해 올림픽 동경 개최를 계획하게 되었다. 그 이전 단계로서 1958년에는 동경에서 아시아경기대회가 개최되었다. 1964년에는 전쟁으로 중지되었던 동경올림픽이 실현된다. 그러한 가운데 스포츠 과학의 발달 등의 성과도 있었으나, 지나친 선수강화로 인한 선수의 인간성 상실로 올림픽 출전선수의 자살 등이 일어나기도 하였다.

야구는 전쟁 이전에도 미국과의 교류가 있었으나 1964년에는 일본인 메이저 선수가 나타났고, 또 1952년에는 시라이(白井) 선수가 일본인으로서 처음으로 권투 세계챔피언이 되었다.

③ 현재 일본의 스포츠

스포츠는 경제발전과 더불어 국민의 삶의 질을 높이는 하나의 방편으로 온 국민적인 참가를 통해 또는 관람을 통해 깊이 국민생활에 뿌리를 내리게 되었다. 역사적으로 무도의 단련주의를 통해 정신적인 수양을 중요시하는 측면을 스포츠에도 요구하는 사고는 서서히 사라져 이제 즐기기 위한 스포츠로 정착되었다고 할 수 있다. 즉 스키, 골프 등 레저의 요소가 강한 스포츠는 특정 계급의 전유물이 아니라 이제 완전히 일본 국민의 생활의 일부로서 정착되었다. 그리고 온 국민적으로 스포츠에 대한 관심이 높아지고 세계의 일류 스포츠를 쉽게 TV를 통해 시청할 수 있게 되어 야구, 축구 등에서의 일본인 선수의 세계적인 활약에도 보다 관심을 기울이게 되었다. 이제 스포츠는 교육적인 수단이라기보다 국민의 하나의 오락으로서의 측면이 보다 확대된 듯 보인다.

한편, 최근에는 전통적인 스포츠를 통한 단련주의가 기피되는 경향이 보인다. 그 현실이 뚜렷하게 나타나고 있는 것이 고등학교 학생의 럭비선수 감소이다. 럭비는 명치시대부터 일본에서 계속해서 실시되어 온 인기종목의 하나이지만, 그 심한 경기모습으로 위험하다는 그릇된 인식으로 럭비를 하는 학생들이 줄고 있는 것이다. 이에는 경기인구의 감소뿐만 아니라 소자화(少子化)의 영향도 대단히 크다.

# 참고문헌

## 한국

고려대 민족문화연구소.《민속대관》. 고려대 출판부, 1982.

고려대학교 대학원 서양고대사연구실 역.《서양고대세계사》. 고려대학교 출판부, 1987.

곽형기.〈근대학교체육의 전개양상과 체육사적 의미〉. 서울대 박사학위청구논문, 1990.

길현모 역.《역사란 무엇인가》. 탐구당, 1977.

김기태.《교육사연구입문》. 교음사, 1983.

김선양.《교육사》. 재동문화사, 1967.

김용일.《교육사》. 숙명여자대학교 출판부, 1983.

나영일 · 오정석.〈조선조 무사들의 활쏘기와 기타 체육적 활동에 관한 연구〉,《서울대학교 체육연구소논집》9(1). 1991.

______.〈조선조의 무사체육에 관한 연구〉. 서울대 박사학위청구논문, 1992.

나현성.《세계체육사개론》. 교학연구사, 1981.

남궁용권 외 1인.《교육사》. 학문사, 1977.

노명식 역.《역사의 연구》. 삼성출판사, 1997.

노희덕.〈체육개념의 변천과정에 대한 연구〉. 국민대학교 박사학위청구논문, 1988.

대한체육회.《대한체육회사》. 1965.

__________.《대한체육회 70년사》. 1990.

__________.《체육년감》. 1974.

__________.《체육백과대사전》. 1991.

__________.《체육백서》. 1972.

__________.《체육청서》. 1972.

《라이프 人間世界史》. 한국일보 타임-라이프, 1978~1979.

박성수.《역사학개론》. 삼영사, 1988.

법문사 편집부 역.《역사학연구 및 논문작성법》. 법문사, 1978.
손인수.《교육사 및 교육철학 연구》. 문음사, 1992.
신은섭 외 1인 편.《올림픽 경기의 역사》. 아동문예사, 1983.
안상원.《교육사 및 교육철학》. 재동문화사, 1985.
우윤 · 황원권 공역.《역사학입문》. 청아출판사, 1983.
이기백.〈고구려의 경당〉,《역사학보》35, 36. 1967.
이돈희.《교육사》. 서울대학교출판부, 1975.
이만열 역주.《조선상고사(상 · 하)》. 형설출판사, 1986.
이민수 역.《삼국사기》. 을유문화사, 1988.
이병도.《한국사(고대편)》. 을유문화사, 1973.
이원순 외 2인.《국사-제 3 판》. 한국방송통신대학 출판부, 1983.
이원호.《교육사》. 배영사, 1984.
이원호 1인.《교육사 신강: 교육의 역사적 기초》. 문음사, 1984.
이진수.《신라화랑의 체육사상연구》. 보경문화사, 1987.
______.《조선양생사상의 성립에 관한 고찰》. 도교와 한국문화, 1988.
이학래 외 3인.《한국체육사》. 지식산업사, 1994.
임창재.《教育史哲學》. 양서원, 1995.
임희완.《역사학의 이해》. 건국대학교 출판부, 1994.
정재철.《교육사》. 교육출판사, 1977.
정찬모.〈고려시대체육발달사연구〉, 동아대 박사학위청구논문, 1990.
조인형 역.《서양고대사》. 강원대학교 출판부, 1996.
조좌호.《세계문화사》. 박영사, 1985.
차하순.《사관이란 무엇인가》. 청람문화사, 1983.
______.《서양사총론》. 탐구당, 1984.
차현기.《서양교육사》. 집문당, 1981.
체육부.《국민체육진흥장기계획》. 1986.
______.《체육한국》. 1983.
______.《체육한국인》. 1986.
한국경제사학회.《한국사시대구분론》. 을유문화사, 1986.
한국체육사연구회 편.《武藝圖譜通志》. 1980.
한국체육학회 편.《체육학개론》. 학연사, 1985.
한기언.《교육사》. 법문사, 1972.

## 중국

國家體育委員會 體育文史工作委員會.《中國 古代體育 圖說》. 北京連山出版社.

當代 中國體育編輯組.《當代 中國體育》. 中國社會科學出版社, 1984.

林伯原.《中國體育史 (上 · 下)》. 北京體育大學出版社, 1987.

林伯原 · 谷世權 .《中國體育史 (上 · 下)》. 北京體育大學出版社, 1989.

임영무 역.《中國體育史》. 泰根文化社, 1991.

中國體育史學會.《中國古代體育史》. 北京體育大學出版社, 1990.

_____________.《中國 近代體育史》. 北京體育大學出版社, 1989.

編輯委員會 編.《當代中國體育》. 中國社會體育出版社, 1987.

Knuttgen, G., Ma, Q. & Wu, Z. *Sport in China*. Human Kinetics, 1990.

## 일본

木渡木水 외 3인.《體育史概說》. 否林書院, 1966.

成田十次郎.《スポーツと教育の歷史》. 不昧堂出版, 1988.

岸野雄三.《體育史》. 現代保健體育大系2, 大修館書店, 1968,

________.《體育史-體育史學 時論》. 大修館書店, 1980.

________.《體育の文化史》. 不昧堂出版, 昭和 50.

前川峯雄.《體育原理》. 現代保健 育大系1, 大修館書店, 1968.

稱垣正浩 譯.《スポーツ史》. 大修館書店, 1988.

稱垣正浩.《スポーツを讀むII》. 三省堂, 1994.

寒川恒夫.《圖說 スポーツ史》. 朝倉書店, 1991.

Nakamura, Tetsuo 외. *Sport Science & Physical Education in Asian Countries*. 筑波大學 スポーツ史研究所, 1992.

## 기타 지역

Bennett, B.L. & Howell, M.L. *Comparative Physical Education and Sport*. Philadelphia: Lea & Febiger, 1983.

Bucher, C.A. *Physical Education* (7th Ed.). The C.V. Mosby Co., 1976.

Butts, R.F.A. *Cultural History of Western Education*. New York, 1955.

Cubberley, E.P. *The History of Education*. Boston: Houghton Mifflin Co., 1920.

Duggan, S.A. *Student's Text Book in the History of Education*. New York, 1948.

Finley, M.I. & Pleket, H.W. *The Olympic Games*. The Viking Press, 1976.

Forbes, C.A. *Greek Physical Education*. New York: The Century Co., 1920.

Gardiner, E.N. *Greek Athletic Sports and Festivals*. The Macmillan Co., 1910.

Giles, H.A. *Civilization of China*. New York, 1911.

Good, H.G. *History of Western Education*. The Macmillan Co., 1960.

Hackensmith, C.W. *History of Physical Education*. New York: Harper & Row, Publishers, 1966.

Hargreaves, John. *Sport, Power and Culture*. New York: St. Martin's Press, 1986.

Harris, H.A. *Greek Athletes and Athletics*. Indiana Univ. Press, 1966.

Hoberman, John. *Sport and Political Ideology*. London: Heinemann Educational Books Ltd., 1984.

Johnson, W. ed. *Sport and Physical Education Around the World*. Stipes Publishing Co., 1980.

Laurie, S.S. *Historical Survey of Pre-Christian Eudcation*. New York, 1900.

Lubbok, J. *The Origin of Civilization and The Primitive Condition of Man*. New York, 1889.

Mandell, R.D. *Sport A Cultural History*. Columbia Univ. Press, 1984.

__________. *The Nazi Olympics*. New York: MacMillan, 1971.

Misawa, T. *Modern Educators and Their Ideals*. New York, 1909.

Mcintosh, Peter C. *Sport In Society*. C.A. Watts & Co. Ltd., 1963.

Palmer, R.R., & Coltom, J. *A History of the Modern World*. New York: Alfred Knopf, 1971.

Salzmann, C.G. *Gymnastics for Youth*. Philadelphia, 1802.

Uillierm, G. *A History of Dancing from the Earliest Ages to Our Own Times*. New York: D. Appleton Co., 1989.

Van Dalen, D.B., & Bennet, B.L. *A World History of Physical Education*. New Jersey: Prentice Hall Inc., 1971.

Wilds, E.H. *Foundation of Modern Education*. Farra & Rinehalt Co., 1944.

Wilkins, A.S. *Roman Antiquities*. New York, 1878.

Woody, T. "Professionalism and The Decay of Greek Athletics," *School & Society* 67. 1938.

Zeigler, E.F. *Physical Education & Sports Philosophy*. Prentice Hall Inc., 1977.

**노희덕(盧熙悳)**

서울대학교 사범대학 이학부 체육과 졸업
국민대학교 대학원 이학박사 취득
공군사관학교 교수
서울대학교 사범대학 교수
서울대학교 사범대학 명예교수
동북아 체육 · 스포츠사학회 회장
한국 체육사학회 회장(현)
Univ. of California, Berkeley 초빙교수

저서 및 논문
《체육사》(1977)
《배드민턴》(1998)
〈체육의 개념변천에 관한 연구〉(1991)
〈체육사가 지니는 근본문제〉(1995) 외 다수

# 세계체육사

초판 1쇄 발행 1999년 10월 20일
초판 7쇄 발행 2017년 4월 21일

지은이 노희덕
펴낸곳 서울대학교출판문화원
펴낸이 성낙인

출판등록 제15-3호

주소 (08826) 서울 관악구 관악로 1
대표전화 02-880-5252 | 팩스 02-888-4148
출판관리팀(주문상담) 02-889-4424, 02-880-7995
이메일 snubook@snu.ac.kr
홈페이지 www.snupress.com

ISBN 978-89-521-1466-2 93900